독자의 1초를
아껴주는 정성을
만나보세요!

세상이 아무리 바쁘게 돌아가더라도 책까지 아무렇게나 빨리 만들 수는 없습니다.

인스턴트 식품 같은 책보다 오래 익힌 술이나 장맛이 밴 책을 만들고 싶습니다.

땀 흘리며 일하는 당신을 위해 한 권 한 권 마음을 다해 만들겠습니다.

마지막 페이지에서 만날 새로운 당신을 위해 더 나은 길을 준비하겠습니다.

길벗 IT 도서 열람 서비스

도서 일부 또는 전체 콘텐츠를 확인하고 읽어볼 수 있습니다.
길벗만의 차별화된 독자 서비스를 만나보세요.

더북(TheBook) ▶ https://thebook.io

더북은 (주)도서출판 길벗에서 제공하는 IT 도서 열람 서비스입니다.

읽고 나면 진짜 쉬워지는 자료 구조

Data Structures the Fun Way

초판 발행 · 2024년 3월 19일

지은이 · 제레미 쿠비카
옮긴이 · 오현석
발행인 · 이종원
발행처 · (주)도서출판 길벗
출판사 등록일 · 1990년 12월 24일
주소 · 서울시 마포구 월드컵로 10길 56(서교동)
대표 전화 · 02)332-0931 | **팩스** · 02)323-0586
홈페이지 · www.gilbut.co.kr | **이메일** · gilbut@gilbut.co.kr

기획 및 책임편집 · 이다빈(dabinlee@gilbut.co.kr) | **디자인** · 장기춘 | **제작** · 이준호, 손일순, 이진혁, 김우식
영업마케팅 · 임태호, 전선하, 차명환, 박민영, 지운집, 박성용 | **유통혁신** · 한준희 | **영업관리** · 김명자 | **독자지원** · 윤정아

교정교열 · 이미연 | **전산편집** · 책돼지 | **출력** · **인쇄** · **제본** · 예림 인쇄

▶ 잘못 만든 책은 구입한 서점에서 바꿔 드립니다.
▶ 이 책은 저작권법에 따라 보호받는 저작물이므로 무단전재와 무단복제를 금합니다.
  이 책의 전부 또는 일부를 이용하려면 반드시 사전에 저작권자와 (주)도서출판 길벗의 서면 동의를 받아야 합니다.

ISBN 979-11-407-0876-5 93000
(길벗 도서번호 080359)

정가 30,000원

독자의 1초를 아껴주는 정성 길벗출판사

(주)도서출판 길벗 | IT교육서, IT단행본, 경제경영, 교양, 성인어학, 자녀교육, 취미실용
www.gilbut.co.kr
길벗스쿨 | 국어학습, 수학학습, 어린이교양, 주니어 어학학습, 학습단행본
www.gilbutschool.co.kr

페이스북 · https://www.facebook.com/gbitbook

읽고 나면 진짜 쉬워지는 자료 구조

더 빠르고 효율적인 코드를 위해 꼭 알아야 할 CS 기초!

DATA STRUCTURES THE FUN WAY

제레미 쿠비카 지음 · 오현석 옮김

이 책은 '자료 구조'를 통해 바라보는 계산적 사고(computational thinking)에 대한 책이다. 자료 구조는 데이터를 조직적으로 구성하고 저장하기 위한 구조다. 이 책은 유용한 자료 구조를 모아둔 레시피 이상의 책이다. 단순히 자료 구조를 모은 것에 그치지 않고, 각 자료 구조의 근본이 되는 생각과 복잡한 문제를 해결할 때 자료 구조가 미치는 영향을 탐구하며, 앞서 말한 계산적 사고를 직관적으로 이해할 수 있도록 실생활 예시를 들어 설명한다. 이 책의 목표는 데이터 안에 이미 존재하는 구조를 활용하거나 새로운 구조를 만들어 문제를 효율적으로 해결하는 방법을 통찰하는 것이다.

특히 배열과 연결 리스트의 차이, 포인터의 복잡성과 능력, 자료 구조가 알고리즘의 동작에 미치는 영향, 트리 기반 자료 구조의 분기, 해시 테이블의 수학적 매핑, 무작위성의 유용성 등을 다룬다. 요약하면, 이 책은 처리할 데이터를 구성하고 저장하는 방법을 다양하게 살펴보면서 알고리즘에 대해 생각하게 한다. 그리고 이런 계산적 사고를 실생활 문제에 적용해본다.

자료 구조를 효과적으로 사용하려면 자료 구조가 어떻게 동작하는지 꼭 이해해야 한다. 숙련된 목수가 나사를 박을 때는 망치를 사용하고 각목을 절반으로 자를 때는 사포가 아닌 톱을 사용하는 것처럼, 프로그래머도 어느 정도 숙련됐다면 작업에 가장 적합한 도구를 선택할 줄 알아야 한다. 이 책에서 여러 번 볼 수 있듯이 모든 자료 구조에는 트레이드오프 관계(trade-off)가 존재한다. 톱은 사포보다 나무를 더 잘 자르지만 잘린 단면은 훨씬 거칠다. 모든 상황에 적용할 수 있는 완벽한 자료 구조는 없지만, 그렇기 때문에 컴퓨터 과학과 알고리즘 개발이 흥미롭기도 하다. 이 책은 몇 가지 대표적인 자료 구조에 초점을 맞추고 이를 통해 계산적 사고의 근본이 되는 주제를 탐구한다. 각 자료 구조는 더 일반적인 유형의 자료 구조와 개념적 접근 방식의 유용한 예다. 예를 들어 B-트리는 탐색 트리를 균형 있게 유지하고 비싼 메모리 접근을 최적화하는 문제에 대한 접근 방식을 보여준다. 블룸 필터를 사용해 메모리 사용과 정확도 간 트레이드오프 관계를 따지고, 스킵 리스트에서 무작위성 사용을 살펴보며 격자, 쿼드 트리, k-d 트리를 통해 다차원 구조를 처리하는 방법을 다룬다. 따라서 이 책은 프로그래밍 책이나 자료 구조를 포괄적으로 다루는 모음집이 아니다(다만 우리가 이 중요한 주제를 여러 번 다루기는 할 것이다). 이와 달리 우리 목표는 맞닥뜨린 문제에 적용할 수 있는 생각의 도구를 개발하는 것이다.

2022년

제레미 쿠비카

-- **Thanks To**

이 책을 현실화하는 데 도움을 준 No Starch Press 팀 전체에게 감사를 전하고 싶다. 이전의 책 『The CS Detective』(No Starch Press, 2016)를 더 기술적으로 이어가는 작업을 제안해준 빌 폴락에게 감사하다는 말을 전하고 싶다. 능력 있는 편집자인 아비가일 쇼트-로젠필드와 리즈 채드윅이 많은 도움과 조언, 제안을 주었다. No Starch Press 팀을 소개해준 카를로스 부에노에게도 감사한다.

기술적인 면에서 철저하고 명쾌하게 검토해준 다니엘 진가로에게도 감사의 말을 전한다. 덕분에 내용의 정확성을 높이고 더 이해하기 쉬운 책으로 개선할 수 있었다.

이 책의 초고에 유용한 의견을 제공해준 많은 분께도 감사드린다. 밤비 브루어, 앤드류 무어, 엘라노어 리펠, 키트 스텁스 박사께 감사의 말씀을 전한다. 이분들의 제안이 이 책의 방향과 내 접근법에 도움을 줬다.

계속 옆에서 지원을 아끼지 않은 가족들에게도 깊은 감사의 말을 전한다. 레건, 네이슨, 줄리의 격려와 인내심에 감사한다.

자료 구조, 그리고 이를 활용하는 알고리즘은 프로그래머라면 누구나 배워야 하는 기초 과목이다. 실제로 자료 구조의 바탕이 되는 아이디어와 활용법은 아주 흥미롭기도 하다. 하지만 대학 수준에서 다루는 내용은 너무 이론에 치우쳐 있거나, 필요 없는 종류까지 모두 다루기 때문에 입문자가 가벼운 마음으로 공부하기에는 적합하지 않다.

이 책은 여러 자료 구조를 재미있는 예시를 들어 설명하며, 그림으로 보여주면서 설명하기 때문에 한눈에 파악하기 용이하다. 특히 응용 분야에서 각 자료 구조와 알고리즘이 왜 중요한지 중점적으로 설명한다. 배열, 리스트, 스택과 같이 간단하고 전통적인 자료 구조는 물론, 개발자라면 기본적으로 알아둬야 할 힙, 트라이, B+ 트리, 해시, 격자(그리드)나 공간 트리, 더 나아가 확률적 자료 구조인 블룸 필터, 스킵 리스트까지 중요한 자료 구조만 골라서 소개하며, 자료 구조와 알고리즘에 입문하는 사람들이 자료 구조와 그 쓸모를 잘 파악하도록 간결하지만 제대로 다룬다. 이 책으로 기본 자료 구조를 학습하면서 감을 잡아보고, 그 후에 본격적으로 응용 자료 구조나 알고리즘을 살펴보면 여러분에게 훨씬 더 도움이 될 것이다.

2024년 3월 브리즈번에서

오현석

자료 구조는 컴퓨터 공학도에게 기본기와 같은 학문입니다. 인기 있는 프로그래밍 언어가 제공하는 최신 라이브러리를 적당히 활용하는 것만으로 충분하다고 생각할 수도 있지만, 알고리즘의 설계 원리와 최적화 기법들을 깊숙이 탐구한 적이 없는 개발자라면 응용 능력에서 분명히 한계가 드러날 것입니다. 이 책은 컴퓨터가 정보를 메모리에 저장할 때 사용되는 기본 데이터 형식부터 복잡한 트리 및 그래프 구조까지 예비 개발자에게 꼭 필요한 지식을 제공합니다.

박재유 | LG전자 선임연구원

이 책에 '효율적인 알고리즘의 핵심은 데이터의 정보나 구조를 활용하는 것이다.'라는 말이 나옵니다. 이 말처럼 알고리즘의 근간이 되는 기본 자료 구조부터 트리, B-트리, 해시 테이블, 그래프 등 다양한 자료 구조까지 소개합니다. 게다가 동작 방식뿐만 아니라 각 자료 구조가 가지는 특징과 한계점 등도 자세히 설명합니다. 특히, 자료 구조를 그림으로 보여주고 그림들과 의사 코드(pseudo code)로 표현하고 있어서, 특정 프로그래밍 언어에 대한 지식 없이도 누구나 동작 중심으로 이해할 수 있습니다. 전공 수업을 들었던 때처럼 다시 기본기를 다질 수 있었던 시간이었습니다.

최성욱 | 삼성전자 VD사업부 Principal Engineer

의사 코드로 로직을 알려주기 때문에 특정 프로그래밍 언어에 상관없이 이해할 수 있습니다. 자료 구조의 로직을 이해하고 실제 코드로 구현하는 것을 읽다 보면 개발 능력을 향상하는 네 분명 도움이 될 것입니다. 또한, 우리 주변에서 볼 수 있는 상황을 예시로 들어 더 쉽게 공부할 수 있었습니다. 끝까지 학습하는 것이 마냥 쉽지만은 않지만, 예시와 함께 자료 구조의 종류와 동작 과정을 읽다 보면 어떤 상황에서 어떤 자료 구조를 사용해야 할지 감이 잡힐 것입니다!

정경원 | 반도체 SW 개발자

초거대 인공지능이 확대되면서 빅데이터의 중요성은 나날이 커져가고 있습니다. 데이터는 어떻게 저장하고 활용하느냐에 따라 효율이 달라지기 때문에 데이터 처리와 관리에 대해 잘 이해하고 있어야 합니다. 따라서 이를 잘 이해하고 실무에서 활용하기 위해서는 자료 구조를 꼭 알고 있어야 합니다. 이 책은 데이터를 효율적으로 구조화하고 접근하는 방법을 다루며, 이를 효과적으로 다루는 기술과 원리를 소개합니다. 주니어 개발자나 다시 자료 구조를 공부하려는 모든 이에게 훌륭한 지침서가 되어줄 것입니다.

김호영 | 고등과학원 거대수치계산연구센터

베타 리딩을 통해 이 책의 내용을 미리 살펴볼 기회를 얻었습니다. 이 책은 자료 구조에 대한 개념을 이해하고 쉽게 학습하는 데 많은 도움이 되었습니다. 특히 자료 구조를 의사 코드로 표현해 대략 어떻게 구현하는지 보여주는 부분은 매우 유용하게 사용할 것 같습니다. 한마디로 요약하자면, 자료 구조에 대한 두려움을 없애주는 책입니다.

허현 | 스페이스씨엘

웹 프로그램 개발에서 자료 구조가 중요하다고 하지만, 초보인 저에게는 크게 와닿지 않아 미뤄두고 있었습니다. 그러던 중에 베타테스터 모집 글을 보고 자료 구조를 재미있게 배울 수 있다는 책 설명에 솔깃해서 지원하게 되었습니다. 기본부터 응용까지의 자료 구조를 다루고 있어, 자료 구조에 익숙하지 않은 저도 책을 따라가기 수월했습니다. 무엇보다 그림으로 자세히 설명하여, 자료 구조를 처음 배우는 사람도 이해하기 쉬울 것입니다. 이번 기회에 막막하고 어렵게만 느껴졌던 자료 구조를 보다 친숙하고 재미있게 다가갈 수 있는 시간이 되었습니다. 길벗 출판사 덕분에 혼자서는 어려운 IT 공부를 더 알기 쉽고 재미있게 하고 있습니다. 항상 감사한 마음입니다.

구현서 | 백엔드 주니어 개발자

이 책은 단계별로 구성되어 있습니다. 각 장은 이전 장에서 배운 내용을 바탕으로 개념을 설명하거나, 이전 장과는 어떤 점이 다른지 비교하면서 설명합니다. 예를 들어 뒤에 나오는 내용 대부분은 1장과 3장에 나온 메모리와 동적 자료 구조를 알아야 이해할 수 있습니다. 따라서 입문자라면 각 장을 순서대로 공부하는 것이 제일 좋습니다.

여러 자료 구조를 살펴보고 각 자료 구조가 어떤 문제에 어떻게 적용되는지를 공부하면 알게 되겠지만, 이 책은 다음과 같은 주제를 일관성 있게 설명하고 있습니다.

- 자료 구조가 그 자료 구조를 사용하는 알고리즘에 미치는 영향
- 최악의 경우(worst case)에 대한 성능을 생각하는 방법
- 데이터 집합이 동적 변경을 할 수 있게 허용하는 것의 중요성과 효율적으로 동적 변경을 진행하는 방법
- 메모리, 실행 시간, 코드 복잡성 및 정확성 사이의 트레이드오프 관계 조율하기
- 왜 문제에 맞게 자료 구조를 조율해야 하는가와 어떤 트레이드오프 관계를 고려해야 하는가
- 자료 구조를 변형해 새로운 문제를 해결하는 방법

이러한 주제들은 어떤 자료 구조를 선택해야 할지 스스로 생각하게 만들며, 새로운 문제를 마주했을 때 던질 질문들을 알려줍니다. 그러니 이 책을 읽을 땐 '어떻게?'와 '왜?'라는 질문을 염두에 두고 공부해 보세요.

"주어진 자료 구조는 어떻게 계산을 가능하게 하는가? 주어진 맥락에서 효율성을 극대화하려면 데이터를 어떻게 구성해야 하는가? 주어진 구조로 어떻게 이러한 계산이 가능한가? 이 자료 구조는 다른 맥락에서 어떻게 실패하는가? 왜 필자는 우스꽝스러운 비유를 사용하는가? 왜 필자는 커피에 씽상히 집착하는가?"

이러한 질문에 대답하다 보면 자료 구조를 효과적으로 사용하는 역량을 기를 수 있고, 이는 곧 미래에 새로운 기술을 개발하는 데 필요한 밑거름이 되어줄 것입니다.

메모리 안 정보

흥미로운 컴퓨터 프로그램이라면 무엇이든 데이터를 메모리에 저장하고 접근할 수 있어야 한다. 데이터에는 문서 안 텍스트, 웹 페이지 정보, 데이터베이스에 저장된 우리가 시음한 모든 커피의 종류와 그에 관련한 정보 등이 포함된다. 각 데이터는 프로그램이 의도하는 기능을 수행하는 데 꼭 필요하다.

이러한 예는 사용자가 보고 생각하는 데이터만을 표현한다. 하지만 프로그램은 보이지 않는 곳에서 여러 데이터를 추적해야만 한다. 예를 들어, 루프 실행 횟수, 게임 캐릭터의 현재 위치, 현재 시간 등이 이런 데이터에 속한다. 이런 데이터가 없으면 프로그램 내부에 어떤 변화가 있는지 상태를 표현할 수 없다.

1장에서는 데이터를 메모리에 저장하는 기본 방법을 살펴본다. 가장 간단한 자료 구조인 변수, 복합 자료 구조, 배열이 데이터를 저장하는 방법을 살펴볼 것이다. 또 이 책에서 사용되는 의사 코드의 형태를 소개한다. 프로그래밍 경험이 있는 독자라면, 이번 장에서 다루는 핵심 개념이 이미 익숙할 수도 있다. 하지만 이런 개념은 우리 여정에 필수인 출발점이며, 보다 강력하고 흥미로운 자료 구조를 구축하기 위한 기초를 제공한다.

1.1 / 변수
SECTION

개별 데이터 조각을 종종 변수(variable)에 저장하곤 한다. 변수는 컴퓨터 메모리 내 데이터 위치(또는 주소)를 표현하는 이름이다. 프로그래밍 경험이 있다면 이미 변수에 익숙할 것이다. 변수는 컴퓨터 과학에서 매우 기본적인 개념으로, 가장 간단한 프로그램조차도 변수가 필수다. 변수는 프로그램 실행 중 변경되는 정보를 추적할 수 있게 한다. FOR 루프를 몇 번 지나갔는지 세어야 하는가? 게임에서 플레이어의 점수를 추적해야 하는가? 변수를 소개하는 내용을 작성하면서 철자법을 몇 번이나 틀렸는지 세고 싶은가? 변수를 사용하면 된다.

변수가 없으면 프로그램의 내부 상태를 추적, 평가(evaluate), 변경(update)할 수 없다. 여러분이 변수를 생성하면 시스템이 그것을 자동으로 할당하고 위치를 지정한다. 그리고 나서 원하는 변수 이름을 사용해 자유롭게 해당 위치에 데이터를 쓰고, 데이터를 쓸 때 사용한 변수 이름을 사용해 저장된 데이터를 읽을 수 있다. 변수 이름만 알고 있다면 데이터의 메모리 위치를 알 필요가 없다. 컴퓨터 메모리를 여러 상자가 일렬로 늘어선 것처럼 생각할 수도 있다. 각 변수는 저장한 데이터의 크기에 따라 하나 이상의 인접한 상자를 차지한다. 그림 1-1은 Level, Score, AveScore라는 세 변수를 보여준다. 여기서 평균 점수(AveScore)는 메모리 상자를 두 개 사용하는 부동 소수점 수(floating point number, 소수점이 있는 숫자)다.

▼ **그림 1-1** 컴퓨터 메모리가 상자 열로 그려진 모습

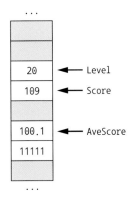

어떤 측면에서 변수는 종이 문서를 담는 폴더에 붙은 종이 라벨과 비슷하다. 그림 1-2처럼 라벨을 붙인 후에는 폴더의 순서나 정확한 위치를 기억할 필요가 없다. 라벨로 폴더를 찾으면 되기 때문이다. 이때 충분한 정보가 포함된 이름을 사용하는 것이 중요하다. 필자의 파일 캐비닛에는 할 일, 중요한 일, 다른 할 일, 그 밖의 일과 같이 이름이 겹치는(이를 오버로드(overload)라고 말한다) 폴더가 많아서 내용을 파악하기 어렵다. 마찬가지로, 변수 이름이 모호하면 변수가 어떤 값을 나타내는지 추측하기 어려워진다.

▼ **그림 1-2** 파일 폴더의 라벨과 마찬가지로, 변수는 저장된 값을 찾고 접근하는 편리한 방법을 제공한다

많은 프로그래밍 언어에서 변수는 정수(integer), 부동 소수점 값(float), 불린 값(Boolean) 등과 같이 저장된 데이터의 타입과 연관이 있다. 타입은 변수가 얼마나 많은 메모리를 차지하고 메모리에 저장된 내용을 어떻게 사용해야 하는지를 프로그램에 알려준다. 예를 들어, 불린 변수는 제한된 범위의 값(즉, 참과 거짓)만 저장하며 적은 양의 메모리만 사용하는 경우가 많다. 반면, 2배 정밀도(double-precision) 부동 소수점 수는 훨씬 더 크고 정확한 숫자를 저장하므로 여러 상자를 사용한다. 타입을 정의하는 문법이나 타입을 명시적으로 정의해야만 하는지 여부는 프로그래밍 언어마다 다르다.

이 책에서는 예제에서 변수를 명시할 때 언어와 무관한 〈타입〉: 〈변수이름〉이라는 의사 코드(pseudocode) 형식을 사용한다.

```
Integer: coffee_count = 5
Float: percentage_words_spelled_correctly = 21.0
Boolean: had_enough_coffee = False
```

가끔 Type이라는 타입이 지정된 변수도 있다. 이 타입은 어떻게 구현하는지에 따라 다양한 타입이 될 수 있다는 사실을 나타낸다. 대부분의 프로그래밍 언어에서 일반적으로 사용되는 구문을 사용해 변수를 다룰 것이다. 예를 들어, 변수에 값을 대입할 때는 =를 사용한다.

```
coffee_count = coffee_count + 1
```

(이 책의 의사 코드에서) 정수나 부동 소수점 수와 같은 수 타입의 경우 +, -, *, / 등 표준 산술 연산을 사용할 것이다. 불린 데이터 타입의 경우 AND, OR, NOT 등 불린 연산을 쓴다. 여러분이 프로그램에 사용할 구문은 프로그램 언어의 종류에 따라 다를 수 있다(그리고 이런 언어별 표기법의 상대적인 매력도에 대한 논쟁에 불이 붙는 경우가 자주 있다).

1.2 복합 자료 구조

다양한 프로그래밍 언어가 **복합(composite) 자료 구조**를 만들 수 있는 기능을 제공한다. 예를 들어, 여러 개별 변수를 한 그룹으로 엮은 구조체(struct)나 객체(object)가 복합 자료 구조에 속한다. 복합 자료 구조는 관련 있는 데이터 조각들을 한데 모아서 한꺼번에 전달할 수 있는 손쉬운 방법을 제공한다. 예를 들어, 우리가 시음한 커피 종류에 대한 정보를 모은 CoffeeRecord를 정의할 수 있다.

```
CoffeeRecord {
    String: Name
    String: Brand
    Integer: Rating
    Float: Cost_Per_Pound
    Boolean: Is_Dark_Roast
    String: Other_Notes
}
```

커피의 속성을 추적하기 위해 변수 여섯 개를 따로따로 유지하는 대신, 모든 정보를 하나의 복합 자료 구조 CoffeeRecord에 저장한다. 물론 진정한 커피 마니아는 커피 시음에 관련된 날짜, 시간, 위치, 기상 조건 등 수백 가지 정보를 추가로 추적할 가능성이 높다. 커피는 무엇보다 복잡한 주제이며, 철저하게 문서화할 만한 가치가 있다. 속성이 추가되면 복합 자료 구조를 사용하는 것이 더 중요해진다. 복합 자료 구조가 없다면 수백 개의 관련 변수를 전달하는 방식으로 처리해야 하는데, 이는 지저분할 뿐 아니라 변수를 잘못된 순서로 함수에 전달하는 등 프로그래머의 실수를 야기할 가능성도 더 높다.

명함은 복합 자료 구조의 실제 예다. 명함은 이름, 전화번호, 이메일 주소와 같은 여러 정보를 포함하는 데이터 꾸러미다. 이런 정보를 카드 한 장으로 묶으면 이를 추적하고 전달하는 효율성이 증가한다. 개별 데이터를 적은 종이 다섯 조각을 상대방에게 건네는 경우 얼마나 지저분하고 혼란스러울지 상상해보라.

자바(Java)나 파이썬(Python)을 비롯한 많은 프로그래밍 언어에서, 복합 데이터는 자신의 데이터와 작동에 대한 함수를 모두 포함하는 '객체(object)'가 될 수 있다. 객체의 함수는 파이썬 self 참조처럼 특별한 구문을 사용해 해당 객체 자신의 데이터에 접근한다. 객체는 내부 데이터를 객체 외부에서 공개적으로 접근하도록 허용할지 아니면 비공개적으로 객체 내부 함수에서만 접근하게 할지를 지정하는 가시성(visibility) 규칙을 제공할 수 있다.

더 일반화하기 위해, 이 책에서는 복합 데이터를 가장 일반적인 형태인 데이터의 집합으로 취급할 것이다. 이 책이나 다른 문서의 코드 예제에서 복합 자료 구조를 객체로 구현하기도 하지만, 알고리즘은 객체가 아닌 표현을 사용하도록 수정될 수도 있다. 복합 자료 구조나 객체를 사용하는 코드에서는 다음 예제처럼 '변수이름.필드이름'이라는 구문을 사용해 복합 자료 구조의 필드에 접근한다.

```
latest_record.name = "Sublime Blend"
```

이 코드는 커피 기록에 있는 latest_record 레코드의 name 필드를 Sublime Blend로 설정한다.

1.3 / 배열

일반적으로 **배열(array)**은 관련된 다수의 값을 저장할 때 사용한다. 예를 들어, 1년간 매일 마신 커피의 양을 추적하고 싶다고 하자. 이때 개별 변수(AmountDay1, AmountDay2, AmountDay3 등)를 365개 만들어서 저장할 수 있겠지만, 이 방식은 입력하기도 귀찮고 데이터를 어떤 구조로도 사용할 수 없다. AmountDay2는 단지 텍스트 꼬리표일 뿐이며, AmountDay2 전날의 정보를 AmountDay1이 저장하고 AmountDay2 다음 날의 정보를 AmountDay3가 저장한다는 사실을 프로그램이 알 수 없다. 개발자만 이 정보를 알고 있다.

배열은 여러 값을 연속적으로 **인덱스(index)**가 부여된 상자에 저장하는 간단한 메커니즘을 제공한다. 그림 1-3처럼 배열은 사실 개별 변수들을 한 줄로 세워둔 것이며, 컴퓨터 메모리에 존재하는 같은 크기의 상자들이 연속적으로 배치된 블록이다. 개별 변수처럼 배열도 어떤 메모리 덩어리를 차지하며 임의의 다른 정보와 인접할 수 있다. 배열의 각 상자에는 숫자, 문자, 포인터 또는 다른 (크기가 정해져 있는) 자료 구조와 같은 타입의 값을 저장할 수 있다.

▼ **그림 1-3** 배열을 컴퓨터 메모리의 상자들로 표현한 그림

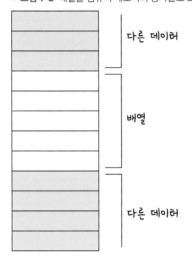

일상생활에서도 배열을 매우 많이 사용한다. 예를 들어, 고등학교 복도에 늘어선 사물함은 학생들의 책과 외투를 저장하는 물리적인 배열이다. 우리는 개별 사물함을 열어 내부 공간에 쉽게 접근할 수 있다.

배열의 구조는 위치(또는 인덱스)를 지정하여 배열 내 개별 값, 즉 **원소(element)**에 접근할 수 있게 해준다. 배열 내 상자들은 컴퓨터 메모리에서 서로 인접해 있으므로, 첫 번째 원소로부터 오프셋(offset)을 계산해서 해당하는 위치의 메모리를 읽는 방식으로 각 상자에 쉽게 접근할 수 있다. 이는 접근하려는 상자의 위치와 관계없이 덧셈 한 번[1]과 메모리 접근만 필요하다는 뜻이다. 이러한 구조는 우리의 일일 커피 섭취량을 추적하는 것과 같이 순서가 있는 항목을 저장할 때 특히 편리하다.

1 　**옮긴이** 나중에 보겠지만, 덧셈 한 번으로 충분한 경우는 배열 원소의 크기가 모두 1이라고 가정했을 때뿐이다.

형식적으로[2] 배열 A에서 인덱스 i에 있는 값을 A[i]로 참조한다. 사물함 예제에서 인덱스는 사물함 앞에 표시된 숫자에 해당한다. 대부분의 프로그래밍 언어는 0부터 시작하는 (zero based) 인덱스를 사용한다. 이 말은 그림 1-4처럼 배열의 첫 번째 값은 인덱스 0, 두 번째 값은 인덱스 1, …에 위치한다는 뜻이다.

▼ **그림 1-4** 0을 기준으로 인덱싱된 배열

값:	3	14	1	5	9	26	5	3	5
인덱스:	0	1	2	3	4	5	6	7	8

이 책에서는 일반적인 컴퓨팅 관례에 따라 0을 기준으로 인덱싱한 배열을 사용한다. 그림 1-5는 컴퓨터 메모리 안 배열 모습을 보여준다. 여기서 흰 칸이 배열 원소에 해당한다.

▼ **그림 1-5** 메모리 내에서 배열이 0을 기준으로 인덱싱된 모습

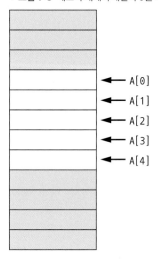

0을 기준으로 인덱싱하면 메모리 내에서 배열의 시작점부터 오프셋을 사용해 위치를 계산할 때 편리하다. i번째 원소의 위치는 다음과 같이 계산할 수 있다.

$$위치(인덱스\ i의\ 원소) = 위치(배열\ 시작) + 각\ 원소의\ 크기\ \times\ i$$

---

2 **역주** 수학에서 형식적(formal)이라는 말은 주어진 절차를 기계적으로 적용해 결론에 도달할 수 있다는 뜻이다. 따라서 형식적인 설명은 수학적으로 엄밀하고 정확한 설명이라고 생각할 수 있다.

인덱스 0의 위치는 배열 시작점과 같다. 예를 들어, 그림 1-5에서 배열 A의 다섯 번째 원소는 A[4]이며 그림 1-4를 찾아보면 그 위치에는 9라는 값이 들어 있다.

대부분의 프로그래밍 언어에서는 배열 이름과 인덱스를 조합해 값을 가져오거나 설정한다. 예를 들어, 다음과 같이 인덱스가 5인 상자의 값을 16으로 설정할 수 있다.

```
A[5] = 16
```

커피 추적 예제에서 하루 동안 섭취한 커피 컵 수를 저장하기 위해 Amount라는 배열을 정의하고, 해당 수량을 Amount[0]부터 Amount[364]까지 저장할 수 있다. 배열을 사용하면 단 하나의 이름으로 365개 다른 값에 순서대로 접근할 수 있는데, 이름은 비슷하지만 서로 독립적인 변수들을 연속적으로 위치시켰던 것을 수학적인 오프셋으로 전환한 것이다. 이 개념의 강점을 이해하려면 학교 사물함을 생각하라. 개별 사물함을 '제레미의 사물함'이나 'K로 시작하는 세 번째 학생의 사물함'처럼 이름 붙이면 빠르게 찾기가 거의 불가능하다. 이런 방식을 사용하면 그냥 인덱스를 사용하는 경우와 달리 모든 사물함에 붙은 꼬리표를 일일이 찾아봐야 한다. 하지만 배열 인덱스를 사용하면 학생들은 오프셋을 사용해 사물함이 어디 있는지 결정하고 직접 해당 사물함에 접근할 수 있다.

종종 배열을 전체 자료 구조로 시각화하고 논의하지만, 각 상자가 개별 변수처럼 작동한다는 사실을 기억하는 것이 중요하다. 배열을 전체적으로 바꾸려면 모든 상자를 하나하나 바꿔야 한다. 예를 들어, 원소를 한 칸 앞으로 이동시키고 싶으면 그림 1-6처럼 해야 한다.

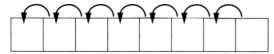

▼ **그림 1-6** 배열의 원소를 앞으로 한 칸씩 이동시키기

배열은 책장에 꽂혀 있는 책들과 다르다. '커피 애호가를 위한 최고의 공정 무역 커피 가이드'를 끼워넣기 위해 책 컬렉션 전체를 밀어낼 수 있지만, 배열은 그렇지 않다. 배열은 오히려 일렬로 늘어선 가게와 같다. 서점과 미용실 사이에 커피숍을 끼어넣을 수 없다. 커피숍 공간을 확보하려면 인접한 건물로 서점(또는 미용실)을 이전해서 기존 공간을 비우는 방식으로 가게를 하나씩 옮겨야만 한다.

실제로 배열에서 단순히 두 값을 교환하고 싶은 경우에도 값들을 미묘하게 조정해야 한다. 예를 들어, 어떤 인덱스 i와 j에 있는 두 값을 교환하려면 먼저 둘 중 하나를 임시 변수에 할당해야 한다.

```
Temp = A[i]
A[i] = A[j]
A[j] = Temp
```

그렇지 않으면 어떤 한 상자 안 값을 덮어쓰게 되어 두 상자가 동일한 값을 가지게 된다. 마찬가지로 커피숍과 서점의 위치를 바꾸려고 한다면, 먼저 서점의 가구와 물품 등을 비어 있는 세 번째 임시 위치로 이동시켜 커피숍의 것들을 넣을 수 있는 공간을 확보해야 한다. 그 후 커피숍을 옮길 수 있고, 서점의 가구와 물품 등을 세 번째 임시 위치에서 커피숍의 이전 위치로 옮길 수 있다.

1.3.1 삽입 정렬

배열 구조를 어떻게 사용할 수 있는지 이해하는 가장 좋은 방법은 실제 알고리즘을 검토하는 것이다. **삽입 정렬**(insertion sort)은 배열의 값을 정렬하는 알고리즘으로, 순서를 정할 수 있는 모든 유형의 값에서 작동한다. 정수, 문자열, 심지어 유통기한에 따라 저장된 창고 안 커피까지 삽입 정렬로 정렬할 수 있다.

삽입 정렬은 배열의 일부를 정렬하고, 이 정렬된 범위를 전체 배열이 정렬될 때까지 확장한다. 알고리즘은 정렬되지 않은 배열의 각 원소를 반복하면서 정렬된 부분의 올바른 위치로 이동한다. i의 반복을 시작하는 시점에 i-1 이하의 위치에 있는 원소는 모두 정렬되어 있다. 알고리즘은 이제 인덱스 i에 있는 원소를 선택하고, 정렬된 접두사[3]에서 이 원소의 올바른 위치를 찾아 나머지 원소를 뒤로 이동시켜서 선택한 원소가 들어갈 공간을 만든 후 삽입한다. 그러면 정렬된 접두사가 하나 더 커지면서 0에서 i까지 모든 상자가 정렬된 상태가 된다. 처음에는 첫 번째 원소를 초기 정렬된 접두사로 선언하고 i = 1부터 반복을 시작할 수 있다.

커피 컬렉션을 신선도순으로 정렬하고 싶다고 하자. 무엇보다 프리미엄 커피가 창고 깊숙이 박혀 있다 상해버리는 비극은 바람직하지 않다. 따라서 유통기한이 제일 짧게 남은 커피를 가장 앞쪽에 넣어서 쉽게 접근할 수 있게 해야 한다.

우선 커피백 하나를 정렬된 부분으로 선언하고, 이를 기준으로 정렬 범위를 설정함으로써 커피 정렬을 시작한다. 그다음에는 가장 앞쪽에서 두 번째 백부터 날짜를 비교해 정렬된 부분의 백보다 더 앞에 넣어야 할지를 판단한다. 위치를 바꿀 필요가 있는 경우엔 순서를 바꾸고, 그렇지 않은 경우엔 자리를 유지한다. 이제 자신 있게 맨 앞의 두 백이 정렬됐다고 말할 수 있다. 이렇게 부분적으로 정렬하는 과정을 마지막 백까지 진행하면서 위치를 바꾸는 작업을 반복하면, 커피 컬렉션을 완벽하게 정리할 수 있다. 코드 1-1과 같이 중첩된 루프를 이용해 삽입 정렬을 구현할 수 있다.

▼ **코드 1-1** 중첩된 루프를 사용해 삽입 정렬 구현하기

```
InsertionSort(array: A):
    Integer: N = length(A)
    Integer; i = 1
    WHILE i < N:                                    // ①
        Type: current = A[i]
```

---

3 **역주** 문자열에서 어떤 문자열의 접두사는 처음부터 시작하는 부분 문자열을 뜻한다. 예를 들어 abc의 접두사는 ''(빈 문자열은 모든 문자열의 접두사다), 'a', 'ab', 'abc'가 있다. 이를 약간 확장해 특정 문자나 특정 위치에 대한 접두사를 이야기할 수도 있고, 문자열과 비슷한 선형 데이터로 접두사 개념을 확장할 수 있다. 본문에서 i번째 위치를 기준으로 접두사는 인덱스 0부터 인덱스 i-1까지의 모든 원소로 이뤄진 부분 배열이라 할 수 있다.

```
Integer: j = i - 1
    WHILE j >= 0 AND A[j] > current:        // ②
        A[j + 1] = A[j]
        j = j - 1
    A[j + 1] = current
    i = i + 1
```

바깥쪽 루프는 최초의 정렬되지 않은 원소인 인덱스 i가 1인 원소부터 시작하고 정렬되지 않은 범위에 있는 각 값을 반복한다(①). 안쪽 루프는 인덱스 j를 사용해 정렬된 접두사의 원소를 맨 뒤에서부터 하나씩 반복한다(②). 반복 각 단계에서 현재 값과 정렬된 접두사 안에 있는 인덱스 j의 값을 비교해 확인한다. j에 있는 원소가 더 크면 두 값의 순서가 잘못됐으므로 교환해야 한다. 현재 값을 별도의 변수인 current에 저장했기 때문에 이전 상자에서 데이터를 직접 복사한다. 즉, i번째와 j번째의 값을 완전히 교환할 필요가 없다. 내부 루프는 현재 값을 배열의 맨 앞에 밀어넣거나 현재 값보다 이전 값이 더 작을 때까지만(이 경우가 바로 현재 값이 정렬된 접두사의 올바른 위치에 있음을 나타낸다) 계속 진행한다. 이제 내부 루프의 끝에서 현재 값을 올바른 위치에 쓰기만 하면 된다. 바깥쪽 루프는 다음 정렬되지 않은 값으로 진행한다.

그림 1-7은 알고리즘이 어떻게 동작하는지 시각화해 보여준다. 각 줄은 반복 시작 시 배열의 상태를 보여준다. 빨간색 상자는 현재 위치에 있는 원소를 나타내며, 화살표는 현재 위치의 원소를 삽입하면서 발생하는 이동을 나타낸다.

삽입 정렬은 그렇게 효율적이지 않다. 배열에 원소를 삽입할 때, 배열의 상당 부분을 이동해야 할 수도 있다. 최악의 경우(worst-case), 알고리즘의 비용은 시퀀스 원소 수의 제곱에 비례한다. 즉, 최악의 경우 리스트의 모든 원소마다 앞의 모든 원소를 이동해야 한다. 배열 크기를 2배로 늘리면, 최악의 경우 비용이 4배 증가한다. 커피숍에는 유통기한이 지나기 전에 소비할 수 있는 소량의 커피만 보관하기 때문에, 이 알고리즘의 이러한 비용이 크지 않을 수 있다. 그러나 많은 응용 분야에서 시퀀스 길이의 제곱에 비례하는 삽입 정렬의 비용은 급증한다.

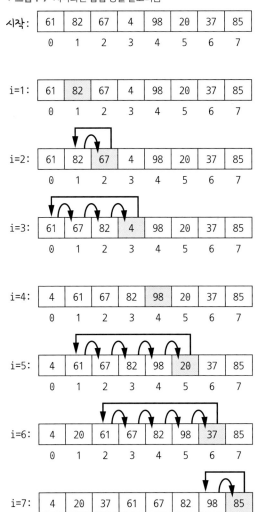

▼ **그림 1-7** 시각화한 삽입 정렬 알고리즘

그럼에도 불구하고 삽입 정렬은 배열이 어떻게 작동하는지 중요한 통찰을 제공한다. 이 간단한 알고리즘은 인덱스를 사용해 원소에 직접 집근할 수 있어야 하며, 새 원소를 삽입할 때 값을 교환할 수 있어야 하며, 모든 원소를 반복(iteration)할 수 있어야 한다는 배열의 여러 특성을 보여준다.

1.4 / 문자열

문자열(string)은 종종 특수한 종류의 배열로 생각할 수 있는, 순서가 지정된 문자의 리스트다. 문자열의 각 칸에는 문자, 숫자, 기호, 공백 또는 제한된 특수 기호 중 하나가 포함된다. 마지막 칸에 있는 특수 기호 /는 종종 문자열의 끝을 나타낸다. 인덱스를 사용해 문자열의 문자에 직접 접근할 수 있다.

▼ **그림 1-8** 'HELLO WORLD!'라는 문자열

H	E	L	L	O		W	O	R	L	D	!	/
0	1	2	3	4	5	6	7	8	9	10	11	12

일부 프로그래밍 언어에서는 문자열을 그냥 문자 배열로 직접 구현한다. 몇몇 다른 언어에서는 문자열이 객체일 수 있으며, 문자열 클래스는 문자를 담고 있는 배열이나 다른 자료 구조를 감싼 래퍼(wrapper) 클래스 역할을 한다. 문자열 래퍼 클래스는 문자열의 크기를 동적으로 조정하거나 부분 문자열을 탐색하는 등 추가 기능을 제공한다. 두 경우 모두 일반 배열과 유사한 구조가 문자열에 대한 작업에 어떤 영향을 미칠지 생각해보는 것이 유용하다. 컴퓨터 화면에 문자열을 표시할 때는 문자열의 각 문자를 반복하면서 하나씩 문자를 표시한다.

동등성(equality) 검사는 더 흥미롭다. 한 번의 연산으로 직접 비교할 수 있는 정수와 달리, 문자열은 각 문자를 반복하면서 비교해야 한다. 두 문자열을 비교할 때는 서로 일치하지 않는 문자를 발견할 때까지 두 문자열에서 같은 위치에 존재하는 문자를 서로 비교한다.

코드 1-2는 두 문자열의 동등성을 확인하는 알고리즘을 보여준다. 알고리즘은 먼저 문자열의 크기를 비교한다. 길이가 다르면 알고리즘은 해당 시점에 중지된다. 길이가 같으면 알고리즘은 각 위치를 반복하면서 해당 위치에 있는 두 문자를 비교한다. 이때 두 문자가 서로 일치하지 않으면 루프를 중지할 수 있다. 문자열을 모두 비교했는데 불일치가 일어나지 않았다면 두 문자열을 같다고 선언할 수 있다.

```
StringEqual(String: str1, String: str2):
    IF length(str1) != length(str2):
        return False
    Integer: N = length(str1)
    Integer: i = 0
    WHILE i < N AND str1[i] == str2[i]:
        i = i + 1
    return i == N
```

그림 1-9는 이 알고리즘이 두 문자열에 대해 어떻게 작동하는지 보여준다. =는 비교할 때 서로 일치한 문자 쌍을 나타낸다. X는 최초 불일치로 인해 검사가 종료된 문자 쌍을 나타낸다.

▼ **그림 1-9** 두 문자열 비교하기

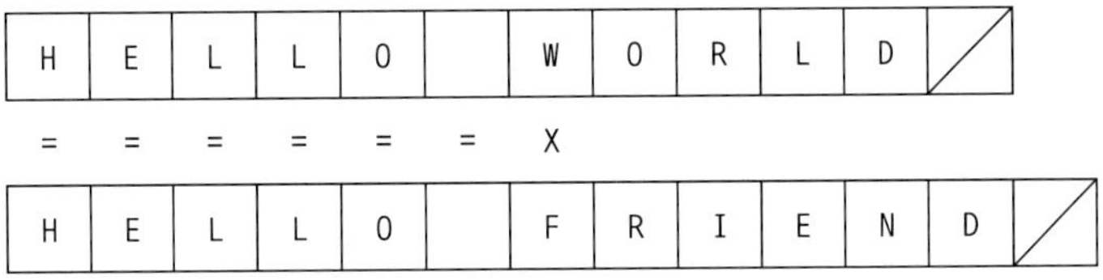

H	E	L	L	O		W	O	R	L	D	╱

= = = = = = X

H	E	L	L	O		F	R	I	E	N	D	╱

문자열 비교에서 최악의 경우 계산 비용은 문자열의 길이에 비례해 증가한다. 두 작은 문자열을 비교하는 작업에서는 무시할 수 있지만, 두 긴 문자열을 비교하는 작업에서는 시간이 오래 걸릴 수 있다. 예를 들어, 어떤 책의 1판과 2판을 처음부터 한 글자씩 비교하면서 두 책의 본문 문자 배열의 차이를 찾는 지겨운 과정을 상상해볼 수 있다. 가장 좋은 경우에는 초기에 일치하지 않는 부분을 찾을 수 있지만, 최악의 경우에는 책의 대부분을 검사해야 한다.

많은 프로그래밍 언어, 예를 들어 파이썬과 같은 언어는 직접 비교할 수 있는 문자열 클래스를 제공한다. 따라서 코드 1-2와 같은 비교 코드를 직접 구현할 필요가 없다. 그러나 간단한 비교 함수의 뒤에는 모든 문자를 반복하는 루프가 있다. 이 중요한 세부 사항을 이해하지 않으면 문자열 비교 비용을 과소평가할 수 있다.

1.5 / 변수와 배열이 중요한 이유

변수와 배열은 초급 프로그래밍 수업의 필수 요소이며, 그래서 재미없어 보일 수 있지만
컴퓨터 프로그래밍과 자료 구조의 근간을 제공하기 때문에 꼭 탐구해야 할 중요한 개념
이다. 또 이런 개념은 알고리즘에 미치는 동적 자료 구조의 영향을 평가하는 기준을 제공
한다. 2장부터는 동적 자료 구조가 효율성, 유연성과 복잡성 사이에 어떤 트레이드오프
(trade-off)를 제공하는지 살펴본다.

이진 탐색

이진 탐색(binary search)은 정렬된 리스트에서 특정 값을 빠르게 찾는 알고리즘이다. 이 알고리즘은 리스트를 반으로 나눠서 목푯값이 어느 쪽 절반에 속하는지 결정하고, 나머지 절반은 버리면서 목푯값이 포함될 가능성이 있는 절반을 탐색하는 방식으로 동작한다. 이 알고리즘의 구현 방법과 논리적 간결성은 컴퓨터 과학 입문 과목에 적합하기 때문에 거의 모든 컴퓨터 과학 교과서와 강의에서 이진 탐색 알고리즘을 다룬다.

회의적인 독자는 아마 "정렬된 리스트에서 탐색하는 일이 얼마나 자주 있을까?" 혹은 더 구체적으로 "내 정렬된 리스트에서 탐색 함수를 직접 구현할 일이 얼마나 자주 있을까? 이미 수백만 명이 이 짓을 하지 않았나? 라이브러리에 있지 않는가?"라고 생각할 수도 있다. 하지만 언젠가 자신만의 이진 탐색이 필요할 가능성을 배제해서는 안 되며, 이진 탐색의 진정한 중요성은 단순히 이진 탐색을 구현하는 일을 넘어선다.

이진 탐색은 똑똑한 알고리즘이—정렬된 데이터처럼 아주 단순한 자료 구조에서조차—데이터가 저장되어 있는 구조를 활용해 상당한 계산 비용을 절약할 수 있음을 보여주는 예다. 이진 탐색은 정확성과 효율성을 쉽게 분석할 수 있고 속도와 정확성 모두를 보장하며 데이터와 알고리즘의 상호 작용을 잘 보여준다. 그렇기 때문에 이진 탐색은 연결 리스트, 배열, 그 외의 여러 트리 기반 알고리즘과 같은 데이터 저장 기법들의 차이점을 살펴보는 훌륭한 렌즈가 될 수 있다. 게다가 이진 탐색은 더 나은 커피를 만드는 데도 사용할 수 있다.

2.1 / 문제 정의
SECTION

새로운 알고리즘을 정의하기 전에, 항상 그 알고리즘이 해결하려는 문제를 정의해야 한다. 2장에서는 리스트에서 주어진 목푯값과 일치하는 원소를 하나 찾을 수 있는 효율적인 알고리즘을 만들려 한다. 이 탐색 문제를 형식적으로 정의하면 다음과 같다.

N개의 데이터 점 $X = \{x_1, x_2, \ldots, x_N\}$과 목푯값 x'가 주어졌을 때,

$x' = x_i$인 $x_i \in X$를 찾거나 그런 점이 없음을 알아내라.

일상생활에서는 이러한 작업을 '어떤 것을 찾아줘'라고 표현한다. 이 탐색 문제는 우리가 하루에도 몇 번씩 직면하는 문제다. 사전에서 단어를 찾거나 연락처 목록에서 이름을 찾거나 역사적 사건 목록에서 특정 날짜를 찾거나 상품으로 꽉 찬 슈퍼마켓 선반에서 좋아하는 커피 브랜드를 찾는 경우 등이 있다. 우리에게는 대상 목록과 목푯값의 일치 여부를 확인할 수 있는 방법이 필요하다.

2.2 / 선형 스캔
SECTION

이진 탐색의 이점을 이해하기 위해 비교 대상을 제공하겠다. 더 간단한 알고리즘인 **선형 스캔**(linear scan)부터 살펴보자. 선형 스캔은 리스트에서 한 번에 하나씩 값을 목푯값과 비교하면서 목푯값을 찾거나 목록의 끝에 도달할 때까지 비교해 목푯값을 찾는다. 이 방법은 필자가 일반적으로 슈퍼마켓 선반에서 커피를 찾는 방법과 비슷하다(손가락으로 커피 포장지를 하나하나 만지고 원하는 브랜드를 찾으면서, 한편으로 '이보다 더 좋은 방법이 있을 텐데'라고 중얼거린다).

수로 이뤄진 배열 A에서 목푯값을 찾으려 한다고 가정하자. 이 경우 target = 21을 사용하자. 배열의 각 상자 안에 든 값이 21과 같은지 반복해서 확인한다. 이 과정이 그림 2-1에 묘사되어 있다.

▼ **코드 2-1** 선형 스캔 알고리즘

```
LinearScan(Array: A, Integer: target):
    Integer: i = 0
    WHILE i < length(A):
        IF A[i] == target:
            return i
        i = i + 1
    return -1
```

코드 2-1은 선형 스캔 코드를 보여준다. 이 코드는 일치하는 원소의 인덱스를 반환하고 탐색에 실패하면 배열에 원소가 없으므로 -1을 인덱스로 반환한다.

▼ **그림 2-1** 정수 배열에서의 선형 스캔

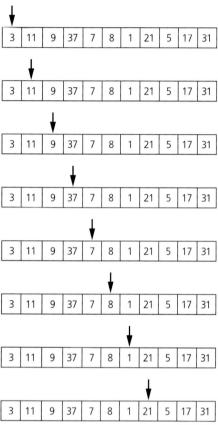

단일 WHILE 루프는 배열의 각 원소를 반복하고, 내부 IF 문은 인덱스에 해당하는 원소를 목푯값과 비교한다. 목푯값을 찾은 경우 즉시 해당 인덱스를 반환한다. 배열의 끝까지 확인한 경우 -1을 반환한다. 선형 스캔은 멋지거나 똑똑하지 않다. 목표가 데이터에 있는지 찾기 위해 가능한 항목을 모두 확인하기 때문에 '무식한 검사'다. 특히 원소가 아주 많은 리스트에서 비효율적이다. A의 자료 구조에 대해 아무것도 모르면 프로세스를 최적화할 수 있는 방법이 없다. 목푯값이 모든 상자에 있을 수 있으므로 모든 상자를 확인해야 할 수도 있다. 선형 스캔의 한계를 보여주기 위해, 교실 바깥에 줄 서 있는 기초 프로그래밍 과목을 듣는 학생들 같은 물리적인 시퀀스에서 이러한 탐색을 수행한다고 상상해보라. 특정 학생의 숙제를 반환하려는 교사는 각 학생에게 "이름이 제레미입니까?"라고 묻고 다음 학생으로 이동할 수 있다. 교사가 올바른 학생을 찾거나 줄 끝까지 이동하면 탐색이 중지된다. 학생들은 교사가 비효율적이라고 (올바르게) 생각하면서 구시렁댄다.

때로 선형 탐색에서 각각의 비교를 더 빨리 할 수 있는 방법이 있는 경우가 가끔 있다. 예를 들어, 복잡한 데이터가 문자열일 때는 1장에서 설명한 것처럼 최초로 일치하지 않는 글자에서 비교를 멈춤으로써 비교에 걸리는 시간을 최적화할 수 있다. 그러나 이런 최적화에도 한계가 있다. 여전히 모든 원소를 하나씩 확인해야 하기 때문이다.

다음 절에서는 데이터에 작은 구조를 추가하면 모든 것이 어떻게 달라지는지 살펴본다.

2.3 SECTION / 이진 탐색 알고리즘

이진 탐색은 '정렬된' 리스트에서 목푯값을 찾는 알고리즘으로, 정렬된 데이터에서만 작동한다. 알고리즘은 리스트를 반으로 분할하고 목푯값이 어느 쪽 절반에 속하는지 결정한다. 그러고 나서 목푯값이 포함되지 않는 절반을 버리고 여전히 목푯값이 있을 수 있는 나머지 절반만 가지고 다시 같은 과정을 반복해 마지막 값만 남을 때까지 이를 반복한다. 예를 들어, 그림 2-2에서 값 7을 찾는 경우 중앙값인 5를 보고 앞쪽 절반을 제거할 수 있다. 중간 원소 이전에 있는 모든 값은 5보다 크지 않으며 5는 7보다 작기 때문에 5보다 앞에 있는 모든 원소도 7보다 작다.

▼ **그림 2-2** 1부터 9까지 정렬된 정수 리스트, 5가 중간 지점에 있다

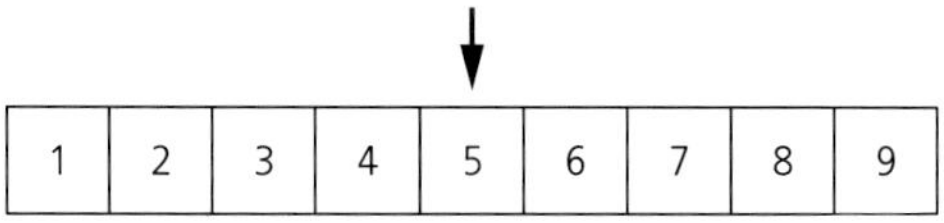

| 1 | 2 | 3 | 4 | 5 | 6 | 7 | 8 | 9 |

효율적인 알고리즘의 핵심은 데이터의 정보나 구조를 활용하는 것이다. 이진 탐색의 경우, 배열이 오름차순으로 정렬되어 있음을 이용한다. 형식적으로 이를 표현하면 다음과 같다.

배열 A에서 $i < j$인 모든 i, j 인덱스 쌍에 대해

$A[i] \leq A[j]$를 만족하면 이 A는 오름차순으로 정렬된 배열이다.

이 정보가 그리 대단해 보이지 않을 수 있지만, 이를 이용하면 배열에서 불필요한 부분을 모두 다 제거할 수 있다. 이는 커피를 찾을 때 아이스크림 선반을 뒤지지 않는 논리와 비슷하다. 한번 어떤 영역에 목표가 존재하지 않을 것이라는 사실을 알게 되면, 그 영역 내 모든 원소를 굳이 개별적으로 확인하지 않아도 된다.

이진 탐색은 두 경계를 이용해 탐색 공간을 추적한다. 상계(upper bound)인 IndexHigh 는 현재 활성화된 탐색 공간에 속하는 배열의 가장 높은 인덱스를 가리키고, 하계(lower bound)인 IndexLow는 가장 낮은 인덱스를 가리킨다. 알고리즘 전체를 통해, 목푯값을 배열 내에서 찾을 경우 다음이 보장된다.

A[IndexLow]$\leq$ v $\leq$ A[IndexHigh]

이진 탐색의 매 반복은 현재 탐색 공간의 중간 지점 값(중앙값)을 선택하며 시작된다.

IndexMid = Floor((IndexHigh +IndexLow)/2)

여기서 Floor는 숫자를 정수로 내림하는 수학 함수다. 그런 다음 중간 위치의 값인 A[IndexMid]와 목푯값 v를 비교한다. 중앙값이 목푯값보다 작은 경우 A[IndexMid] < v이므로 목푯값은 중간 인덱스 뒤에 있어야 한다. 이로 인해 IndexLow = IndexMid + 1로 탐색 공간을 절반으로 줄일 수 있다. 또한, 중앙값이 목푯값보다 큰 경우 A[IndexMid] > v이므로 목푯값은 중간 인덱스보다 앞에 있어야 한다. 이 경우 IndexHigh = IndexMid - 1로 탐색 공간을 반으로 줄일 수 있다. 물론 A[IndexMid] == v를 찾은 경우에는 즉시 탐색을 완료한다.

그림 2-3의 각 줄은 정렬된 배열에서 이진 탐색을 수행하는 단계를 보여준다. (a)의 배열에서 값 15를 찾고 있다. 처음에는 탐색 범위가 전체 배열을 포함한다. 즉, IndexLow = 0 이고 IndexHigh = 11이다. (b)에서는 중간 범위를 계산하고 (내림해서) IndexMid = 5를

얻는다. 중앙값과 목푯값을 비교하면 A[5] = 11이고 이는 목푯값 15보다 작다. 따라서 (c)에서는 하계를 조정해서 배열의 맨 앞부터 인덱스 5에 이르는 모든 원소를 제거한다. 이제 IndexLow = 6이다. 이렇게 비교 한 번으로 탐색 공간의 거의 절반을 제거했다! 알고리즘은 남아 있는 범위에서 이 과정을 반복해 새로운 중간 범위를 계산하고 IndexHigh = 7로 범위를 조정한다. (d)에서는 다시 반 이상의 탐색 범위를 제거한다. 마지막으로 (e)에서는 중간 범위로 IndexMid = 6을 다시 계산하고 목푯값과 중앙값을 비교한다(A[6] == v). 드디어 목표를 찾았다!

▼ **그림 2-3** 정렬된 배열에서 값 15를 찾기 위한 이진 탐색

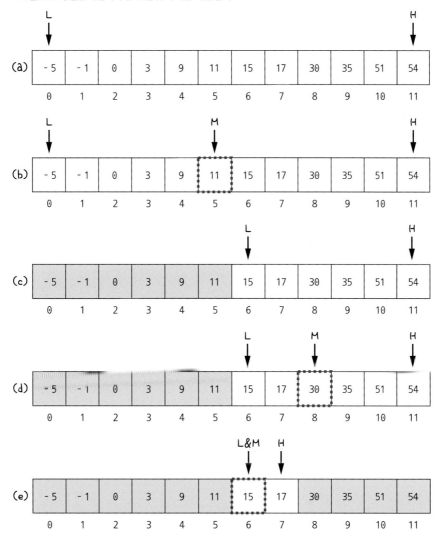

주목할 점은 몇 번의 탐색을 거치며 하계 인덱스가 목푯값을 가리키게 되었는데도 중간 지점이 목푯값을 가리킬 때까지 탐색을 계속한다는 점이다. 이 탐색이 하계나 상계의 값을 목푯값과 비교하지 않고 중간에 있는 값만 비교하기 때문이다.

기초 프로그래밍 과목 학생들의 줄을 다시 생각해보자. 교사는 학기 말에 학생들에게 알파벳순으로 줄을 서라고 지시한다. 그런 다음 교사는 중간 학생에게 "이름이 뭐예요?"라고 물어보고 이에 대한 응답을 사용해 줄의 절반을 제외한다. 그런 다음 교사는 마음속에서 경계를 수정하고, 새로운 중간 지점으로 이동하고, 같은 과정을 반복한다. 따라서 교사는 과제 반환을 이진 탐색 데모로 바꿀 수 있는 동시에 자신이 학생의 이름을 몰랐다는 사실을 감출 수 있다.

2.3.1 없는 값

이제 목푯값이 리스트에 없는 경우 이진 탐색을 어떻게 처리할지 생각해봐야 한다. 선형 스캔의 경우에는 목록 끝에 도달하면 원소가 리스트에 없다는 점을 알 수 있다. 이진 탐색의 경우에는 상계와 하계를 검사해 목푯값이 리스트에 없음을 확인할 수 있다. 탐색이 진행됨에 따라 상계와 하계는 점점 가까워지고, 결국에는 두 경계 안에 탐색하지 않은 값이 더 이상 존재하지 않게 된다. 두 경계 중 하나가 항상 중간 인덱스를 넘어가기 때문에 IndexHigh < IndexLow가 되면 탐색을 중단할 수 있다. 이 시점에서 목푯값이 리스트에 없다는 사실을 보증할 수 있다. 그림 2-4는 10이 들어 있지 않은 정렬된 배열에서 v = 10을 탐색하는 예를 보여준다.

이론적으로 (f)보다 이진 탐색을 더 빨리 중지할 수 있었다. 상계에 있는 값이 목푯값보다 작을 때(IndexHigh = 4) 목표가 배열에 없다는 점을 알 수 있다. 그러나 그림 2-3에서와 마찬가지로 이 알고리즘은 목푯값과 중앙값만 확인한다. 알고리즘은 상계와 하계의 인덱스를 추적하지만, 두 위치에 있는 값을 명시적으로 확인하지는 않는다. 이런 경우를 처리할 논리를 추가할 수도 있지만, 지금은 논리를 간단하게 유지하기로 한다.

▼ **그림 2-4** 배열에 없는 값(10)에 대한 이진 탐색

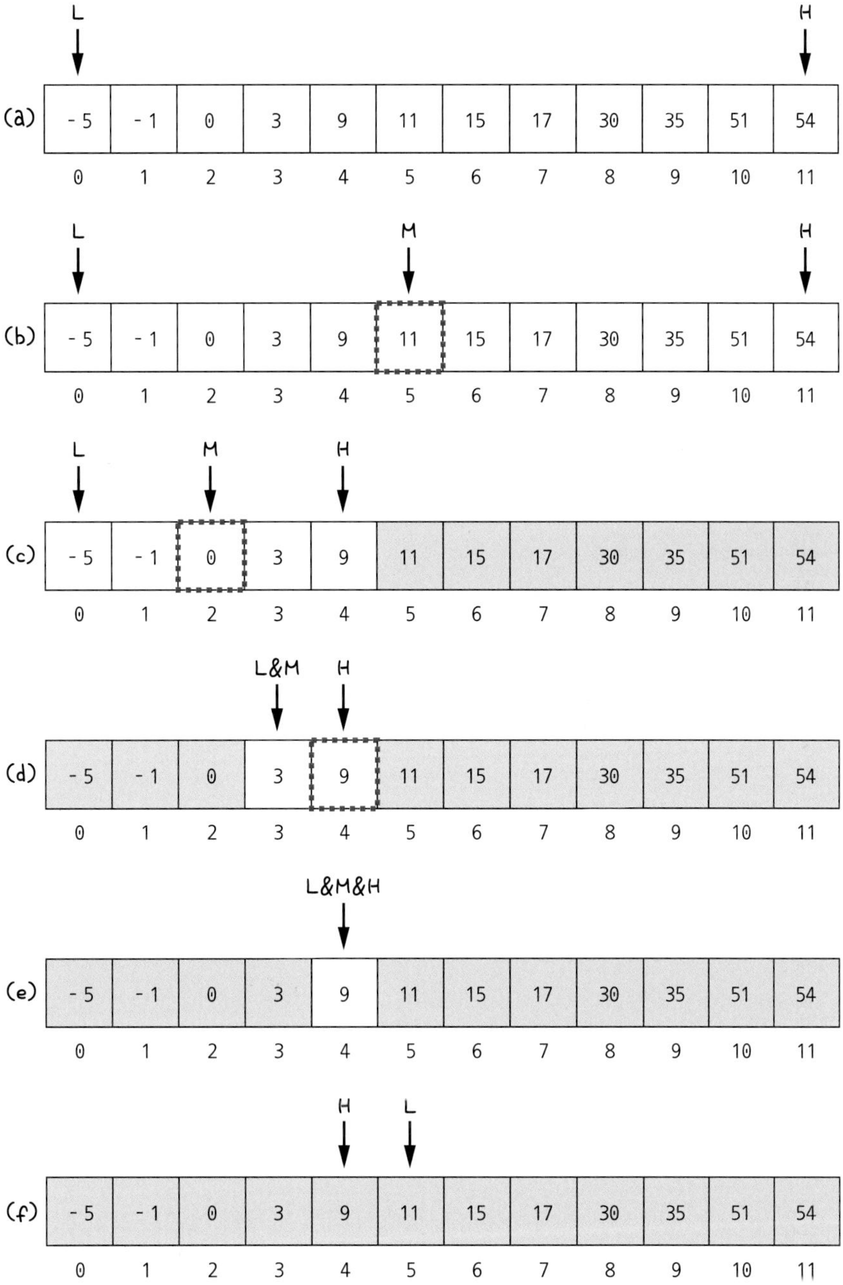

2.3.2 이진 탐색 구현

WHILE 루프를 하나만 사용하는 코드로 이진 탐색을 구현할 수 있다. 이진 탐색 코드는 코드 2-2와 같다. 코드 2-1의 선형 스캔과 마찬가지로 이진 탐색 알고리즘은 배열에 있는 목 푯값 원소의 인덱스를 반환한다. 배열에 목푯값이 없는 경우 알고리즘은 −1을 반환한다.

▼ **코드 2-2** 단일 루프를 이용한 이진 탐색 구현

```
BinarySearch(Array: A, Integer: target):
    Integer: IndexHigh = length(A) - 1
    Integer: IndexLow = 0
    WHILE IndexLow <= IndexHigh:                          // ①
        Integer: IndexMid = Floor((IndexHigh+IndexLow) / 2)   // ②

        IF A[IndexMid] == target:
            return IndexMid
        IF A[IndexMid] < target:
            IndexLow = IndexMid + 1                       // ③
        ELSE:
            IndexHigh = IndexMid - 1                      // ④
    return -1
```

높은 인덱스와 낮은 인덱스가 교차하지 않는 한 탐색을 계속한다(①). 반복할 때마다 새로 운 중간 인덱스를 계산하고 중앙값을 목푯값과 비교한다(②). 두 값이 일치하면 목푯값을 찾았으므로 해당 인덱스를 직접 반환한다. 중앙값이 너무 작으면 하계를 조정한다(③). 중 앙값이 너무 크면 상계를 조정한다(④). IndexHigh<IndexLow면 목푯값이 배열에 없으므로 −1을 반환한다.

프로그래밍 언어에 따라 실패를 나타내기 위해 −1을 반환하는 대신 예외 던지기(throw) 등 다른 방법을 사용할 수 있다. 실제 메커니즘과는 무관하게 여러분의 코드와 문서는 배 열에 원소가 없는 경우 어떤 일이 발생하는지를 항상 명확히 밝혀서 함수를 호출하는 사 용자가 이를 올바르게 사용할 수 있도록 해야 한다.

2.4 / 이진 탐색 적용하기

SECTION

지금까지 이진 탐색을 리스트와 배열, 즉 개별 항목으로 이루어진 고정된 집합의 맥락에서 살펴봤다. 이 알고리즘은 정렬된 책장, 전화번호부의 이름, 크기순으로 정렬된 옷걸이 등에 적용해 실제 세계에서 활용할 수 있다. 그런데 이런 접근 방법을 개별적인 인덱스나 이산적인[1] 원소 집합이 존재하지 않는 연속 데이터에도 적용할 수 있다. 이런 경우에는 인덱스 대신 값에 대한 상계와 하계를 사용한다.

여러분이 완벽한 커피를 내리기 위해 노력한다고 상상해보자. 고난도 연구를 거쳐 최적의 온도와 물의 양을 확인했다. 그러나 여전히 미스터리가 남아 있다. 얼마나 많은 커피를 사용해야 할까? 이에 대해 출처에 따라 권장량이 다르다. 진한 커피파는 커피 5큰술을 추천하고, 연한 커피파는 커피 0.5작은술을 추천한다. 그림 2-5에서 볼 수 있는 것처럼 최적의 커피 스쿱을 결정하는 문제는 이진 탐색에 이상적이다. 먼저 그림 2-5(a)와 같은 합리적인 상계와 하계에서 시작한다.

> **하계 = 0큰술.** '커피'는 따뜻한 물 한 잔이다.
>
> **상계 = 5큰술.** 커피가 너무 강하다.

진짜 값은 두 값 사이 어딘가에 있어야 한다. 상계와 하계는 이제 항목 인덱스가 아니라 값(커피의 양) 자체다.

값이 들어 있는 배열에 대한 이진 탐색과 마찬가지로 중간 지점을 2.5큰술로 정하고 커피를 검사할 수 있다(그림 2-5(b)). 다시 말하지만, 여기서 2.5큰술은 값일 뿐이다. 이는 배열 원소나 슈퍼마켓 서반 위의 물건 위치에 해당하지 않는다. 우리에게 미리 정해진 값의 배열은 없지만 0.0에서 5.0 사이의 모든 실수로 이뤄진 범위가 있으며, 그 사이의 값을 실수 범위에 대한 인덱스라고 생각할 수 있다.

---

1 **역주** 이산적인(discrete)이라는 수학 용어는 정수, 논리값, 비트 등 값들이 연속적이지 않고 구분되어 하나하나 셀 수 있는 경우를 뜻한다.

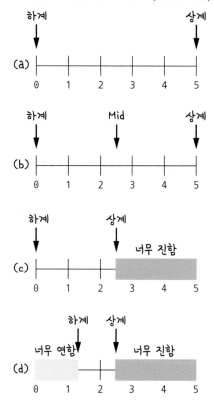

▼ 그림 2-5 이진 탐색을 적용해 실수(real number) 범위를 탐색할 수 있다

이제 2.5큰술로 내린 커피가 우리 취향에는 조금 너무 진하다는 점을 발견하고, 그 결과에 따라 상계와 하계를 더 정교하게 조정할 수 있다. 이제 최적의 커피 양은 0큰술과 2.5큰술 사이에 있어야 한다(c). 새로운 중앙값 1.25큰술로 탐색을 계속하면, 우리가 원하는 강도보다 약한 커피가 나온다. 하계를 더욱 정교하게 조정해야 한다(d). 모닝커피 한 잔의 기쁨을 찾는 탐색은 이런 식으로 범위를 충분히 좁힐 때까지 계속된다. 이산적인 값 배열과는 달리, 정확히 탐색 조건을 만족하는 지점을 발견하지 못할 수도 있다. 실수 값은 무한하기 때문이다. 만약 우리 취향에서 최적의 커피 양이 2.0큰술이라면, (이진 탐색을 사용하는 경우) 2.50, 1.25, 1.875, 2.1875, 2.03125와 같은 값을 시도해보고 충분히 최적의 값에 가까워졌다고 결론을 내릴 수 있다. 따라서 범위가 충분히 작아질 때 탐색을 종료한다.

```
UpperBound-LowerBound < threshold
```

이 탐색 방법을 선형 스캔과 대조해보자. 과학의 이름으로 최적의 커피를 찾을 때까지 0.05큰술 단위로 커피 양을 증가시키면서 모든 조합을 시도하기로 결정할 수 있다. 우리는 커피에 진심이므로 철저해야 한다. 낮은 인덱스(0.0큰술, 즉 따뜻한 물 한 잔)에서 시작해, 계속 0.05큰술씩 증가시키면서 커피를 다시 시음한다. 0.05, 0.10, 0.15, …, 1.00까지 진행해야 겨우 조금 합리적인 강도가 느껴지기 시작한다. 올바른 지점에 도달하려면 시도를 많이 해야 하며, 그 시도 중 적어도 초반 20회는 커피로 간주하기에 너무 약한 강도일 것이다. 이는 시간과 커피콩을 너무 낭비하는 일이다.

이진 탐색을 쓰면 더 나은 정밀도를 얻을 수 있다. 선형 스캔은 매번 0.05큰술만 증가시키면서 샘플링하기 때문에 목푯값에 가까이 다가갈 수 있는 한계가 있다. 이진 탐색은 우리가 멈출 UpperBound-LowerBound 값을 선택함으로써 0.0001큰술이나 그 이하의 충분히 정밀한 값으로 결과의 오차를 줄일 수 있다.

이런 식으로 이진 탐색 접근 방식을 적용하는 것은 **이분법(bisection search)** 등 중요한 수학적 기술의 기초가 된다. 이분법은 함수의 영(zero) 또는 $f(x) = 0$인 x값을 찾기 위해 이를 사용한다(이런 경우를 다른 말로 근(root)이라고도 한다). 커피가 강한지 약한지 판별하는 대신, 이분법은 함수가 0보다 크거나 작은 경계를 추적한다. 중앙값에서 구간을 반복해서 절반으로 나눔으로써, 이분법 알고리즘은 함수가 정확히 0이 되는 x값에 접근할 수 있다.

2.5 / 실행 시간
SECTION

직관적으로 이진 탐색이 데이터를 선형 스캔하는 것보다 빠른 것처럼 보인다. 이진 탐색이 추가된 코드 복잡성의 비용을 상쇄하고 남을 만큼 빠른지 확인해보자. 두 알고리즘의 상대 속도는 당연히 데이터 자체에 따라 달라진다. 만약 리스트의 시작 부분에서 항상 존재하는 값을 찾는다면 선형 스캔이 이길 것이다. 마찬가지로 작은 리스트에서는 이진 탐색이 불필요할 수도 있다. 만약 리스트에 원소가 단 두 개만 있다면 리스트를 절반으로 나눌 필요 없이 두 원소를 직접 확인할 수 있다.

알고리즘의 실행 시간을 데이터 크기 N이 커질 때의 평균 성능과 최악의 성능으로 분석하는 경우가 많다. 컴퓨터 과학자들은 종종 O(빅오(Big-O)라고 읽음) 표기법과 같은 측정 방법을 사용해 이 개념을 더욱 형식적으로 표현한다. 이 책에서는 알고리즘을 형식적으로 분석하거나 O 표기법을 사용하지 않지만, 각 알고리즘에 대해 다음과 같은 두 가지 측면을 고려할 것이다.

- 데이터 크기가 증가함에 따라 알고리즘의 평균 실행 시간이 어떻게 변하는가?
- 데이터 크기가 증가함에 따라 알고리즘의 최악의 경우 실행 시간이 어떻게 변하는가?

지금은 선형 스캔과 이진 탐색의 최악의 경우 성능을 비교해보자. 선형 스캔에서 최악의 경우는 목푯값이 리스트의 끝에 있거나 리스트에 없는 경우다. 이 경우 알고리즘은 리스트의 모든 값을 확인해야 한다. 배열에 N개 값이 있다면 N번 비교해야 한다. 따라서 선형 스캔의 최악의 경우 실행 시간은 데이터 크기에 '선형적으로' 비례한다. 반면, 이진 탐색은 최악의 경우라도 단계마다 데이터의 절반을 제거하기 때문에 비교 횟수는 데이터 집합의 크기에 대해 로그적(logarithmic)이다. 즉 이진 탐색의 비교 횟수는 데이터에 대해 $\log_2 N$ 만큼 비례한다. 비록 각 단계에서 더 많은 작업이 필요하지만, 충분히 큰 리스트에 대해서는 원소 개수의 로그만큼만 비교하면 된다는 이점이 단계마다 들어가는 비용을 상쇄시킨다.

2.6 / 이진 탐색이 중요한 이유
SECTION

입문용 컴퓨터 과학 수업에서 이진 탐색에 대한 집착은 이진 탐색을 옹호하는 캠페인이나 팬클럽, 비밀 조직 때문에 생긴 것이 아니다(물론 그런 일이 생겨도 이해할 수는 있다). 그보다 이진 탐색의 단순함 덕분에 이진 탐색은 입문자에게 가장 완벽한 주제가 된다. 이진 탐색은 계산적 사고의 가장 기본적인 개념인 문제 자체의 구조를 활용해 효율적인 해법을 구축하는 과정을 깔끔하고 효과적인 예제로 제공한다. 정렬돼 있다는 데이터의 특성을 활용함으로써 최악의 경우 실행 시간을 리스트 크기에 대한 선형 함수에서 로그 함수로 줄일 수 있다. 이 실행 시간의 차이는 데이터가 커질수록 훨씬 더 커진다.

책의 나머지 부분에서는 문제 자체의 구조(데이터 내부 포함)와 효율적인 해법을 만드는 방법 간 밀접한 관계에 대해 계속 다룬다.

동적 자료 구조

3장에서는 데이터가 변경될 때 구조를 변경하는 **동적 자료 구조**를 소개한다. 이런 구조적 적응은 필요에 따라 자료 구조의 크기를 확장하거나 서로 다른 값 사이에 동적이고 가변적인 연결을 만드는 것 등을 포함할 수 있다. 동적 자료 구조는 거의 모든 컴퓨터 프로그램의 핵심이며 컴퓨터 과학에서 가장 재미있고 흥미로우며 강력한 알고리즘의 기초다.

1장과 2장에서 소개한 기본 자료 구조는 주차장과 같다. 이들은 정보를 저장할 수 있는 장소를 제공하지만 적응성은 제한적이다. 물론 배열의 값을 정렬하고 그 구조를 사용해 이진 탐색을 효율적으로 수행할 수 있다. 그러나 정렬은 그냥 배열 내 데이터의 순서를 변경할 뿐이다. 배열 자료 구조 자체는 변경되거나 데이터의 변화에 반응하지 않는다. 정렬된 배열의 데이터를 나중에 수정하는 경우, 즉 원소의 값을 수정하는 경우에는 배열을 다시 정렬해야 한다. 더 나쁜 경우로, 배열 크기를 늘리거나 줄이는 것처럼 자료 구조 자체를 변경해야 하는 경우 단순한 정적 자료 구조는 아무런 도움을 주지 않는다.

3장에서는 1장에서 소개한 정적 자료 구조인 배열과 간단한 동적 자료 구조인 연결 리스트(linked list)를 비교해 후자의 장점을 보여준다. 이 두 자료 구조는 몇몇 측면에서 비슷하다. 두 자료 구조 모두 하나의 참조(배열은 배열에 대한 참조, 연결 리스트는 첫 번째 원소에 대한 참조)를 통해 여러 값을 저장하고 읽을 수 있다. 하지만 배열은 생성할 때 구조가 고정되는 반면, 연결 리스트는 프로그램의 메모리를 통해 계속 확장할 수 있다. 연결 리스트는 사람들로 이뤄진 줄이 길어지거나 짧아지는 것같이 동작하며 원소를 추가하거나 제거할 수 있다. 이런 차이점을 이해하면 이 책의 나머지에서 다룰 고급 자료 구조를 이해하는 기초를 쌓을 수 있다.

3.1 / 배열의 한계

배열의 한 가지 중요한 한계는 크기와 메모리 레이아웃이 생성 시 고정된다는 점이다. 이미 생성한 배열에, 수용하기에 너무 많은 값을 저장하려면 새로 큰 배열을 만들고 기존 배열에서 데이터를 복사해야 한다. 저장해야 할 원소의 개수에 대해 움직이지 않는 상한선이 있는 경우에는 이런 식으로 크기가 고정된 메모리를 수용할 만하다. 데이터를 넣을 만큼 충분히 상자가 많다면, 배열의 정적 메모리 레이아웃을 걱정할 필요 없이 개별 원소를 하루 종일 설정할 수 있다. 그러나 많은 애플리케이션에서 프로그램과 함께 자라고 변할 수 있는 동적 자료 구조가 필요하다.

동적 자료 구조에 대한 요구를 만족시키기 위해, 현대적인 프로그래밍 언어들은 원소를 추가하면 크기가 커지고 원소를 제거하면 크기가 작아지는 동적 '배열'을 제공한다. 그러나 이러한 동적 배열은 사실상 정적 배열이나 다른 자료 구조를 감싼 래퍼로, 동적 배열로 인한 특성이나 복잡성, 비용을 감춘다. 이들을 사용하면 편리하지만, 숨겨진 비효율성을 초래할 수 있다. (동적) 배열의 끝을 지나 원소를 추가할 때 프로그램은 여전히 사용할 메모리를 늘려야 한다. 이런 메모리 증가는 보이지 않는 곳에서 이뤄진다. 동적 자료 구조가 왜 중요한지 이해하기 위해서는 정적 자료 구조의 한계에 대해 논의해야 한다. 이 책에서는 '배열'이라는 용어를 단순한 정적 배열을 가리키는 용어로 사용한다.

배열의 한계를 설명하기 위해, 여러분이 요즘 뜨고 있는 최신 레트로 비디오 게임 '스페이스 프로거(Space Frogger) 2000'을 마스터하기 위해 일주일을 꼬박 보냈다고 상상해보자. 메인 화면에서 최고 점수 순위 맨 앞에 여러분의 최고 점수 5개가 표시될 때마다 웃으며 기뻐할 것이다. 이런 업적은 오랜 시간 땀과 눈물, 절규, 더 많은 눈물을 들인 결과물이다. 그러나 다음 날 친구가 방문해 최고 점수를 다섯 번이나 연속으로 갱신한다. 여러분은 배신자인 과거의 친구를 집 밖으로 내쫓은 후 다시 게임을 하고, 그림 3-1의 새로운 최고 점수를 살펴보면서 외칠 것이다. "게임에 더 많은 점수를 저장할 수는 없나? 최고 점수를 10개 유지하는 것이 그렇게 어려운가? 최소한 마지막에 하나만이라도 더 추가하면 어떨까?"

▼ **그림 3-1** 비디오 게임의 최고 점수를 유지하는 원소가 5개인 배열. 안타깝게도 여러분의 점수는 없다

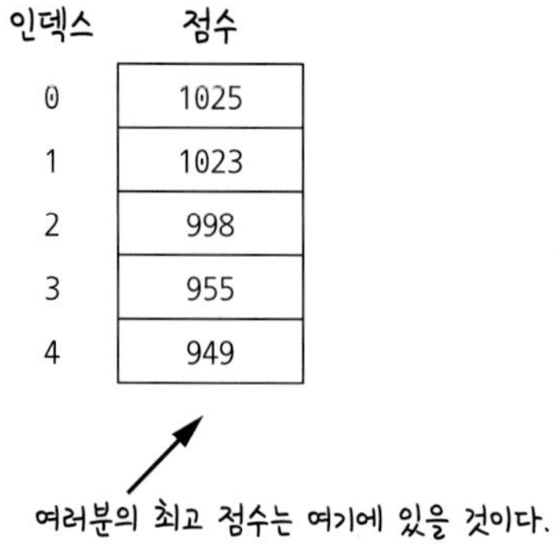

인덱스	점수
0	1025
1	1023
2	998
3	955
4	949

여러분의 최고 점수는 여기에 있을 것이다.

이는 메모리 레이아웃이 고정된, 즉 크기가 고정된 자료 구조의 근본적인 한계다. 이런 고정된 자료 구조는 데이터에 따라 자료 구조의 크기가 늘어날 수가 없다. 이 한계로 몇 가지 일반적인 작업이 비싸진다. 더 구체적으로는 고정된 수만큼만 문자를 저장할 수 있는 워드 프로세서, 행과 열의 수가 제한된 스프레드시트, 제한된 수만큼만 사진을 저장할 수 있는 사진 저장 프로그램이나 1,000개 항목만 기록할 수 있는 커피 일지의 한계를 상상해 보라.

배열 크기는 배열을 생성할 때 고정되므로, 배열을 확장해 더 많은 데이터를 저장하려면 새로운 더 큰 메모리 블록을 만들어야 한다. 배열 끝에 원소를 하나 추가하는 가장 간단한 경우를 생각해보자. 배열은 크기가 고정된 단일 메모리 블록이므로, 그 블록 바로 다음 공간을 다른 변수가 이미 사용하고 있을 수도 있어서 배열 끝에 다른 값을 그냥 밀어넣을 수는 없다. 이미 존재하는 다른 변수의 값을 덮어쓸지도 모르는 위험을 감수하기보다는, 새로운 더 큰 메모리 블록을 할당하고, 원래 배열의 모든 값을 새 블록으로 복사하고 마지막에 새 값을 쓰는 작업을 해야 한다. 그림 3-2에서 볼 수 있는 것처럼, 단지 원소를 하나 추가할 뿐인데도 큰 부가 비용이 발생한다.

▼ **그림 3-2** 꽉 찬 배열의 끝에 원소 추가하기

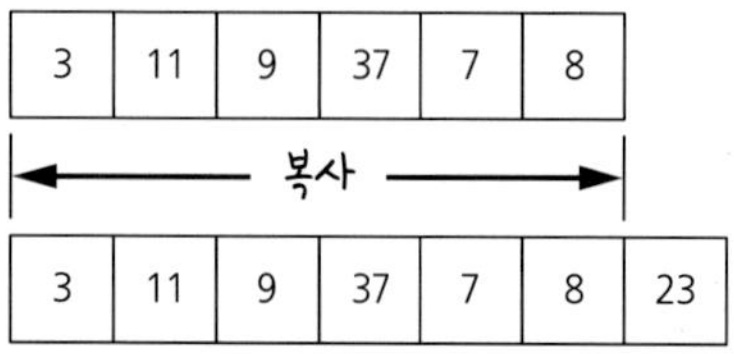

3	11	9	37	7	8

◄──── **복사** ────►

3	11	9	37	7	8	23

배열을 뷔페에 있는 양식 코너 테이블 같다고 생각해보라. 비어 있는 스크램블 에그 트레이를 꺼내 새로운 것으로 바꾸기는 쉽지만, 테이블 끝에 다른 음식 트레이를 더 끼워넣을 수는 없다. 공간이 없기 때문이다. 셰프가 팬케이크를 메뉴에 추가하기로 결정하면, 다른 메뉴를 제거해야 한다.

새로운 값을 많이 삽입해야 한다면, 비용을 분산시켜서 지불하는 '분할 상환(amortizing)'을 사용할 수 있다. 어쩌면 배열 '두 배로 늘리기(array doubling)' 같은 전략을 채택할 수도 있다. 이 전략은 배열 크기가 확장될 때마다 그 크기를 두 배로 키우는 방식이다. 예를 들어, 크기가 128인 배열에 129번째 원소를 추가하려면 먼저 크기가 256인 새로운 배열을 할당하고 원래 배열의 128개 원소를 복사한다. 이렇게 하면 공간을 다음에 새로 할당하기 전까지 계속 배열을 확장할 수 있다. 이런 동적 증가를 위해 잠재적인 메모리 낭비 비용을 지불해야 한다. 원소가 129개만 필요하다면 127개의 원소를 과도하게 할당하기 때문이다.

배열 두 배로 늘리기는 비싼 배열 복사와 메모리 낭비 사이에서 합리적인 균형을 제공한다. 배열이 커지면서 크기가 2배가 되는 빈도가 점점 줄어든다. 동시에 배열이 가득 찼을 때 배열을 두 배로 늘리면, 낭비되는 공간이 절반 이하로 줄어든다. 그러나 이런 균형 잡힌 방식을 사용하더라도 복사 비용과 메모리 사용 측면에서 크기가 고정된 배열을 사용하는 데 따른 비용이 분명히 드러난다.

```
ArrayDouble(Array: old_array):
    Integer: length = old_array의 길이
    Array: new_array = 크기가 length * 2인 빈 새로운 배열

    Integer: j = 0
    WHILE j < length:
        new_array[j] = old_array[j]
        j = j + 1
    return new_array
```

배열 크기를 두 배로 늘리는 코드는 현재 배열 크기의 두 배인 새로운 배열을 할당하면서 시작한다. 하나뿐인 WHILE 루프는 현재 배열의 원소를 반복하면서 각 값을 새로운 배열에 복사한다. 그 후 새로운 배열을 반환한다. 이 전략을 서점의 서가 공간에 적용해보자. '자

료 구조의 모든 것'이라는 서점을 설립하고 작은 서가 5개를 설치한다. 개업일에 놀랄 만큼 수요가 많았고 더 다양한 종류의 책을 요청받았다. 따라서 재고를 늘려야 한다. 당황한 우리는 서가가 10개 있는 새로운 장소로 서점을 옮기면서 책을 이동시킨다. 이제 일시적으로 수요를 충족시킬 수 있다. 소매 서적 시장에서 다양한 자료 구조 서적을 다루는 시장은 무주공산이기 때문에 우리 서점은 대성공을 거두며 수요도 계속해서 증가한다. 우리는 몇 번에 걸쳐 20, 40, 80개 서가가 있는 새로운 위치로 이사할 수 있다. 이사할 때마다 매번 새로운 장소를 확보하고 책을 이동하는 비용을 지불해야 한다.

배열의 값들이 메모리에서 고정된 위치에 있기 때문에 다른 한계가 존재한다. 배열의 중간에 새로운 항목을 쉽게 삽입할 수 없다. 원본 배열의 끝에 충분히 빈 공간이 있어서 새로운 원소를 수용할 수 있는 경우, 즉 전체 배열을 새로운 메모리 블록으로 이동할 필요가 없는 경우에라도 기존 원소를 하나씩 이동시켜서 새 값을 넣을 수 있는 공간을 중간에 만들어야 한다. 서가의 책과 달리, 배열의 모든 원소를 한 번에 밀어넣을 수는 없다. 만약 원소가 10,000개 있고 2번째 위치(인덱스는 1)에 새로운 항목을 추가하려면, 원소를 9,999개 옮겨야 한다. 겨우 한 원소를 삽입할 뿐인데도 너무 많은 노력이 필요하다.

이미 가득 찬 배열의 중간에 새 값을 삽입하려고 하면 문제가 더 커진다. 이전 값을 복사하고 새 블록을 할당해야만 하는 것은 물론, 새 값이 들어갈 위치부터 모든 값을 한 칸씩 움직여서 새 값을 위한 공간을 비워야만 한다. 예를 들어, 그림 3-3처럼 6개의 원소를 가진 기존 배열이 있을 때 23을 네 번째 원소로 삽입하는 경우를 보자.

▼ **그림 3-3** 가득 찬 배열의 중간에 원소 추가하기

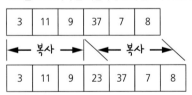

배열의 한계를 극복하기 위해서는 새로운 데이터를 추가할 때 커질 수 있는 더 유연한 자료 구조를 채택해야 한다. 즉, 동적 자료 구조를 사용해야 한다. 자세한 내용에 들어가기 전에 자료 구조를 다시 구성하고 확장하는 데 중요한 변수 유형인 포인터를 살펴보자.

포인터와 참조

다른 변수 유형과 비교할 때 유용성이 아주 뛰어나면서 새로운 프로그래머를 혼란스럽게 하는 것으로도 악명이 높은 존재가 바로 **포인터(pointer)**다. 포인터(어떤 대상이나 장소를 가리키는 존재라는 뜻)는 컴퓨터 메모리의 주소만 저장하는 변수다. 따라서 그림 3-4처럼 메모리에서 포인터는 다른 메모리 위치를 가리키고 그 위치에 실제 데이터가 들어 있다.

▼ **그림 3-4** 컴퓨터 메모리의 어떤 주소를 가리키는 포인터

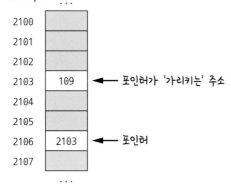

예리한 독자라면 "왜 변수가 메모리의 다른 위치를 가리켜야 하지? 변수 이름이 이미 그런 기능을 하지 않나? 그냥 일반적으로 변수에 데이터를 저장하면 되지 않나? 왜 항상 일을 복잡하게 만들어야 하나?"라고 물어볼 수 있다. 회의주의자의 말에 귀 기울이지 마라. 포인터는 곧 보게 될 동적 자료 구조의 필수 재료다. 사무실에서 대규모 건축 프로젝트를 진행하면서 우리 팀과 공유할 예제 도면 폴더를 준비했다고 가정하자. 프로젝트 폴더에는 다수의 평면도, 원가 계산서, 예술적 렌더링이 들어간다. 우리는 파일을 복사해서 열린 공간에 두지 않고, 동료들에게 3층 기록 보관실, 세 번째 서랍, 두 번째 서류함, 다섯 번째 폴더에서 파일을 찾으라는 메모를 남긴다. 이 메모는 포인터 역할을 한다. 메모가 파일에 있는 모든 정보를 자세히 설명하지는 않지만, 동료들이 정보를 찾아내고 탐색할 수 있게 해준다. 더 중요한 것은 이 단일 '주소'를 여러 동료와 공유할 수 있으므로 파일의 전체 복사본을 만들 필요가 없다는 것이다. 필요할 때마다 주소를 사용해 정보를 찾아보고 수

정할 수 있다. 각 팀원의 책상 위에 따로따로 메모를 남겨서 같은 정보를 가리키는 포인터 변수 10개를 제공할 수도 있다.

메모리 블록의 위치를 저장하는 것 외에 포인터에 널(null) 값을 넣을 수도 있다. 프로그래밍 언어에 따라 null을 None, Nil, 0으로 표시하기도 한다. 널 값은 포인터가 현재 유효한 메모리 위치를 가리키고 있지 않다는 사실을 나타낸다. 다시 말해, 포인터가 아직 아무것도 가리키고 있지 않음을 나타낸다.

포인터 작업을 수행하는 데 사용되는 메커니즘은 프로그래밍 언어마다 다르며, 모든 언어가 기본적으로 프로그래머에게 메모리 주소를 제공하는 것은 아니다. C나 C++ 같은 저수준 언어는 원시 포인터를 제공하고, 이 포인터에 저장된 메모리 위치에 직접 접근할 수 있다. 파이썬과 같은 다른 프로그래밍 언어는 참조(reference)를 사용한다. 참조를 사용하면 일반 변수와 비슷한 구문을 사용해 다른 변수를 참조할 수 있다. 이러한 다양한 변형에는 다른 동작 및 사용 방법(참조 해제, 포인터 연산, 널 값의 형태 등)이 포함된다. 이 책에서는 단순화를 위해 포인터, 참조, 사전 할당된 메모리 블록에 대한 인덱스 등 세부 구현 방식과 관계없이 (메모리상의 다른 대상을 가리키는) 모든 변수를 포함하는 용어로 포인터라는 단어를 사용한다. 우리는 포인터가 가리키는 블록에 접근하기 위해 필요한 복잡한 구문(상당수의 프로그래밍 옹호자들이 이 때문에 울분을 터뜨렸다)에 대해서는 걱정하지 않을 것이다. 의사 코드에서 포인터 변수를 정의할 때는 보다 구체적인 데이터 타입(일반적인 pointer라는 타입 대신)을 사용할 것이다. 우리 목적에서의 핵심 개념은 포인터가 첫 번째 동적 자료 구조인 연결 리스트에 쓰이는 메모리 블록을 연결하는 메커니즘을 제공한다는 것이다.

3.3 / 연결 리스트
SECTION

연결 리스트(linked list)는 동적 자료 구조의 가장 간단한 예이며, 배열과 밀접한 관계가 있다. 배열과 마찬가지로 연결 리스트도 여러 값을 저장하는 자료 구조다. 그러나 배열과 달리 연결 리스트는 포인터로 연결된 노드의 사슬로 구성된다. 연결 리스트의 기본 노드 (node)는 두 부분으로 이루어진 복합 자료 구조다. 첫 번째 부분은 어떤 타입의 값이든 포함할 수 있는 값이고, 두 번째 부분은 리스트의 다음 노드를 가리키는 포인터다.

```
LinkedListNode {
    Type: value
    LinkedListNode: next
}
```

연결 리스트는 그림 3-5처럼 연결된 일련의 상자로 상상할 수 있다. 각 상자는 하나의 값을 저장하며, 다음 상자를 가리키는 포인터를 포함한다.

리스트 끝에 있는 슬래시(\)는 널 값을 나타내며 리스트의 끝을 표현한다. 이 표시는 마지막 노드에 있는 다음 상자를 가리키는 포인터가 유효한 노드를 가리키지 않는다는 사실을 나타낸다.

▼ **그림 3-5** 연결 리스트를 포인터로 연결된 일련의 노드로 표현한 그림

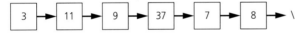

연결 리스트는 우리가 자주 가는 커피숍의 긴 줄과 비슷하다. 사람들은 줄에서 자신이 정확히 어디에 있는지('나는 카운터에서 바닥 타일로 53번째 위치에 있다' 같은) 거의 알지 못한다. 사람들은 단지 자기 바로 앞에 있는 한 사람에만 집중한다. 줄이 여러 겹의 원을 그리며 가게 전체를 돌더라도, 각 사람에게 누가 바로 앞에 있는지 물어봄으로써 순서를 재구성할 수 있다. 각 사람에게 바로 앞에 있는 사람이 누구인지 물어봄으로써 계산대 쪽으로 줄은 순회할 수 있다.

각 원소를 저장하기 위해 값과 더불어 포인터를 포함하므로, 연결 리스트는 같은 항목을 저장할 때 배열보다 더 많은 메모리를 사용한다. 크기가 K이고 각각 N 바이트의 값을 저장하는 배열이 있다면, 메모리가 $K \times N$ 바이트만 필요하다. 그러나 포인터의 크기가 M 바이트라면, 연결 리스트 자료 구조의 메모리 비용은 $K \times (M + N)$ 바이트다. 포인터 크기가 값의 크기보다 훨씬 작지 않은 한, 부가 비용이 상당히 많다. 그러나 포인터가 제공하는

유연성을 위해서 메모리 사용량 증가를 감수할 가치가 있는 경우가 자주 있다.

교과서에서는 연결 리스트를 잘 정돈된 구조(그림 3-5나 커피숍 줄 예제에서 암시한 것처럼)로 나타내곤 한다. 그러나 실제로는 프로그램의 메모리 전체에 리스트 노드가 흩어져 있을 수 있다. 그림 3-6처럼 리스트의 노드는 포인터로만 연결된다.

▼ **그림 3-6** 컴퓨터 메모리 상의 연결 리스트. 노드가 서로 인접하지 않을 수 있다

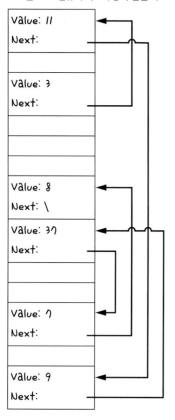

이것이 포인터와 동적 자료 구조의 진정한 힘이다. 리스트 전체를 하나의 연속적인 메모리 블록에 유지해야만 한다는 제약이 없다. 새로운 노드를 만들 수 있는 빈 공간이 있기만 하면 그 공간이 어디에 있든 그 공간을 사용할 수 있다.

프로그램은 일반적으로 연결 리스트의 시작점이자 머리(head)인 하나의 포인터를 유지하면서 연결 리스트를 저장한다. 그 후, 프로그램은 머리에서 시작해 포인터를 통해 노드를 반복함으로써 리스트의 모든 원소에 접근할 수 있다.

```
LinkedListLookUp(LinkedListNode: head, Integer: element_number):
    LinkedListNode: current = head                          // ①
    Integer: count = 0

    WHILE count < element_number AND current != null:       // ②
        current = current.next
        count = count + 1
    return current
```

이 코드는 리스트의 시작점(머리)에서 시작한다(①). 프로그램은 현재 노드의 인덱스를 추적하는 두 번째 변수 count를 유지한다. 그런 다음 WHILE 루프가 각 노드를 반복하면서 현재 노드의 인덱스가 찾으려는 인덱스 element_number와 같아지거나 리스트의 끝에 도달해서 current가 null이 될 때까지 루프를 반복한다(②). 어느 경우든 코드는 current를 반환할 수 있다. 만약 루프가 리스트의 끝에 도달해서 인덱스가 리스트에 없는 경우 코드는 null을 반환한다.

예를 들어, 연결 리스트의 네 번째 원소에 접근할 때 프로그램은 올바른 메모리 위치를 찾기 위해 머리, 두 번째, 세 번째, 네 번째 원소를 차례로 접근해야 한다. 그림 3-7은 값이 3인 노드가 리스트의 머리일 때 이 과정을 보여준다.

▼ **그림 3-7** 연결 리스트를 탐색하려면 포인터 사슬을 따라 한 노드에서 다음 노드로 이동해야 한다

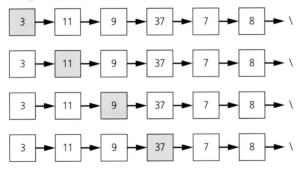

하지만 여기에도 트레이드오프 관계가 있다. 연결 리스트는 배열보다 계산 부가 비용이 더 높다. 배열의 원소에 접근할 때 우리는 오프셋을 한 번에 계산해서 메모리에서 올바른 주소를 찾을 수 있다. 어떤 인덱스를 선택하더라도 배열 접근은 한 번의 산술 계산과 한 번

의 메모리 조회만으로 끝난다. 연결 리스트는 관심 있는 원소에 도달할 때까지 맨 앞에서부터 반복해야만 한다. 긴 목록의 경우 직접 접근할 수 없어서 상당한 부가 비용이 추가될 수 있다.

처음 볼 때 이런 제한된 접근 패턴은 연결 리스트의 단점으로 보인다. 우리는 임의의 원소를 찾는 비용을 크게 증가시켰다! 이진 탐색에 대해 생각해보라. 원소 하나를 읽기 위해 많은 원소를 반복 순회해야 하기 때문에 정렬된 목록에서 얻는 이점이 모두 사라진다.

그러나 이러한 비용에도, 실제 프로그램에서는 연결 리스트가 진짜 자산이 될 수 있다. 자료 구조에는 거의 항상 복잡성, 효율성, 사용 패턴 사이에 트레이드오프 관계가 있기 마련이다. 어떤 용도로 자료 구조를 사용하지 못하게 하는 연산이 다른 알고리즘을 지원하는 완벽한 선택일 수 있다. 이런 트레이드오프를 이해하는 것이 알고리즘과 자료 구조를 효과적으로 결합하는 핵심이다. 연결 리스트의 경우 원소 접근의 부가 비용을 증가시키는 대신 전체 자료 구조의 유연성이 상당히 증가한다. 이를 3.4절에서 확인할 수 있다.

3.4 / 연결 리스트에 대한 연산
SECTION

조밀한 배열의 아름다움과 연결 리스트의 혼란스러운 확장성을 비교하면서 한탄하는 사람도 있을 것이다. 하지만 바로 이렇게 여러 메모리 블록에 걸친 연결을 만들 수 있는 확장성이 '동적으로' 자료 구조를 재배열하게 함으로써 연결 리스트를 강력하게 만드는 바로 그 능력이기도 하다. 새 값을 배열에 삽입하는 연산을 연결 리스트에 값을 추가하는 연산과 비교해보자.

3.4.1 연결 리스트에 원소 삽입하기

지금까지 살펴본 것처럼 배열에 새 원소를 삽입하려면 새로운 더 큰 메모리 블록을 할당하고 원래 배열의 모든 값을 새 블록으로 복사해야 할 수도 있다. 메모리 블록을 새로 할당하지는 않더라도 삽입을 위해서는 배열을 순회하면서 원소를 하나씩 뒤로 이동시켜야한다. 그러나 연결 리스트는 연속적인 블록에 저장될 필요가 없다. 아마도 처음부터 모든 노드가 하나의 블록에 있지도 않을 것이다. 새 노드의 위치를 알고 있으면 이전 노드의 next 포인터가 새 노드를 가리키도록 갱신하고 새 노드의 next 포인터를 올바른 노드로 지정하면 된다. 예를 들어, 그림 3-5의 연결 리스트의 맨 앞에 값이 23인 노드를 추가하려면 새 노드의 next 포인터를 기존 리스트의 시작 부분(값은 3)으로 설정하면 된다. 이 과정이 그림 3-8에 있다. 이때 리스트의 시작 부분(첫 번째 노드)을 가리키던 변수들도 새로운 첫 번째 노드를 가리키도록 갱신해야 한다.

▼ **그림 3-8** 새로운 노드를 맨 앞에 추가해 연결 리스트 확장하기

또 연결 리스트의 끝에 노드를 추가할 수도 있다. 그림 3-9에서 볼 수 있듯이, 리스트를 끝까지 순회해 마지막 노드(값은 8)의 next 포인터를 새로운 노드를 가리키도록 갱신하고 새로운 노드의 next 포인터를 null로 설정한다. 이 접근 방법을 우직하게 수행하면 전체 배열을 순회하여 끝에 도달해야 하므로 추가 비용이 발생하지만, 4장에서 볼 수 있듯이 이런 비용을 피하는 방법이 있다.

▼ **그림 3-9** 연결 리스트에 새로운 노드를 추가하면서 확장하는 방법

리스트 중간에 값을 삽입하려면 이전 노드와 삽입된 노드의 next 포인터를 갱신한다. 예를 들어, 노드 X와 Y 사이에 노드 N을 추가하려면 다음 두 단계가 필요하다.

1. N의 next 포인터가 Y를 가리키도록 설정한다(이 위치는 X의 next 포인터가 가리키던 위치와 같다).
2. X의 next 포인터가 N을 가리키도록 설정한다.

이때 두 단계의 순서가 중요하다. 포인터는 다른 변수와 마찬가지로, 오직 한 가지 값(이 경우에는 주소)만 저장할 수 있다. 만약 2번 단계를 먼저 수행해 X의 next 포인터를 먼저 설정하면 Y가 어디에 있는지에 대한 정보를 잃게 된다.

이 작업이 끝나면 X는 N을 가리키고 N은 Y를 가리킨다. 그림 3-10은 이 과정을 보여준다.

▼ **그림 3-10** 노드 X와 Y 사이에 새로운 노드 N을 삽입하는 과정

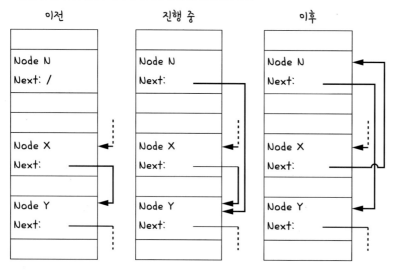

포인터를 이리저리 뒤섞기는 하지만 이 연산의 코드는 상대적으로 간단하다.

```
LinkedListInsertAfter(LinkedListNode: previous,
                      LinkedListNode: new_node):
    new_node.next = previous.next
    previous.next = new_node
```

연결 리스트에서 9와 37 사이에 값이 23인 노드를 삽입한 결과인 포인터 사슬은 그림 3-11과 같다.

마찬가지로 어떤 손님이 자신의 친구를 줄에 끼워줄 경우, 포인터 두 개가 변경된다. 이 비유에서 각 사람은 자신의 바로 앞 사람을 추적한다. 지나치게 관대한 손님은 이제 자신의 앞에 끼어든 친구를 가리킨다. 한편, 끼어든 사람은 이전에 (자신을 끼워준 친구의) 앞에 있던 사람을 가리킨다. 그들 뒤에 있는 모든 사람이 불쾌한 표정으로 시선을 보내며 욕을 한다.

▼ **그림 3-11** 연결 리스트에 노드 23을 삽입하려면 이전 노드(9)와 다음 노드(37)의 포인터를 갱신해야 한다

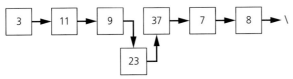

다시 말하지만 그림 3-11과 커피숍 줄 예제는 삽입 과정의 실제 복잡성을 숨기고 있다. 우리는 새 노드를 마지막 노드와 인접한 메모리 위치에 삽입하지는 않지만, 논리적으로는 줄(시퀀스)의 다음 순서에 삽입한다. 새 노드 자체는 (메모리에서) 매일 얼마나 커피를 마셨는지나 철자 오류가 얼마나 있는지를 계산하는 변수 바로 옆에 위치할 수도 있다. 하지만 우리가 리스트의 포인터를 최신 상태로 유지하는 한, (메모리에서 바로 인접해 있지 않는데도) 새로 추가된 노드와 그 노드를 가리키는 이전 노드를 한 리스트에 속한 것으로 취급할 수 있다.

물론 머리 노드(index == 0) 앞에 노드를 삽입하거나 리스트 끝 뒤의 index 위치에 노드를 삽입할 때는 더 주의해야 한다. 머리 노드 앞에 노드를 삽입하는 경우에는 머리 포인터 자체를 갱신해야 한다. 그렇지 않으면 이전의 리스트 맨 앞을 계속 가리키기 때문에 새로운 첫 번째 원소에 접근할 수 없게 된다. 리스트 끝 뒤의 index 위치에 노드를 삽입할 때는 index-1에 해당하는 유효한 이전 노드가 없다. 이 경우 삽입이 실패할 수 있고, 오류를 반환하거나 리스트의 진짜 끝(index보다 더 작은 인덱스)에 원소를 추가할 수도 있다. 어떤 방법을 선택하든 코드를 명확하게 문서화하는 게 중요하다. 이런 추가 로직을 포함하는 도우미 함수를 만들고 선형 스캔 코드를 결합하면 주어진 위치에 새로운 노드를 삽입할 수 있다.

```
LinkedListInsert(LinkedListNode: head, Integer: index,
                 Type: value):
    # 새 머리 노드를 삽입하는 특별한 경우
    IF index == 0:                                         // ①
        LinkedListNode: new_head = LinkedListNode(value)
```

```
        new_head.next = head
        return new_head

    LinkedListNode: current = head
    LinkedListNode: previous = null
    Integer: count = 0
    WHILE count < index AND current != null:                // ②
        previous = current
        current = current.next
        count = count + 1

    # 필요한 인덱스에 도달하기 전에 리스트 끝에 도달했는지 검사한다
    IF count < index:                                       // ③
        인덱스가 잘못됐다는 오류를 발생시킨다

    LinkedListNode: new_node = LinkedListNode(value)        // ④
    new_node.next = previous.next
    previous.next = new_node

    return head                                             // ⑤
```

삽입 코드는 리스트의 시작 부분 index = 0에 새로운 노드를 삽입하는 특수한 경우로 시작한다(①). 이 코드는 새 머리 노드를 생성하고, 새 머리 노드의 next 포인터를 리스트의 이전 머리 노드로 설정한 후 새 머리를 반환한다. 새 머리 노드 앞에 다른 노드가 없으므로 이 경우 이전 노드의 next 포인터를 갱신할 필요가 없다.

리스트 중간에 위치한 원소의 경우, 올바른 위치를 찾기 위해 리스트를 탐색해야 한다(②). 이 부분은 LinkedListLookUp 탐색과 유사하다. 코드는 각 노드의 next 포인터를 따라가면서 현재 노드와 현재까지 방문한 노드 개수를 추적하는 과정을 리스트의 끝이나 올바른 위치에 도달할 때까지 계속한다. 코드는 추가 정보로 현재 노드의 이전 노드를 가리키는 previous 포인터를 추적한다. previous를 추적하면 삽입할 노드를 가리켜야 할 포인터를 갱신할 수 있다.

코드는 삽입 위치인 원하는 인덱스를 찾았는지 확인한다(③). count<index를 검사함으로

써 index가 리스트의 맨 끝인 경우에 원소를 추가할 수 있고, index가 리스트의 크기보다 1 이상 더 큰 경우에는 오류를 발생시킨다.

코드가 노드를 삽입할 위치를 찾으면, previous와 current 사이에 노드를 삽입한다. 코드는 previous.next에 표시된 주소를 새 노드의 next 포인터에 설정한 다음, previous.next가 새 노드를 가리키도록 설정해 삽입을 수행한다(④). 이 논리는 리스트에서 마지막 노드 바로 뒤에 새 노드를 추가하는 경우에도 작동한다. 이 경우 previous.next == null이므로, 새 노드의 next 포인터가 null로 할당되면서 리스트의 새로운 끝을 정확하게 나타낸다.

리스트의 머리를 반환함으로써(⑤) 머리 노드 앞에 삽입하는 경우를 처리할 수 있다. 또는 LinkedList라는 복합 자료 구조로 머리 노드를 감싸고 머리를 가리키는 포인터를 직접 다룰 수도 있다. 나중에 이 접근 방식을 사용해 이진 탐색 트리를 처리할 것이다.

3.4.2 연결 리스트에서 원소 제거하기

연결 리스트의 어디에서든 원소를 제거하기 위해서는 해당 노드를 제거하고 제거된 노드의 바로 앞 노드의 포인터를 조정하면 된다. 이 과정을 그림 3-12에서 볼 수 있다.

▼ 그림 3-12 연결 리스트에서 원소를 제거하려면 해당 노드를 제거하고 이전 노드의 포인터를 조정한다

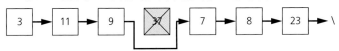

이 경우는 줄을 기다리는 시간만큼 커피가 가치가 없다고 생각하는 사람이 줄에서 나가는 경우에 해당한다. 그런 사람은 시계를 보면서 집에서 커피믹스나 마셔야겠다고 중얼거리며 줄에서 빠져나간다. 나간 손님 바로 뒤에 있던 한 사람만 이제 누구 뒤에 서야 하는지 제대로 알고 있다면 줄은 그대로 유지된다.

그러나 배열에서는 37을 포함하는 노드를 따로 빼내기 위해 배열의 나머지 원소들을 모두 앞으로 한 칸씩 이동시켜야 하기 때문에 제거 비용이 많이 든다. 심지어 배열 전체를 순회해야 할 수도 있다.

연결 리스트에서 첫 번째 원소를 제거하거나 리스트의 끝을 벗어나 제거할 때는 더욱 주

의해야 한다. 첫 번째 노드를 제거할 때는 리스트의 머리 포인터를 새로운 머리 노드의 주소로 갱신해야 한다. 리스트의 끝을 지나서 제거할 때는 삽입과 비슷한 선택지가 있다. 즉, 제거를 생략하거나 오류를 반환할 수 있다. 다음 코드는 후자(오류)를 수행한다.

```
LinkedListDelete(LinkedListNode: head, Integer: index):
    IF head == null:                              // ①
        return null

    IF index == 0:                                // ②
        new_head = head.next
        head.next = null
        return new_head

    LinkedListNode: current = head
    LinkedListNode: previous = null
    Integer: count = 0
    WHILE count < index AND current != null:      // ③
        previous = current
        current = current.next
        count = count + 1

    IF current != null:                           // ④
        previous.next = current.next              // ⑤
        current.next = null                       // ⑥
    ELSE:
        인덱스가 잘못됐다는 오류를 발생시킨다
    return head                                   // ⑦
```

이 코드는 삽입과 동일한 접근 방식을 따른다. 이번에는 추가 확인으로 시작한다(①). 리스트가 비어 있으면 제거할 것이 없으므로 null 값을 반환해서 리스트가 여전히 비어 있음을 나타낸다. 그렇지 않으면 첫 번째 노드를 제거하는지 확인한 후(②) 첫 번째 노드를 제거하는 경우라면 리스트의 첫 번째 노드를 제거하고 새 머리 노드의 주소를 반환한다.

더 뒤에 있는(index > 0) 노드를 제거하려면 올바른 위치에 도달할 때까지 리스트를 순회해야 한다. 코드는 삽입과 같은 논리를 사용해 노드를 반복하면서 current, count, previous를 추적하는 과정을, 제 위치를 찾거나 목록의 끝에 도달할 때까지 반복한다(③).

찾은 인덱스에서 정상 노드를 찾으면(④) previous.next를 현재 노드의 next로 설정해서 제거할 노드를 리스트에서 제거한다(⑤). 그러나 WHILE 루프가 목록의 끝을 넘어가서 current가 null이라면 제거할 노드가 없으므로 코드가 오류를 던진다. 함수는 또 제거된 노드의 next 포인터를 null로 설정해서 일관성(더 이상 리스트의 다음 노드가 없음)을 보장하고, 자동 메모리 관리를 사용하는 프로그래밍 언어에서 더 이상 사용되지 않는 메모리가 올바로 해제될 수 있게 한다(⑥). 함수는 리스트 머리 노드의 주소를 반환하면서 완료된다(⑦). 이 코드를 노드 인덱스가 아닌 다른 정보를 제거할 때 활용할 수 있게 변형할 수도 있다. 제거할 노드의 값을 안다면 루프 조건(③)을 다음과 같이 갱신해서 어떤 값을 가진 최초의 노드를 제거할 수 있다.

```
WHILE current != null AND current.value != value:
```

이 경우에는 비교하는 순서를 반대로 바꾸고, current가 null인지 확인한 후에 노드의 값에 접근해야 한다. 마찬가지로 (제거하고 싶은 노드의 주소가 들어 있는) 포인터를 통해 노드를 제거해야 하는 경우에는 포인터에 저장된 주소를 현재 노드의 주소와 비교할 수 있다.

연결 리스트의 장점은 원소를 컴퓨터 메모리에서 이동시키지 않고 삽입하거나 제거할 수 있다는 것이다. 우리는 노드를 그 자리에 남겨두고, 이동을 나타내기 위해 포인터만 갱신하면 된다.

3.5 / 이중 연결 리스트
SECTION

포인터를 사용해 구조를 추가할 수 있는 다양한 방법이 있지만, 이에 대해서는 이후의 장에서 다룰 것이다. 여기서는 연결 리스트를 간단히 확장한 이중 연결 리스트(doubly linked list)에 대해 이야기하자. 이중 연결 리스트는 다음 노드에 대한 포인터와 이전 노드에 대한 포인터를 함께 포함하며 그림 3-13처럼 생겼다.

▼ **그림 3-13** 이중 연결 리스트는 다음과 이전 항목을 가리키는 포인터를 모두 포함한다

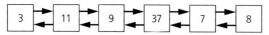

양방향으로 리스트를 반복해야 하는 알고리즘이 필요하거나 자료 구조에 사용하는 포인터 개수를 늘리고 싶어 하는 담대한 프로그래머들은 연결 리스트를 쉽게 이중 연결 리스트로 변경할 수 있다.

```
DoublyLinkedListNode {
    Type: Value
    DoublyLinkedListNode: next
    DoublyLinkedListNode: previous
}
```

이중 연결 리스트를 조작하는 코드는 단일 연결 리스트 코드와 비슷하다. 조회, 삽입, 제거를 위해서는 올바른 원소를 찾기 위해 목록을 순회해야 하는 경우가 자주 있다. next 포인터와 더불어 previous 포인터도 적절한 노드를 가리키게 갱신해야 하므로 추가 논리가 필요하다. 그러나 이렇게 작은 정보를 추가하면 몇몇 작업에서 지름길을 찾을 수 있다. 임의의 노드를 가리키는 포인터가 주어졌을 때 그 노드의 이전 노드에 접근하고 싶다면 단일 연결 리스트에서는 처음부터 전체 목록을 순회해야만 하지만 이중 연결 리스트에서는 임의의 노드로부터 직접 이전 노드에 접근할 수 있다.

3.6 / 항목들의 배열과 연결 리스트
SECTION

지금까지는 주로 배열을 사용해 개별 값들을 저장했다. 최고 점수의 목록, 스마트 알람 시계의 알림 시간 목록, 매일 섭취한 커피 양의 일지와 같은 목록을 저장할 수 있다. 이는 다양한 응용 분야에 유용하지만, 배열을 사용하는 가장 기본적인 방법일 뿐이다. 포인터 개념을 사용하면 더 복잡하고 크기가 다른 항목을 저장할 수도 있다.

파티를 계획한다고 치자. 필자가 주최하는 인기 없는 파티와 달리, 여러분의 파티는 참석 여부를 답해야만 참가할 수 있는 인기 있는 모임이라는 관대한 가정을 하자. 초대장에 응답을 받으면서, 배열을 사용해 손님 명단을 추적하는 프로그램을 작성한다. 이 프로그램은 배열 항목마다 응답한 사람의 이름을 나타내는 하나 이상의 문자열을 저장하려고 한다. 그러나 문자열이 고정 크기가 아닐 수 있다는 문제에 바로 직면한다. 배열의 고정 크기 항목에 문자열이 들어갈 수 있다는 사실을 항상 보장할 수는 없다. 물론 모든 가능한 문자열에 맞는 크기로 항목의 크기를 확장할 수도 있다. 그러나 얼마나 큰 크기여야 충분할까? 모든 응답자의 이름이 1,000자 이하라고 확신할 수 있을까? 그리고 1,000자까지 고려한다면 낭비되는 메모리는 어떻게 될까? 응답자마다 1,000자의 공간을 확보해두면, '존 스미스'라는 항목은 단지 그 공간의 아주 작은 부분만을 사용하게 된다. 게다가 각 항목에 응답자의 음악 취향이나 별명과 같이 더 동적인 데이터를 추가하려면 어떻게 해야 할까?

자연스러운 해결책은 포인터와 배열을 결합하는 것이다. 이 아이디어를 그림 3-14처럼 수행할 수 있다. 배열의 각 항목은 관심 데이터를 가리키는 포인터를 하나씩 저장한다. 여기서 각 항목은 어딘가 다른 메모리에 있는 문자열을 가리킨다. 이렇게 하면 각 항목의 데이터 크기를 다양하게 만들 수 있다. 필요한 만큼 문자열 공간을 할당하고, 배열의 원소는 해당 문자열을 가리킬 수 있다. 심지어는 초대 응답을 표현하는 복합 자료 구조를 만들고 배열 원소가 그 복합 자료 구조 레코드를 가리키게 만들 수도 있다.

데이터가 메모리의 다른 위치에 저장되기 때문에 초대 응답 레코드를 배열의 상자 크기에 맞출 필요가 없다. 배열 상자는 (고정된 크기의) 포인터만 포함한다. 마찬가지로 연결 목록의 노드도 다른 데이터를 가리키는 포인터를 포함할 수 있다. 이 포인터는 연결 목록의 다른 노드를 가리키는 next 포인터와 달리, 임의의 다른 데이터 블록을 가리킬 수 있다.

▼ **그림 3-14** 배열에 일련의 포인터를 저장하고 포인터가 더 큰 자료 구조를 가리키게 할 수 있다

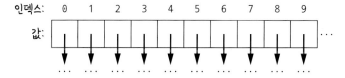

이 책의 나머지 부분에서는 개별 '값'이 실제로 복잡한 다른 값을 가리키는 포인터인 경우가 많다. 심지어 이 포인터가 또 다른 동적 자료 구조를 가리키는 경우도 있다.

3.7 _{SECTION} / 연결 리스트가 중요한 이유

배열과 연결 리스트는 자료 구조에서 복잡성, 효율성, 유연성이 어떻게 서로 영향을 끼치는지를 보여주는 가장 간단한 예다. 메모리의 주소를 저장하는 포인터 변수를 사용함으로써 메모리 블록 사이를 연결할 수 있다. 배열을 이루는 크기가 고정된 상자는 복잡한 데이터 레코드나 길이가 다른 문자열을 가리킬 수 있다. 더 나아가 컴퓨터의 메모리를 통해 동적으로 연결된 구조를 만들기 위해 포인터를 사용할 수도 있다. 포인터의 값이 새로운 주소를 가리키도록 변경함으로써 필요할 때 이 구조를 언제든지 변경할 수 있다.

나머지 장에서 어떻게 동적 자료 구조를 사용해 데이터 조직을 개선하고 특정 계산을 더 효율적으로 만들 수 있는지 수많은 예를 볼 수 있다. 그러나 상대적인 트레이드오프 관계를 명심하는 것이 중요하다. 배열과 연결 리스트에서 본 것처럼, 자료 구조마다 유연성, 공간 요구 사항, 연산의 효율성 및 복잡성이라는 측면에서 고유한 장점과 단점이 있다. 4장에서는 이런 기본 개념을 기반으로 스택과 큐라는 다른 동작을 제공하는 두 가지 자료 구조를 만드는 방법을 보여줄 것이다.

04

스택과 큐

4장에서는 **스택**(stack)과 **큐**(queue)라는 두 가지 자료 구조를 소개한다. 이들은 데이터가 저장된 순서에 따라 데이터를 읽어올 수 있는 자료 구조다. 스택과 큐는 매우 비슷하며, 구현상 아주 작은 차이가 있을 뿐이다. 그러나 스택은 최근에 삽입한 데이터를 먼저 반환하는 반면, 큐는 가장 오래된 데이터를 먼저 반환하기 때문에 알고리즘의 동작이나 데이터에 접근하는 효율성이 완전히 달라진다.

스택은 **깊이 우선 탐색**(depth-first-search)의 핵심을 이룬다. 깊이 우선 탐색은 한 경로를 깊이 들어가면서 막다른 길에 도달할 때까지 탐색하는 방식이다. 큐는 **너비 우선 탐색**(breadth-first-search)을 가능하게 한다. 너비 우선 탐색은 더 깊이 파고 들어가기 전에 인접한 경로를 얕게 탐색하는 방식이다. 나중에 살펴보겠지만, 이런 한 가지 변경이 우리가 웹 페이지를 서핑하거나 커피 연구를 수행하는 방식과 같은 실제 세계의 동작에 큰 영향을 미칠 수 있다.

4.1 / 스택

스택은 후입선출(LIFO, Last In First Out, 나중에 들어온 것이 먼저 나감) 자료 구조로, 책상에 얌전히 놓인 종이 더미와 비슷하게 작동한다. 우리는 새로운 원소를 스택의 맨 위에 추가하고 스택의 맨 위에서부터 원소를 제거한다. 형식적으로 말해 스택은 다음 두 가지 연산을 지원한다.

- **푸시(push)**: 새로운 원소를 스택의 맨 위에 추가한다.
- **팝(pop)**: 스택의 맨 위에서 원소를 제거하고 반환한다.

항목이 스택의 맨 위에서 추출되기 때문에, 다음에 제거되는 항목은 항상 최근에 추가된 것이다. 스택에 1, 2, 3, 4, 5 순서로 원소를 삽입하면 역순으로 5, 4, 3, 2, 1을 읽게 된다.

스택을 몇 년마다 한 번씩 통을 비우는 지저분한 샐러드 바의 상추 통에 비유할 수 있다. 샐러드 바 웨이터는 계속 새로운 상추를 통 위에 부으며, 통 아래에서 상추가 눌리면서 무슨 일이 벌어지는지 신경 쓰지 않는다. 손님들은 상추 통 맨 위에 있는 신선한 상추를 보고 몇 센티미터 아래에 있는 공포는 의식하지 못한 채 상추를 집어 올린다.

배열이나 연결 리스트 어느 쪽으로든 스택을 구현할 수 있다.

4.1.1 배열로 스택 구현하기

배열로 스택을 구현할 때는 배열을 사용해 스택에 저장될 값을 유지하고 스택의 맨 위 (top)에 해당하는 인덱스를 추적하는 변수를 추가로 사용한다.

```
Stack {
    Integer: array_size
    Integer: top
    Array of values: array
}
```

처음에는 스택에 아무것도 없음을 나타내기 위해 top 인덱스를 −1로 설정한다. 새 원소를 스택에 푸시할 때, top 인덱스를 1 증가시켜서 다음 공간을 가리키게 하고, 그 인덱스에 새 값을 추가한다. 따라서 배열은 스택의 아래에서 위로 정렬된다. 이를 그림 4-1에서 볼 수 있다. 배열의 마지막 원소가 신선하고 아삭한 상추라면, 첫 번째 원소는 스택의 맨 아래에서 시들어가는 상추를 나타낸다.

▼ **그림 4-1** 배열로 구현한 스택의 맨 위에 원소를 푸시하는 과정

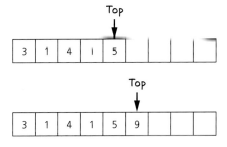

고정 크기의 배열에 원소를 추가할 때는 공간이 허용하는 것보다 더 많은 원소를 추가하지 않도록 주의해야 한다. 공간이 부족하면 3장에서 설명한 배열 두 배로 늘리기와 같은

기법으로 배열을 확장할 수 있다. 다음 코드에서 보듯, 이를 통해 데이터를 추가할 때 스택을 확장할 수 있지만, 일부 삽입 시 추가 비용이 발생한다는 점에 유의해야 한다.

```
Push(Stack: s, Type: value):
    IF s.top == s.array_size - 1:
        배열 크기를 증가시킨다
    s.top = s.top + 1
    s.array[s.top] = value
```

배열로 구현된 스택에 원소를 푸시하는 코드는 새 원소를 삽입할 공간이 있는지 확인한 다음, 공간이 부족하면 배열을 확장한다. 그 후 top 원소의 인덱스를 증가시키고, 증가시킨 새 인덱스 위치에 값을 삽입한다.

스택에서 항목을 팝할 때는 다시 top 인덱스를 사용해 올바른 원소를 찾는다. 찾은 원소를 배열에서 제거하고 top 인덱스를 감소시킨다. 그림 4-2처럼 이 과정은 새로운 상추를 건져내고, 아래쪽에 있는 오래된 상추에 한 단계 더 가까워지는 것과 같다.

▼ **그림 4-2** 배열로 구현한 스택에서 원소를 팝하는 과정

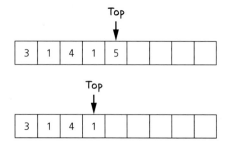

배열로 구현한 스택에서 원소를 팝하는 코드는 삽입 코드보다 간단하다.

```
Pop(Stack: s):
    Type: value = null
    IF s.top > -1:
        value = s.array[s.top]
        s.top = s.top - 1
    return value
```

코드는 스택이 비어 있지 않은지 확인한 다음, 배열의 끝에 있는 원소를 value에 복사하고, top 포인터를 감소시킨다. 스택이 비어 있으면 top 원소의 값을 반환하거나 null을 반환한다. 배열의 끝에서만 항목을 추가하거나 제거하기 때문에 다른 원소를 이동할 필요가 없다.

배열에 충분한 공간이 남아 있는 한 항목을 추가하거나 제거하는 데 들어가는 비용은 고정적이며, 스택에 들어 있는 원소의 개수와는 무관하다. 즉 스택에 원소가 10개나 10,000개가 있더라도, 원소를 추가하거나 제거하는 데 필요한 연산의 수는 동일하다. 하지만 삽입 중 배열 크기를 확장할 때 추가 비용이 발생할 수 있기 때문에 사용 사례에 맞춰 충분히 큰 배열을 미리 할당하는 편이 좋다.

4.1.2 연결 리스트로 스택 구현하기

배열 대신 연결 리스트나 이중 연결 리스트로 스택을 구현할 수 있다. 3장의 리스트와 반대로, 여기서는 그림 4-3처럼 리스트를 왼쪽에서 오른쪽으로 그려 배열 그림과 같은 순서로 표현했다. 따라서 표준 head 포인터는 스택의 top 포인터로 작동한다.

```
Stack {
    LinkedListNode: head
}
```

연결 리스트를 사용한 구현에서는 새로운 배열 칸을 채우고 인덱스를 갱신하는 대신, 연결 리스트에서 노드를 생성하거나 제거하고, 각각의 노드 포인터를 갱신하고, 스택의 top 포인터를 갱신해야 한다.

▼ **그림 4-3** 연결 리스트로 구현한 스택

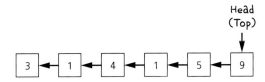

스택에 항목을 푸시할 때는 연결 리스트 앞쪽에 항목을 추가한다.

```
Push(Stack: s, Type: value):
    LinkedListNode: node = LinkedListNode(value)
    node.next = s.head
    s.head = node
```

새로운 연결 리스트 노드를 생성한 다음, 새 노드의 next 포인터와 스택의 head 포인터를 갱신해서 새 노드를 리스트 맨 앞에 삽입한다.

마찬가지로 스택에서 항목을 팝할 때는 head 노드의 값을 반환하고, head 노드 포인터를 리스트의 다음 항목으로 이동시킨다.

```
Pop(Stack: s):
    Type: value = null
    IF s.head != null:
        value = s.head.value
        s.head = s.head.next
    return value
```

코드는 기본 반환 값으로 null을 설정해 시작한다. 스택이 비어 있지 않은 경우(s.head != null), 코드는 반환 값이 head 노드의 값을 가리키도록 변경한 다음, head 포인터를 연결 리스트의 다음 노드로 갱신한다. 그리고 마지막으로 값을 반환한다.

추가 포인터를 저장하는 데 필요한 메모리 비용 외에도 포인터 할당으로 인해 푸시와 팝 연산에 모두 약간의 고정 비용이 추가된다. 더 이상 배열 값을 하나만 설정하고 인덱스를 증가시키지 않는다. 그러나 모든 동적 자료 구조와 마찬가지로, 포인터로 인한 추가 비용을 지불하는 대신 더 큰 유연성을 얻을 수 있다. 즉, 연결 리스트는 데이터와 함께 커지거나 작아질 수 있고, 더 이상 배열이 꽉 차는 것에 대해 걱정할 필요가 없으며, 배열 크기를 늘리는 추가 비용을 지불할 필요도 없다.

4.2 큐

큐(queue)는 선입선출(FIFO, First In First Out, 먼저 들어온 것이 먼저 나감) 자료 구조로, 여러분이 좋아하는 커피숍의 줄과 비슷하게 작동한다. 새 항목은 큐의 뒤쪽(back)에 추가되고, 오래된 항목은 큐 앞쪽(front)에서 제거된다. 형식적으로 말해 큐는 두 연산을 지원한다.

- **엔큐(enqueue)**: 큐의 뒤쪽에 새로운 항목을 추가한다.
- **디큐(dequeue)**: 큐의 앞쪽에서 항목을 제거하고 반환한다.

예를 들어, 순서대로 원소 1, 2, 3, 4, 5를 엔큐하면 엔큐한 순서와 같은 순서인 1, 2, 3, 4, 5 순으로 데이터를 읽을 수 있다.

큐는 원소가 추가된 순서를 유지해서 도착한 순서대로 항목을 처리하는 유용한 동작을 가능하게 한다. 예를 들어, FIFO 속성은 우리가 좋아하는 커피숍이 조직적으로 고객을 서빙할 수 있게 한다. 이 커피숍에는 항상 맛있는 커피로 즐거움을 느끼는 고객들이 줄을 서 있다. 새 고객이 들어오면 큐의 맨 뒤쪽에 추가된다. 다음으로 서빙해야 할 고객은 줄의 맨 앞에 있는 사람이다. 그들은 커피를 주문하고 큐의 앞쪽에서 디큐를 수행한 후 커피 한 잔으로 아침을 완벽하게 시작하기 위해 간절히 기다린다. 스택과 마찬가지로 큐도 배열과 연결 리스트로 구현할 수 있다.

4.2.1 배열로 큐 구현하기

배열을 사용해 큐를 구현하기 위해 큐의 맨 뒤와 맨 앞에 해딩하는 배열 원소를 기리키는 두 인덱스를 추적한다. 새 항목을 디큐할 때는 마지막 원소 뒤에 추가하고 마지막 원소를 가리키는 인덱스를 증가시킨다. 이 과정을 그림 4-4에서 볼 수 있다.

▼ **그림 4-4** 배열로 구현한 큐에서 원소를 엔큐하는 과정

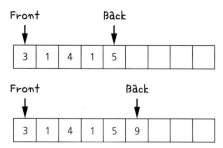

원소를 디큐할 때는 맨 앞 원소를 가리키는 인덱스를 증가시킨다. 이 과정을 그림 4-5에서 볼 수 있다.

▼ **그림 4-5** 배열로 구현한 큐에서 원소를 디큐하는 과정

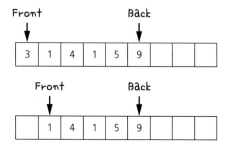

고정된 배열에서 디큐 작업을 수행할 때, 배열 앞부분에 빈 공간이 누적될 수도 있다는 단점이 있다. 이 문제를 해결하기 위해서는 배열 맨 뒤에서 배열 맨 앞으로 순환시키면서 원소를 배열하거나, 큐 앞의 빈 공간을 채우기 위해 배열에 저장한 항목들을 아래로 이동시켜야 한다. 1장에서 본 것처럼 원소를 이동시키는 작업에는 비용이 많이 든다. 디큐 작업을 할 때마다 나머지 모든 원소를 이동시켜야 하기 때문이다. 따라서 배열의 끝에서 배열의 맨 앞으로 순환하는 게 더 나은 방법이다. 하지만 이 경우 엔큐와 디큐 작업 중에 인덱스가 배열의 끝을 넘어가는 것을 주의 깊게 처리해야 한다. 이 상황을 그림 4-6에서 보여준다.

원소를 순환시키면 구현이 약간 복잡해지지만, 원소를 이동하는 높은 비용을 피할 수 있다.

▼ **그림 4-6** 배열을 사용해 큐를 구현할 때는 원소 삽입 위치를 순환시킬 수 있다

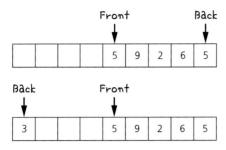

4.2.2 연결 리스트로 큐 구현하기

큐를 구현하는 더 나은 방법은 연결 리스트나 이중 연결 리스트로 구현하는 것이다. 이때 리스트의 머리(큐의 맨 앞)를 가리키는 특별한 포인터를 유지하면서 큐의 마지막 원소, 즉 뒤나 꼬리를 가리키는 포인터를 함께 유지한다.

```
Queue {
    LinkedListNode: front
    LinkedListNode: back
}
```

그림 4-7을 보면 알 수 있는 것처럼 이 리스트는 그림 4-3에서 스택에 사용한 연결 리스트와 비슷하다. 큐의 각 원소는 바로 뒤에 있는 원소와 연결되어 있으므로, 큐의 앞쪽에서부터 뒤쪽으로 next 포인터를 따라 큐를 순회할 수 있다.

▼ **그림 4-7** 맨 앞과 맨 뒤 원소를 위한 수가 포인터를 가지는 연결 리스트로 표현한 큐

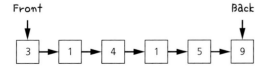

이 경우에도 삽입과 제거를 하려면 리스트에 들어 있는 노드와 특별한 두 포인터를 모두 갱신해야 한다.

```
Enqueue(Queue: q, Type: value):
    LinkedListNode: node = LinkedListNode(value)
    IF q.back == null:                              // ①
        q.front = node
        q.back = node
    ELSE:
        q.back.next = node                          // ②
        q.back = node                               // ③
```

큐에 새로운 원소를 추가할 때는 큐의 뒤쪽 포인터를 사용해 삽입할 위치를 찾는다. 코드는 먼저 삽입할 값을 저장할 새로운 노드를 생성하고, 큐가 비어 있는지 확인한다(①). 큐가 비어 있다면 새로운 노드를 추가하기 위해 큐의 맨 앞쪽과 맨 뒤쪽 포인터가 새 노드를 가리키게 설정한다. 이때 두 포인터를 모두 변경해야 하며, 그렇지 않으면 포인터가 유효한 노드를 가리키지 않을 수도 있다.

큐가 비어 있지 않다면, 새 노드를 가리키도록 현재 마지막 노드의 next 포인터를 수정해서 리스트의 끝에 새 노드를 추가한다(②). 마지막으로 코드는 큐의 맨 뒤를 가리키는 포인터가 새 노드를 가리키게 변경해서 새로 추가한 노드가 마지막 노드임을 표시한다(③). 큐가 비어 있지 않았다면 큐의 맨 앞을 가리키는 포인터는 변경되지 않는다.

디큐는 주로 큐의 맨 앞을 가리키는 포인터를 갱신한다.

```
Dequeue(Queue: q):
    IF q.front == null:              // ①
        return null

    Type: value = q.front.value      // ②
    q.front = q.front.next           // ③
    IF q.front == null:
        q.back = null
    return value
```

코드는 먼저 큐의 맨 앞쪽 포인터가 실제로 무언가를 가리키고 있는지, 즉 null이 아닌지를 검사한다(①). 큐가 비어 있으면(q.front == null) 코드는 즉시 null을 반환한다. 큐에 원소가 하나라도 있으면, 코드는 나중에 반환할 값을 저장한다(②). 그 후 q.front가 큐의 다음 원소를 가리키도록 갱신한다(③). 제거한 원소가 큐의 마지막 원소였다면 큐의 뒤를 가리키는 포인터도 갱신해야 한다. 맨 앞이 더 이상 유효한 원소를 가리키지 않는다면, 큐가 비어 있으므로 뒤쪽 포인터도 null로 설정한다.

큐에 원소를 추가하거나 제거하는 각 작업은 큐의 크기에 관계없이 상수 개수의 연산이 필요하다. 각 연산은 포인터를 몇 가지 조정하는 것으로 이뤄진다. 자료 구조 내부를 제외한 아무것도 신경을 쓸 필요가 없다. 심지어 컴퓨터 메모리 전체를 차지할 때까지 리스트 맨 끝에 원소를 계속 추가할 수도 있다.

4.3 / 순서의 중요성
SECTION

원소를 삽입하거나 제거하는 순서는 알고리즘의 동작에 놀라운 영향을 미칠 수 있다(샐러드 바의 경우 고객의 건강에도 영향을 미친다). 큐는 삽입 순서를 보존해야 할 때 가장 잘 작동한다. 예를 들어 네트워크 요청을 처리할 때, 먼저 들어온 요청을 먼저 처리하려고 한다. 반면, 최근 항목을 먼저 처리할 때 스택을 사용한다. 예를 들어, 프로그래밍 언어는 함수 호출을 처리하기 위해 스택을 사용할 수 있다. 새로운 함수가 호출되면 현재 상태가 스택에 푸시되고 새 함수가 실행된다. 함수가 끝나면 마지막 상태가 스택에서 팝되고, 해당 함수를 호출했던 위치로 프로그램이 되돌아간다.

어떤 지료 구조를 선택하느냐에 따라 탐색 알고리즘의 전체 행동 방식이 달라질 수 있다. 예를 들어, 커피 분쇄 방법을 연구하기 위해 즐겨 찾는 온라인 백괴사전을 탐색하고 있다고 가정하자. 버(burr) 분쇄기에 관한 페이지를 쭉 훑어 내려가다 보면 다른 매력적인 옵션을 가리키는 링크를 볼 수 있다. 이 링크 중 하나를 따라가면 새 잠재적 주제를 탐색할 수 있는 분기점들이 들어 있는 페이지로 이동한다. 나중에 따라갈 주제를 추적하기 위해 스택이나 큐 중 어떤 방식을 사용하느냐에 따라 우리의 커피 탐구 특성이 달라진다. 이에 대해 다음 4.3.1절과 4.3.2절에서 살펴본다.

4.3.1 깊이 우선 탐색

깊이 우선 탐색은 계속해서 더 깊이 탐색하면서 막다른 골목에 도달할 때까지 한 가지 경로를 진행한다. 막다른 골목에 도달하면 마지막으로 방문했던 분기로 돌아가 다음 가능성을 확인한다. 이 방식은 스택을 사용해 앞으로 탐색해야 할 목록을 유지하며, 다음으로 시도할 대상으로 항상 최근에 삽입한 가능성을 가장 먼저 선택한다.

커피 연구 예제를 보자. 버 분쇄기 페이지에서 깊이 우선 탐색을 시작하고 즉시 세 가지 주제를 추가로 발견한다. 그리고 그림 4-8(1)처럼 세 주제를 모두 스택에 푸시한다. 대부분의 탐색은 발견한 순서대로 가능성을 스택에 추가한다. 이 예제에서는 일관성을 위해 알파벳 역순으로 원소를 추가한다. 따라서 A에서 시작해 Z(또는 마지막 주제 제목의 첫 글자)까지 연구를 진행한다(스택에 알파벳 역순으로 원소를 푸시했으므로 팝되는 순서는 알파벳순이다).

단순화를 위해 그림 4-8에서는 각각의 주제(웹 페이지)를 개별 문자로 표시했다. 주제 사이에 그려진 선은 웹 링크를 나타낸다. 이런 구조는 '그래프(graph)'라고 알려져 있으며, 이에 대해서는 15장에서 자세히 다룰 예정이다. 그림에서 빨간색 노드는 우리가 탐색한 주제를 나타내며, 점선 원으로 둘러싼 노드는 해당 반복에서 살펴보는 중인 주제를 나타낸다. 나중에 탐색할 가능성을 저장하는 스택 데이터는 그래프 오른쪽에 있는 다음 배열로 나타낸다.

버 분쇄기(A)에 대한 내용을 모두 읽으면, 다음 주제인 블레이드(blade) 분쇄기(B)로 이동한다. 이 시점에서 B, F, H 주제가 가능성으로 남아 있다. 우리는 스택의 맨 위에서 B 주제를 팝해서 페이지를 읽기 시작하고, 더 많은 흥미로운 주제(C)를 발견한다. 커피는 분명히 깊고 복잡한 주제다. 세세한 내용까지 연구하려면 평생을 모두 바쳐야 할 정도다. 우리는 새로운 주제 C를 스택의 맨 위에 푸시해서 나중에 조사할 준비를 한다(그림 4-8(2)). 따라서 더 최근에 추가된 주제가 다음에 가장 먼저 탐색할 영역이 된다.

이런 탐색 과정은 최근에 추가된 주제를 더 먼저 탐색하기 때문에 항상 최근에 본 주제를 탐색하고 싶어 하는 사람에게 이상적이다. 각 주제의 스레드를 막다른 골목에 도달할 때까지 점점 더 깊이 탐색하고, 막다른 골목에 도달하면 스택의 이전 항목으로 돌아간다. 이 예제에서는 방문한 노드를 다시 방문하거나 스택에 넣는 경우는 없지만, 스택에 중복 항목이 포함될 수는 있다. 그림 4-8의 나머지 부분은 이런 중복이 있는 경우를 보여준다.

▼ **그림 4-8** 스택을 사용해 다음에 탐색할 주제를 추적하면서 주제 그래프를 탐색하는 깊이 우선 탐색

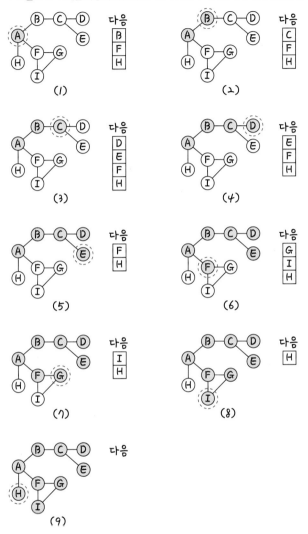

4.3.2 너비 우선 탐색

너비 우선 탐색은 깊이 우선 탐색과 유사한 방식으로 주제를 탐색하지만, 큐를 사용해 미래의 가능성을 저장한다. 각 단계에서 탐색은 가장 오래 기다린 가능성을 탐색하며, 더 깊은 단계를 탐색하기 전에 같은 깊이의 여러 다른 방향으로 뻗어나간다. 그림 4-9는 4.3.1

절에서 언급한 커피 분쇄기 관련 웹 사이트를 너비 우선 탐색하는 경우를 보여준다. 여기서도 원은 주제를 나타내며, 선은 그들 사이의 링크다. 빨간색 노드는 이미 탐색된 주제이고, 점선 원으로 둘러싸인 노드는 그 반복에서 탐색 중인 주제다.

그림 4-9(1)에서 버 분쇄기(A)에 대한 페이지를 읽고 알파벳 역순으로 세 가지 흥미로운 주제 B, F, H를 기록한다. 큐의 첫 번째 주제는 스택의 마지막 주제와 동일하다. 이것은 두 자료 구조의 순서에서 중요한 차이점이다.

▼ **그림 4-9** 큐를 사용해 다음에 탐색할 주제를 추적하면서 주제 그래프를 탐색하는 너비 우선 탐색

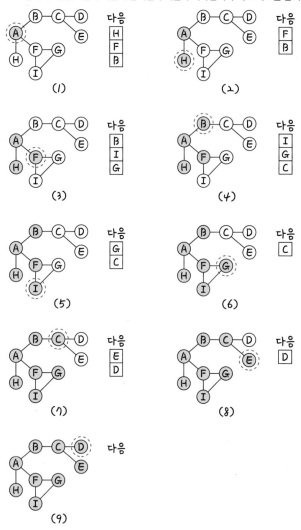

연구를 계속하면서 큐의 맨 앞에서 항목 H를 가져와 페이지를 읽고, 관심 있는 새로운 항목을 큐 뒤에 추가한다. 그림 4-9(2)에서 다음 페이지를 탐색하지만 즉시 막다른 골목에 도달한다.

그림 4-9(3)에서 큐의 다음 주제 F를 탐색한다. 이때 새로운 주제 I, G를 찾아 큐에 추가한다. 추가한 주제를 더 탐색하는 대신, 그림 4-9(4)에 나와 있는 대로 큐의 맨 앞에서 다음 항목 B를 가져와서 최초 페이지의 마지막 링크를 탐색한다. 여기서도 큐에 이미 존재하지 않고 이미 탐색하지 않은 노드만 큐에 추가한다.

탐색이 진행됨에 따라 이 방식의 장점이 명확해진다. 이 방식은 이전 주제로 돌아가기 전에 각 스레드를 깊이 탐색하는 대신 주제들로 이뤄진 경계선을 따라 탐색하면서 깊이보다 너비를 우선한다. 따라서 각 분쇄 메커니즘과 각각을 발명한 발명가의 역사에 뛰어들기 전에 다섯 가지 다른 분쇄기 유형을 살펴보게 될 것이다. 이 탐색 방법은 새로운 주제로 넘어가기 전에 이전 주제를 하나하나 끝내고 싶어 하는 사람들에게 이상적이다.

한 번에 하나의 가능성만 탐색하므로, 깊이 우선 탐색과 너비 우선 탐색은 모두 동일한 속도로 작동한다. 같은 시간에 깊이 우선 탐색은 몇 가지 경로를 깊이 살펴보는 반면, 너비 우선 탐색은 많은 경로를 얕게 살펴본다. 그러나 두 탐색의 실제 동작은 극적으로 다르다.

4.4 / 스택과 큐가 중요한 이유
SECTION

다른 자료 구조는 프로그래머가 데이터를 다른 방식으로 사용할 수 있게 하며, 데이터를 사용하는 알고리즘의 동작에 강력한 영향을 끼친다. 스택과 큐 모두 객체를 저장하며, 배열이나 연결 리스트로 구현할 수 있고, 삽입과 제거를 효율적으로 처리할 수 있다. 단순히 비트를 저장한다는 관점에서 볼 때는 두 구조 모두 충분하다. 그러나 데이터를 처리하는 방식, 특히 항목을 반환하는 순서가 비슷해 보이는 이 두 자료 구조의 동작을 극적으로 다르게 만든다. 스택은 저장된 최신 데이터를 반환하므로 최근 항목을 먼저 처리해야 할 때 이상적이다. 반면, 큐는 항상 저장된 가장 오래된 데이터를 반환하므로 도착 순서대로 항목을 처리해야 할 때 이상적이다.

자료 구조를 효과적으로 사용하고 싶을 때 효율성만 유일한 고려 대상인 것은 아니다. 특정 알고리즘에 대한 자료 구조를 설계하거나 선택할 때, 선택한 자료 구조의 속성이 알고리즘의 동작에 어떤 영향을 미칠지 고려해야 한다. 이번 장의 탐색 예제에서 본 것처럼 자료 구조를 교체함으로써 너비 우선 탐색을 깊이 우선 탐색으로 전환할 수 있다. 이후의 장들에서는 이러한 논리를 더 자세히 다룬다. 그리고 배운 논리를 알고리즘의 동작과 성능 모두 지원하는 다른 자료 구조를 설계하는 데 활용한다.

이진 탐색 트리

이진 탐색 트리(binary search tree)는 이진 탐색 알고리즘의 개념을 기반으로 동적 자료 구조를 생성한다. 여기서 핵심 단어는 '동적'이다. 정렬된 배열과 달리, 이진 탐색 트리는 효율적인 원소 추가와 제거뿐 아니라 탐색도 지원하기 때문에, 이진 탐색의 알고리즘적 효율성과 동적 자료 구조의 적응성을 완벽하게 결합해준다. 또 이진 탐색 트리는 어떤 방에나 잘 어울리는 멋진 장식 모빌이 될 수 있다.

5장에서는 이진 탐색 트리를 소개하면서 값 탐색, 새 값 추가, 값 제거에 대한 알고리즘을 논의한다. 이전에 다룬 리스트 기반 구조보다 더 강력한 분기를 기반으로 한 구조를 만들기 위해 포인터를 사용하는 방법을 보여준다. 값 사이의 관계를 신중하게 구성함으로써 이진 탐색에 사용한 접근 방식을 자료 구조 자체의 구조로 인코딩할 수 있다는 사실을 배울 수 있다.

5.1 / 이진 탐색 트리 구조
SECTION

트리는 노드의 분기 사슬로 구성된 계층적인 자료 구조다. 트리 구조는 연결 리스트를 자연스럽게 확장한 것인데, 트리 노드는 서로소(disjoint[1])인 하부 리스트를 가리키는 2가지 next 노드를 허용한다는 점에서 연결 리스트와 차이가 있다. 그림 5-1은 이진 탐색 트리의 예를 보여준다.

▼ **그림 5-1** 이진 탐색 트리의 예

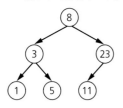

노드는 값(어떤 주어진 타입의)을 포함하며, 그림 5-2처럼 트리의 하위 노드를 가리키는

---

1 **역주** 두 집합의 교집합이 공집합(따라서 두 집합에 겹치는 원소가 없음)일 때 두 집합을 서로소라고 한다. 해시 함수를 사용하면 레코드를 해시 값을 기준으로 서로소인 여러 집합으로 분할할 수 있다.

포인터를 최대 두 개 가진다. 자식이 하나 이상 있는 노드를 '내부(internal, 또는 비단말/비말단/비종단) 노드', 어떤 자식도 없는 노드를 '단말(terminal, 또는 말단/종단) 노드' 또는 '리프(leaf) 노드'라고 부른다.

▼ **그림 5-2** 이진 탐색 트리 노드의 구성 요소

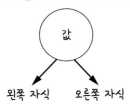

노드는 필요에 따라 다른 정보를 포함할 수 있다. 예를 들어, 노드에 부모를 가리키는 포인터를 저장할 수도 있다. 이 정보를 추가하면 트리를 위에서 아래로 탐색하는 것뿐만 아니라 아래에서 위로 탐색하는 것도 가능해진다. 특히 노드를 제거하는 경우 이 기능이 유용하다.

여기에서는 형식적으로 이진 탐색 트리 노드를 최소한 값(또는 키), 자식 노드에 대한 두 개의 포인터(자식이 없으면 null)를 포함하는 자료 구조로 정의한다. 다만 선택적으로 부모 노드에 대한 포인터가 추가될 수도 있다.

```
TreeNode {
    Type: value
    TreeNode: left
    TreeNode: right
    TreeNode: parent
}
```

또 부가 데이터를 저장할 수도 있다. 개별 값을 저장하고 탐색하는 기능은 유용하지만, 더 자세한 정보를 탐색하기 위한 키로 개별 값을 사용할 수 있으면 자료 구조가 훨씬 강력해진다. 예를 들어, 노드 값으로 우리가 좋아하는 커피의 이름을 사용할 수 있고, 이렇게 하면 효율적으로 원하는 커피 레코드를 찾을 수 있다. 이런 경우 부가 데이터는 커피에 대해 우리가 알고 싶은 모든 정보의 레코드일 수 있다. 또는 타임스탬프를 노드 값으로 저장하고 그 시간에 어떤 커피를 브루잉했는지 노드에 기록해둘 수 있다. 이렇게 하면 과거의 커

피 소비 기록을 효율적으로 탐색할 수 있다. 트리 노드 자료 구조는 외부 정보를 직접 저장할 수도 있고, 메모리의 다른 곳에 있는 복합 자료 구조를 가리키는 포인터를 저장할 수도 있다.

그림 5-3처럼 이진 탐색 트리는 맨 위에 있는 하나의 '루트(root, 뿌리) 노드'에서 시작하고, 계층을 내려가면서 가지를 뻗어나간다. 이 구조는 프로그램이 단 하나의 포인터—루트 노드의 위치—를 사용해 이진 탐색 트리에 접근할 수 있게 해준다.

▼ **그림 5-3** 루트 노드는 이진 탐색 트리의 맨 위를 나타내며 트리에 대한 모든 연산의 시작 위치다

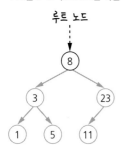

식물학적 순수주의자는 그림 5-3처럼 위에서 시작하는 대신 아래에서 시작해 가지를 뻗게 그림을 그릴 수도 있지만, 두 가지 표현은 동일하다. 사실 위아래 방향이나 아래위 방향으로 나타낸 그림은 이진 탐색 트리의 실제 복잡성을 감춘다. 연결 리스트와 마찬가지로 탐색 트리의 개별 노드는 컴퓨터 메모리 전체에 분산될 수 있다. 각 노드는 포인터의 강력함과 유연성을 통해 자기 자식 및 부모에게만 연결되어 있다.

이진 탐색 트리의 힘은 값이 트리 안에서 조직화되는 방법으로부터 기인한다. 이진 탐색 트리 속성을 다음과 같이 말할 수 있다.

모든 노드 N에 대해,

> N의 왼쪽 하위 트리에 속한 모든 노드의 값은 N의 값보다 작으며,
> N의 오른쪽 하위 트리에 속한 모든 노드의 값은 N의 값보다 크다.

다른 말로 그림 5-4처럼 각 노드의 값에 따라 트리가 구성된다. 왼쪽 노드와 그 하위 노드의 데이터 값은 현재 노드의 데이터 값보다 작다. 마찬가지로, 오른쪽 노드와 그 하위 노드의 데이터 값은 현재 노드의 데이터 값보다 크다. 값은 두 가지 역할을 한다. 첫째는 가

장 명백한 역할로, 값은 그 노드에 저장된 값을 나타낸다. 둘째는 하위 트리를 두 개의 부분 집합으로 분할함으로써 노드 아래의 트리 구조를 정의한다.

앞에서 본 정의는 이진 탐색 트리가 유일한 값들만 포함하도록 암시적으로 제한한다. 이진 탐색 트리 속성을 변경하면 중복 값을 허용하는 이진 탐색 트리를 정의할 수도 있다. 참고 자료에 따라서는 중복 값을 허용하는 방법이나 이진 탐색 트리 속성에서 동등성을 처리하는 방법이 다를 수 있다. 이번 장에서는 이 책에서 다룰 다른 자료 구조(스킵 리스트나 해시 테이블)와 일관성을 유지하기 위해 중복 값을 포함하지 않는 경우에 초점을 맞춘다. 하지만 이번 장에서 제시한 알고리즘은 중복을 처리할 수 있게 수정될 수 있다.

▼ **그림 5-4** 이진 탐색 트리의 노드 값들은 이진 탐색 트리 속성에 따라 순서가 정해진다

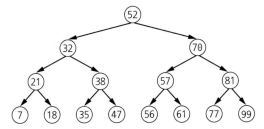

이진 탐색 트리의 구조를 유머 수준에 따라 구성된 홍보 부서와 비교할 수 있다. 30분간의 발표에서 웃음을 이끌어낸 정도를 나타내는 수치 값 하나로 부서원들의 유머 수준을 측정한다. 0점은 기술적인 슬라이드만 포함하는 진지한 발표자를, 100점 이상은 슬라이드마다 여러 농담을 덧붙이는 유망한 코미디언을 나타낸다. 전체 홍보 부서는 이 하나의 지표를 중심으로 구조화된다. 내부 노드는 한 명 또는 두 명의 직원을 휘하에 둔 관리자를 나타낸다. 각 관리자는 자신의 유머 수준을 고려해 하위 조직을 분할한다. 더 많은 농담을 포함하는 팀원(더 높은 유머 수준)은 오른쪽 하위 팀에 들어가고, 더 적은 농담을 포함하는 팀원(더 낮은 유머 수준)은 왼쪽 하위 팀에 들어간다. 각 관리자는 이렇게 두 하위 팀의 중간 지점을 제공하면서 분할 함수를 제공한다.

이런 식의 노드 순서가 그렇게 대단한 구조처럼 보이지 않을 수 있지만, 이진 탐색에서 비슷한 속성을 사용했을 때 우리가 얻은 능력을 생각해보라. 이진 탐색 트리 속성은 트리 안 위치에 따라 값을 정렬한다. 앞으로 보게 되겠지만 이로 인해 트리에서 값을 효율적으로 찾을 뿐 아니라 노드를 효율적으로 추가하고 제거할 수 있다.

5.2 이진 탐색 트리에서 탐색하기

이진 탐색 트리에서는 루트 노드부터 아래로 내려가면서 값을 탐색한다. 각 단계에서는 현재 노드의 값과 목푯값을 비교해 왼쪽 하위 트리나 오른쪽 하위 트리 중 어느 쪽을 탐색할지 결정한다. 목푯값이 현재 값보다 작으면 왼쪽으로 탐색을 진행한다. 목푯값이 현재 값보다 크면 오른쪽으로 탐색을 진행한다. 노드의 값은 마치 호텔 객실을 찾아갈 때 500~519호실이 왼쪽에 있고 520~590호실이 오른쪽에 있음을 알려주는 표지판 같은 역할을 한다. 단 한 번의 간단한 확인만으로 적절한 방향을 택하고 다른 방향에 있는 방을 무시할 수 있다. 탐색은 목푯값을 발견하거나 탐색해야 할 방향에 더 이상 자식이 없는 노드에 도달하면 종료된다. 후자의 경우, 목푯값이 트리에 없다는 점을 명확히 말할 수 있다.

5.2.1 반복적 탐색과 재귀적 탐색

이 탐색을 반복이나 재귀를 사용해 구현할 수 있다. 다음 코드는 재귀 방법을 사용한다. 탐색 함수는 처음에 트리의 루트 노드로 호출되고 다음 노드를 사용해 자기 자신을 호출한다. 코드는 값을 포함하는 노드의 포인터를 반환하며, 이 포인터를 사용하면 노드에서 보조 정보를 탐색할 수 있다.

```
FindValue(TreeNode: current, Type: target):
    IF current == null:                                    // ①
        return null
    IF current.value == target:                            // ②
        return current
    IF target < current.value AND current.left != null:    // ③
        return FindValue(current.left, target)
    IF target > current.value AND current.right != null:   // ④
        return FindValue(current.right, target)
    return null                                            // ⑤
```

이 알고리즘은 각 노드에 대해 몇 가지 검사를 수행한다. 이 검사 중 어느 하나가 참이면 값을 반환하면서 함수를 끝낸다. 첫째, 현재 노드가 null이 아닌지(빈 트리를 탐색하는 경우) 확인한다. null이면 트리가 빈 트리이고, 비어 있음의 정의에 따라 목푯값이 트리 안에 없으므로 실패 값을 반환한다(①). 둘째, 현재 노드의 값이 목푯값과 같으면 관심 값을 찾았으므로 해당 노드를 반환한다(②). 셋째, 왼쪽 하위 트리를 탐색해야 할지 확인하고, 그렇다면 왼쪽 하위 트리 탐색에서 찾은 결과를 반환한다(③). 넷째, 오른쪽 하위 트리를 탐색해야 할지 확인하고, 그렇다면 오른쪽 하위 트리 탐색에서 찾은 결과를 반환한다(④). 왼쪽과 오른쪽 트리를 탐색해야 하는 경우에는 모두 해당 방향의 자식이 존재하는지도 확인한다. 지금까지 확인한 조건 중에 참인 경우가 없다면, 목푯값과 일치하지 않는 노드에 도달했고 더 이상 올바른 방향에 자식이 없음을 알 수 있다. 이제는 막다른 골목에 도달했으므로 null과 같은 실패 값을 반환함으로써 패배를 인정해야 한다(⑤). 막다른 골목은 올바른 방향에 자식이 없을 때마다 발생하므로 자식이 하나만 있는 내부 노드도 탐색에서 막다른 골목이 될 수 있다.

그림 5-5에서 63이라는 값을 탐색하기 위해 이 전략을 사용한다고 가정하자. 루트 노드에서 시작하고, 그 값(50)을 목푯값과 비교한다. 50이 63보다 작기 때문에, 모든 노드의 값이 50보다 작은 왼쪽 가지에는 목푯값이 없다는 점을 알 수 있다. 이 간단한 사실로 인해 왼쪽 하위 트리 전체를 탐색에서 '제거'할 수 있다. 단 한 번의 비교만으로 전체 22개 노드 중 11개의 노드를 확인 대상에서 제외할 수 있다. 이 검사는 2장의 이진 탐색 알고리즘에서 수행한 가지치기와 동일한 효과를 낸다. 목푯값과 어느 한 원소를 비교하고 그 결과를 사용해 탐색 공간의 상당 부분을 배제할 수 있다.

▼ **그림 5-5** 이진 탐색 트리 탐색의 첫 번째 단계. 탐색은 루트 노드에서 시작된다

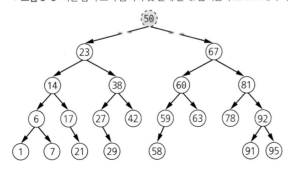

탐색은 그림 5-6처럼 값이 67인 노드까지 오른쪽 하위 트리를 따라 진행된다. 이번에도 이진 탐색 트리의 특성을 이용해 남은 탐색 공간의 절반을 배제한다. 이 경우 63은 67보다 작기 때문에 왼쪽 하위 트리를 선택한다. 노드 67의 오른쪽 하위 트리에 속한 값들은 모두 67보다 크기 때문에 63을 포함할 수 없다. 이번에는 다른 노드를 5개 솎아냈다.

▼ **그림 5-6** 이진 탐색 트리 탐색의 두 번째 단계

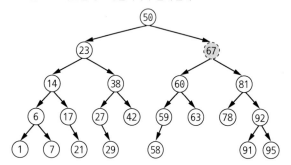

이 시점에서 현재 노드 아래에 남은 탐색 공간에 대해 확정적 진술을 할 수 있다. 50에서 오른쪽으로, 67에서 왼쪽으로 움직였기 때문에 새로운 하위 트리의 모든 노드가 50보다 크고 67보다 작은 값을 가짐을 안다. 사실 오른쪽 가지를 탐색할 때마다 탐색 공간의 하계를 증가시키며 왼쪽 가지를 탐색할 때마다 탐색 공간의 상계를 감소시킨다. 탐색은 그림 5-7처럼 트리에서 빨간색 노드를 따라 진행된다. 이 탐색은 목푯값을 찾을 때까지 22개 노드 중 4개 노드를 통과한다.

▼ **그림 5-7** 값이 63인 이진 탐색 트리 탐색의 전체 경로

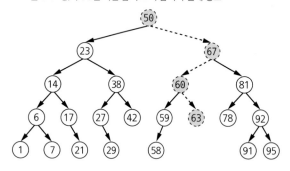

유머 감각이 지표가 되는 홍보 부서를 예로 들어 탐색을 생각해보자. 부서장이 산업 콘퍼런스에서 가벼운 형식으로 발표할 사람을 찾아야 한다. 몇 가지 상황을 고려해본 후, 그들

은 청중에게 30분당 재미있는 일러스트 63장을 보여주는 것이 최적이라고 결정한다. 부서장(루트 노드)은 자신의 유머 수준을 고려해 자신이 너무 진지하다는 점을 깨닫고, 자신의 오른쪽 부하 직원에게 그의 조직에서 기준을 충족하는 발표자를 찾도록 요청한다. 오른쪽 하위 트리의 모든 사람은 부서장보다 더 유머가 있다. 그 관리자는 자신의 유머 수준(67)과 목푯값을 비교하고 적절한 부하 직원에게 탐색을 위임하는 동일한 단계를 반복한다.

물론 탐색을 꼭 리프 노드에 도달할 때까지 진행할 필요는 없다. 그림 5-8처럼 목표 노드가 트리의 중간에 위치할 수도 있다. 똑같은 트리에서 14라는 값을 탐색하면 왼쪽 가지를 두 번 타고 적절한 내부 노드에 도달한다. 중간 수준의 이 관리자는 우리 유머 기준에 완벽하게 부합하며 이 발표를 맡을 수 있다. 따라서 트리를 내려가면서 현재 노드가 목푯값과 같은지 확인하고 목표와 일치하는 경우 탐색을 조기에 종료할 필요가 있다.

▼ **그림 5-8** 이진 탐색 트리에서 목푯값과 일치하는 값을 가진 내부 노드에서 탐색이 끝날 수도 있다

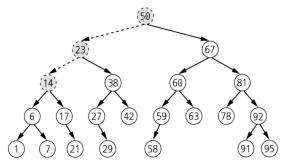

이진 탐색 트리를 탐색하는 반복적인 접근 방법은 재귀 호출 대신 WHILE 루프를 사용하며, 트리를 반복해서 내려간다. 여기서도 탐색은 트리의 루트에서 시작된다.

```
FindValueItr(TreeNode: root, Type: target):
    TreeNode: current = root                              // ①
    WHILE current != null AND current.value != target:   // ②
        IF target < current.value:                       // ③
            current = current.left
        ELSE:
            current = current.right
    return current                                        // ④
```

이 코드는 탐색을 위한 현재 노드를 가리키는 지역 변수로 current를 만들면서 시작한다
(①). 초기에 이 변수는 루트 노드로 설정되고, 빈 트리인 경우 null일 수 있다. WHILE 루
프는 트리를 반복하여 내려가며, 막다른 골목에 도달하거나(current == null) 올바른 값
을 찾으면(current.value == target) 루프를 중지한다(②). 루프 안에서 코드는 다음 자
식이 왼쪽에 있는지 오른쪽에 있는지를 확인하고(③), 적절한 자식을 가리키도록 current
를 변경한다. 함수는 노드를 찾은 경우 current를 반환하면서 종료된다(④). current는 찾
은 값이 있으면 그 값을 포함하는 노드를 가리키며, 트리가 비어 있거나 값을 찾지 못한
경우에는 null이 된다.

재귀나 반복 탐색의 계산 비용은 둘 다 트리에서 목푯값을 찾는 데 필요한 깊이에 비례한
다. 트리의 꼭대기에서 시작해 하나의 경로를 따라 내려간다. 트리가 깊을수록 더 많이 비
교해야 한다. 따라서 트리 깊이를 최소화해서 탐색 효율성을 높이는 것이 중요하다.

5.2.2 트리 탐색과 정렬된 배열 탐색 비교

회의적인 독자는 "2장에서 이미 정렬된 데이터에서 효율적인 탐색 방법을 배웠다. 이진
탐색은 데이터 크기에 로그 스케일로 비례한 시간이 걸린다. 책에서 이미 예제 등 모든 내
용도 살펴봤다. 왜 귀찮게 데이터를 정렬된 배열 대신 트리에 넣어야 하며, 포인터에 따른
불필요한 복잡성과 부가 비용을 감수해야 하는 건가?"라고 반박할 수도 있다.

이런 우려는 정당하다. 그러나 자료 구조와 탐색을 더 넓은 맥락에서 사용하는 경우를 고
려해야 한다. 우리에게 이미 정렬된 배열에 저장된 데이터가 있고 한 번만 탐색하려는 경
우에는 단순한 이진 탐색 대신 트리를 만드는 것이 도움이 되지 않는다. 실제로는 트리를
만드는 비용이 선형 스캔을 한번 진행하는 것보다 더 비싸기 때문이다. 마찬가지로 데이
터가 변하지 않는 경우에는 정렬된 배열을 사용하는 편이 트리 구조 자체의 메모리 부가
비용을 피할 수 있기 때문에 더 나을 수 있다. 데이터가 더 동적으로 변경되는 경우 트리
구조와 탐색 방법의 트레이드오프가 달라진다.

홍보 부서에 직원이 입사하고 퇴사하는 경우를 생각해보라. 부서는 평소에 하던 업무를
진행하는 한편, 유머 수준 자료 구조도 갱신해야 한다. 입사한 직원을 유머 수준 목록에

추가하고 퇴사한 직원을 제거해야 한다. 부서는 결제 계층 구조 대신 유머 수준에 따라 직원을 사무실[2]에 배치해 정렬할 수 있다. 가장 유머가 없는 사람은 1번 사무실에, 가장 유머가 많은 사람은 100번 사무실에 배정한다. 관리자는 여전히 원하는 발표자를 효율적으로 탐색할 수 있다. 그러나 이제 입사나 퇴사가 이뤄질 때마다 사무실 배치를 수정해야 한다. 부서 규모가 크거나 부서 구성 변경이 클수록 부가 비용이 증가한다. 식당 주문 목록처럼 대상 데이터가 매우 동적인 환경에서는 정렬된 배열로 처리할 때 부가 비용이 상당히 커질 수 있다.

이진 탐색 트리 등 동적 자료 구조의 장점은 데이터가 '변경되는' 경우에 드러난다. 다음 절에서 보게 될 것처럼, 이진 탐색 트리를 사용하면 데이터를 효율적으로 추가하거나 제거할 수 있다. 정렬된 배열에서는 데이터를 추가하거나 제거할 때마다 매번 배열을 갱신해야 하므로 비용이 많이 들 수 있다. 반면, 이진 탐색 트리는 데이터 자체가 변경돼도 탐색 가능한 구조가 유지된다. 동적 데이터 집합에서 탐색을 많이 수행하는 경우, 이런 효율성의 조합이 매우 중요하다.

5.3 / 이진 탐색 트리 변경하기
SECTION

이진 탐색 트리를 사용하거나 변경할 때는 항상 루트 노드에 특별한 관심을 가져야 한다. 트리에서 노드를 탐색할 때는 항상 루트 노드에서 시작한다. 첫 번째 노드를 트리에 삽입할 때(예 홍보 부서에 처음 합류하는 사람)는 삽입된 노드를 새로운 루트로 만든다. 그리고 이번 장 뒷부분에서 보게 될 것처럼, 이진 트리에서 노드를 제거할 때는 루트 노드를 특별한 경우로 처리해야 한다.

이진 탐색 트리를 사용하는 로직을 단순화하기 위해 루트 노드를 포함하는 얇은 자료 구조로 트리 전체를 감쌀 수 있다.

---

2 역주 파티션으로 구분된 개방형 사무실이 아니라 사람마다 별도의 방이 배정되는 사무실이다.

```
BinarySearchTree {
    TreeNode: root
}
```

이런 처리가 낭비(복잡도가 늘어나고 자료 구조가 추가됨)처럼 보일 수 있지만, 트리의 사용을 더 쉽게 해주고 루트 노드의 처리를 크게 단순화해준다. 이진 탐색 트리를 감싸는 자료 구조(또는 클래스)를 사용할 때는, 노드를 추가하거나 찾기 위한 최상위 함수를 함께 제공해야 한다. 이런 함수들은 노드가 없는 트리를 처리하는 특별한 경우를 포함하는 상대적으로 얇은 래퍼 함수다.

트리 탐색은 트리가 비어 있는지(tree.root == null)를 확인하면서 시작된다.

```
FindTreeNode(BinarySearchTree: tree, Type: target):
    IF tree.root == null:
        return null
    return FindValue(tree.root, target)
```

트리가 비어 있으면 탐색이 실패했음을 나타내는 null을 즉시 반환한다. 그렇지 않으면, FindValue를 호출해 재귀적으로 트리를 탐색한다. 여기서 null 검사를 수행하면 FindValue의 시작 부분에서 수행해야 하는 검사를 대신할 수 있으므로, 노드마다 수행할 필요 없이 전체 트리에 대해 단 한 번만 null 검사를 수행하면 된다.

5.3.1 노드 삽입하기

이진 탐색 트리에 값을 삽입하는 것은 탐색과 기본적으로 같은 알고리즘을 사용한다. 루트 노드에서 시작해 마치 새 값을 찾는 것처럼 트리를 따라 이동하면서 막다른 골목(리프 노드나 잘못된 방향에만 자식이 있는 내부 노드)에 도달할 때까지 진행한다. 탐색과 삽입 알고리즘의 주된 차이는, 삽입 알고리즘은 막다른 골목에 도달한 후 현재 노드의 자식으로 새 노드를 추가한다는 것이다. 새 값이 현재 노드의 값보다 작은 경우에는 왼쪽 자식으로, 그렇지 않으면 오른쪽 자식으로 새 노드를 추가한다.

여기서 중복을 허용하는 트리와 그렇지 않은 트리의 동작 차이를 명확히 볼 수 있다. 중복 값을 허용하는 경우에는 막다른 골목에 도달할 때까지 계속 진행한 다음에 새 값을 트리에 삽입한다. 중복 값을 허용하지 않는 경우에는 새 값과 일치하는 노드에 저장된 데이터를 대체하거나 추가 정보를 저장할 수 있다. 예를 들어, 해당 값이 트리에 추가된 횟수를 나타내는 카운터를 추가 정보로 저장할 수 있다. 조금 뒤에 살펴볼 알고리즘에서는 이 책에서 다룰 다른 인덱싱 자료 구조와 일관성을 유지하기 위해 중복 데이터를 덮어쓰는 경우에만 초점을 맞춘다.

탐색 함수와 마찬가지로, 노드 삽입 함수도 빈 트리를 처리하는 래퍼 함수로부터 시작한다.

```
InsertTreeNode(BinarySearchTree: tree, Type: new_value):
    IF tree.root == null:
        tree.root = TreeNode(new_value)
    ELSE:
        InsertNode(tree.root, new_value)
```

먼저, 코드는 트리가 비어 있는지(tree.root == null) 확인한다. 트리가 비어 있다면 새 값이 포함된 노드를 새로운 루트 노드로 만든다. 트리가 비어 있지 않으면, 루트 노드에 대해 InsertNode를 호출해서 재귀 처리를 시작한다. 따라서 InsertNode가 유효한(null이 아닌) 노드와 함께 호출되도록 보장할 수 있다.

다음은 InsertNode 코드다.

```
InsertNode(TreeNode: current, Type: new_value):
    IF new_value == current.value:                    // ①
        노드를 필요에 맞게 변경한다
        return
    IF new_value < current.value:                     // ②
        IF current.left != null:                      // ③
            InsertNode(current.left, new_value)
        ELSE:
            current.left = TreeNode(new_value)
```

```
                    current.left.parent = current
        ELSE:
            IF current.right != null:                          // ④
                InsertNode(current.right, new_value)
            ELSE:
                current.right = TreeNode(new_value)
                current.right.parent = current
```

InsertNode 코드는 처음에 일치하는 값을 가진 노드에 도달했는지 확인하고, 값이 일치하는 노드를 찾은 경우 필요에 따라 노드 데이터를 갱신한다(①). 일치하는 노드에 도달하지 않았다면, 새 값과 현재 노드의 값을 비교한 결과에 따라 왼쪽이나 오른쪽 경로를 따라 새 값을 삽입할 올바른 위치를 찾는다(②). 어느 경로로 진행하든 코드는 해당 경로를 따라 다음 노드가 존재하는지 확인한다(③, ④). 다음 노드가 있으면 코드는 경로를 따라 트리의 더 깊은 곳을 탐색한다. 다음 노드가 존재하지 않는다면 새 노드를 삽입할 올바른 위치를 나타내는 막다른 골목을 찾은 것이다. 알고리즘은 새 노드를 생성하고, 부모의 해당 방향 자식 포인터(left나 right)를 연결하고, 부모 포인터를 설정하면서 노드를 추가한다.

예를 들어, 그림 5-9의 이진 탐색 트리에 숫자 77을 삽입하려면 노드 50, 67, 81, 78을 따라 내려가서 값이 78인 노드에서 막다른 골목에 도달한다. 이 시점에서 78인 노드는 올바른 방향(왼쪽)에 유효한 자식이 없다. 따라서 값이 77인 노드를 새로 생성하고, 이 노드를 노드 78의 왼쪽 자식으로 추가한다.

▼ **그림 5-9** 이진 탐색 트리에 값 77을 삽입하는 과정

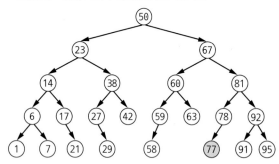

새 노드를 트리에 삽입하는 비용은 새 노드를 삽입하는 경로의 깊이에 비례한다. 막다른 골목에 도달할 때까지 경로상 각 노드에 대해 비교를 한 번씩 수행하고, 탐색과 마찬가지로 진행 방향이 아닌 가지의 모든 노드를 무시한다. 따라서 최악의 경우 삽입 비용은 트리의 깊이에 선형적으로 비례해 증가한다.

5.3.2 노드 제거하기

이진 탐색 트리에서 노드를 제거하는 것은 삽입보다 복잡한 과정이다. 노드를 제거할 때는 세 가지 경우를 고려해야 한다. 바로 자식이 없는 리프 노드를 제거하는 경우, 자식이 하나뿐인 내부 노드를 제거하는 경우, 자식이 둘인 내부 노드를 제거하는 경우다. 자식의 수가 늘어날수록 작업이 복잡해진다.

리프 노드를 제거할 때는 해당 노드를 제거하고 부모의 (제거된 노드를 가리키는) 자식 포인터를 null로 갱신해서 해당 노드가 더 이상 존재하지 않음을 표시해야 한다. 그 결과 부모 노드가 리프가 될 수 있다. 예를 들어, 그림 5-10에서 노드 58을 제거하려면 58을 제거하면서 부모의 왼쪽 자식 포인터를 null로 설정하면 된다.

▼ **그림 5-10** 부모 노드의 자식 포인터를 갱신해서 이진 탐색 트리에서 리프 노드를 제거한다

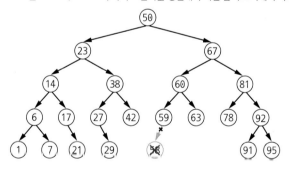

리프 노드 제거는 부모 노드의 포인터를 노드에 저장하는 방식의 가치를 보여준다. 부모를 가리키는 포인터가 있으면 제거할 노드를 찾은 다음에 부모 포인터를 따라 부모로 돌아가 제거할 자식을 가리키는 포인터를 null로 설정할 수 있다. 이렇게 한 가지 데이터를 추가로 저장하는 것만으로도 제거 작업이 훨씬 간단해진다.

홍보 부서 예제에서 리프를 제거하는 것은 부하 직원이 없는 직원이 퇴사하는 것과 같다. 이별 파티가 끝나면 조직의 나머지 인원은 다시 일에 집중한다. 계층 구조에서 변경된 것은 퇴사한 직원의 직속 상사가 부하 직원을 한 명 덜 관리하게 된 것뿐이다. 이제 이 상사에게는 부하 직원이 아예 없을 수도 있다.

제거 대상 노드가 자식을 하나만 가진 경우, 해당 자식을 제거된 노드의 부모의 자식으로 승격시키고 제거 대상 노드를 제거한다. 이는 결제 계층을 뒤바꾸지 않으면서 부하 직원이 하나뿐인 관리자를 제거하는 것과 같다. 어떤 관리자가 퇴사하면 그 관리자의 상사는 퇴사한 관리자의 부하 직원을 직접 맡게 된다. 예를 들어, 예제 트리에서 노드 17을 제거하려면 그림 5-11처럼 단순히 노드 21을 제거된 노드의 위치로 옮기면 된다. 노드 14는 이제 직접적으로 노드 21과 연결된다.

▼ **그림 5-11** 자식을 하나만 가지는 내부 노드는 자식 노드를 승격시켜서 포인터를 변경하고(위 그림) 해당 자식을 한 단계 위로 이동시켜(아래 그림) 제거한다

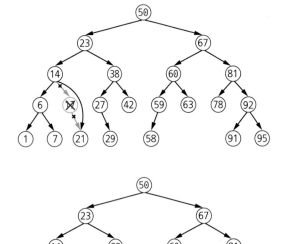

자식이 하나뿐인 노드를 제거하는 방법은 제거할 노드의 자식 노드를 승격시킬 때 해당 노드가 하위 트리를 가지고 있어도 잘 작동한다. 승격될 노드가 이미 부모의 하위 트리에 속해 있었기 때문에 해당 노드의 모든 하위 항목은 이진 탐색 트리 속성을 계속 유지한다.

자식 노드가 둘인 내부 노드를 제거하려면 복잡도가 상당히 높아진다. 노드를 제거하거나 자식을 하나 승격시키는 것만으로는 충분하지 않다. 홍보 부서 예제에서 노드의 두 자식은 각각 다른 유머 감각을 가진 직원 두 명을 나타낸다. 이런 경우 임의로 하나를 승격시킴으로써 반대쪽을 결제 계층에서 배제하면 안 된다. 임의로 자식 노드 하나를 승격시키면 반대쪽 자식 노드는 더 이상 포인터 사슬을 통해 루트 노드와 연결되지 않으므로 이를 방지해야 한다. 반드시 제거할 노드를 제외한 나머지 트리의 무결성을 유지하고 계속 이진 탐색 트리 속성을 따르게 보장해야 한다.

자식이 둘인 내부 노드를 제거할 때는 교환해도 이진 탐색 트리 속성이 유지될 수 있는 다른 노드와 제거 대상 노드를 교환한다. 이를 위해서는 제거할 노드의 '후속자(successor)'를 찾아야 한다. 후속자는 정렬된 순서로 노드를 순회할 때 제거할 노드 바로 다음에 만나게 될 노드다. 후속자의 값을 제거된 노드 위치에 넣는다. 이때 후속자 노드도 자식 노드를 가질 수 있다. 따라서 이진 트리의 포인터를 깨뜨리지 않고 후속자를 제거하기 위해 여기서 설명하는 제거 절차를 후속자 노드를 대상으로 다시 적용해야 한다. 후속자를 찾아 후속자를 가리키는 포인터를 저장한 다음, 후속자를 트리에서 제거한다.

예를 들어, 그림 5-12에서 값 81을 제거하려면 먼저 값이 91인 후속자 노드와 81인 노드를 교환해야 한다. 이를 위해 제거할 노드와 후속자 노드에 대한 포인터를 저장한다(그림 5-12(1)). 그런 다음 후속자 노드를 제거할 노드의 부모 노드의 자식으로 설정한다(그림 5-12(2)). 마지막으로 제거할 노드의 자식을 후속자의 자식으로 설정해서 후속자와 제거할 노드를 교환한다(그림 5-12(3)).

제거를 수행하려면 노드의 후속자를 효율적으로 찾을 수 있어야 한다. 이 말이 큰일인 것처럼 들릴 수 있지만, 여기서 한 가지 중요한 장점이 있다. 여기서는 제거하려는 노드에 자식이 2개인 경우만 고려하기 때문에 후속자를 항상 노드의 오른쪽 하위 트리에서 찾을 수 있다는 점이다. 구체적으로 후속자는 오른쪽 하위 트리의 최소(또는 가장 왼쪽) 노드다. 게다가 이 후속자 노드는 자식을 기껏해야 하나(있다면 오른쪽)만 가진다는 점이 보장된다. 후속자 노드 후보가 왼쪽에 자식을 가지고 있다면 그 왼쪽 자식(또는 자식의 왼쪽 하위 트리를 계속 따라 내려간 가장 작은 노드)이 진짜 후속자가 된다.

▼ **그림 5-12** 두 자식을 가진 내부 노드를 제거하려면 먼저 후속자 노드를 해당 위치로 교환한다

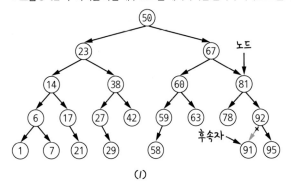

(1)

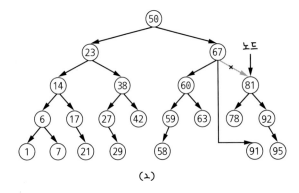

(2)

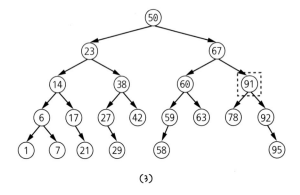

(3)

코드 5-1은 이진 탐색 트리에서 방금 논의한 세 가지 유형의 노드를 제거하는 데 사용되는 (장황한) 의사 코드를 보여준다. 더 짧은 구현도 가능하지만, 명시적으로 각 경우를 분할하면 알고리즘의 복잡성을 명확하게 이해할 수 있다. 또 값을 기반으로 노드를 제거하는 대신 노드를 가리키는 포인터를 사용한다. 따라서 특정 값의 노드를 제거하려면

FindTreeNode를 사용해 노드에 대한 포인터를 찾은 다음, 해당 포인터를 사용해 노드를 제거해야 한다.

▼ **코드 5-1** 이진 탐색 트리에서 노드 제거

```
RemoveTreeNode(BinarySearchTree: tree, TreeNode: node):
    IF tree.root == null OR node == null:           // ①
        return

    # 경우 A: 리프 노드 제거
    IF node.left == null AND node.right == null:     // ②
        IF node.parent == null:
            tree.root = null
        ELSE IF node.parent.left == node:
            node.parent.left = null
        ELSE:
            node.parent.right = null
        return

    # 경우 B: 자식이 하나인 노드 제거
    IF node.left == null OR node.right == null:       // ③
        TreeNode: child = node.left                   // ④
        IF node.left == null:
            child = node.right

        child.parent = node.parent                    // ⑤
        IF node.parent == null:
            tree.root = child
        ELSE IF node.parent.left == node:
            node.parent.left = child
        ELSE:
            node.parent.right = child
        return

    # 경우 C: 자식이 둘인 노드 제거
    # 후속자를 찾고, 트리에서 제거한다
    TreeNode: successor = node.right                  // ⑥
    WHILE successor.left != null:
```

```
        successor = successor.left
    RemoveTreeNode(tree, successor)

    # 후속자를 제거할 노드 위치에 삽입한다
    IF node.parent == null:                         // ⑦
        tree.root = successor
    ELSE IF node.parent.left == node:
        node.parent.left = successor
    ELSE:
        node.parent.right = successor
    successor.parent = node.parent                  // ⑧

    successor.left = node.left                      // ⑨
    node.left.parent = successor

    successor.right = node.right
    IF node.right != null:
        node.right.parent = successor
```

삽입이나 탐색의 래퍼 함수와 마찬가지로, 코드는 먼저 트리가 비어 있는지 확인하고(①)
그렇다면 null을 반환한다. 또한 제거할 유효한 노드가 있는지 확인(node != null)한다.
이는 탐색과 제거를 한 줄로 결합하는 경우에 유용하다.

```
RemoveTreeNode(tree, FindTreeNode(tree, target))
```

FindTreeNode가 노드를 찾지 못하면 null을 반환하므로, 이 경우를 명시적으로 처리한다.

코드는 순서대로 세 가지 경우를 고려한다. 경우 A, 즉 리프 노드를 제거하는 경우(②), 코
드는 제거된 노드의 부모의 자식 포인터 중에서 적절한 포인터를 변경해야 한다. 우선, 제
거할 노드에 부모 노드가 있는지 확인한다. 부모가 없다면 제거 대상이 루트이므로 루트
노드 포인터를 null로 수정해 루트를 제거한다. 제거할 노드가 부모 노드의 왼쪽 자식인
경우 코드는 해당 포인터를 null로 설정한다. 마찬가지로, 제거된 노드가 부모 노드의 오
른쪽 자식인 경우 코드는 해당 포인터를 null로 설정한다. 이제 성공적으로 대상 리프 노

드를 트리에서 제거했고 함수는 반환된다.

경우 B, 즉 자식이 하나뿐인 노드를 제거하는 경우(③), 코드는 해당 노드의 두 자식 포인터 중 어느 쪽이 null이 아닌지 확인하고 자식 노드를 나중에 사용할 수 있도록 해당 자식 노드에 대한 포인터를 저장한다. 다음으로 코드는 새로 승격할 노드의 부모 포인터를 새 부모로 수정한다(⑤). 코드는 승격한 자식의 부모 포인터를 이전 조부모(즉 제거된 노드의 부모)로 설정해서 위 방향 링크에서도 제거할 노드를 제외한 노드를 연결한다. 마지막으로 코드는 제거할 노드의 부모 노드의 자식 포인터 중에 적절한 포인터를 변경한다. 이때 특별한 경우로 루트를 변경해야 하는 경우를 처리한다. 부모의 자식 포인터 중 제거된 노드를 가리켰던 포인터를 승격된 노드를 가리키게 변경하며, 제거된 노드에 부모가 없으면 루트 노드를 제거하는 것이므로 루트를 가리키는 포인터를 적절히 변경해야 한다. 올바른 노드를 이어 붙인 후 함수가 반환된다.

경우 C, 즉 제거할 노드에 자식이 둘 있는 경우, 코드는 후속자 노드를 식별하고 트리에서 해당 노드를 제거하는 것부터 시작한다(⑥). 위에서 설명한 대로, RemoveTreeNode 재귀 호출 자체는 후속자가 최대 하나의(오른쪽) 자식을 가지므로 경우 C를 발생시키지 않는다. 코드는 후속자를 트리에서 제거한 후에도 해당 후속자에 대한 포인터를 유지한다. 이후 제거된 노드를 대체하기 위해 이 후속자 노드를 사용할 것이다. 그런 다음 코드는 다음과 같은 일련의 단계를 통해 제거된 노드를 후속자로 대체한다.

1. 제거된 노드의 부모를 수정해서 적절한 자식 포인터를 후속자로 설정한다(⑦).
2. 후속자의 부모 포인터를 새로운 부모로 설정한다(⑧).
3. 후속자의 왼쪽과 오른쪽 자식 사이의 링크를 설정한다(⑨). 오른쪽 자식을 다룰 때 특히 주의해야 한다. 후속자가 제거된 노드의 직접적인 오른쪽 자식인 경우 위의 RemoveTreeNode 호출에서 이미 해당 자식을 제거했을 수도 있다. 따라서 node의 오른쪽 자식이 null인지 확인한 후, null이 아닌 경우에만 오른쪽 자식의 부모 포인터를 할당해야 한다.

프로그래밍 언어와 코드 사용 방식에 따라, 제거 시 node 밖으로 나가는 포인터를 null로 설정하면 유용할 수 있다. 이렇게 하면 제거된 노드에서 트리 내 다른 노드를 가리키는 참조를 정리할 수 있다. 이를 위해, 세 경우의 끝(경우 A와 경우 B의 return 문 앞과 경우 C의 함수 맨 끝)에 다음을 추가할 수 있다.

```
node.parent = null
node.right = null
node.left = null
```

탐색이나 삽입과 마찬가지로, 제거 연산에서도 한 번에 한 경로를 따라 트리를 위에서 아래로 순회할 필요가 있다. 경우 A와 경우 B에서 이런 이동은 RemoveTreeNode 함수를 실행하기 이전에 수행된다(노드의 포인터를 찾기 위해 수행한 FindTreeNode에서 이뤄짐). 경우 C에서는 제거할 내부 노드의 후속자를 찾기 위해 순회가 추가로 필요하다[3]. 따라서 제거에서 최악의 경우 실행 시간은 여전히 트리의 깊이에 비례한다.

5.4 / 균형이 맞지 않는 트리의 위험성
SECTION

이진 탐색 트리에서 탐색, 추가 및 제거를 수행하는 데 걸리는 시간은 최악의 경우 트리의 깊이에 비례하므로 깊이가 너무 깊지 않은 트리에서는 이러한 작업이 매우 효율적으로 이뤄진다. 완전 균형(prefectly balanced) 트리는 모든 노드에서 오른쪽 하위 트리가 왼쪽 하위 트리와 동일한 수의 노드를 포함하는 경우다. 이 경우에는 트리 깊이가 노드 수를 두 배로 늘릴 때마다 1씩 증가한다. 따라서 완전 균형 트리에서 세 가지 작업의 최악의 경우 성능은 N의 로그인 $\log_2(N)$에 비례해 증가한다.

이진 탐색 트리는 완벽하지 않더라도 어느 정도만 균형이 맞아도 여전히 효율적이다. 그러나 트리가 균형이 잘 맞지 않으면 원소 수에 비례해 트리 깊이가 선형적으로 증가할 수 있다. 극단적인 경우 우리의 멋진 이진 탐색 트리는 정렬된 연결 리스트에 지나지 않을 수도 있다. 그림 5-13처럼 모든 노드가 같은 방향의 자식만 가지는 경우가 이런 경우다.

---

3 역주 제거 대상 노드를 찾으면 오른쪽 하위 트리만 순회하면 후속자를 찾을 수 있다. 따라서 루트에서 제거 대상 노드를 찾는 경로와 제거 대상 노드에서 후속자에 이르는 경로를 합친 길이의 최댓값은 트리의 깊이가 된다.

▼ 그림 5-13 균형이 맞지 않는 이진 탐색 트리의 예

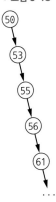

여러 실제 응용 프로그램에서 균형이 맞지 않는 트리가 쉽게 발생할 수 있다. 예를 들어, 우리가 타임스탬프로 색인한 이진 탐색 트리에 커피 로그를 저장한다고 상상해보라. 커피를 한 잔 마실 때마다 그 정보를 트리에 삽입한다. 상황이 빠르게 악화된다. 이 경우 타임스탬프가 항상 증가해서(단조 증가) 모든 항목을 정렬된 순서로 삽입하기 때문에, 오른쪽 자식 포인터만 사용하는 연결 리스트를 생성한다. 균형이 맞지 않는 트리에 대한 작업은 극도로 비효율적일 수 있다. N개 노드를 가진 트리를 가정해보자. 균형 잡힌 트리라면 작업 시간이 N의 로그에 비례한다. 반대로 트리가 리스트인 경우, 작업 시간은 N에 선형적으로 비례할 수 있다.

동적 삽입 및 제거가 발생하는 동안 트리의 균형을 유지하기 위해 변형시킨 레드-블랙(red-black) 트리, 2-3 트리, B-트리 등도 있다. 이런 접근 방법은 균형을 유지하는 대신 모두 트리 연산의 복잡도를 증가시킨다는 트레이드오프 관계가 있다. 12장에서 B-트리를 자세히 살펴보면서 어떻게 이런 구조가 자기 자신의 균형을 유지하는지 알아보겠다.

다음 절에서는 값으로 이뤄진 집합이 주어졌을 때 이 초기 집합으로부터 균형 잡힌 이진 탐색 트리를 구축하는 간단한 접근 방식을 소개한다. '대량 구축(bulk construction)'은 알고리즘이 양쪽의 노드 수를 균형 있게 조정하기 위해 데이터를 분할할 노드를 선택하도록 허용한다. 트리에 삽입할 값 중 상당수를 미리 알고 있을 때는 이 방법이 좋은 접근 방법이지만, 향후 값을 추가하는 경우까지 내비해야 하는 경우에는 균형이 깨진 트리가 생길 수 있기 때문에 주의를 기울여야 한다.

이진 탐색 트리 대량 구축

노드를 반복해서 추가함으로써 쉽게 이진 탐색 트리를 구성할 수 있다. 즉, 새 노드를 하나 만들어서 루트로 지정한 다음, 나머지 각각의 값에 대해 새 노드를 만들어서 트리에 추가할 수 있다. 이 접근법은 간단하고, 앞에서 정의한 알고리즘을 재사용할 수 있다는 장점이 있지만, 균형이 맞지 않는 트리가 생길 수 있다. 앞에서 본 것처럼, 값을 정렬된 순서로 추가하면 정렬된 연결 리스트가 만들어진다. 하지만 초기 숫자 집합으로부터 트리를 생성할 때는 더 나은 방법을 사용할 수 있다.

그림 5-14처럼 정렬된 배열로부터 원소들을 재귀적으로 더 작은 부분 집합으로 나눔으로써 균형 이진 탐색 트리를 생성한다. 각 단계(level, 트리 루트에서 해당 노드에 이르는 거리)에서 중앙값을 그 깊이의 노드로 선택한다. 원소의 개수가 짝수인 경우, 두 중앙값 중 어느 쪽을 사용하든 관계없다.

▼ **그림 5-14** 이진 탐색 트리 대량 구축에 사용할 정렬된 배열

1	2	3	4	5	6	7	8	9	10	11	12

그림 5-15처럼 배열의 중간 원소와 값이 같은 새 노드를 만들고, 그 원소를 제외한 나머지 원소들을 두 자식 노드로 분할한다. 자식 노드들에 같은 방법을 적용하면서 재귀적으로 하위 트리를 구축한다. 이때 중간 원소보다 작은 값은 왼쪽으로, 큰 값은 오른쪽으로 이동한다.

▼ **그림 5-15** 첫 번째 분할 이후, 하나의 노드와 두 개의 배열이 생긴다

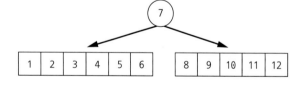

분할이 일어날 때마다 입력 배열의 새로운 복사본을 만들 필요가 없다. 대신 이진 탐색 알고리즘에서 사용하는 방식을 빌려와서 배열에서 고려 중인 현재 범위를 추적할 수 있다.

그림 5-16처럼 각 분할은 배열을 응집된(모든 원소가 붙어 있는) 부분 배열로 분할하기 때문에 양쪽 경계, 즉 가장 큰 값과 가장 작은 값의 인덱스만 고려하면 된다.

▼ **그림 5-16** 배열에서 현재 고려 중인 하위 집합을 추적할 때 사용하는 높은 인덱스(H)와 낮은 인덱스(L)

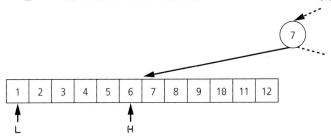

노드를 만든 후, 두 하위 트리를 같은 접근 방법을 사용해 각각 독립적으로 구축한다. 구체적으로 중앙값을 찾고 그 중앙값을 사용해 새 노드를 만든 다음, 범위를 둘로 분할하고 분할한 각각의 범위를 사용해 하위 트리를 만든다. 범위에 값이 하나만 들어 있을 때 재귀적 과정을 종료한다. 이 경우(범위에 값이 하나), 그 값이 들어 있는 자식이 없는 새로운 리프 노드를 만든다.

5.6 / 이진 탐색 트리가 중요한 이유
SECTION

이진 탐색 트리는 동적 자료 구조를 구체적 문제에 적용하는 방법을 보여준다. 트리는 데이터 값에 대한 순서 정보를 포착하고 유지하기 위해 가지를 뻗는 구조를 사용한다. 이를 통해 쉽게 효율적인 탐색을 할 수 있다. 더 나아기, 이진 탐색 트리는 포인터 기반 구조를 사용하기 때문에 데이터가 추가될 때도 계속 적용할 수 있다. 이런 데이터, 문제, 계산의 상호 작용은 점점 복잡해지는 계산 문제를 해결할 수 있는 기초를 제공한다.

6장부터는 동적 자료 구조 개념을 계속 확장해간다. 자료 구조를 문제 자체에 맞춰 변형하고, 가지를 뻗는 자료 구조를 사용해 효과적으로 가지치기(pruning, 탐색 공간에서 불필요한 부분을 잘라냄)할 수 있도록 한다. 이러한 기법은 다양한 자료 구조에서 볼 수 있다. 고급 자료 구조나 알고리즘을 다루는 법을 이해하려면, 이런 기법이 어떻게 동적 이진 탐색 트리에서 효율적으로 탐색하게 만드는지와 같은 기본 개념을 이해하고 있어야 한다.

6장에서는 트라이를 소개하며, 이진 탐색 트리의 트리 기반 개념을 가지가 여럿인 경우로 확장해 특정 유형의 데이터를 효율적으로 탐색하는 방법을 보여준다.

트라이와
적응형 자료 구조

이진 탐색 트리는 놀랍도록 강력하지만, 트리 구조를 사용해 데이터를 더 잘 구성하는 한 가지 방법일 뿐이다. 대소 비교 관계로 데이터 집합을 분할하는 대신, 처리할 특정 탐색 문제에 따라 데이터를 분할하는 방법을 최적화할 수 있다. 예를 들어, 이 장에서는 문자열을 트리에 저장하고 탐색하는 문제를 다룬다. 이진 탐색 트리의 일반적인 분기 방식을 확장해 데이터의 추가 구조를 잡아내면, 문자열 집합에서 목표 문자열을 효율적으로 탐색할 수 있다.

문자열 데이터에 이진 탐색 트리를 직접 적용할 수 있지만, 다른 데이터 타입보다 높은 비용이 발생한다는 사실을 논의하는 것부터 시작하겠다. 문자가 나열된 시퀀스라는 문자열의 특성을 고려해, 탐색 트리가 문자열을 더 효율적으로 저장하도록 적용시킬 수 있다. 이렇게 적응시킨 결과는 미래 세계에서 과도하게 거대한 파일 캐비닛을 만들 수 있는 분기 구조인 **트라이**(trie)다.

트라이는 단계마다 문자열의 문자 하나를 기반으로 분기하는 자료 구조다. 이 분기 전략은 각 노드에서 발생하는 비교 비용을 크게 감소시킨다. 이런 관점을 사용해, 다양한 알고리즘과 자료 구조의 기본 개념을 새로운 유형의 문제에 적용할 수 있음을 탐구한다.

6.1 문자열로 이뤄진 이진 탐색 트리

SECTION

알고리즘을 개선할 수 있는지 여부를 고려할 때는 먼저 현재 접근 방식의 한계를 이해해야 한다. 현재 접근 방식으로 충분하다면, 더 복잡한 자료 구조를 구축할 이유가 없다. 따라서 문자열에 특화된 자료 구조로 들어가기 전에, 이진 탐색 트리를 문자열 저장에 사용할 때 어떤 한계가 있는지 살펴보자. 먼저, 이진 탐색 트리를 이용한 문자열 탐색 방법을 살펴보자.

6.1.1 트리에 저장한 문자열

이진 탐색 트리는 크기 순서대로 정렬할 수 있는 것은 모두 저장할 수 있다. 예를 들어, 신발(크기나 냄새나는 정도), 좀비 영화(티켓 판매 수익이나 무서운 정도), 음식(가격, 매운 정도, 24시간 이내에 구토할 가능성) 등을 트리에 저장할 수 있다. 이처럼 이진 탐색 트리는 매우 다재다능하다. 우리에게 필요한 것은 트리에 저장할 항목을 정렬할 수 있는 능력뿐이다.

문자열을 이진 탐색 트리에 저장하기 위해서 문자열을 알파벳 순서로 정렬할 수 있다. 예를 들어, 그림 6-1의 이진 탐색 트리에서 각 노드는 하위 트리를 해당 노드 앞과 뒤에 오는 단어들로 분할하는 문자열이다. 이진 탐색 트리에서 사용한 크다/작다 표기를 여기서도 사용한다. X < Y는 문자열 X가 알파벳순으로 문자열 Y보다 먼저 나온다는 사실을 의미한다.

▼ **그림 6-1** 단어로 구성한 이진 탐색 트리

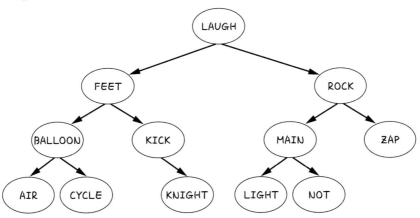

문자열 이진 탐색 트리도 숫자와 마찬가지로 탐색한다. 예를 들어, 그림 6-1에서 문자열 LIGHT를 찾으려면 루트 노드에서 시작한다. 그런 다음 알파벳순으로 목푯값을 노드의 값과 비교하고, 왼쪽이나 오른쪽 가지 중 하나를 따라 진행한다.

1. **LIGHT>LAUGH**: 오른쪽 가지를 따른다.
2. **LIGHT<ROCK**: 왼쪽 가지를 따른다.
3. **LIGHT<MAIN**: 왼쪽 가지를 따른다.
4. **LIGHT==LIGHT**: 목푯값을 찾았으므로 탐색을 종료할 수 있다.

그림 6-2에서는 전체 12개 노드 중에 탐색 과정에서 방문한 4개 노드를 빨간색으로 표시했다.

▼ **그림 6-2** 문자열 LIGHT를 탐색하는 문자열 이진 탐색 트리의 방문 경로

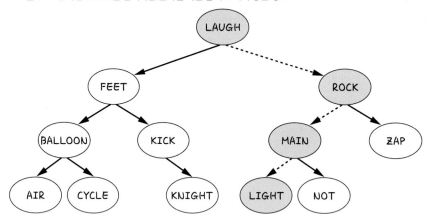

언뜻 보기에 이진 탐색 트리는 문자열 데이터를 탐색하는 간단하고 효율적인 메커니즘을 제공하는 것 같다. 따라서 아무런 수정 없이 문자열에 이진 탐색 트리를 사용할 수 있다. 트리가 균형 잡혀 있으면 탐색의 최악의 경우 비용은 항목 수의 로그에 비례한다. 그림 6-2를 보면 문자열 탐색 시 12개 노드 중 4개 노드로 방문할 노드를 제한할 수 있다.

하지만 한 가지 중요한 사실을 놓치고 있다. 바로 각각 비교하는 데 드는 비용이다. 1장에서 본 것처럼, 두 문자열을 비교하는 것은 두 숫자를 비교하는 것보다 더 비싸다. 최악의 경우 문자열 비교 연산의 비용은 문자열 자체의 길이에 비례한다. 이제 이 트리 탐색 비용은 문자열의 개수와 각 문자열의 길이 모두에 따라 결정된다. 이는 복잡성에 새로운 차원이 추가된다는 말이다.

이 문제를 해결하고 계산 비용을 이진 탐색 트리에 비해 더 크게 절약하기 위해서는 문자열 자료 구조의 두 가지 중요한 측면을 고려해야 한다. 바로 문자열이 시퀀스라는 사실과 문자의 가짓수가 제한되어 있다는 사실이다.

6.1.2 문자열 비교의 비용

지금까지는 문자열을 탐색할 때 두 가지 중요한 정보를 무시해왔다. 첫 번째는 문자열 비교의 순차적인 성질이다. 알파벳에 따른 문자열 순서를 결정하기 위해서는 문자열의 첫 번째 문자에서 시작해 차이를 발견할 때까지 각각의 문자를 순차적으로 비교해야 한다. 차이가 있는 문자가 탐색 트리에서 문자열의 상대 위치를 결정한다. 그 뒤에 오는 문자들은 고려 대상이 아니다.

그림 6-3의 예제에서 세 번째 위치에 있는 M이 O보다 알파벳순으로 더 앞에 오기 때문에 ZOMBIE가 ZOOM보다 앞에 위치한다. 이때 문자열의 BIE와 M의 관계는 중요하지 않고 이를 무시할 수 있다.

▼ 그림 6-3 두 문자열의 비교는 최초 불일치 쌍이 발견될 때까지 문자 단위로 진행된다

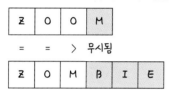

1장에서 본 것처럼 이진 탐색 트리에서 문자열에 대한 순차 비교는 두 수의 비교보다 본질적으로 더 비싸다. 그림 6-3을 보면 상대적으로 짧은 두 문자열을 비교하는데도 Z와 Z, O와 O, O와 M에 대한 세 번의 비교가 필요했다. 우리가 좋아하는 영화 명대사처럼 더 긴 문자열을 비교하면 이 비용이 커진다. 문자열이 상당 부분 중복되는 경우 상황이 더 심각해진다. 커피 컬렉션을 이름에 따라 인덱싱하는 이진 탐색 트리를 상상해보자. 'Jeremy's Gourmet High Caffeine Experience' 브랜드라는 이름 아래에 수백 개의 커피를 삽입하면 'Jeremy's Gourmet High Caffeine Experience: Medium Roast'가 'Jeremy's Gourmet High Caffeine Experience: City Roast'보다 앞에 있는지 뒤에 있는지 결정하기 위해 꽤 많은 문자를 비교해야 한다. 문자열에 대해 이진 탐색 트리 알고리즘을 사용하면 노드마다 이런 비용을 지불해야 한다.

두 번째는 많은 언어에서 문자열의 각 위치에 포함될 수 있는 문자가 많지 않다는 것이다. 영어 단어는 대소문자 구분을 무시하면 정확히 26개 문자만 사용한다. 숫자나 다른 문자를 포함하더라도 실제로 사용하는 유효한 문자 집합은 제한적이다. 이 말은 각 위치에서

문자열의 다음 문자로 진행할 수 있는 방법이 제한적(다음 단계의 수가 정해져 있음)이라는 사실을 의미한다. 6.2절에서 곧 살펴보겠지만, 이러한 통찰을 이용하면 문자열의 다음 문자를 기준으로 여러 방향의 분할을 만드는 분할 함수를 정의할 수 있다.

이 두 가지 통찰을 결합해 실제 세계에서 문자열을 비교하는 것과 비슷하게 작동하는 자료 구조를 구축할 수 있다. 그 결과로 만들어진 자료 구조를 트라이라고 한다. 트라이는 문자열의 특성을 추가로 고려해 최적화한 자료 구조다.

6.2 트라이

트라이는 문자열을, 접두사를 기준으로 다른 하위 트리로 분할하는 트리 기반 자료 구조다. 컴퓨터 과학자 르네 드 라 브리앙데(René de la Briandais)는 느린 메모리 접근 속도를 가진 컴퓨터에서 파일 탐색을 개선하기 위한 방법으로 트라이의 일반적인 접근법을 제안했고, 컴퓨터 과학자이자 물리학자인 에드워드 프레드킨(Edward Fredkin)이 트라이라는 이름을 제안했다. 각 노드에서 데이터를 두 집합으로 분할하는 대신, 트라이는 지금까지의 접두사(순차적 비교)를 기준으로 트리의 가지를 나눈다. 여기에서는 더 나아가, 트리가 두 분기보다 더 많은 분기(사용 가능한 문자의 개수)로 분할되도록 허용하겠다. 실제 영어 단어의 경우, 트리는 각 노드에서 26가지(가지마다 대소문자 구분 없이 알파벳 한 글자) 방법으로 가지를 뻗을 수 있다. 따라서 트라이의 각 노드는 지금까지 비교한 문자열의 접두사를 나타낸다.

이진 탐색 트리와 마찬가지로, 트라이는 루트 노드에서 시작한다. 루트 노드는 빈 접두사를 나타낸다. 그 후 각 가지는 문자열의 다음 문자를 정의한다. 이로 인해 각 노드는 둘 이상의 자식을 가질 수 있다. 그림 6-4는 이를 보여준다.

▼ 그림 6-4 트라이 노드는 현재 위치에서 가능한 각 문자로 분기한다

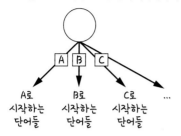

각 트라이 노드의 가지를 포인터의 배열로 구현할 수 있다. 배열에서 각 상자는 각 문자에 해당된다. 경우에 따라 자료 구조 내에서 배열보다 메모리를 더 효율적으로 사용할 수 있는 표현 방법을 사용할 수도 있다. 무엇보다 영어 단어라 할지라도 상당수의 접두사 다음에 올 수 있는 글자의 가짓수는 26가지보다 훨씬 적다[1]. 지금은 단순화를 위해 배열 구현을 사용한다. 이번 장의 논의와 예제 구현은 주로 영어 단어(26개 문자를 사용하므로 원소가 26개인 배열을 써서 26가지 자식을 표현함)에 초점을 두지만, 같은 알고리즘을 다른 문자 집합에도 적용할 수 있다.

트라이의 분기 구조는 대규모 콘퍼런스의 등록 테이블과 비슷하다. '컴퓨터 과학에 대한 커피 비유' 주제에 대한 세계 최고의 콘퍼런스에 참석하기 위해 등록 테이블에 방문해 개인화된 정보가 들어 있는 가방과 무료 콘퍼런스 굿즈(커피 머그잔이 기대됨!)를 받는다. 참가자가 많기 때문에 주최자는 참석자들이 한 줄로 컨벤션 센터 주변을 빙빙 돌지 않도록 "성이 Smith보다 앞에 있습니까?"처럼 이진 분할로 가방을 찾는 대신, 참가자 성의 첫 글자에 따라 참가자를 26개의 다른 줄로 나눈다. 수많은 참가자들이 단 한 단계만에 26개의 줄로 분할된다. 트라이는 모든 노드에서 이러한 극적인 다중 분기를 수행한다.

이진 탐색 트리와 마찬가지로, 트라이의 빈 가지에 대해서는 노드를 생성할 필요가 없다. 그림 6-5는 이러한 구조를 보여준다. 빨간색 글자는 트라이에서 빈 가지를 나타낸다. 그 가지에 대해 자식 노드를 만들지 않는다. 이진 탐색 트리와 동일한 용어를 사용해서, 최소한 하나 이상의 자식 노드가 있는 노드를 내부 노드라고 하고, 자식이 전혀 없는 노드를 '리프 노드'라고 한다. 따라서 영문 글자만 사용하는 경우, 노드마다 분기할 수 있는 가능성이

---

1 [역주] 쉬운 예로, 영어에서 zc, zd, zj, zn, zq 문자쌍이 들어가는 단어는 존재하지 않기 때문에 접두사의 마지막 글자가 z였다면 그 뒤에는 절대 c, d, j, n, q가 올 수 없다.

26가지가 있지만 실제로는 트라이가 비교적 성길(sparse, 희소함) 수 있다. 트라이의 깊은 곳에 있는 노드는 분기 횟수가 아주 작을 수 있다.

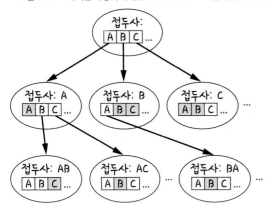

이진 탐색 트리와 달리, 트라이에서는 모든 노드가 항목을 나타내지는 않는다. 리프 노드는 모두 유효한 항목이지만, 일부 내부 노드는 완전한 문자열에 이르는 경로 중간에 있는 접두사일 수 있다. 예를 들어, 문자열 COFFEE를 포함하는 트라이는 COFFE라는 접두사를 나타내는 중간 노드를 포함할 것이다. COFFE는 필자가 너무 많은 커피를 마셨을 때 실수로 쓰곤 하는 철자이기는 하지만, 실제로는 유효한 단어나 항목이 아니다. 우리 자료 구조에서 COFFE에 해당하는 노드가 있다는 사실이 COFFE라는 단어를 허용한다는 사실을 나타내기를 원하지는 않는다. 그러나 어떤 경우에는 내부 노드가 완전히 유효한 항목일 수 있다. CAT과 CATALOG 문자열을 포함하는 트라이에서 CAT을 가리키는 노드는 내부 노드가 된다. CAT 노드에는 적어도 CATALOG 노드에 도달하는 경로에 해당하는 자식이 있기 때문이다.

이런 모호성을 해결하기 위해 현재 노드에 해당하는 접두사가 유효한 항목을 나타내는가를 표시하는 값을 트라이 노드에 저장한다. 이 값은 유효한 항목에 해당하는 노드에 대해 True이고 그렇지 않은 경우 False인 is_entry 같은 간단한 불린 값일 수 있다.

```
TrieNode {
    Boolean: is_entry
    Array of TrieNodes: children
}
```

앞의 예에서 COFFE 노드는 is_entry = False이고, COFFEE 노드는 is_entry = True다. 또는 트라이 노드에 특정 항목이 삽입된 횟수같이 더욱 유용한 정보를 저장할 수도 있다. 또는 단어의 정의나 관련된 흥미로운 말장난 목록 같은 보조 데이터를 추가할 수도 있다. 이런 보조 데이터의 경우 이 데이터의 존재 자체를 해당 노드가 유효한 단어인지를 알려주는 지표로 활용할 수도 있다. 유효한 항목을 나타내지 않는 접두사는 보조 데이터로 null이나 빈 자료 구조를 가리킬 수 있다. 너무 엄격해 보일지 모르지만 진짜 단어들만 최고의 말장난이 어울린다.

이진 탐색 트리와 마찬가지로, 트라이 객체로 루트 노드를 감싸서 트라이 인터페이스를 정리할 수 있다.

```
Trie {
    TrieNode: root
}
```

이진 탐색 트리와 달리 트라이에는 항상 (null이 아닌) 루트가 있다. 트라이 자료 구조 자체를 생성하는 동시에 이 루트를 생성한다. 완전히 빈 트라이의 경우에도 문자열의 시작(빈 문자열)을 나타내는 루트 노드(is_entry = False 포함)를 할당한다. Trie 자료 구조는 루트 노드를 편리한 컨테이너로 감쌀 뿐만 아니라, 여러 연산에 필요한 관리 정보를 감출 수 있다.

트라이에 대해 유용한 물리적 비유로 궁극의 실제 파일링 시스템을 들 수 있다. 전 세계의 모든 주제에 대해 자세한 파일을 저장하기 위한 스토리지 시스템 역할을 하는 건물을 상상해보라. 이 건물은 효율적인 파일링 방식을 길이 기념하는 기념비가 될 수 있다. 백과사전처럼 첫 글자를 기준으로 주제를 구분하므로 이 건물은 26층이다. 첫 글자마다 건물의 각 층을 배정한다. 따라서 층 번호는 첫 번째 수준의 분할을 제공한다. 그 후 층마다 26개의 방을 채워넣는다. 각 주제의 두 번째 문자마다 방이 하나씩 존재한다. 각 방에는 주제의 세 번째 문자에 의해 분할되는 26개 서류 캐비닛이 있다. 각 캐비닛에는 26개 서랍(4번째 문자), 서랍당 26개 칸(5번째 문자) 등이 있다. 각 수준에서 공통 접두사별로 항목을 그룹화한다. 고속 엘리베이터가 있는 한 어떤 주제든 비교적 쉽게 찾을 수 있다.

6.2.1 트라이 탐색하기

트라이 탐색은 이진 탐색 트리 탐색과 유사하다. 루트 노드에서 시작해 아래로 진행하며, 탐색 대상으로 이어지는 가지를 선택한다. 다만 트라이의 경우, 문자열의 다음 글자에 해당하는 가지를 선택한다. 전체 문자열을 비교하거나 (현재 노드에 이르는 경로가 나타내는) 접두사의 앞부분은 비교할 필요가 없다. 이전 노드에서 그 작업을 이미 수행했기 때문이다. 그냥 다음 문자 하나만 고려하면 된다. 따라서 각 레벨에서는 문자 하나만 비교하면 된다.

파일링 건물 비유로 돌아가보자. 좋아하는 작가의 정보를 찾는 상황을 가정하자. K층에 도착하면 KA부터 KZ까지의 접두사를 나타내는 A에서 Z까지 26개 방이 있다. 다음 단계는 작가 이름의 두 번째 글자만 고려한다. 굳이 첫 번째 글자를 다시 고려할 필요가 없다─엘리베이터를 타고 K층에 오면서 이미 첫 글자를 비교했다. K층의 모든 방은 K로 시작한다. 이제 원하는 방인 U로 자신 있게 향한다.

이 접근 방식을 코드로 구현하는 경우 한 가지 복잡한 부분은 탐색의 각 단계에서 수행할 비교가 달라진다는 점이다. 첫 번째 단계에서는 일치하는 첫 번째 문자를 확인해야 하지만, 두 번째 단계에서는 두 번째 문자를 확인해야 한다. 탐색 목표 전체(찾으려는 문자열 전체)를 노드 값(글자 하나)과 비교하지 않기 때문에 이제는 추가 정보가 필요하다. 현재 단계에서 확인해야 하는 문자의 위치를 나타내는 인덱스를 재귀적인 탐색 함수에 전달하고, 각 재귀 수준에서 이를 증가시키면서 이런 추가 상태를 추적할 수 있다.

Trie 래퍼를 사용하면 루트 노드에 대한 참조와 재귀 함수에 필요한 초기 카운터를 모두 숨길 수 있어서, 트라이 사용자가 보게 될 코드를 단순화할 수 있다.

```
TrieSearch(Trie: trie, String: target):
    return TrieNodeSearch(tr.root, target, 0)
```

이 래퍼는 TrieNodeSearch 탐색 함수를 null이 아닌 노드와 올바른 초기 인덱스를 사용해 호출하도록 보장한다.

트라이를 재귀적으로 탐색하는 코드는 이진 탐색 트리를 탐색하는 코드보다 약간 더 복잡하다. 길이가 다른 목푯값들을 다뤄야 하기 때문이다.

```
TrieNodeSearch(TrieNode: current, String: target, Integer: index):
    IF index == length(target):                              // ①
        IF current.is_entry:
            return current
        ELSE:
            return null

    Character: next_letter = target[index]                   // ②
    Integer: next_index = LetterToIndex(next_letter)         // ③
    TrieNode: next_child = current.children[next_index]
    IF next_child == null:                                   // ④
        return null
    ELSE:
        return TrieNodeSearch(next_child, target, index+1)
```

이 코드는 목표 문자열의 길이를 현재 인덱스(트리 노드의 깊이)와 비교해서 목표를 이 레벨에서 찾아야 하는지 결정하는 것부터 시작한다(①). 인덱스가 문자열 길이와 같으면(따라서 목표 문자열의 마지막 문자 바로 다음 위치에 있음) 코드는 현재 노드가 유효한 항목인지 검사한다. 특히 탐색이 내부 노드에서 끝나는 경우에 이런 검사가 필요하다. 현재 노드가 단순히 다른 단어의 접두사가 아니라 유효한 항목을 나타내는지 확인해야 하기 때문이다.

코드가 목표 문자열의 끝에 도달하지 않은 경우, 목표에서 다음 문자를 검사하면서 탐색을 계속한다(②). 문자를 적절한 배열 인덱스로 매핑하는 도우미 함수를 정의할 수 있다(③). 그 후 코드는 다음 문자에 해당하는 자식이 있는지 확인한다(④). 그런 자식이 없으면 코드는 null을 반환하면서 target이 트라이에 없다는 사실을 자신 있게 확인해준다. 대응하는 자식이 있으면 코드는 해당 가지를 따른다.

이런 탐색 절차의 예로, 우리가 좋아하는 토요일 아침 만화에 나온 YIKES나 ZOUNDS

같은 대사가 저장된 그림 6-6과 같은 트라이를 생각해보라. 우리는 단어의 빈도나 그 대사를 누가 말했는지와 같은 보조 데이터를 기록해서, 파티에서 사람들이 이를 잘못 사용할 때 올바르게 정정할 수 있다. 무엇보다 다른 사람들과의 논쟁에서 이기는 데 도움이 되지 않는다면 자료 구조가 무슨 쓸모가 있을까?

▼ **그림 6-6** 만화 대사로 구성한 트라이

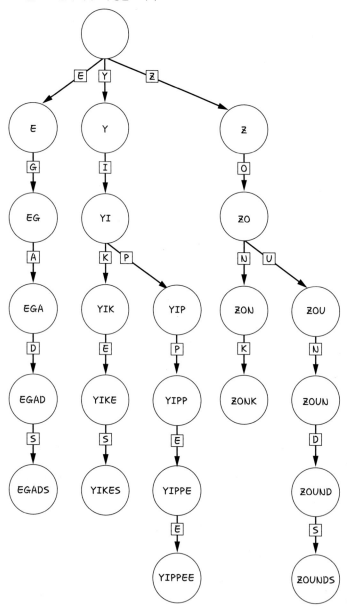

이번 주 에피소드에 우리가 가장 좋아하는 만화 단어인 ZONK가 포함됐는지 확인하려면, 이 트라이를 탐색하기만 하면 된다. 그림 6-7처럼 트라이의 맨 위에서 시작해 문자마다 그에 해당하는 가지를 따라 내려간다.

▼ **그림 6-7** 만화 대사 트라이에서 ZONK를 탐색한 결과. 빨간색으로 표시한 노드는 탐색 중에 선택한 경로를 나타낸다

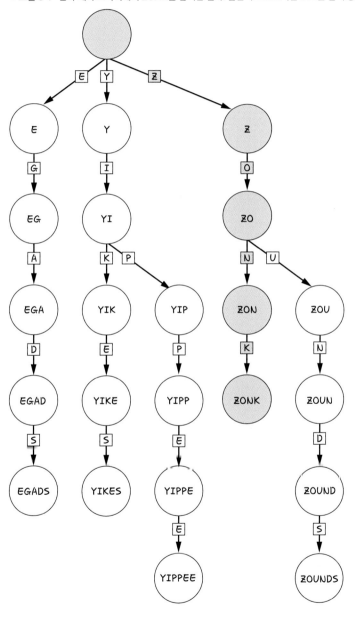

트라이는 데이터가 있는 노드만 포함하기 때문에, 막다른 골목을 만나면 문자열이 트라이에 들어 있지 않음을 알 수 있다. 예를 들어, Z 접두사 이후에 막다른 골목에 도달하기 때문에 ZIPPY가 이번 에피소드에서 나오지 않았다는 점을 알 수 있다. ZI에 해당하는 가지가 없기 때문이다. 어떤 지식인이 자신의 좋아하는 구절에 ZIPPY가 포함되어 있었다고 주장하더라도 간단한 탐색으로 그들이 틀렸음을 증명할 수 있다.

얼핏 보면 많은 내부 노드를 추가하면 탐색 비용이 증가할 것 같아 보일 수 있다. 그러나 이 새로운 구조는 탐색을 크게 개선한다. 목표 문자열의 각 문자에 대해 현재 노드에서 단 한 번만 탐색을 수행하고 해당 문자에 해당하는 자식을 확인한 다음 적절한 자식 노드로 이동한다. 따라서 탐색 시 문자 비교 횟수는 목표 문자열의 길이에 선형적으로 비례해 커진다. 이진 탐색 트리와 달리 성공적인 트라이 탐색의 비교 횟수는 트라이에 저장된 문자열의 개수와 무관하다. 트라이를 사전에 나오는 모든 단어로 채워도 문자열 EGADS를 확인하기 위해 방문해야 할 노드는 여전히 6개뿐이다.

물론 컴퓨터 과학에서 다루는 모든 다른 것과 마찬가지로, 이런 효율성을 거저 얻을 수는 없다. 이런 효율성을 얻으려면 메모리 사용에서 상당한 비용을 지불해야 한다. 문자열마다 하나의 노드와 자식 노드를 가리키는 두 개의 포인터를 저장하는 대신, 문자열의 문자마다 노드 하나와 잠재적 자식 노드를 가리킬 많은 포인터를 저장한다. 접두사가 중복되면 문자열당 메모리 비용을 감소시키는 데 도움이 된다. 예를 들어, 그림 6-6의 ZOUNDS와 ZONK는 중복된 ZO 접두사에 대해 공유된 노드를 사용한다.

6.2.2 노드 추가하기와 제거하기

이진 탐색 트리와 마찬가지로, 트라이도 노드를 추가하거나 제거함으로써 데이터 변화를 정확하게 표현하는 동적 자료 구조다. 문자열을 트라이에 추가하는 것은 이진 탐색 트리에 데이터를 추가하는 것과 비슷하다. 문자열을 찾을 때와 마찬가지로 트리를 따라 내려간다. 막다른 골목에 도달하면, 삽입할 문자열의 나머지 문자들을 저장하기 위해 하위 트리를 생성할 수 있다. 이진 탐색 트리에서의 삽입과는 달리, 한 항목을 삽입하는 동안 노드를 여러 개 추가할 수 있다.

최상위 수준의 Trie 함수는 (null이 아닌) 루트 노드와 올바른 초기 깊이를 사용해 재귀적인 탐색 함수를 호출함으로써 삽입을 시작한다.

```
TrieInsert(Trie: tr, String: new_value):
    TrieNodeInsert(tr.root, new_value, 0)
```

트라이 생성 과정에서 초기 루트 노드를 할당하므로 루트 노드를 생성하는 것을 별도로 취급할 필요가 없다.

삽입 코드는 탐색 함수와 비슷하다.

```
TrieNodeInsert(TrieNode: current, String: new_value, Integer: index):
    IF index == length(new_value):                          // ①
        current.is_entry = True
    ELSE:
        Character: next_letter = new_value[index]
        Integer: next_index = LetterToIndex(next_letter)
        TrieNode: next_child = current.children[next_index]
        IF next_child == null:                              // ②
            current.children[next_index] = TrieNode()
            TrieNodeInsert(current.children[next_index],    // ③
                            new_value, index + 1)
        ELSE:
            TrieNodeInsert(next_child, new_value, index + 1)   // ④
```

이 코드는 현재 위치를 삽입할 문자열의 길이와 비교하는 것으로 시작한다(①). 문자열의 끝에 도달하면 현재 노드를 유효한 항목으로 표시한다. 사용 방법에 따라 코드는 노드의 보조 데이터를 갱신해야 할 수도 있다. 문자열의 끝에 도달하지 않은 경우, 다음 문자를 찾아서 그 문자에 해당하는 자식 노드가 존재하는지 확인한다(②). 자식이 존재하지 않으면 새로운 자식 노드를 생성한다. 그런 다음, 올바른 자식 노드에 대해 TrieNodeInsert를 재귀적으로 호출한다(③ 또는 ④).

예를 들어, 만화 대사를 나타내는 EEK 문자열을 추가하려면 EE라는 접두사를 나타내는 내부 노드와 EEK 전체 문자열을 나타내는 리프 노드를 추가해야 한다(따라서 노드를 2개 추가해야 한다). 그림 6-8은 이런 노드 추가를 나타내며, 빨간색 노드는 삽입 중에 생성된 트라이 노드를 나타낸다.

▼ **그림 6-8** 만화 대사 트라이에 EEK 추가하기. 빨간색 노드는 새로운 노드다

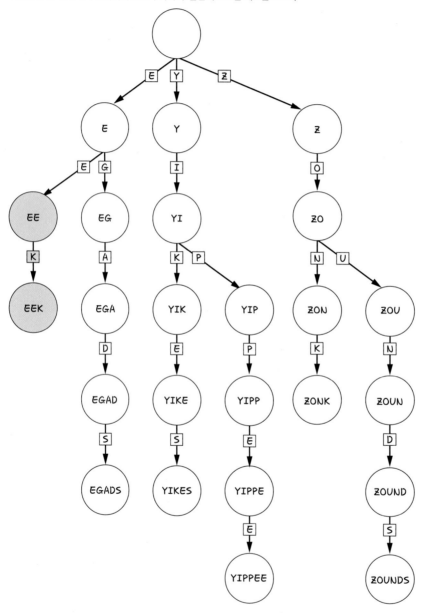

노드 제거도 비슷한 과정을 따르지만 순서는 반대다. 즉, 문자열의 끝에 해당하는 노드에서 시작해 트리를 거슬러 올라가면서 더 이상 필요가 없는 노드를 제거한다. 다른 문자열의 유효한 접두사를 나타내는 자식 분기가 최소 하나라도 있는 내부 노드에 도달하거나, 트리에 저장된 문자열 자체를 나타내기 때문에 올바른 리프 역할을 할 수 있는 내부 노드에 도달하면 노드 제거를 중단한다.

탐색이나 삽입과 마찬가지로 래퍼 코드로 제거를 시작한다. 이 래퍼 코드는 루트 노드로부터 올바른 인덱스를 사용해 제거를 시작한다.

```
TrieDelete(Trie: tr, String: target):
    TrieNodeDelete(tr.root, target, 0)
```

이 함수는 값을 반환하지 않는다.

노드를 제거하는 코드는 탐색과 삽입 코드를 기반으로 하며, 처음에는 제거할 항목에 도달할 때까지 트리를 따라 이동한다. 그 후 트라이를 거슬러 올라가면서, 빈 가지를 제거하는 논리를 추가로 수행한다. 코드는 현재 노드를 안전하게 제거할 수 있는지 여부를 나타내는 불린 값을 반환해서 부모 노드가 가지를 제거할 수 있도록 한다.

```
TrieNodeDelete(TrieNode: current, String: target, Integer: index):
    IF index == length(target):                              // ①
        IF current.is_entry:
            current.is_entry = False
    ELSE:
        Character: next_letter = target[index]               // ②
        Integer: next_index = LetterToIndex(next_letter)
        TrieNode: next_child = current.children[next_index]
        IF next_child != null:
            IF TrieNodeDelete(next_child, target, index+1):  // ③
                current.children[next_index] = null

    # 노드가 정상적인 항목이거나 자식이 있으면 제거하지 않아야 한다
    IF current.is_entry:                                     // ④
```

```
        return False
    FOR EACH ptr IN current.children:                    // ⑤
        IF ptr != null:
            return False
    return True                                          // ⑥
```

이 코드는 제거 대상 문자열의 길이를 현재 인덱스(노드 깊이)와 비교했을 때 현재 노드를 제거해야 하는 경우 is_entry 값을 변경하는 것으로 시작한다(①). 현재 노드가 제거 대상이 아니라면 알고리즘은 탐색이나 삽입 함수와 동일한 논리를 사용해 트리를 재귀적으로 탐색한다(②). 다음 문자를 찾아 해당하는 노드를 찾고, 노드가 존재하는지 확인한 다음 해당 노드로 재귀적으로 이동한다. 노드가 존재하지 않으면 제거할 문자열이 트라이에 없으므로 더 이상 아래 방향으로 진행하지 않는다. 그 후 코드는 부모 노드에서 빈 가지를 제거한다. TrieNodeDelete 호출은 항상 해당 노드를 제거해도 안전한지 여부를 나타내는 불린 값을 반환한다. TrieNodeDelete가 True를 반환하면 부모는 즉시 해당 자식 노드를 제거한다(③).

함수는 현재 노드를 제거해도 안전한지 여부를 결정하는 논리로 끝난다. is_entry == True면 현재 노드가 정상적인 항목임을 나타내므로 False를 반환하고, 현재 노드에 null이 아닌 자식이 하나라도 있으면 False를 반환한다(⑤). 이 마지막 검사를 수행하기 위해 FOR 루프를 사용해 각 자식을 순회하면서 null인지 확인한다. 순회 중에 null이 아닌 자식을 찾으면 현재 노드가 필요한 내부 노드라는 뜻이므로 코드는 즉시 False를 반환한다. 대상 문자열이 트라이에 없고 노드의 자식이 하나도 없는 경우, 마지막 줄에서 이 코드가 True를 반환한다는 점에 유의하라(⑥). 이런 경우 해당 노드를 안전히 제거할 수 있고, 부모 노드도 제거할 수 있는 가능성이 남아 있기 때문이다.

예를 들어, 예제 트라이에서 문자열 YIPPEE를 제거해보자. 트라이에 YIP이라는 항목이 들어 있다면 그림 6-9처럼 YIP을 나타내는 노드 아래에 있는 모든 노드를 제거한다. YIPPEE 자체 노드는 리프이며, 제거를 통해 is_entry가 False로 설정됐으므로 이제는 안전히 제거할 수 있는 상태로 표시된다. 함수가 YIPPE 노드로 돌아가면 그 노드의 유일한 자식(E 가지)을 즉시 제거한다. YIPPE 노드는 이제 리프이며 is_entry == False이므로

```
```

부모에게서 제거할 수 있다. 이 과정이 YIP 노드에 도달할 때까지 계속된다. 문자열 YIP이 트라이에 포함되기 때문에 이 노드에서 is_entry == True다.

▼ **그림 6-9** 문자열 YIP을 포함하는 만화 대사 트라이에서 문자열 YIPPEE를 제거하는 모습. 제거된 노드(링크 포함)를 파선으로 흐릿하게 표시했다

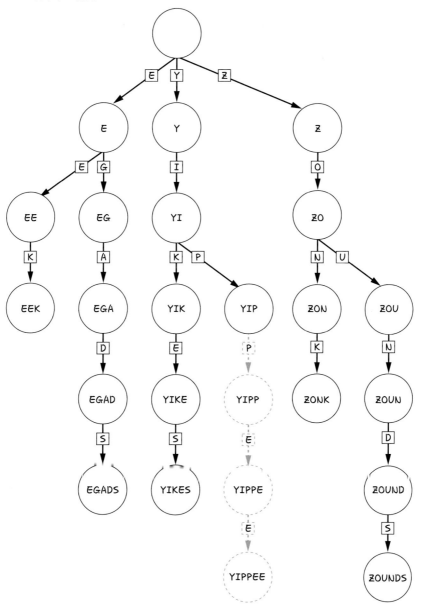

문자열을 제거하려면 루트에서 대상[2] 리프까지 왕복해야 하므로 제거 비용도 목표 문자열의 길이에 비례한다. 탐색이나 삽입과 마찬가지로 이 비용은 트라이에 저장된 전체 문자열의 개수와는 무관하다.

6.3 / 트라이가 중요한 이유

이제 앞에서 말한 이진 탐색 트리의 문제, 즉 탐색 비용이 단어의 길이와 수에 따라 결정된다는 문제를 해결하는 방법이 트라이임을 알 수 있다. 이번 장의 간단한 예에서는 트라이가 그렇게 큰 장점을 발휘하지 못할 수도 있다. 실제로 추가된 가지로 인한 부가 비용 때문에 이진 탐색 트리나 정렬된 배열보다 트라이가 덜 효율적일 수도 있다. 하지만 더 많은 문자열을 추가하고 공통 접두사를 가지는 문자열 수가 늘어날수록 트라이가 더 비용 효율적이다. 이유는 두 가지다. 첫째, 트라이에서의 탐색 비용은 저장된 항목의 개수와 무관하게 변하며, 둘째, 문자열 비교 자체가 비용이 많이 든다. 이진 탐색 트리에서는 노드마다 두 문자열을 비교하는 비용이 들기 때문에 두 문제가 복합적으로 작용한다.

실제 세계에서, 예를 들자면 워드 프로세서 안에 트라이를 내장시켜서 사전의 단어를 추적할 수 있다. 각 노드의 보조 데이터에는 단어 정의나 자주 저지르는 철자 오류 등이 포함될 수 있다. 사용자가 키보드를 두드리고 본문을 편집할 때마다, 프로그램은 사전에 단어가 있는지를 효율적으로 확인하고 그렇지 않으면 잘못된 단어를 강조해줄 수 있다. 이 프로그램은 자연어의 공통 접두사와 제한된 문자 수로부터 큰 이점을 얻을 수 있다.

예를 들어, 백과사전의 역사에 대해 깊이 있는 글을 쓴다고 가정하자. 이 경우, encyclopedia와 인접한 단어인 encyclopedias, encyclopedic, encyclopedist 등을 비교하면서 너무 큰 비용을 지불하고 싶지 않다. 문자열의 알파벳 순서를 비교하는 알고리즘은, 그림 6-10

---

2 역주 엄밀히 말해, 이 책에서 설명하는 트라이의 경우 is_entry가 True인 내부 노드를 찾을 수도 있기 때문에 목표 노드가 꼭 리프가 아닐 수도 있다. 하지만 리프가 아닌 경우를 감안해도 성능 분석 결과는 달라지지 않는다.

처럼 문자열을 반복하면서 각 문자를 비교하는 것으로 이뤄진다. 프로그램이 서로 다른 문자를 찾으면 멈추지만, 비슷한 접두사를 비교하는 비용이 누적된다. 활성화된 워드 프로세서의 문서 안에서는 비슷한 단어를 계속 수정해야 할 수 있다. 각각의 삽입이나 편집이 일어날 때마다 자료 구조를 조회해야 한다.

▼ **그림 6-10** 비용이 많이 드는 문자열 비교 예제

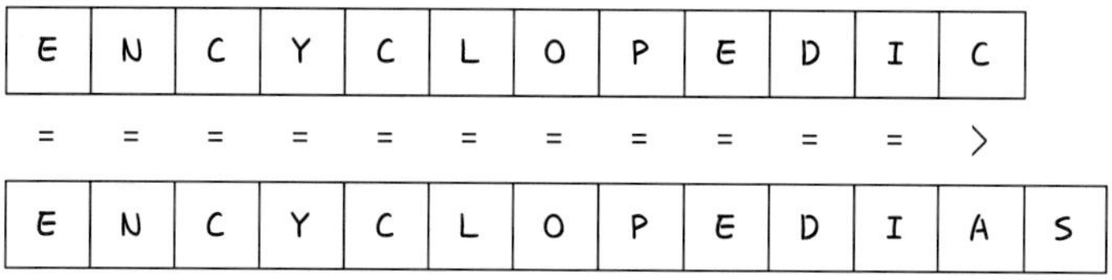

E	N	C	Y	C	L	O	P	E	D	I	C

= = = = = = = = = = = >

E	N	C	Y	C	L	O	P	E	D	I	A	S

트라이의 더 나은 사용 예로, 짧은 알파벳과 숫자로 이뤄진 시리얼 번호, 모델 번호, SKU[3] 코드와 같은 구조적 레이블을 추적하는 자료 구조를 들 수 있다. 예를 들어, 제품 등록 정보를 짧은 시리얼 번호로 인덱싱하는 간단한 트라이를 만들 수 있다. 수십억 개 제품을 판매한다고 하더라도 모든 연산의 비용은 시리얼 번호의 길이에 선형적으로 비례한다. 장치 모델을 표시하는 접두사를 포함하는 등 구조가 포함되는 시리얼 번호를 사용하면 앞부분(트리 루트쪽) 노드에서 가지를 뻗어나가는 비율을 제한함으로써 더 많은 저장 공간을 절약할 수 있다. 보조 데이터에 구매 장소나 시기와 같은 정보를 포함할 수 있다.

트라이 응용에서 가장 중요한 점은 연산 비용을 최적화할 때 데이터 내부의 구조를 더 활용할 수 있다는 점이다. 이진 탐색 트리의 분기 구조를 문자의 시퀀스라는 문자열의 특성에 맞춰 적용했다. 이런 개선은 이 책의 핵심 주제, 즉 데이터에 내재된 구조를 이용하면 알고리즘의 효율성을 개선할 수 있다는 점을 다시 한번 보여준다.

---

3 **역주** SKU는 Stock Keeping Unit(재고 관리 단위)의 약자다.

우선순위 큐와 힙

우선순위(priority) 큐는 주어진 점수에 따라 항목을 정렬해 탐색하는 자료 구조다. 4장에서 다룬 스택과 큐는 데이터가 삽입된 순서만 고려했지만, 우선순위 큐는 추가 정보, 즉 우선순위를 사용해 탐색 순서를 결정한다. 이 새로운 정보를 사용해 자료 구조를 데이터에 더 적합하게 적용할 수 있다. 그리고 유용한 응용 분야 중 하나로, 긴급한 요청을 먼저 처리할 수 있다.

예를 들어, 여러분 동네에 새로 문을 연 다이내믹 셀렉션(Dynamic Selection)이라는 커피숍이 있다고 하자. 호기심에 이끌려 커피숍에 들어가면 이전에 시도해보지 못한 10종류의 커피 원두를 볼 수 있다. 이제 각각을 시음하기 전에 여러분은 부족한 메뉴 설명을 바탕으로 각 커피 브랜드의 상대적인 장단점을 신중하게 비교하며, 순위가 매겨진 커피 목록을 한 시간에 걸쳐 작성한다. 그리고 그 목록에서 일등으로 선택된 브랜드를 구매하고 집으로 돌아가 그 경험을 즐긴다.

다음 날, 여러분은 목록의 두 번째 커피를 맛보기 위해 다이내믹 셀렉션을 다시 찾아간다. 그런데 메뉴에 두 종류의 커피가 추가돼 있는 것을 발견한다. 메뉴를 변경한 이유를 바리스타에게 물으니 다이내믹 셀렉션이 끊임없이 더 다양한 커피를 선별해 제공하기 때문이라고 설명한다. 그들의 목표는 언젠가 천 가지 이상의 커피를 제공하는 것이다. 여러분은 기쁨과 공포에 한꺼번에 빠진다. 매일매일 새로 추가되는 커피의 우선순위를 정하고 다음에 시도해볼 커피를 알아내기 위해 커피 목록에 추가해야 하기 때문이다.

우선순위 목록에서 항목을 탐색하는 작업은 컴퓨터 프로그램에서 정기적으로 나타나는 작업이다. 항목과 연관된 우선순위 목록이 주어지면, 우선순위의 순서대로 다음 항목을 효율적으로 탐색하는 방법은 무엇일까? 새로운 항목이 계속 도착하는 동적 환경에서 이 탐색 작업을 수행해야 하는 경우도 흔하다. 예를 들어, 우선순위에 따라 어떤 네트워크 패킷을 처리할지 선택하거나 일반적인 맞춤법 오류를 기반으로 최상의 맞춤법 조언을 제공하거나 최적 우선 탐색(best-first search)에서 다음 선택지를 골라야 할 수 있다. 실제 세계에서도 어떤 작업을 더 먼저 수행할 것인지 결정하기 위해 마음속에 우선순위 큐를 만들어 사용할 수 있다. 어떤 영화를 볼 것인지, 혼잡한 응급실에서 어떤 환자를 먼저 볼 것인지 등을 결정할 때 이런 일을 해야 한다. 마음먹고 살펴보면 우선순위 탐색을 어디에서나 발견할 수 있다.

이번 7장에서는 집합에서 우선순위가 지정된 항목을 탐색하는 자료 구조인 우선순위 큐를 소개하고, 이 유용한 도구를 구현하는 가장 일반적인 자료 구조인 힙(heap)에 대해 논의한다. 힙은 우선순위 큐의 핵심 연산을 극도로 효율적으로 만든다.

7.1 / 우선순위 큐

우선순위 큐는 항목 집합을 저장하고, 가장 높은 우선순위를 가진 항목을 쉽게 탐색하게 해준다. 우선순위 큐는 동적이며, 삽입과 탐색을 혼용해도 잘 작동한다. 우선순위가 지정된 작업 목록에서 항목을 추가하거나 제거할 수 있어야 한다. 만약 항상 고정된 자료 구조를 사용해야 한다면, 필자는 자신만의 정적인 우선순위 목록을 참고해 반복적으로 가장 높은 우선순위 작업인 '모닝커피 마시기'를 수행하면서 하루를 보낼 것이다. 작업이 완료된 후에 우선순위 큐에서 그 작업을 제거할 수 없다면 해당 작업이 목록의 맨 위에 남게 된다. 그 결과, 즐거운 하루가 될 수는 있지만 생산적인 하루가 될 가능성은 적다.

가장 기본적인 형태에서 우선순위 큐는 몇 가지 주요 연산을 지원한다.

- 항목과 그 항목에 대한 우선순위 점수를 추가한다.
- 가장 높은 우선순위를 가진 항목을 찾는다(큐가 비어 있으면 null을 반환한다).
- 가장 높은 우선순위를 가진 항목을 제거한다(큐가 비어 있으면 null을 반환한다).

또 우선순위 큐가 비어 있는지를 확인하거나 현재 저장된 항목 수를 반환하는 기능을 추가할 수도 있다.

처리할 문제에 따라 항목의 우선순위를 설정한다. 어떤 경우에는 우선순위 값이 명확하거나 알고리즘에 의해 결정될 수도 있다. 예를 들어, 네트워크 요청을 처리할 때는 패킷마다 명시적인 우선순위가 있을 수도 있고 가장 오래된 패킷을 먼저 처리할 수도 있다. 그러나 우선순위로 둬야 할 내용을 결정하는 일이 항상 간단한 것은 아니다. 어떤 커피 브랜드를 다음으로 시도할지 우선순위를 두려면 가격, 가용성, 카페인 함량 등을 기준으로 우선순위를 생성할 수 있다. 어떤 기준을 선택할지는 우선순위 큐를 어떻게 사용할지에 따라 달라진다.

원시 자료 구조인 정렬된 연결 리스트나 정렬된 배열 같은 자료 구조를 사용해 우선순위 큐를 구현할 수도 있지만, 이상적인 방법은 아니다. 원시 자료 구조를 사용할 때도 우선순위에 따라 새 항목을 목록에 추가한다. 그림 7-1은 정렬된 연결 리스트에 값 21을 추가하는 예를 보여준다.

▼ 그림 7-1 우선순위 큐를 나타내는 정렬된 연결 리스트에 원소(21)를 추가하기

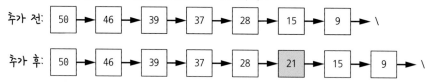

정렬된 연결 리스트는 우선순위가 가장 높은 항목을 리스트의 맨 앞에 두기 때문에 탐색이 아주 쉽다. 사실, 이 경우 첫 번째 원소를 확인하기만 하면 우선순위 큐의 길이에 관계없이 상수 시간[1]에 최우선 항목을 탐색할 수 있다. 불행히도 새로운 원소를 추가하려면 비용이 많이 들 수 있다. 새 항목을 추가할 때마다 전체 목록을 순회해야 할 수 있고, 이로 인해 우선순위 큐의 길이에 비례하는 시간이 걸릴 수 있다.

필자는 실제 세계에서 냉장고를 유통기한이 더 짧게 남은 순으로 조직화하기 위해, 남은 유통기한이 더 커지는 순서(오름차순)로 식품을 저장하는 접근 방식을 쓴다. 선반 맨 앞에 있는 식품이 항상 우선순위가 가장 큰데, 이 식품은 유통기한이 가장 적게 남은 식품이다. 올바른 식품을 꺼내는 것은 쉽다. 그냥 맨 앞에 있는 것을 잡으면 된다. 이 방식은 모닝커피를 만들기 위해 우유나 크림을 보관할 때 특히 유용하다. 일어나자마자 게슴츠레한 눈으로 유통기한을 읽고 싶은 사람은 아무도 없다. 그러나 새 식품을 기존 식품들의 뒤에 넣으려면 시간도 걸리고 밀어내야 하는 식품이 많아서 귀찮을 수 있다.

---

1 역주 알고리즘 복잡도 분석에서 어떤 연산이 상수 시간(constant time)이 걸린다는 말은 입력이 더 길어지거나 데이터 구조에 들어 있는 원소 개수가 더 많아져도 연산 시간이 달라지지 않는다는 뜻이다.

비슷하게, '정렬하지 않은 연결 리스트'나 배열로 우선순위 큐를 유지할 수도 있다. 새롭게 추가하는 건 매우 간단하다. 그림 7-2처럼 원소를 리스트의 뒤에 단순히 추가하면 된다.

▼ **그림 7-2** 우선순위 큐를 나타내는 정렬되지 않은 배열에 원소(21)를 추가하기

추가 전:

50	37	28	46	9	15	39

추가 후:

50	37	28	46	9	15	39	21

하지만 이제는 다음 원소를 찾기 위해 높은 비용을 지불해야 한다. 가장 높은 우선순위를 가진 원소를 결정하기 위해 전체 리스트를 스캔해야 하기 때문이다. 게다가 그 원소를 제거하면 빈 공간을 메우기 위해 모든 원소를 이동시켜야 한다. 이 방식은 필자의 (식품을 선반 맨 앞에 넣는 방식을 사용하는) 냉장고에서 유통기한이 가장 가까운 원소를 찾기 위해 식품 전체를 뒤적여야 하는 것에 대응된다. 우유 팩만 몇 개 들어 있는 냉장고에는 이 방식이 잘 작동할 수도 있지만, 대형 상점의 모든 음식과 음료 항목을 훑어보는 데 필요한 시간을 상상해보면 비용이 매우 크다.

우선순위 큐를 사용하는 방식에 따라 정렬한 리스트를 사용하는 것이 정렬하지 않은 리스트를 사용하는 것보다 나을 수도 있고 그 반대일 수도 있다. 탐색보다 추가를 더 자주 하는 경우, 정렬하지 않은 리스트를 선호한다. 탐색을 더 자주 하는 경우, 원소를 정렬 상태로 유지하는 비용을 지불해야 한다. 냉장고의 경우, 탐색이 훨씬 더 자주 발생한다. 우유 팩을 하나 가져오는 일이 새 우유 팩을 구입해 냉장고에 넣는 일보다 더 자주 일어난다. 따라서 우유를 정렬하는 쪽이 비용이 들어도 바람직하다. 그러나 추가와 탐색이 모두 자주 발생하는 경우 문제가 어려워진다. 어느 한 작업을 중시하면 전반적인 비효율이 발생할 수 있으므로, 삽입과 탐색 사이의 비용을 균등화할 방법이 필요하다. 새로운 영리한 자료 구조인 힙이 이 문제를 해결하는 데 도움이 된다.

7.2 / 최대 힙

SECTION

최대 힙(max heap)은 노드와 그 자식 간 특별한 순서를 유지하는 이진 트리의 변형이다. 특히, 최대 힙은 **최대 힙 속성**(max heap property)에 따라 원소를 저장한다. 최대 힙 속성은 트리의 모든 노드의 값이 자신의 자식 노드의 값보다 크거나 같음을 의미한다. 단순화를 위해 이번 장에서 앞으로 최대 힙과 최대 힙 속성 대신 더 일반적인 용어인 힙과 **힙 속성**을 자주 사용할 것이다.

그림 7-3은 최대 힙 속성에 따라 구성한 이진 트리를 보여준다.

▼ **그림 7-3** 이진 트리로 표현한 힙

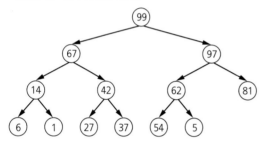

왼쪽과 오른쪽 자식은 부모보다 우선순위가 낮으면 되고, 둘 사이에 특별한 순서나 우선순위는 없다. 예를 들어, 엘리트 커피 애호가들의 멤버십 프로그램인 커피 지식 개선 협회를 상상해보자. 각 회원(노드)은 최대 두 명의 다른 커피 애호가(자식 노드)를 멘토링한다. 유일한 조건은 멘티(멘토링을 받는 사람)들이 멘토보다 커피에 대해 더 많이 알지 말아야 한다는 점뿐이다. 그렇지 않으면 멘토링은 낭비일 뿐이기 때문이다.

컴퓨터 과학자 J. W. J. 윌리엄스(Williams)는 원래 새로운 정렬 알고리즘인 힙 정렬(heap sort)의 일부분으로 힙을 발명했다. 나중에 힙 정렬 알고리즘에 대해 논의할 것이다. 그러나 그는 힙이 다른 작업에도 유용한 자료 구조라는 사실을 인식했다. 간단한 구조 덕분에 우선순위 큐에 필요한 작업을 최대 힙으로 효율적으로 지원할 수 있다. 최대 힙을 사용하면 (1) 사용자가 가장 큰 원소를 효율적으로 조회할 수 있고, (2) 가장 큰 원소를 (효율적으로) 제거하고, (3) 임의의 원소를 (효율적으로) 추가할 수 있다.

힙을 트리로 시각화하는 경우가 자주 있지만 효율을 위해 힙을 배열로 구현하기도 한다. 이번 장에서는 이 두 표현 방식을 동시에 제시해서 독자가 이들의 연관 관계를 이해할 수 있게 한다. 여기에서는 구현에 배열을 썼지만 꼭 배열을 사용할 필요는 없다[2].

배열 기반 구현에서 배열의 각 원소는 트리의 노드에 해당하며 루트 노드의 인덱스는 1이다(힙의 일반적인 관습을 따르기 위해 인덱스 0은 건너뛴다). 자식 노드 인덱스는 부모 인덱스를 기준으로 정의될 수 있다. 인덱스가 i인 노드의 자식은 인덱스 $2i$와 $2i + 1$이다. 예를 들어, 그림 7-4처럼 인덱스가 2인 노드는 $2 \times 2 = 4$와 $2 \times 2 + 1 = 5$가 인덱스인 두 자식이 존재할 수 있다.

▼ **그림 7-4** 힙의 위치는 배열 인덱스에 해당한다

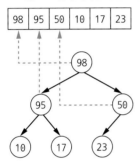

비슷한 방식으로 노드의 부모 인덱스를 Floor($i/2$)로 계산할 수 있다. 이 인덱싱 방식을 쓰면 알고리즘이 부모 인덱스로부터 자식 인덱스를 쉽게 계산하고, 자식 인덱스로부터 부모 인덱스를 쉽게 계산할 수 있다.

루트 노드는 항상 최대 힙에서 최댓값에 해당한다. 루트 노드를 배열의 고정된 위치(index = 1)에 저장하기 때문에 언제나 상수 시간에 이 최댓값을 찾을 수 있다. 단순한 배열 조회를 사용하면 된다. 데이터의 레이아웃을 활용해 이렇게 필요한 우선순위 큐 연산 중 하나를 해결한다.

임의의 원소를 우선순위 큐에 추가하고 제거할 것이기 때문에, 배열 크기를 계속 조정하는 것을 피하기 위해 추가할 아이템 수를 수용할 수 있는 충분히 큰 배열을 미리 할당하고

---

2 **역주** 물론 일반적인 노드를 사용하는 트리로 힙을 만들 수도 있지만 효율적인 연산을 위해서는 자식 노드 포인터뿐 아니라 부모 노드 포인터까지 유지해야 해서 메모리 부가 비용이 배열에 비해 상당히 많이 든다.

싶다. 3장에서 동적으로 배열 크기를 변경하면, 새 배열을 생성하고 모든 값을 복사해야만 하기 때문에 비용이 많이 든다는 사실을 알았다. 이런 일이 발생하면 힙의 소중한 효율성이 저하될 수 있다. 대신 처음에 큰 배열을 할당하고, 배열에 마지막으로 채워넣은 원소의 인덱스를 추적하고, 그 인덱스를 배열의 실질적인 끝이라고 부를 수 있다. 이렇게 하면 새로운 원소를 추가할 때는 단순히 마지막 원소의 인덱스를 갱신하기만 하면 된다.

```
Heap {
    Array: array
    Integer: array_size
    Integer: last_index
}
```

물론 힙이 예상한 만큼 커지지 않으면 사용하지 않을 연속된 메모리 덩어리가 남고 바로 이것이 과할당(overallocation)의 대가다.

배열을 사용해 트리 기반 자료 구조를 표현하는 것 자체도 흥미로운 과정이다. 포인터에 의존하지 않고 빈틈없이 채워진 배열과 수학적 매핑(인덱스와 노드 사이의 매핑)을 사용해 힙을 저장할 수 있고, 메모리를 더 적게 사용하면서 힙을 저장할 수 있다. 노드의 인덱스로부터 그 자식에 이르는 매핑을 유지함으로써 포인터가 없어도 트리 기반 자료 구조를 다시 생성할 수 있다. 앞으로 보게 될 것처럼 이런 배열 기반 표현은 힙에 대해 적용 가능한 표현인데, 힙의 경우 항상 자료 구조가 거의 완전하고 균형 잡힌 트리를 유지하기 때문이다. 균형 잡힌 트리라는 특성 때문에 빈틈이 없는 꽉 찬 배열이 생성된다. 이와 달리 이진 탐색 트리와 같은 다른 트리에 대해서도 같은 배열 표현을 사용할 수 있지만, 이런 자료 구조는 종종 빈틈이 여기저기 흩어져 있으므로 깊은 가지를 가진 트리를 저장할 때는 매우 큰 (그리고 아마 대부분이 비어 있는) 배열이 필요하다.

7.2.1 힙에 원소 추가하기

새로운 원소를 힙에 추가할 때는 구조가 힙 속성을 유지하도록 해야 한다.

경험 많은 장군이 신임 소위에게 보고하도록 임명하지는 않는 것처럼 우선순위가 높은 힙 노드를 우선순위가 낮은 힙 노드 아래 넣지는 않을 것이다. 새로운 원소를 힙의 트리 구조에 추가하되, 새로 추가한 노드보다 우선순위가 작거나 같은 노드들만 새로 추가한 노드의 자손이 되게 해야 한다. 마찬가지로 새로 추가한 노드의 모든 조상 노드는 추가된 노드보다 더 우선순위가 높아야만 한다.

힙을 배열로 구현할 때 놀라운 부분은 이런 힙 속성을 유지하면서 노드를 꽉 찬 배열로 저장할 수 있다는 점이다. 앞에서 배열의 중간에 노드를 추가하는 연산의 비용이 비싸다는 사실을 알았다. 나중에 추가하는 항목들을 모두 뒤로 밀어내야 하기 때문이다. 하지만 힙의 경우, 새 원소를 (배열로 표현한) 힙에 추가할 때마다 이런 (원소 개수에 대해) 선형적인 비용을 지불할 필요는 없다. 대신 먼저 힙 속성을 깨뜨리면서 원소를 추가하고, 트리의 한 경로를 거슬러 올라가면서 원소를 교환해서 힙 속성을 복원한다.

다른 말로 설명하면 힙에 새 원소를 추가하려면 트리의 가장 아래쪽 첫 번째로 비어 있는 공간에 원소를 추가해야 한다. 이 새 값이 부모 노드의 값보다 크면 이를 트리의 위로 올린다(부모와 자식을 교환). 이 과정을 부모와 같거나 작을 때까지 반복하면 힙 속성을 복원할 수 있다. 힙의 구조 자체가 이런 과정을 효율적으로 수행할 수 있게 해준다. 힙의 배열 구현에서 이런 과정은 새 원소를 배열의 맨 뒤에 추가하고 부모 인덱스를 찾아 비교하면서 교환하는 것과 같다.

그림 7-5의 예제를 보자. 이 예제는 각 단계에 대해 배열과 트리로 힙의 구조를 보여준다. 그림 7-5(a)는 새 원소가 추가되기 전의 힙을 보여준다. 그림 7-5(b)에서 새 원소인 85를 배열 끝에 추가해서 트리의 맨 아래에 삽입한다. 그림 7-5(c)의 첫 번째 비교 후에는 85가 50보다 크기 때문에 새로운 원소를 부모와 맞바꾼다. 이 교환이 그림 7-5(d)에 나온다. 그림 7-5(e)에서 두 번째 비교 후에는 힙 계층 구조에서 새 노드가 올바른 위치에 있음을 보여준다. 98이 85보다 크기 때문에 새 노드를 부모와 맞바꿀 필요가 없다. 그림 7-5(f)는 추가 연산이 완료된 이후의 힙을 보여준다.

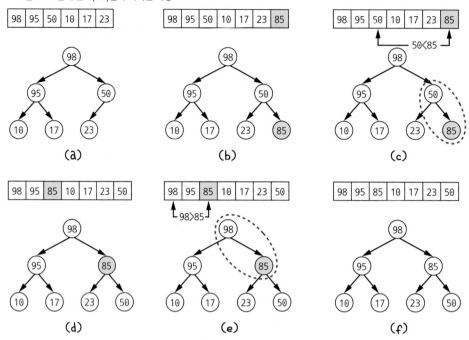

이 추가 연산을 구현하는 코드는 WHILE 루프를 사용하면서, 힙의 수준이 올라가며 루트에 도달하거나 새로운 노드의 값보다 크거나 같은 부모 노드를 찾을 때까지 반복된다.

```
HeapInsert(Heap: heap, Type: value):
    IF heap.last_index == heap.array_size - 1:   // ①
        Increase Heap size.
    heap.last_index = heap.last_index + 1        // ②
    heap.array[heap.last_index] = value

    # 새 노드를 힙 위로 올려보낸다
    Integer: current = heap.last_index           // ③
    Integer: parent = Floor(current / 2)
    WHILE parent >= 1 AND (heap.array[parent] <   // ④
                         heap.array[current]):
        Type: temp = heap.array[parent]          // ⑤
        heap.array[parent] = heap.array[current]
        heap.array[current] = temp
        current = parent
        parent = Floor(current / 2)
```

힙을 저장하기 위해 배열을 사용하기 때문에 코드는 새로운 원소를 추가할 배열 공간이 충분히 있는지 먼저 확인한다(①). 공간이 없으면 3장에서 설명한 배열 2배로 늘리기 기법을 적용해 힙의 크기를 늘린다. 다음으로, 코드는 새로운 원소를 배열 끝에 추가하고 마지막 원소의 위치를 갱신한다(②). WHILE 루프는 새로 추가된 원소에서 시작하고(③), 현재 값과 부모 값을 비교하고(④), 필요한 경우 교환을 수행하면서(⑤) 힙의 각 높이를 진행한다. 루프는 루트(parent == 0)에 도달하거나, 자식보다 크거나 같은 부모를 찾으면 종료된다.

이 과정은 그림 7-6의 이상하게 설계됐지만 효율적인 택배 상자 분배 센터와 비교할 수 있다. 직원들은 힙의 속성을 이용해 바닥에 상자를 깔끔하게 여러 줄로 세운다. 맨 앞줄에는 가장 높은 우선순위를 가진 유일한 상자가 있다. 이 상자는 바로 다음에 배송할 상자다. 그 뒤에는 우선순위가 더 낮은 상자 두 개가 있다. 이 상자들의 뒤에는 더 많은 상자(해당 줄에는 총 4개)가 있으며, 각 상자 쌍은 그 앞줄에 있는 상자보다 우선순위가 작거나 같다. 새로운 줄마다 상자 수가 2배씩 늘어나므로 창고 뒷부분으로 이동할수록 상자가 더 길게 줄 세워져 있다. 각 상자의 뒷줄에는 우선순위가 더 낮거나 같은 상자가 최대 두 개 있고, 각 상자의 앞줄에는 우선순위가 더 높거나 같은 상자가 최대 하나 있다. 창고 바닥에 칠한 직사각형은 각 줄에 상자를 놓을 수 있는 위치를 표시해서 직원들을 돕는다.

▼ 그림 7-6 힙으로 구성된 창고 바닥

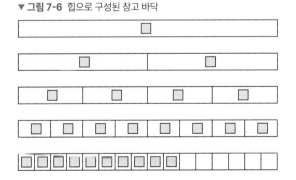

새로운 상자는 창고의 맨 뒤에 추가된다. 각 배송 직원은 이상한 정렬 방법에 대해 구시렁거리면서 적어도 자신이 상자를 창고 맨 앞까지 운반할 필요가 없다는 사실에 안심하며 상자를 빈 사각형 자리에 내려놓고 최대한 빨리 떠난다. 그런 다음, 창고 직원들은 새 상자의 우선순위를 그 앞줄에 있는 상자와 비교하고(그 줄의 나머지 상자는 무시함), 우선순위가 뒤집힌(inversion) 상자를 발견하면 상자를 서로 교환한다. 그렇지 않다면 상자를 그대로 둔다. 이 과정은 새 상자가 적절한 위치에 있을 때, 즉 앞줄에 있는 상자의 우선순위가 더 높거나 같을 때까지 반복된다. 상자가 무겁고 넓게 퍼져 있으므로 직원들은 한 줄당 최대 한 번만 비교와 교환을 수행하면서 작업을 최소화한다. 직원들은 절대로 같은 줄 안 상자를 뒤섞지 않는다. 불필요하게 상자를 옮기고 싶어 하는 사람은 아무도 없다.

직관적으로 힙에 원소를 추가하는 연산이 크게 비싸지 않다는 점을 알 수 있다. 최악의 경우, 새로운 노드를 트리의 루트에 이를 때까지 교환해야 할 수도 있지만, 그래도 배열 값의 일부만 교환하는 것을 의미한다. 힙은 균형 이진 트리이기 때문에 설계상 트리의 한 레벨을 완전히 채워야만 다음 레벨에 노드를 추가하게 된다. 완전한 이진 트리의 노드 수는 레벨마다 2배씩 증가하므로 추가 작업은 최악의 경우 $\log_2(N)$번 교환이 필요하다. 이 것은 정렬된 리스트를 유지하기 위해 최악의 경우 N번 교환해야 하는 것보다 훨씬 나은 성능이다.

7.2.2 힙에서 가장 큰 원소 제거하기

힙에서 가장 높은 우선순위 원소를 찾아서 제거하는 것은 우선순위 큐의 핵심 연산에 속한다. 이를 통해 항목을 우선순위에 따라 처리할 수 있다. 예를 들어, 대기 중인 네트워크 요청 목록을 저장하고 가장 높은 우선순위의 요청을 처리하려는 경우가 있을 수 있다. 또는, 응급실에서 가장 긴급한 환자를 돌보고 싶을 수도 있다. 이러한 경우, 우선순위가 가장 높은 원소를 우선순위 큐에서 제거하면, 다음으로 가장 높은 우선순위 원소에 대한 연산을 (나중에) 진행할 수 있다.

우선순위가 가장 높은 노드를 제거하려면, 먼저 힙 속성을 깨뜨린 다음 다시 복원해야 한다. 그림 7-7을 보면, 우선순위가 가장 높은 노드를 최하위 수준의 마지막 노드와 교환하면서 시작한다(그림 7-7(b)). 이렇게 하면 마지막 원소가 새 루트 노드가 된다. 그러나 이번에는 새 루트 노드가 힙 속성 검증에 통과하지 못할 가능성이 매우 높다. 배열 구현에서는 배열의 첫 번째 원소와 마지막 원소를 교환하는 것이 이런 노드 교환에 해당한다. 이 교환은 첫 번째 원소를 제거하면서 배열의 앞쪽에 생기는 공백을 메우므로, 배열을 꽉 찬 상태로 유지한다.

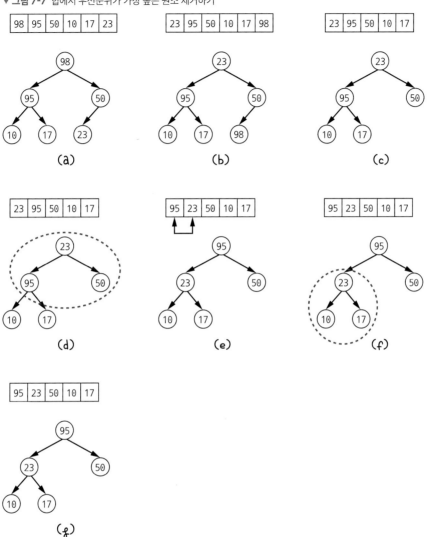

다음으로 현재 트리에서 마지막 노드인 98을 제거한다(그림 7-7(ㄴ)). 이 값은 원래 힙의 최댓값이었다. 올바른 노드를 제거했지만 힙 속성이 깨졌을 가능성이 높다. 즉, 우선순위가 낮은 상자를 창고의 맨 앞줄로 옮겼을 수 있다.

> **노트**
>
> 힙에서 첫 번째 원소와 마지막 원소를 교환해도 힙 속성이 깨지지 않을 수도 있다. 특히 우선순위가 중복되었거나 힙 크기가 작은 경우 더 그렇다.

힙 속성을 복원하기 위해 새 (잘못된) 루트 노드 23에서 시작해 트리를 내려가면서 모든 수준에서 힙 속성을 복원한다. 잘못된 위치에 있는 상자는 창고의 뒤쪽으로 한 줄씩 이동하는데, 새로 추가된 상자가 한 줄씩 앞으로 이동하는 것과는 반대 방향이다. 이런 순회는 긴급한 상자를 맨 앞줄로 이동하는 것만큼 흥미롭지는 않지만, 힙 구조를 위해서 필요하다. 각 수준에서는 이동하는 상자의 우선순위를 다음 수준 두 상자(자식)의 우선순위와 비교한다(그림 7-7(d)). 우선순위가 자식 중 어느 것의 우선순위보다 작으면, 우선순위가 더 높은 자식 상자가 그 자리를 차지하도록 앞으로 이동시키고 루트 노드를 뒤로 이동시켜 힙 속성을 복원한다(그림 7-7(e)). 우선순위가 더 큰 자식이 없을 때 트리 아래로 내려가는 교환이 끝난다. 그림 7-7(f)는 현재 노드가 올바른 위치에 있을 때 수행되는 비교를 보여준다. 힙 속성이 복원됐고 모든 노드가 상대적인 위치에 만족한다. 그림 7-7(g)는 제거가 완료된 힙의 모습을 보여준다.

루트 노드 위치에서 힙 속성을 복구한 후 잘못된 루트와 교환한 자식쪽 가지에서 힙 속성을 확인하고 복원한다. 다른 가지는 이미 힙 속성을 유지하고 있기 때문에 이를 확인할 필요가 없다.

따라서 이 작업에는 최악의 경우라 해도 $\log_2(N)$번 교환이 필요하다.

다음은 최대 원소를 제거하는 코드다.

```
HeapRemoveMax(Heap: heap):
    IF heap.last_index == 0:                              // ①
        return null

    # 마지막 원소와 루트를 교환하고 힙 크기를 줄인다
    Type: result = heap.array[1]                          // ②
    heap.array[1] = heap.array[heap.last_index]
    heap.array[heap.last_index] = null
    heap.last_index = heap.last_index - 1

    # 루트를 차례로 아래로 내려보낸다
    Integer: i = 1
    WHILE i <= heap.last_index:                           // ③
        Integer: swap = i
        IF 2*i <= heap.last_index AND (heap.array[swap] <  // ④
```

```
                                          heap.array[2*i]):
            swap = 2*i
      IF 2*i+1 <= heap.last_index AND (heap.array[swap] <      // ⑤
                                          heap.array[2*i+1]):
            swap = 2*i+1
      IF i != swap:                                            // ⑥
            Type: temp = heap.array[i]
            heap.array[i] = heap.array[swap]
            heap.array[swap] = temp
            i = swap
      ELSE:
            break
  return result
```

이 코드는 먼저 힙이 비어 있는지 확인한다(①). 비어 있으면 반환할 값이 없다. 그 후, 첫 번째 원소(index == 1)를 마지막 원소(index == heap.last_index)와 교환해서 최댓값을 제거할 준비를 하고 힙 속성을 깬다(②). 코드는 WHILE 루프를 사용하고 일련의 비교를 통해 힙을 아래로 이동하면서 힙 속성을 복원한다(③). 각 반복에서 현재 값을 양쪽 자식과 비교하고 필요한 경우 두 자식 중 더 큰 값으로 교환한다(⑥[3]). 코드가 현재 값을 유효한 자식하고만 비교하기 위해 검사를 추가해야 한다(④, ⑤). 배열의 유효 인덱스를 벗어난 항목과 비교하지 않아야 한다. 루프는 힙의 맨 아래에 도달하거나(WHILE 조건에 의해) 교환이 이뤄지지 않았을 때(break 문을 통해) 종료된다.

7.2.3 부가 정보 저장하기

대부분의 경우 힙에 각 항목에 대한 추가 정보를 저장해야 한다. 예를 들어, 작업 목록에서는 작업의 우선순위뿐만 아니라 수행할 작업에 대한 정보를 저장해야 한다. 작업이 무엇인지 모른다면, 우선순위가 99인 작업을 다음에 수행해야 한다는 정보가 아무 도움도 되지 않는다. 그냥 원래 목록을 수동으로 스캔하는 편이 더 나을 것이다.

---

3 **역주** 두 자식이 모두 부모보다 더 큰 경우, ④의 비교 조건을 만족하기 때문에 swap이 왼쪽 자식을 가리키게 되고, ⑤의 비교에서는 이미 왼쪽 자식의 위치를 가리키는 swap에 해당하는 원소와 오른쪽 자식을 비교하게 된다. 결국 두 자식 중 더 큰 쪽의 인덱스로 swap을 설정하게 된다.

TaskRecord와 같은 복합 자료 구조 또는 객체를 저장하기 위해 힙을 확장하는 것은 간단하다.

```
TaskRecord {
    Float: Priority
    String: TaskName
    String: Instructions
    String: PersonWhoWillYellIfThisIsNotDone
    Boolean: Completed
}
```

앞의 코드를 수정해서 이 복합 레코드의 Priority 필드를 기반으로 두 원소를 비교하게 한다. 이를 위해 코드를 다음과 같이 직접 수정한다(HeapInsert 함수 등에 대해 이런 변경을 적용해야 한다).

```
WHILE parent >= 1 AND (heap.array[parent].priority <
                        heap.array[current].priority):
```

하지만 이런 식으로 변경하려면 힙 구현을 특정 복합 자료 구조에 맞춰 특화해야 한다. 더 깔끔한 방법은 구체적인 복합 자료 구조를 위한 도우미 함수를 추가하는 것이다. 다음과 같은 도우미 함수가 있다면,

```
IsLessThan(Type: a, Type: b):
    return a.priority < b.priority
```

HeapInsert의 코드에서 대소 비교 부호 대신 이 함수를 사용할 수 있다.

```
WHILE parent >= 1 AND IsLessThan(heap.array[parent],
                                  heap.array[current]):
```

마찬가지로 HeapRemoveMax 함수에서도 비교하는 코드를 도우미 함수를 사용하게 수정한다.

```
IF 2*i <= heap.last_index AND IsLessThan(heap.array[swap],
                                         heap.array[2*i]):
    swap = 2*i
IF 2*i+1 <= heap.last_index AND IsLessThan(heap.array[swap],
                                           heap.array[2*i+1]):
    swap = 2*i+1
```

이러한 작은 변경으로 복합 자료 구조에서 힙을 구축할 수 있다. 원소를 순서대로 정렬하는 IsLessThan 함수를 정의할 수만 있다면, 복합 자료에 대해 효율적인 우선순위 큐를 만들 수 있다.

7.3 / 우선순위 갱신하기
SECTION

일부 용례에서는 우선순위 큐에 들어 있는 원소의 우선순위를 갱신할 수 있는 다른 동적 동작이 필요할 수도 있다. 제목별로 요청한 이용자 수에 따라 재입고할 책의 우선순위를 정하는 서점 데이터베이스를 생각해보자. 시스템은 초기 도서 목록으로부터 힙을 구축하고 다음에 주문할 제목을 결정할 때 이 힙을 사용한다. 그러나 어떤 인기 블로거가 계산적 사고 방식에서 자료 구조의 중요성을 언급하면서 자료 구조에 관한 책을 요청하는 고객 수가 극적으로 증가한다. 우선순위 큐는 이러한 급격한 변화를 처리할 수 있어야 한다.

이런 필요를 만족시키기 위해 추가나 제거에 적용한 것과 같은 접근 방식을 사용한다. 항목의 값을 변경할 때, 원소의 우선순위를 증가시키는지, 감소시키는지를 확인한다. 항목의 값을 증가시키는 경우, 최대 힙에서 항목을 위로 올려보내면서 힙 속성을 복원해야 한다. 마찬가지로, 항목의 값을 감소시키는 경우, 최대 힙에서 항목을 아래로 내려보내면서 적절한 위치로 이동시킨다.

```
UpdateValue(Heap: heap, Integer: index, Float: value):
    Type: old_value = heap.array[index]
    heap.array[index] = value

    IF old_value < value:
        새 원소를 추가하는 절차를 사용해
        원소를 힙의 위쪽으로 올려보낸다(부모와 교환한다)
    ELSE:
        최대 원소를 제거하는 절차를 사용해
        원소를 힙의 아래쪽으로 내려보낸다(가장 큰 자식과 교환한다)
```

심지어 원소를 위로 올려보내거나 아래로 내려보내는 코드를 별도로 분할하면 최댓값을 추가하거나 제거할 때와 똑같은 코드를 업데이트하는 데 활용할 수 있다.

그렇다면 처음에 갱신 대상 원소를 어떻게 찾을까? 앞에서 말한 것처럼 힙은 원소 탐색에 최적화되어 있지 않다. 관심 있는 원소의 값 외에 다른 정보가 없는 경우, 배열에서 꽤 많은 부분을 탐색해야만 할 수도 있다. 이런 문제를 해결하기 위해 2차 자료 구조(10장에서 설명)인 해시 테이블 등을 사용해 항목의 키와 배열 원소를 매핑할 수도 있다. 이번 절의 예제에서는 프로그램이 이미 제거할 항목의 현재 인덱스를 알고 있다고 가정한다.

7.4 / 최소 힙
SECTION

지금까지는 트리의 어떤 노드의 값이 자기 자식의 값보다 항상 큰(또는 같은) 특성을 사용하는 최대 힙에 초점을 맞췄다. **최소 힙(min heap)**은 가장 낮은 값의 항목을 쉽게 찾기 위한 힙이다. 최소 힙에서는 트리의 루트가 가장 작은 값이기 때문에 가장 낮은 점수를 가진 항목을 쉽게 찾을 수 있다. 예를 들어, 우선순위에 따라 네트워크 패킷을 정렬하는 대신 패킷이 도착한 시간순으로 정렬하고 최근에 도착한 패킷보다 먼저 도착한 패킷을 처리하고 싶을 수 있다. 더 중요한 예로, 커피 선반의 공간이 부족해지면 선호도가 가장 낮은 브랜드의 커피를 제거해야 할 것이다. 선반에 있는 비싼 접시나 그릇을 버려서 커피를 저장할 공간을 늘리는 것과 소중한 커피를 버리지 않는 것 중 어느 쪽이 더 나은지 고민한 끝에, 가장 낮은 선호도의 커피를 버리기로 결정한다. 각 커피의 선호도를 나타내는 점수 목록을 확인하고 가장 낮은 값을 가진 것을 선택한다.

이론적으로는 값의 부호만 바꾸고 최대 힙을 계속 사용할 수 있다. 하지만 더 깔끔한 전략은 힙 속성에 작은 수정을 가해서 문제를 완전히 해결하는 것이다. 최소 힙 속성은 이진 트리의 어떤 노드에 대한 값이 자식의 값보다 작거나 같다는 것이다. 그림 7-8은 최소 힙 예제를 보여준다. 새로운 원소를 삽입할 때는 가장 낮은 점수를 가진 원소가 점점 위로 올라간다. 마찬가지로, 우리는 항상 가장 점수가 낮은 원소를 추출해 반환한다.

▼ **그림 7-8** 최소 힙의 위치는 인덱스 위치에 해당한다

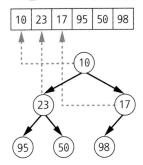

물론 최소 힙에서 원소를 추가하고 제거하는 알고리즘도 이에 맞춰 수정돼야 한다. 삽입의 경우 WHILE 루프의 비교 함수를 변경해 부모 값이 현재 값보다 큰지 확인한다.

```
MinHeapInsert(MinHeap: heap, Type: value):
    IF heap.last_index == heap.array_size - 1:
        힙 크기를 증가시킨나

    heap.last_index = heap.last_index + 1
    heap.array[heap.last_index] = value

    # 새 노드를 힙 위쪽으로 올려보낸다
    Integer: current = heap.last_index
    Integer: parent = Floor(current / 2)
```

```
WHILE parent >= 1 AND (heap.array[parent] >                    // ①
                       heap.array[current]):
    Type: temp = heap.array[parent]
    heap.array[parent] = heap.array[current]
    heap.array[current] = temp
    current = parent
    parent = Floor(current / 2)
```

코드의 대부분은 최대 힙에 삽입하는 것과 같다. 유일한 차이는 노드를 부모와 비교할 때 〈를 〉로 바꾼 것뿐이다(①).

제거 연산의 경우에도 두 비교를 비슷하게 변경한다.

```
MinHeapRemoveMin(Heap: heap):
    IF heap.last_index == 0:
        return null

    # 루트를 가장 마지막 원소와 교환하고 힙 크기를 감소시킨다
    Type: result = heap.array[1]
    heap.array[1] = heap.array[heap.last_index]
    heap.array[heap.last_index] = null
    heap.last_index = heap.last_index - 1

    # 새 루트를 아래로 내려보낸다
    Integer: i = 1
    WHILE i <= heap.last_index:
        Integer: swap = i
        IF 2*i <= heap.last_index AND (heap.array[swap] >       // ①
                                       heap.array[2*i]):
            swap = 2*i
        IF 2*i+1 <= heap.last_index AND (heap.array[swap] >     // ②
                                         heap.array[2*i+1]):
            swap = 2*i+1
        IF i != swap:
            Type: temp = heap.array[i]
            heap.array[i] = heap.array[swap]
```

```
            heap.array[swap] = temp
            i = swap
        ELSE:
            break
    return result
```

여기서 변경한 부분은 노드를 교환할지 결정할 때 사용한 <와 >를 뒤바꾼 것뿐이다 (①, ②).

7.5 힙 정렬

컴퓨터 과학에서 힙은 우선순위 큐를 구현하고 우선순위가 지정된 목록에서 다음 항목을 효율적으로 반환하는 것으로 한정되지 않는 강력한 자료 구조다. 힙을, 더 일반적으로 자료 구조 전반을 바라보는 또 다른 흥미로운 관점은 그 자체가 아니라 자료 구조가 가능케 하는 고상한 알고리즘의 관점에서 바라보는 것이다. J. W. J. 윌리엄스는 처음에 배열을 정렬하는 새로운 알고리즘인 **힙 정렬**(heapsort)이라는 맥락에서 처음 제안했다.

그 이름에서 알 수 있듯, 힙 정렬은 힙 자료 구조를 사용해 원소의 목록을 정렬하는 알고리즘이다. 입력은 정렬되지 않은 배열이며 출력은 동일한 원소를 포함하지만 내림차순으로 정렬된 배열이다(최대 힙의 경우). 핵심에서 힙 정렬은 두 단계로 구성된다.

1. 모든 항목에서 최대 힙을 구축한다.
2. 힙에서 모든 항목을 내림차순으로 추출하고 배열에 저장한다.

힙 정렬 알고리즘은 이렇게 간단하다.

다음은 힙 정렬의 코드다.

```
Heapsort(Array: unsorted):
    Integer: N = length(unsorted)
    Heap: tmp_heap = 크기가 N인 힙
    Array: result = 크기가 N인 배열

    Integer: j = 0
    WHILE j < N:                          // ①
        HeapInsert(tmp_heap, unsorted[j])
        j = j + 1

    j = 0
    WHILE j < N:                          // ②
        result[j] = HeapRemoveMax(tmp_heap)
        j = j + 1
    return result
```

이 코드는 두 WHILE 루프로 구성된다. 첫 번째 루프는 각 항목을 임시 힙에 삽입한다(①). 두 번째 루프는 HeapRemoveMax 함수를 써서 가장 큰 원소를 제거하고, 배열의 다음 위치에 추가한다(②). 이와 반대로 HeapRemoveMin과 최소 힙을 사용하면 오름차순으로 정렬된 응답을 생성할 수도 있다.

[46, 35, 9, 28, 61, 8, 38, 40]이라는 배열을 정렬하고 싶다고 하자. 우선 각 값을 힙에 삽입하면서 시작한다. 그림 7-9는 삽입 후 배열의 최종 모습(그리고 그에 해당하는 트리 표현)을 보여준다. 항상 새 항목을 배열의 끝에 삽입하고 힙 속성이 복원될 때까지 앞으로 교환한다는 점을 기억하라. 그림 7-9에서 화살표는 새 원소가 최종 위치에 도달할 때까지 배열을 통해 이동한 경로를 나타낸다. 함께 표시한 트리에서 빨간색 노드는 (새 원소가 이동하면서) 변경된 노드를 뜻한다.

힙을 만드는 시간은 단일 삽입 연산에 소비되는 최악의 경우 실행 시간에 따라 제한된다. 7장 앞부분에서 본 것처럼 N개의 항목이 포함된 힙에 새 항목을 삽입하는 경우, 걸리는 시간은 최악의 경우 $\log_2(N)$에 비례한다. 따라서 N개의 항목으로 힙을 구성하는 경우, 최악의 경우의 실행 시간은 $N\log_2(N)$에 비례한다.

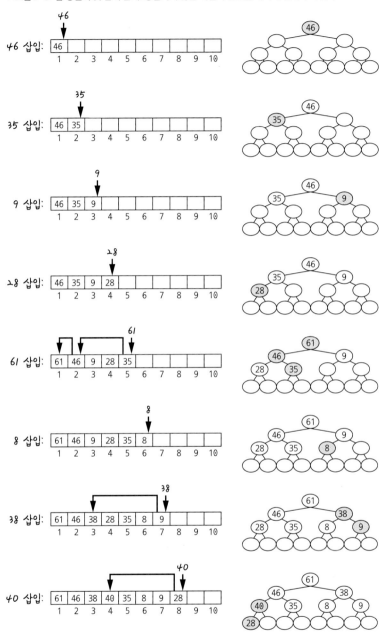

▼ **그림 7-9** 힙 정렬의 첫 번째 단계. 정렬되지 않은 배열의 원소를 하나씩 힙에 추가한다

이제 힙을 모두 만들었으므로 두 번째 단계로 들어가서 그림 7-10처럼 각 항목을 추출한다.

▼ **그림 7-10** 힙 정렬의 두 번째 단계. 각 반복에서 최댓값을 힙에서 반복적으로 제거한다

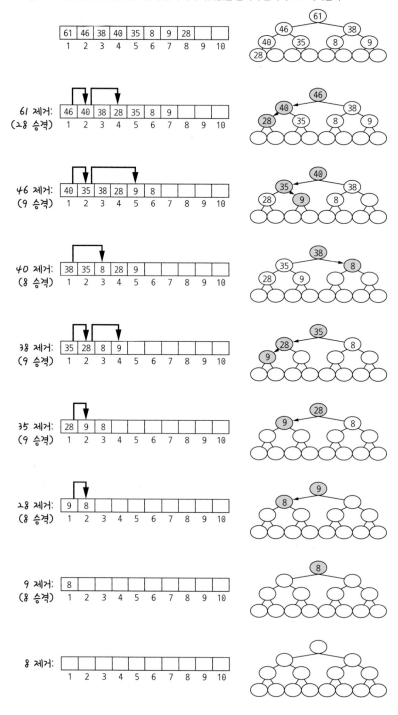

우선순위가 감소하는 순서로 항목을 하나씩 힙에서 제거한다. 이를 통해 내림차순으로 원소를 추출할 수 있다. 각 단계에서 루트를 추출하고, 힙의 마지막 항목을 루트 위치와 교환하며, 새로운 루트를 힙 속성이 복구되는 위치로 다시 내려보낸다. 그림 7-10은 각 반복의 끝에서 배열의 상태(그리고 그에 해당하는 트리 표현)를 보여준다. 그림의 화살표와 빨간색 노드는 과승격된 노드가 힙 내부에서 어떻게 이동했는지를 보여준다. 항목을 추출하면 결과를 저장하는 배열에 직접 추가한다. 힙을 모두 비우고 나면 목적을 달성했으므로 힙을 표현하는 배열을 버린다[4].

삽입과 마찬가지로 최악의 경우 실행 시간이 $N\log_2(N)$에 비례해 한정된다. 각 추출에서 힙 속성을 복원하는 데 최대 $\log_2(N)$이 소요되고, 정렬된 목록을 얻으려면 모든 N개 항목을 추출해야 한다. 따라서 힙 정렬 알고리즘의 최악의 경우 실행 시간은 $N\log_2(N)$에 비례한다.

7.6 / 힙이 중요한 이유
SECTION

힙은 이진 트리의 간단한 변형으로, 여러 효율적인 연산을 지원한다. 이진 탐색 트리 속성을 힙 속성으로 변경함으로써 자료 구조의 동작을 바꾸고 다른 연산을 지원할 수 있다.

새 원소를 추가하고 최대 원소를 제거할 때는 루트에서 리프에 이르는 어느 한 경로를 순회해야 한다. 새 노드를 한 레벨만 추가해도 노드 수를 거의 두 배로 늘릴 수 있기 때문에 아주 큰 힙에서도 빠른 작업이 가능하다. 이러한 방식으로 노드 수를 두 배로 늘려도 추가나 제거 시 단 한 번의 반복만 추가된다! 또, 추가나 제거 연산 모두 트리의 균형을 유지하며, 그 때문에 이후에도 연산을 효율적으로 수행할 수 있다.

그러나 항상 트레이드오프 관계가 존재한다. 이진 탐색 트리 속성을 힙 속성으로 변경함

4　**역주** 여기서 결과를 저장하는 배열과 힙을 표현하는 배열을 따로 썼지만, 원본 배열을 그대로 유지할 필요가 없는 경우라면 별도의 배열을 사용하지 않고 원본 배열에서 힙 정렬을 수행할 수 있다.

으로써 특정 값을 효율적으로 탐색할 수 없게 된다. 어느 한 연산을 최적화하면 다른 연산을 최적화하는 것이 방해받을 수 있다. 따라서 데이터를 사용하는 용례를 신중하게 생각하고 데이터의 구조를 용례에 맞게 설계해야 한다.

격자

이 장에서는 다차원적인 값이나 대상을 고려할 때 어떤 일이 일어나는지 살펴본다. 지금까지 살펴본 자료 구조는 모두 한 가지 값을 기반으로 데이터를 조직화한다는 제약을 공유한다. 실제 세계에서 다루는 문제에는 여러 가지 중요한 차원이 관련될 수 있으므로, 이런 데이터에 대한 탐색을 처리하기 위해 자료 구조를 확장해야 한다.

이번 장은 다차원 데이터에 대한 동기를 부여해주는 사용 사례인 **최근접 이웃 탐색**(nearest-neighbor search)을 소개하는 것부터 시작한다. 앞으로 살펴보겠지만 최근접 이웃 탐색은 그 일반성 때문에 광범위한 공간 및 비공간 문제에 유연하게 적용할 수 있다. 현재 위치에서 가장 가까운 커피숍이나 취향에 가장 적합한 브랜드를 찾는 데 도움이 될 수 있다.

그 후, **격자**(grid) 자료 구조를 소개하고, 격자가 어떻게 데이터에 내재된 공간 관계를 사용해 탐색 공간에서 실행 불가능한 영역을 제거해 2차원에서 최근접 이웃 탐색을 용이하게 하는지 살펴본다. 그리고 이런 접근 방식을 2차원 이상으로 확장할 수 있는 방법에 대해 간략히 설명한다. 이런 자료 구조가 적합하지 않은 경우를 살펴보면서 또 다른 공간 자료 구조의 필요성을 알아본다.

8.1 / 최근접 이웃 탐색 소개
SECTION

이름이 암시하듯, 최근접 이웃 탐색은 주어진 탐색 목표와 가장 가까운 데이터 점을 찾는다. 현재 위치에서 가장 가까운 커피숍을 찾는 것도 최근접 이웃 탐색에 속한다. 형식적으로 최근접 이웃 탐색을 다음과 같이 정의한다.

N개의 데이터 점 $X = \{x_1, x_2, \cdots, x_N\}$과 목푯값 x'

그리고 거리 함수 $dist(x, y)$가 주어졌을 때,

$dist(x', x_i)$를 최소화하는 X 내 점 x_i를 찾아라.

최근접 이웃 탐색은 우리가 2장에서 이진 탐색을 도입하면서 설명한 목푯값 탐색과 밀접한 관련이 있다. 두 알고리즘 모두 데이터 집합 내에서 특정 데이터 점을 탐색한다. 하지만 핵심적인 차이는 탐색에 성공하는 기준이다. 이진 탐색은 데이터 집합 안에서 정확히 일치하는 점을 찾는데 일치하는 점이 있을 수도 있고 없을 수도 있다. 반면, 최근접 이웃 탐색은 단지 가장 가까운 항목을 찾기만 하면 된다.

이런 관점이 다차원 데이터의 여러 유형에 대한 최근접 이웃 탐색을 유용하게 만든다. 우리는 지도에서 가장 가까운 커피숍을 찾거나, 오늘과 비슷한 날짜의 기온 기록, 주어진 단어에 대해 있을 수 있는 '가까운' 철자법 오류 목록 등을 탐색할 수 있다. 탐색 목표와 다른 값 사이의 거리를 정의할 수만 있으면 항상 최근접 이웃을 찾을 수 있다.

이전 장에서는 이진 탐색 트리와 힙에 저장된 데이터처럼 개별 숫자 값이 목표인 경우를 주로 논의했다. 때로 보조 데이터를 포함하는 경우도 있었지만 목푯값 자체는 간단했다. 그러나 최근접 이웃 탐색은 다차원 데이터를 다룰 때 가장 흥미롭다. 다차원 데이터를 배열, 튜플, 다른 복합 자료 구조 등의 자료 구조에 저장할 수 있다. 이 장의 뒷부분에서 2차원 탐색 문제와 탐색 목표에 대한 예제를 살펴보겠지만, 지금은 최근접 이웃 탐색을 위한 기본 알고리즘을 소개한다.

8.1.1 선형 스캔을 이용한 최근접 이웃 탐색

최근접 이웃 탐색 알고리즘의 기준선으로, 2장의 선형 스캔 알고리즘을 수정한 버전을 사용한다. 선형 스캔 알고리즘은 특별히 흥미로운 점이 없으며, 대부분의 프로그래밍 언어에서 간단한 루프로 구현할 수 있다. 그러나 그 간단함 때문에 선형 스캔은 더 복잡하고 효율적인 알고리즘을 검토하기 위한 좋은 시작점이 될 수 있다.

절댓값 거리($dist(x,y) = |x - y|$)를 사용해 숫자의 최근접 이웃 탐색 문제를 생각해보자. 숫자 목록과 탐색 목표가 주어지면, 목록에서 목표에 가장 가까운 숫자를 찾아야 한다. 아침에 새로운 도시에서 일어났을 때, 모닝커피를 마실 장소를 찾고 싶다고 가정하자. 호텔 컨시어지는 동네에 위치한 커피숍 목록과 지도를 제공한다. 커피숍 중에 아는 브랜드가 없어서, 편의를 우선하기로 결정하고 호텔에서 가장 가까운 커피숍을 방문하기로 한다.

이 탐색을 수직선으로 시각화하면 그림 8-1과 같다. 각 점은 커피숍을 나타내며, 점의 위치는 지도 시작점으로부터의 거리를 나타낸다. X는 호텔을 나타내며, 거리는 킬로미터 단위로 표시되어 있다.

▼ **그림 8-1** 수직선으로 나타낸 1차원 최근접 이웃 탐색

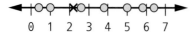

프로그램에서 그림 8-1의 점들을 배열에 저장된 정렬하지 않은 값으로 표현할 수 있다. 그러나 실수 범위인 수직선상에서 이러한 값을 시각화하면 최근접 이웃 탐색이라는 맥락에서 두 가지 이점이 있다. 첫째, 거리의 중요성을 명확히 볼 수 있다. 즉, 목푯값과 각 데이터 점 사이가 얼마나 먼지 볼 수 있다. 둘째, 다음 절에서 보게 될 것처럼 이를 통해 최근접 이웃 탐색 기술을 1차원 이상의 차원으로 일반화할 수 있다.

지금은 그림 8-2처럼 각 데이터 점을 진행하면서 선형 스캔을 수행한다. 현재 데이터 점과 호텔 사이의 거리를 계산하고 지금까지 찾은 최소 거리와 비교한다. 이미 수직선상에 있기 때문에 각 점을 정렬된 상태로 고려했다. 그러나 선형 스캔은 특정 순서가 필요하지 않고, 데이터가 저장된 순서를 사용한다.

그림 8-2의 첫 번째 비교에서는 거리가 1.8인 점을 찾는다. 지금까지는 이 점이 가장 좋은 선택지이며, 최근접 이웃 후보다. 하지만 좋은 이웃은 아닐 수도 있지만—모닝커피 한 잔 때문에 1.8킬로미터는 조금 멀다—지금까지 우리가 살펴본 것 중에서는 최선이다. 다음 두 단계에서는 거리가 각각 1.2킬로미터와 0.4킬로미터인 더 나은 후보를 찾는다. 유감스럽게도 그 이후의 네 가지 비교에서는 더 나은 후보를 찾을 수 없다. 거리가 0.4킬로미터인 점이 우리가 찾은 가장 가까운 점이다. 마지막으로 알고리즘은 수직선상에서 세 번째 점을 최근접 이웃으로 반환한다. 우리는 가장 가까운 커피숍으로 자신 있게 출발한다.

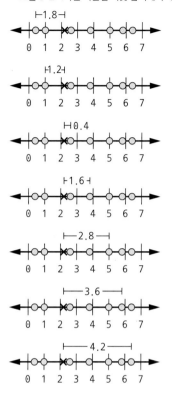

코드 8-1은 임의의 거리 함수를 사용해 선형 스캔을 수행하는 코드를 보여준다. 1차원 경우 부동 소수점 값을 담은 배열을 후보 집합으로 사용하지만, 복합 자료 구조나 다른 표현을 사용하면 이를 다차원으로 확장할 수 있다.

▼ **코드 8-1** 선형 스캔 최근접 이웃 알고리즘 코드

```
LinearScanClosestNeighbor(Array: A, Float: target, Function: dist):
    Integer: N = length(A)
    IF N == 0:                                            // ①
        return null

    Float: candidate = A[0]                               // ②
    Float: closest_distance = dist(target, candidate)

    Integer: i = 1
```

```
WHILE i < N:                                    // ③
    Float: current_distance = dist(target, A[i])
    IF current_distance < closest_distance:     // ④
        closest_distance = current_distance
        candidate = A[i]
    i = i + 1
return candidate                                // ⑤
```

코드는 배열이 비어 있는지 확인하고, 비어 있다면 가장 가까운 점이 없기 때문에 null을 반환한다(①). 그 후, 코드는 최초의 최근접 이웃 후보로 배열의 첫 번째 항목을 선택하고 그 점에서 목표까지의 거리를 계산한다(②). 이 정보는 탐색에 시작점을 제공한다. 즉, 이후의 모든 점과 목표 사이의 거리를 지금까지 살펴본 최근접 거리(closest_distance)와 비교하면서 최근접 거리와 후보(candidate)를 변경한다. 코드의 나머지 부분은 WHILE 루프를 사용해 배열의 나머지 원소를 반복하면서(③), 원소와 목표 사이의 거리를 계산하고 그 값을 지금까지 발견한 최근접 거리와 비교한다. 더 가까운 후보를 찾으면 지금까지 발견한 최근접 거리와 최근접 후보를 갱신한다(④). 그리고 마지막에 최근접 이웃을 반환한다(⑤).

이 선형 스캔 알고리즘은 간단한 최근접 이웃 탐색 구현을 제공하는 것을 넘어, 다른 거리 함수나 다차원 점도 쉽게 지원한다. 먼저 2차원 공간에서 몇 가지 최근접 이웃 탐색 예제를 살펴보자.

8.1.2 공간 데이터 탐색

국경을 가로지르는 자동차 여행을 하는데 몇 시간이 지나면서 커피가 절실해진다. 이동 경로에 있는 최고의 커피숍을 지도에 표시하지 않았다는 사실을 깨닫고 절망한다. 몇 번 숨을 깊게 들이마시고, 그림 8-3에 나와 있는 지도를 꺼내서 알려진 여러 도시의 커피숍을 찾는다. 질보다는 신속함을 우선시해 가장 가까운 커피숍을 찾기로 맹세한다.

▼ 그림 8-3 2차원 데이터 예제인 지도

데이터는 2차원 점(도시의 x, y 좌표)들로 이뤄진다. 이러한 데이터 점을 (x, y) 같은 순서 있는 튜플이나 $[x, y]$와 같이 크기가 정해진 작은 크기 배열로 표현하거나, 2차원 공간상의 점을 표현하는 복합 자료 구조와 같은 방법으로 표현할 수 있다.

```
Point {
    Float: x
    Float: y
}
```

가장 가까운 도시를 결정할 때는 커피숍까지의 직선 거리에 초점을 맞춘다. 실제 세계에서 길을 안내하려면 커피숍과 현재 위치 사이의 장애물 등도 고려해야 한다. 하지만 우선은 커피숍까지의 유클리드 거리만을 고려한다. 현재 위치가 (x_1, y_1)이고 커피숍이 (x_2, y_2)에 있다면, 유클리드 거리는 다음과 같다.

$$dist = \sqrt{((x_1 - x_2)^2 + (y_1 - y_2)^2)}$$

이때도 코드 8-1의 선형 스캔 알고리즘을 사용할 수 있다. 이 알고리즘은 후보 점과 목표(여기서는 현재 위치) 사이의 거리를 계산한다. 그림 8-4에서 이 계산을 보여준다.

▼ **그림 8-4** 선형 스캔 최근접 이웃 탐색은 목표로부터 각 후보점까지의 거리를 계산한다

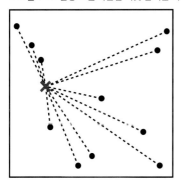

그림 8-5에 표시한 목표와 가장 가까운 점이 목표의 최근접 이웃이다. 점선은 가장 가까운 점까지의 거리를 나타내고, 점선으로 표시한 원은 가장 가까운 점보다 더 가까운 영역을 보여준다. 다른 어떤 점도 최근접 이웃보다 더 가까이 위치하지 않는다.

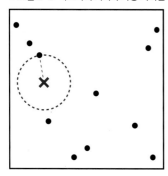

▼ **그림 8-5** 목표와의 거리가 가장 가까운 점이 해당 목표의 최근접 이웃이다

하지만 여러 번 살펴본 것처럼 점의 개수가 늘어나면 이런 식의 선형 스캔은 금세 비효율적이 된다. '커피 애호가를 위한 길거리 커피 가이드' 최신판이 커피숍을 100,000개 나열한다면, 최근접 이웃을 찾는 과정에 불필요하게 오랜 시간이 걸릴 것이다.

하지만 데이터 점이 있는 2차원 공간에서 모든 데이터 점을 확인해볼 필요는 없다. 일부 데이터 점은 너무 멀리 있어서 문제가 되지 않을 수 있다. 플로리다를 운전하면서 알래스카의 커피숍을 고려하지는 않을 것이다(물론 알래스카에도 플로리다의 커피숍만큼 훌륭한 커피숍이 있다는 점을 잘 안다). 우리는 커피 없이 1시간도 버틸 수 없다. 플로리다에서 멀리 알래스카에 있는 커피숍에 가는 것은 불가능하다. 북플로리다 지역을 운전 중이라면 북플로리다 커피숍에 초점을 맞춰야 한다.

이진 탐색에서 본 것처럼 데이터 내부의 구조를 활용해 많은 후보를 제거할 수 있다. 심지어 1차원 공간에 이진 탐색을 적용해 최근접 이웃을 찾을 수도 있다. 불행히도, 간단한 정렬은 2차원 공간의 경우에는 도움이 되지 않는다. 그림 8-6처럼 x나 y 차원을 정렬하고 탐색하면 잘못된 결과를 얻게 된다. 즉, 1차원 공간에서 최근접 이웃은 2차원 공간에서 최근접 이웃과 같지 않다.

우리는 모든 의미 있는 차원의 정보를 활용해 정확히 가지를 쳐내야 한다. 어느 한 차원에서 목푯값에 가까운 점이 다른 차원에서는 상당히 멀리 떨어져 있을 수 있다. 만약 위도를 기준으로 커피숍 목록을 정렬하면, 북플로리다의 현재 위도 근처 위치를 찾았는데 휴스턴에 위치한 '가까운' 결과를 일을 수 있다. 마찬가지로, 경도로 정렬하면 클리블랜드에 위치한 항목의 세례를 받을 수 있다. 우리는 1차원 데이터에서의 경험을 적용하는 동시에 더 높은 차원에 내재된 구조를 활용하는 새로운 접근 방식을 탐구해야 한다.

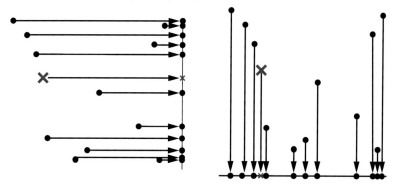

8.2

SECTION

격자

격자(grid)는 2차원 데이터를 저장하기 위한 자료 구조다. 배열과 마찬가지로 격자는 고정된 일련의 상자 또는 셀로 구성된다. 우리는 처음에 2차원 데이터를 다루므로, x축과 y축을 따라 상자 번호를 나타내는 $xbin$과 $ybin$이라는 두 수로 각 상자를 인덱싱한다. 그림 8-7은 예제 격자를 보여준다.

▼ **그림 8-7** 공간 데이터 점의 2×2 격자

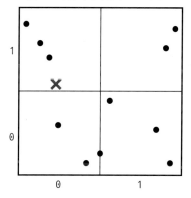

배열과 달리 각 상자에 값을 하나만 담게 제한할 수는 없다. 격자 셀은 공간적 경계에 따

라 정의되며, 이 경계는 차원(x축과 y축)별로 위쪽 간선(edge)과 아래쪽 간선으로 정해진다. 격자를 아무리 미세하게 그려도 여러 데이터 점이 한 셀 안에 위치할 수 있기 때문에 각 상자는 여러 원소를 동시에 저장할 필요가 있다. 각 상자는 그 상자의 범위에 속하는 모든 데이터 점의 리스트를 저장한다.

냉장고 안 여러 저장 공간의 차이로 격자와 배열의 차이를 시각화할 수 있다. 계란 트레이는 계란별로 개별 공간을 갖는 배열과 같다. 반면에, 채소칸은 격자 셀과 같다. 채소칸에는 동일한 유형의 물건, 즉 채소를 여럿 넣을 수 있다. 예를 들어, 한 칸 안에 양파 25개를 넣을 수 있다. 반면, 계란 트레이는 고정된 위치마다 계란을 단 하나씩만 보관할 수 있다. 채소칸은 토마토나 오이를 어느 위치에 보관하는 게 올바른지 열띤 논쟁을 유발할 수 있지만, 격자 셀의 경계는 수학적으로 정확하게 정의된다.

격자는 데이터 점의 좌표를 사용해 각 저장소를 결정하며, 데이터의 공간 구조를 활용하여 탐색을 제한할 수 있게 해준다. 어떻게 이런 탐색이 가능한지 보기 위해 먼저 격자 구조에 대해 자세히 살펴봐야 한다.

8.2.1 격자 구조

격자를 표현하는 최상위 자료 구조에는 관리를 위한 추가 정보가 포함된다. 그림 8-8처럼 차원마다 여러 정보 조각을 포함할 필요가 있다. x와 y 차원을 따라 상자를 나열해야 할 뿐 아니라, 각 차원에 따른 공간 경계를 추적해야 한다. x_start와 x_end로 격자에 포함된 x의 최솟값과 최댓값을 표시한다. 마찬가지로 y_start와 y_end는 y의 공간 경계를 잡아낸다.

▼ 그림 8-8 차원별로 시작과 끝 값을 지정한 격자

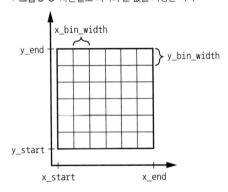

상자 개수와 공간 경계로부터 최상위 정보 중 일부를 계산할 수 있다. 하지만 때로 편의를 위해 이런 격자에 대한 추가 정보를 저장하고 싶다. 차원별로 상자의 너비를 미리 계산해 두면 뒷부분의 코드를 단순화할 수 있다.

```
x_bin_width = (x_end - x_start) / num_x_bins
y_bin_width = (y_end - y_start) / num_y_bins
```

유용한 다른 정보로 격자에 저장된 총 데이터 점 개수나 빈 상자 개수 등이 있다. 이런 모든 정보를 복합 자료 구조로 추적할 수 있다. 2차원 데이터의 경우, 전형적인 자료 구조는 다음과 비슷할 것이다.

```
Grid {
    Integer: num_x_bins
    Integer: num_y_bins
    Float: x_start
    Float: x_end
    Float: x_bin_width
    Float: y_start
    Float: y_end
    Float: y_bin_width
    Matrix of GridPoints: bins
}
```

크기가 고정된 격자의 경우, 한 점의 공간 좌표를 격자의 상자로 매핑할 때 간단한 수학 계산을 사용할 수 있다.

```
xbin = Floor((x - x_start) / x_bin_width)
ybin = Floor((y - y_start) / y_bin_width)
```

'한 상자에 한 값'에서 '공간적인 분할'로의 전환은 인덱스 매핑을 넘어서는 중요한 영향이 있다. 이 전환 때문에 더 이상 컴퓨터 메모리상에 크기가 고정된 상자의 집합으로 데이터를 저장할 수 없다. 각 사각형에는 임의의 개수의 데이터 점이 포함될 수 있다. 격자 사각형마다 데이터 점을 저장하기 위한 자체적인 내부 자료 구조가 필요하다. 빈 내부에서 점을 저장하기 위한 일반적이고 효과적인 자료 구조 중 하나는 그림 8-9와 같은 연결 리스트다.

▼ **그림 8-9** 격자에 점을 저장할 때 사용할 자료 구조의 표현

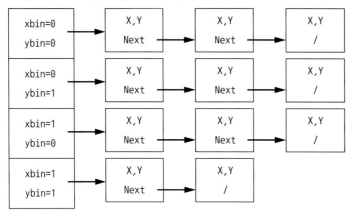

각 상자는 해당 상자에 있는 모든 점을 포함하는 연결 리스트의 머리를 가리키는 포인터를 저장한다. 그리고 개별 점을 저장하기 위해 또 다른 내부 자료 구조를 사용한다.

```
GridPoint {
    Float: x
    Float: y
    GridPoint: next
}
```

또는, 3장에서 다룬 LinkedListNode 자료 구조를 사용해 x, y 좌표를 나타내는 쌍을 저장할 수도 있다.

8.2.2 격자 만들고 점 추가하기

격자를 만들 때는 빈 격자 자료 구조를 할당하고 데이터 점에 대해 FOR 루프를 수행하면서 점을 추가한다. 격자의 상위 구조(공간 경계와 차원별 상자 수)는 생성 시점에서 고정되며, 데이터가 추가되더라도 변하지 않는다.

코드 8-2처럼 한 점을 삽입하는 연산은 올바른 상자를 찾고 해당 상자의 연결 리스트의 시작 부분에 새 점을 추가하는 절차로 이뤄진다.

▼ **코드 8-2** 격자에 새로운 점을 추가하는 함수

```
GridInsert(Grid: g, Float: x, Float: y):
    Integer: xbin = Floor((x - g.x_start) / g.x_bin_width)  // ①
    Integer: ybin = Floor((y - g.y_start) / g.y_bin_width)

    # 격자 안에 점이 있는지 검사
    IF xbin < 0 OR xbin >= g.num_x_bins:                    // ②
        return False
    IF ybin < 0 OR ybin >= g.num_y_bins:
        return False

    # 리스트 맨 앞에 점 추가
    GridPoint: next_point = g.bins[xbin][ybin]             // ③
    g.bins[xbin][ybin] = GridPoint(x, y)
    g.bins[xbin][ybin].next = next_point

    return True                                            // ④
```

코드는 먼저 새로운 점의 x와 y 상자를 계산하고(①), 새 점이 올바른 상자 안에 있는지 확인한다. 배열을 사용할 때도 항상 배열 인덱스 경계 내 인덱스를 접근하는지 확인하는 것이 중요하지만, 공간 자료 구조를 사용할 때는 추가로 고려할 사항이 있다. 미래에 추가될 가능성이 있는 모든 점의 좌표에 적합한 유한한 숫자의 격자를 미리 정의할 수 없을 때도 있다. 따라서 여러분의 공간 자료 구조에 들어 있지 않는 범위에 속하는 데이터 점이 발생하는 경우 어떻게 할지 고려하는 게 중요하다. 이 예에서는 점이 삽입될 수 있는지 여부를 나타내는 불린 값을 반환한다(④). 하지만 프로그래밍 언어에 따라서는 예외를 던지는 등 다른 메커니즘을 선호할 수도 있다.

점이 우리의 격자 안에 들어갈 수 있는지 결정한 후, 코드는 적절한 상자를 찾는다. 코드는 새 데이터 점을 리스트의 가장 앞에 삽입하는데, 비어 있던 상자의 경우에는 새 리스트를 만든다(③). 함수는 True를 반환하면서 종료된다.

8.2.3 점 제거하기

격자에서 점을 제거할 때는 삽입과 비슷한 방법을 사용할 수 있다. 이때 추가되는 한 가지 어려움은 상자에서 어떤 점을 제거해야 하는지 결정하는 것이다. 많은 용례에서 사용자가 아주 가까운 점이나 중복되는 점을 격자에 삽입할 수 있다. 예를 들어, 우리가 구매할 수 있는 커피 목록을 저장하는 경우 하나의 커피숍에 대해 여러 점을 삽입할 수 있다. 이 경우에는 커피의 이름이나 ID 번호와 같은 다른 식별 정보를 사용해 제거할 점을 결정하는 것이 이상적이다. 이번 절에서는 연결 리스트에서 첫 번째 일치하는 점을 제거하는 간단하고 일반적인 접근 방식을 사용한다.

부동 소수점(floating point) 변수는 정확도가 제한되어서 직접적인 등호 테스트를 사용하지 못할 수도 있다[1]. 코드 8-3에서는 근처의 점을 찾기 위해 도우미 함수를 사용한다. approx_equal 함수는 두 차원에서 각 점의 거리가 임곗값(threshold)보다 모두 작으면 True를 반환한다.

▼ **코드 8-3** 두 부동 소수 쌍으로 표현된 데이터 점이 같은지 확인하는 코드

```
approx_equal(Float: x1, Float: y1, Float: x2, Float: y2):
    IF abs(x1 - x2) > threshold:
        return False
    IF abs(y1 - y2) > threshold:
        return False
    return True
```

이 코드는 각 차원을 독립적으로 임곗값과 비교해 거리를 비교한다. 임곗값은 사용 용도와 프로그래밍 언어의 숫자 정밀도에 따라 달라진다. 일반적으로 이러한 임곗값은 부동 소수점 수의 수치적 정확도를 넘어서는 충분한 크기여야 한다.

데이터 점 제거는 올바른 상자를 찾고 연결 리스트를 순회하면서 같은 점을 찾은 후 리스트에서 제거하는 단계로 이뤄진다. 제거 함수는 점을 찾아서 제거했으면 True를, 그렇지 않으면 False를 반환한다.

---

1   역주 64비트 부동 소수점 수는 10진수 16자리 정도를 정확히 표현할 수 있는데, 그마저도 2진 소수와 10진 소수의 차이 때문에 모든 10진 소수를 정확히 표현하지 못한다. 일반적으로 과학 기술 계산에 부동 소수점 수를 사용할 경우, 본문에 approx_equal 함수처럼 원하는 정밀도 이내로 오차가 들어오는지 비교하는 방식으로 결과가 정확한지를 판단한다.

```
GridDelete(Grid: g, Float: x, Float: y):
    Integer: xbin = Floor((x - g.x_start) / g.x_bin_width) // ①
    Integer: ybin = Floor((y - g.y_start) / g.y_bin_width)

    # 격자 안에 점이 있는지 검사하기
    IF xbin < 0 OR xbin >= g.num_x_bins:                    // ②
        return False
    IF ybin < 0 OR ybin >= g.num_y_bins:
        return False

    # 상자가 비어 있는지 검사하기
    IF g.bins[xbin][ybin] == null:                          // ③
        return False

    # 일치하는 첫 번째 점을 찾아 제거하기
    GridPoint: current = g.bins[xbin][ybin]                 // ④
    GridPoint: previous = null
    WHILE current != null:
        IF approx_equal(x, y, current.x, current.y):        // ⑤
            IF previous == null:                            // ⑥
                g.bins[xbin][ybin] = current.next
            ELSE:
                previous.next = current.next
            return True
        previous = current                                  // ⑦
        current = current.next
    return False
```

코드는 먼저 제거할 점의 x와 y 상자를 계산하고(①), 제거할 점이 유효한 상자에 속하는
지 확인하다(②). 다음으로 대상 상자가 비어 있는지 확인해서(③) 비어 있으면 False를 반
환한다.

> **노트**
>
> 위 코드는 단순화를 위해 상자를 하나만 확인하지만, 이론적으로 (매우 드물게) 제거할 점이 상자의 경계에 위
> 치하는 경우(에지 케이스[2])가 발생할 수 있다. 이 경우 추가로 확인해 부동 소수점의 제한된 정밀도를 고려할
> 수도 있다.

---

2   **역주** 에지 케이스(edge case)는 매개변수가 아주 극단적인 값이거나 특정 값일 때 발생할 수 있는 문제를 뜻한다.

검사할 점이 있으면 코드는 리스트를 반복한다(④). 데이터 점을 추가하는 코드와 달리 여기서는 대상 노드를 리스트에서 제거하기 위해 현재 노드와 이전 노드를 모두 추적해야 한다. 코드는 코드 8-3에서 다룬 approx_equal 도우미 함수를 사용해 각 점을 검사한다 (⑤). 일치하는 점을 찾으면 리스트에서 제거하고, 제거한 노드가 리스트의 첫 번째 노드인 특별한 경우를 적절히 처리한(⑥) 다음, True를 반환한다. 따라서 이 코드는 리스트에서 일치하는 점 중 첫 번째 점만 제거한다. 점이 일치하지 않으면 목록의 다음 노드로 계속 탐색을 진행한다(⑦). 전체 목록에 대한 탐색을 완료하면 함수는 일치하는 노드를 제거하지 못했음을 나타내기 위해 False를 반환한다.

8.3 / 격자에 대한 탐색

이제 격자 자료 구조를 구성하는 방법을 배웠으므로, 이를 이용해 최근접 이웃 탐색을 개선해보자. 먼저, 격자 셀 내 불필요한 계산을 피하기 위해 너무 멀리 떨어져 있는 격자 셀을 제외하는 방법부터 살펴본다. 다음으로 두 가지 기본 탐색인 모든 상자에 대한 선형 스캔과 확장 탐색에 대해 논의한다.

8.3.1 상자 가지치기

격자의 공간 구조를 활용하면 우리 관심(예 북플로리다)을 벗어나는 영역을 제외함으로써 검사해야 하는 점의 개수를 제한할 수 있다. 후보 이웃과 그 이웃까지의 거리를 알고 있으면, 그 거리를 이용해 상자를 가지치기할 수 있다. 어떤 상자에 있는 점을 검사하기 전에, 해당 상자의 공간적 경계에 속하는 점 중에 현재의 최소 거리보다 가까운 점이 있을 수 있는지를 먼저 확인한다. 그런 점이 없다면 해당 상자를 무시할 수 있다.

어떤 상자에 목표점과 주어진 거리 안에 있는 점이 하나라도 존재하는지 여부를 확인하는 것이 힘든 작업처럼 들릴 수 있다. 하지만 실제로는 그렇지 않다. 유클리드 거리

$dist = \sqrt{((x_1 - x_2)^2 + (y_1 - y_2)^2)}$를 사용한다면, 이를 다음과 같이 간단한 도우미 함수로 캡슐화할 수 있다.

```
euclidean_dist(Float: x1, Float: y1, Float: x2, Float: y2):
    return sqrt((x1-x2)*(x1-x2) + (y1-y2)*(y1-y2))
```

거리 함수가 있으면 단순한 수학으로 격자를 걸러낼 수 있다. 격자에 들어갈 수 있는 점들 중에 목표점에 가장 가까운 점을 찾아서, 그 점으로 가지치기를 위한 검사를 수행한다. 구체적으로 격자에 포함된 좌표 중에 가장 목표점에 가까운 점이 현재 가장 가까운 후보보다 더 멀리 떨어져 있으면, 해당 상자에 저장된 실제 점들을 확인할 필요가 없다. 모든 점이 더 멀리 떨어져 있기 때문이다. 목표점이 상자 안에 있는 경우, 즉 x값과 y값이 각각 셀의 x범위와 y범위 안에 있는 경우 목표점과 상자의 거리는 0이다.

점이 상자 밖에 있는 경우에는 상자 안에 들어갈 수 있는 점 중에 가장 가까운 점은 상자의 경계에 있어야 한다. 그림 8-10은 격자 상자 외부의 다양한 점들과 그와 가장 가까운 상자 내부의 점들을 보여준다. 격자 셀 외부의 점에 대해서는 가장 가까운 가장자리 점까지의 거리를 계산해야 한다.

▼ **그림 8-10** 격자 상자 바깥의 점(빨간색 원)과 상자 안 가장 가까운 점(검은색 원)

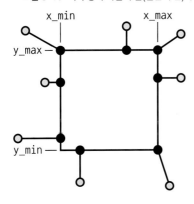

각 차원을 독립적으로 고려하면 어떤 (격자 상자 외부의) 점과 격자 상자의 경계 사이 거리를 계산할 수 있다. 상자의 x축상 경계에 도달하기 위해 x축 방향으로 움직여야 하는 최소 거리와 y축상 경계에 도달하기 위해 y축 방향으로 움직여야 하는 최소 거리를 찾는다. 주어진 격자 상자($xbin$, $ybin$)의 x와 y차원의 최댓값과 최솟값은 다음과 같다.

```
x_min = x_start + xbin * x_bin_width
x_max = x_start + (xbin + 1) * x_bin_width
y_min = y_start + ybin * y_bin_width
y_max = y_start + (ybin + 1) * y_bin_width
```

이를 사용해 다음과 같이 거리를 계산할 수 있다(유클리드 거리의 경우).

$$MinDist = \sqrt{x_{\mathrm{dist}}^2 + y_{\mathrm{dist}}^2}$$

여기서

$$x < x\_min \text{이면 } x_{\mathrm{dist}} = x\_min - x$$

$$x\_min \leq x \leq x\_max \text{이면 } x_{\mathrm{dist}} = 0$$

$$x > x\_max \text{이면 } x_{\mathrm{dist}} = x - x\_max$$

이고

$$y < y\_min \text{이면 } y_{\mathrm{dist}} = y\_min - y$$

$$y\_min \leq y \leq y\_max \text{이면 } y_{\mathrm{dist}} = 0$$

$$y > y\_max \text{이면 } y_{\mathrm{dist}} = y - y\_max$$

이다.

만약 상자의 경계상에 있는 점[3] 중 목표와 가장 가까운 점에 이르는 거리가 현재 가장 가까운 후보까지의 거리보다 더 크다면, 상자 안 어떤 점도 현재의 최근접 점 후보를 대체할 수 없다. 따라서 이런 상자를 무시할 수 있다!

점과 상자 사이의 최소 거리를 계산하는 코드를 다음 보조 함수로 캡슐화할 수 있다. 이 함수는 앞에서 설명한 수학적 논리를 구현한다.

---

3   **옮긴이** 상자를 걸러내기 위해 목표점과 상자 사이의 최단 거리를 구하는 것이므로 이 경계상의 점이 꼭 데이터 집합에 속한 점일 필요는 없다.

▼ 코드 8-4 주어진 상자에서 목표점까지 가장 가까운 거리를 계산하는 보조 함수

```
MinDistToBin(Grid: g, Integer: xbin, Integer: ybin, Float: x, Float: y):
    # 상자가 올바른지 검사
    IF xbin < 0 OR xbin >= g.num_x_bins:                    // ①
        return Inf
    IF ybin < 0 OR ybin >= g.num_y_bins:
        return Inf

    Float: x_min = g.x_start + xbin * g.x_bin_width         // ②
    Float: x_max = g.x_start + (xbin + 1) * g.x_bin_width
    Float: x_dist = 0
    IF x < x_min:
        x_dist = x_min - x
    IF x > x_max:
        x_dist = x - x_max

    Float: y_min = g.y_start + ybin * g.y_bin_width         // ③
    Float: y_max = g.y_start + (ybin + 1) * g.y_bin_width
    Float: y_dist = 0
    IF y < y_min:
        y_dist = y_min - y
    IF y > y_max:
        y_dist = y - y_max
    return sqrt(x_dist*x_dist + y_dist*y_dist)
```

코드는 먼저 상자 인덱스가 바른지 확인하는 것부터 시작한다. 이 예제에서는 함수를 호출하는 쪽에서 잘못된 상자를 참조했음을 나타내기 위해 무한대를 거리로 사용한다. 이러한 논리를 사용하면, 가지치기할 때 잘못된 상자에 대한 거리를 조회해도 문제가 없다[4]. 그러나 이는 혼란을 야기할 수 있다. 왜 이 함수가 잘못된 상자에 대해 어떤 거리를 반환하는 걸까? 용례에 따라서는 상자 인덱스가 유효하지 않다는 오류를 반환하는 쪽이 더 나을 수 있다. 어떤 경우든 사용자에게 이 함수의 동작을 명백히 문서화해야 한다.

---

4 **역주** 이 함수가 무한대를 반환하므로 가지치기 논리에 의해 잘못된 상자는 무조건 비교 대상에서 제외된다.

코드의 나머지 부분은 앞에서 본 거리 논리를 x차원(②)과 y차원(③)에 대해 수행한다. 코드는 상자의 최솟값과 최댓값을 계산하고 차원별로 점의 값을 비교해 거리를 계산한다.

이 거리 검사를 시각화하려면 시끌벅적한 공놀이 중에 공이 울타리를 넘어서 친절하지만 아주 게으른 이웃의 마당에 들어간 경우를 생각하라. 물론 이웃은 공을 돌려준다. 하지만 절대로 필요 이상의 노력을 기울이지 않고 공을 던진다. 공이 우리 집 마당으로 돌아오기 위해 필요한 가장 짧은 거리는 무엇일까? 이웃집의 경도가 우리 집 마당의 경계 안에 들어온다면, 그들은 불필요하게 동/서 거리로 공이 움직이지 않게 오직 남/북 방향으로만 공을 던질 것이다. 결국 이웃이 던진 공은 항상 울타리 안에 정확히 떨어져 우리 집 마당으로 돌아온다. 우리 이웃은 게으르지만 인상적인 던지기 기술을 가지고 있다.

8.3.2 상자에 대한 선형 스캔

격자를 탐색하는 가장 간단한 방법은 모든 상자를 선형 스캔하면서 잠재적으로 최근접 이웃이 포함될 수 있는 상자만 검사하는 것이다. 이 알고리즘은 특별히 좋은 알고리즘은 아니지만, 격자 상자와 가지치기를 다루는 방법을 간단히 소개할 수 있게 해준다.

선형 스캔 알고리즘은 앞에서 소개한 최소 거리 검사를 적용하고, 검사를 통과한 상자의 내용물만 검사한다.

▼ **코드 8-5** 상자를 선형 탐색하면서 각 상자에 대한 가지치기 테스트를 수행하는 최근접 이웃 탐색

```
GridLinearScanNN(Grid: g, Float: x, Float: y):
    Float: best_dist = Inf                                    // ①
    GridPoint: best_candidate = null
    Integer: xbin = 0
    WHILE xbin < g.num_x_bins:                                // ②
        Integer: ybin = 0
        WHILE ybin < g.num_y_bins:
            # 이 상자를 처리해야 할지 결정한다
            IF MinDistToBin(g, xbin, ybin, x, y) < best_dist:  // ③
                # 상자 안 연결 리스트에 있는 모든 점을 검사한다
                GridPoint: current = g.bins[xbin][ybin]
```

```
                 WHILE current != null:                          // ④
                     Float: dist = euclidean_dist(x, y, current.x, current.y)
                     IF dist < best_dist:                        // ⑤
                         best_dist = dist
                         best_candidate = current
                     current = current.next
             ybin = ybin + 1
        xbin = xbin + 1
    return best_candidate                                        // ⑥
```

코드는 현재까지 최선인 점이 없음을 나타내기 위해 최선의 거리를 무한대로 설정해 시작한다(①). 그런 다음, 알고리즘은 x와 y 상자를 반복하는 중첩된 WHILE 루프를 사용해 각 상자를 스캔한다(②). 상자 안 개별 점을 확인하기 전에 코드는 최소 거리 테스트를 수행해서 상자 안에 더 나은 이웃이 될 만한 점이 있는지를 확인한다(③). 상자가 더 나은 이웃을 하나라도 포함할 수 있다면, 코드는 세 번째 WHILE 루프를 사용해 상자 안 점 연결 리스트를 순회한다(④). 각 점까지의 거리를 검사해 지금까지 찾은 최근접 거리와 비교한다(⑤). 함수는 발견한 최선의 후보를 반환하면서 끝나며, 상자가 비어 있는 경우에는 null을 반환한다(⑥).

코드 8-5의 알고리즘은 상자 안 모든 점에 대한 최소 거리가 지금까지 본 최선의 점까지의 거리보다 크다는 사실을 알면 그 상자와 그 안에 포함된 모든 점을 가지치기할 수 있다. 상자마다 들어 있는 점의 개수가 큰 경우, 이를 통해 상당한 비용을 절약할 수 있다. 그러나 격자가 희소하게 채워져 있으면 각 점을 직접 검사할 때보다 각 상자를 확인하기 위한 비용이 더 많이 들 수도 있다.

코드 8-2의 GridInsert 함수와 달리 이 선형 스캔은 격자의 공간적 경계 내부나 외부에 있는 목표점에 대해 작동한다. GridLinearScanNN은 목표점을 상자에 매핑할 필요가 없기 때문에 목표가 격자 내부에 있는지를 신경 쓰지 않지만, 여전히 격자에서 목표에 가장 가까운 이웃을 반환한다(격자가 비어 있는 경우에는 null을 반환). 이로 인해 전형적이지 않은 새로운 목표점을 만나게 될 때, 최근접 이웃 탐색에 유연성을 추가로 제공할 수 있다.

8.3.3 상자에 대한 이상적인 확장 탐색

선형 스캔 알고리즘은 목표점까지의 최소 거리에 따라 전체 상자를 가지치기할 수 있게 해주지만, 아직도 사용할 수 있는 모든 공간의 정보를 활용하지는 못한다. 선형 스캔 알고리즘은 목표점에서 멀리 떨어진 상자를 검사하면서 상당한 계산 비용을 낭비한다. 목표점에 가장 가까운 상자를 먼저 선택하고, 최근접 이웃 상자보다 멀리 떨어진 나머지 상자에 대한 탐색을 중단함으로써 더 나은 결과를 얻을 수 있다. 이를 **확장 탐색**(expanding search)이라고 부른다. 확장 탐색이라고 부르는 이유는 사실상 목표점을 포함하는 상자에서 탐색 범위를 확장하면서 최근접 이웃을 찾을 때까지 탐색을 진행하기 때문이다.

이렇게 개선된 스캔 방법을 시각화하기 위해 아침에 자동차 열쇠를 필사적으로 찾아 헤매는 상황을 상상해볼 수 있다. 열쇠를 제대로 놓았다면 열쇠가 있어야 하는 영역(격자 셀에 해당)에서부터 열쇠를 찾기 시작한다. 주방 싱크대 상판 모든 부분을 살펴본 다음에야 열쇠를 다른 곳에 뒀다는 걸 인정한다. 집의 다른 부분(격자의 다른 상자에 해당)으로 나아가면서 커피 테이블이나 마룻바닥같이 부엌에서 가까운 위치부터 찾아보고, 점점 더 먼 곳을 더 탐색한다. 이런 탐색은 점차로 열쇠가 있을 확률이 더 낮은 장소를 탐색하는 방식으로 계속되다가, 마침내 신기하게도 양말 서랍 안에서 열쇠를 발견하면서 끝난다.

실제 확장 탐색의 예로, 그림 8-11처럼 4×4 격자가 놓인 지도를 생각해보자. "목표점이 어느 상자에 들어갈까?"라는 질문을 던지고 격자 인덱스 매핑 식을 사용해 목표점과 가장 가까운 상자를 찾는다. 목표점이 격자 밖에 위치할 수도 있기 때문에, 계산한 상자 인덱스를 유효한 범위로 이동해야 할 수도 있다. 그림 8-11에서 목표점은 가장 왼쪽 열의 세 번째 상자($xbin = 0$, $ybin = 1$)에 있다.

▼ **그림 8-11** 2차원 점들의 4×4 격자

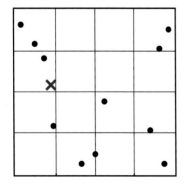

목표점이 속한 상자에서 탐색을 시작하고 그 상자의 모든 점을 테스트할 수 있다. 상자가 비어 있지 않다면 그림 8-12처럼 최근접 이웃의 첫 번째 후보를 반드시 찾을 수 있다. 그러나 각 상자 안 점을 조직화하거나 정렬하지 않았기 때문에 이 경우엔 해당 상자 안 점에 대해 선형 스캔을 수행하는 것 이상으로 작업할 수는 없다. 물론 최초 상자가 비어 있는 경우에는 최근접 이웃 후보가 될 데이터 점이 포함된 다른 상자를 찾을 때까지 탐색을 외부로 확장해 가면서 점진적으로 진행해야 한다.

▼ **그림 8-12** 목표점과 같은 상자에서 찾은 최초의 최근접 이웃 후보

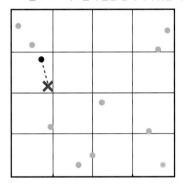

최초의 최근접 이웃 후보를 얻었다고 해도 아직 끝난 게 아니다. 이 후보는 단지 후보일 뿐이다. 인접한 상자에 더 가까운 점이 들어 있을 수 있다. 특히 목표점이 상자 가장자리에 가까이 있을 때 이런 일이 발생할 가능성이 더 높다. 그림 8-13에서 파선으로 그린 원은 현재 후보보다 가까운 모든 점의 공간을 나타낸다. 이 원 안에 있는 점은 실제로 최근접 이웃이 될 수 있다. 빨간색으로 색칠된 격자 셀은 이 영역과 겹치는 격자 셀이다.

▼ **그림 8-13** 최근접 이웃 후보보다 목표 위치에서 더 가까운 점이 포함될 가능성이 있는 격자 셀

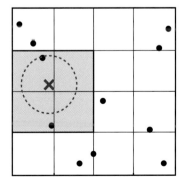

우리 집 마당에서 벌어진 파티에서 나와 가장 가까이 있는 사람을 찾는 상황을 통해 격자 상자를 추가로 탐색해야 하는 상황을 그려볼 수 있다. 커피에 상한 우유를 넣어 마셔서 생긴 당황스러운 상황을 이야기하려 할 때, 그 내용을 들을 만한 사람은 우리 집 마당에서 가장 가까이 있는 친구뿐 아니라, 울타리 너머에 있는 이웃이 될 수도 있다. 울타리 때문에 바로 앞에 있는 친구보다 멀어 보일 수도 있지만, 이웃이 울타리를 따라 꽃을 심고 있다면 그 사람이 더 가까울 수도 있다. 이런 이유로 우리는 인접한 칸들을 항상 확인해야 한다(그리고 마당에서 비밀 이야기를 할 때는 울타리 너머 더 가까운 곳에 듣는 귀가 있을 수도 있다는 사실에 주의를 기울여야 한다).

우리는 탐색을 이웃한 모든 칸을 확인하면서 최근접 이웃 후보가 포함될 수 있는지 확인할 필요가 있는 칸이 더 이상 남지 않을 때까지 탐색 범위를 계속해서 확장한다. 우리가 찾은 최근접 이웃 후보에서 목표점까지의 거리를 반지름으로 하는 원과 겹치는 모든 셀을 탐색한 경우, 더 이상 나머지 셀을 확인할 필요가 없다. 심지어 그런 셀에 이르는 거리도 확인할 필요가 없다.

이렇게 최적화한 격자 탐색의 단점은 알고리즘의 복잡도다. 모든 상자를 탐색하는 알고리즘(중첩된 FOR 루프를 사용) 대신, 최적화된 탐색은 어느 한 상자에서 시작해 점차 범위를 넓혀가며, 검사해야만 하는 칸이 더 이상 남지 않을 때까지 탐색을 진행한다. 이를 위해 탐색 순서(외부로 나선형으로 뻗어나가는 탐색), 경계 확인(격자의 가장자리를 벗어나는 상자를 검사하지 않기), 종료 조건(탐색을 중단할 시점을 알아내기) 등의 논리가 추가로 필요하다. 다음 절에서는 이런 확장 탐색을 묘사하기 위한 간단한 예제를 제시한다.

8.3.4 간략화한 확장 탐색

외부로 다이아몬드 모양의 패턴으로 확장해 나가는 단순화한(최적은 아닌) 확장 탐색을 생각해보자. 이 탐색은 초기 상자로부터 완벽한 나선형으로 탐색을 확장해 나가는 대신, 초기 상자로부터 거리를 증가해 가면서 상자를 선택한다. 구현을 단순화하기 위해, 격자 셀 사이 인덱스 차이의 합계인 맨해튼 거리(Manhattan distance)를 사용한다.

$$d = |xbin_1 - xbin_2| + |ybin_1 - ybin_2|$$

이 탐색 패턴은 격자 셀의 차원별 크기가 많이 차이 날 경우 효율적이지 않을 가능성이 있지만, 탐색 과정을 더 쉽게 따라갈 수 있기 때문에 이 패턴을 채택했다.

그림 8-14는 이 탐색의 최초 4가지 반복을 보여준다. 첫 번째 반복(a)에서는 목표점을 포함하는 상자를 탐색한다(맨해튼 거리로 0단계). 다음 반복(b)은 1단계 떨어진 모든 상자를 탐색한다. 이후 각 반복에서는 한 단계씩 더 확장하면서 맨해튼 거리가 같은 상자들을 모두 탐색한다.

▼ **그림 8-14** 격자에 대한 단순한 확장 탐색의 최초 4번의 반복

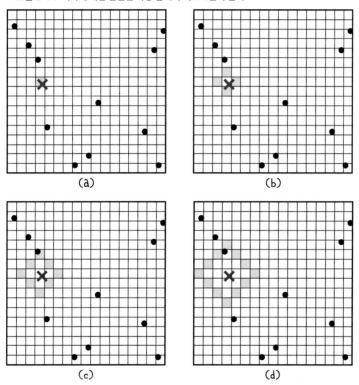

(a)　　　　　(b)

(c)　　　　　(d)

우리는 상자 안에서 목표점에 이르는 거리가 임곗값(threshold)보다 작은 점 중에 목표점까지의 거리가 가장 가까운 점을 찾아내는 함수를 정의하는 것부터 시작한다. 이 함수는 상자 안 점들을 선형 스캔한다. 임곗값보다 가까운 점이 하나라도 있다면, 이 함수는 그중에서 가장 가까운 점을 반환한다. 임곗값을 사용하면 이 도우미 함수를 통해 다른 상자에 속한 점과 최근접 이웃 후보까지의 거리를 쉽게 비교할 수 있다.

▼ **코드 8-6** 주어진 임곗값보다 더 작은 점 중에 가장 목표점에 가까운 점을 반환하는 도우미 함수

```
GridCheckBin(Grid: g, Integer: xbin, Integer: ybin,
             Float: x, Float: y, Float: threshold):
    # 상자가 정상적인 상자인지 검사한다
    IF xbin < 0 OR xbin >= g.num_x_bins:                        // ①
        return null
    IF ybin < 0 OR ybin >= g.num_y_bins:
        return null
    # 상자 안 각 점을 하나씩 검사한다
    # best_dist를 threshold로 지정해서 threshold보다 가까운 점만 비교한다
    GridPoint: best_candidate = null
    Float: best_dist = threshold                               // ②
    GridPoint: current = g.bins[xbin][ybin]
    WHILE current != null:                                     // ③
        Float: dist = euclidean_dist(x, y, current.x, current.y) // ④
        IF dist < best_dist:
            best_dist = dist
            best_candidate = current
        current = current.next
    return best_candidate                                     // ⑤
```

코드는 먼저 유효한 상자인지 확인하는 안전성 검사로부터 시작한다(①). 유효한 상자가
아니라면 유효한 점이 없음을 나타내는 null을 반환한다. 그 후 WHILE 루프를 사용해 구
간에 속한 각 점을 반복하면서(③), 목표점과의 거리를 계산하고, 지금까지의 최소 거리와
비교해 더 가까운 경우 새로운 최근접 점 후보로 저장한다(④). 코드는 가장 가까운 점을
반환하면서 종료한다(⑤). 코드가 상자 안 모든 점을 확인하기 전에 best_dist의 값을 임
곗값인 threshold로 설정했기 때문에(②), 목표점과의 거리가 threshold보다 더 작은 점
만 새로운 후보로 표시될 수 있다. 이 함수는 상자 안 점 중에 threshold보다 더 가까운 점
이 없는 경우 null을 반환한다.

확장 탐색을 수행하는 코드는 맨해튼 거리를 표현하는 각 단계를 반복하면서 해당 단계로
도달할 수 있는 모든 구간을 확인하는 방식으로 작동한다. 이전 탐색과 마찬가지로, 이 탐
색도 지금까지의 최근접 점 후보를 추적한다. 탐색은 더 가까운 이웃을 포함할 수 있는 d
거리의 유효한 격자 셀이 없는 경우 반복을 끝내고 종료된다.

```
GridSearchExpanding(Grid: g, Float: x, Float: y):
    Float: best_d = Inf
    GridPoint: best_pt = null

    # x와 y에 위치한 상자로부터 탐색을 시작한다                        // ①
    Integer: xb = Floor((x - g.x_start) / g.x_bin_width)
    IF xb < 0:
        xb = 0
    IF xb >= g.num_x_bins:
        xb = g.num_x_bins - 1

    Integer: yb = Floor((y - g.y_start) / g.y_bin_width)
    IF yb < 0:
        yb = 0
    IF yb >= g.num_y_bins:
        yb = g.num_y_bins - 1

    Integer: steps = 0
    Boolean: explore = True
    WHILE explore:                                                  // ②
        explore = False

        Integer: xoff = -steps                                      // ③
        WHILE xoff <= steps:
            Integer: yoff = steps - abs(xoff)                       // ④
            IF MinDistToBin(g, xb + xoff, yb - yoff, x, y) < best_d:  // ⑤
                GridPoint: pt = GridCheckBin(g, xb + xoff, yb - yoff, // ⑥
                                             x, y, best_d)
                IF pt != null:
                    best_d = euclidean_dist(x, y, pt.x, pt.y)
                    best_pt = pt
                explore = True                                      // ⑦
            IF (MinDistToBin(g, xb + xoff, yb + yoff, x, y) < best_d  // ⑧
               AND yoff != 0):
                GridPoint: pt = GridCheckBin(g, xb + xoff, yb + yoff,
                                             x, y, best_d)
                IF pt != null:
                    best_d = euclidean_dist(x, y, pt.x, pt.y)
```

```
                best_pt = pt
            explore = True                              // ⑨

          xoff = xoff + 1
      steps = steps + 1
  return best_pt
```

이 코드는 격자 안 점 중에 목표점에 가장 가까운 상자를 찾는데, 특히 목표점이 격자 밖에 있는 경우에 목표점에 가장 가까운 상자를 제대로 찾기 위해 노력한다(①). 찾은 상자 (xb, yb)는 탐색의 시작점이 된다. 이 함수는 격자 밖에 있는 상자를 유효한 상자로 매핑함으로써 격자 밖 목표점에 최근접 이웃을 반환할 수 있다.

다음으로 코드는 WHILE 루프를 사용해 초기 상자에 일정한 거리를 더해가면서 탐색을 확장한다(②). steps 변수는 현재 반복에서 사용한 거리를 추적한다. WHILE 루프는 explore 라는 조건 변수에 따라 반복을 수행하며, explore 변수는 다음 반복으로 찾아볼 만한 올바른 상자가 있어서 steps의 다음 값을 시도해봐야 하는지 여부를 담는다. 잠시 후 보겠지만 WHILE 루프는 방문한 상자 중 더 가까운 이웃이 '없다'는 사실을 알게 되자마자 전체 반복을 완료하면서 종료된다.

주 WHILE 루프 안에서 코드는 –steps에서 steps까지 격자를 가로로 스캔(x 인덱스 오프셋을 변경함)하면서 반복한다(③). x 방향과 y 방향의 총 단계 수는 steps에 따라 정해지기 때문에 코드는 y 방향에 대해 사용할 남은 단계 수(음수나 양수)를 계산할 수 있다(④). 코드는 음수 y 방향부터 시작해서 코드 8-4의 MinDistToBin을 사용해 상자 인덱스가 유효한지 확인하고, 상자 인덱스가 유효한 경우 그 상자까지의 거리를 계산한다(⑤). 무효하거나 너무 먼 상자를 모두 건너뛸 수 있다. 현재 최근접 이웃 후보보다 더 가까운 점이 어떤 상자에 있을 수 있다면 코드 8-6의 GridCheckBin을 사용해 그런 점을 찾는다(⑥). 더 가까운 점이 발견되면 이 점을 새로운 최근접 이웃 후보로 저장하고, 최근접 이웃에 대한 거리 추정치를 갱신한다. 두 번째 IF 블록은 y-offset이 0이 아닌 한 양수 y 방향의 상자에 대해 같은 확인을 수행한다(⑧, y-offset이 0인 경우는 이미 앞에서 확인했기 때문에 여기서 다시 확인할 필요가 없다).

코드는 바깥쪽 WHILE 루프를 반복하면서 explore를 False로 재설정한다. MinDistToBin에 대한 여러 호출 중 가까운 이웃이 포함될 수 있는 상자가 하나라도 있으면(⑦과 ⑨), 나중에 explore를 True로 변경한다. 따라서 바깥쪽 루프는 모든 상자가 best_d보다 더 멀거나 격자에서 벗어나는 경우(무효한 상자)가 될 때까지 반복된다. 다른 종료 기준을 사용하면 더 정확한 검사를 통해 더 빨리 루프를 종료할 수도 있겠지만, 코드의 단순성 때문에 이 규칙을 사용한다.

8.4 / 격자 크기의 중요성
SECTION

격자 상자 크기는 탐색 효율에 아주 큰 영향을 끼친다. 상자가 클수록 더 많은 점에 대해 선형 스캔해야 한다. 그러나 격자를 더 잘게 분할하면 선형 스캔해야 할 점의 수는 줄지만 메모리가 더 많이 필요하고 빈 상자의 수도 늘어난다는 트레이드오프 관계가 있다. 격자 상자 크기를 줄이면 최초로 최근접 이웃 후보를 찾기 전에 더 많은 상자를 탐색해야 하기 때문에 상자 검사 비용이 늘어난다. 그림 8-15는 격자가 극단적으로 잘게 나뉜 예를 보여준다.

▼ **그림 8-15** 대부분의 상자가 비어 있는 잘게 나뉜 격자

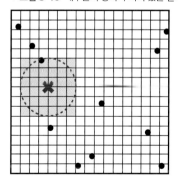

그림 8-15에서 최근접 이웃을 찾으려면 상자 36개를 탐색해야 한다. 그림 8-13의 예제에서 상자 4개와 점 2개만 확인해도 충분했던 것과 비교할 때 분명히 더 많은 비용이 소요

된다. 안타깝게도 11개의 데이터 점을 확인해야 하는 선형 스캔보다 비용이 더 많이 들 수도 있다.

커피숍 탐색을 예로 들어보면, 공간을 1m × 1m 사각형으로 너무 잘게 분할하면 대부분이 빈 상자로 채워진 격자가 된다. 5km × 5km 사각형으로 공간을 더 거칠게 분할하면, 한 상자에 여러 도시와 각 도시에 속한 많은 커피숍이 포함될 수 있지만 그 주변의 많은 상자가 (두렵게도) 거의 비어 있거나 완전히 비어 있을 수 있다.

최적의 격자 크기는 점의 수나 분포 등 여러 요소에 따라 결정된다. 비균일 격자 같은 더욱 복잡한 기술을 사용하면 동적으로 데이터에 알고리즘을 적응시킬 수 있다. 다음 장에서는 이런 동적 적응을 가능하게 하는 여러 트리 기반 자료 구조를 살펴볼 것이다.

8.5 SECTION 2차원을 넘어

2차원에 대해 개발된 격자 기반 기술을 다차원 데이터로 확장할 수 있다. 가장 가까운 이용 가능한 회의실을 찾기 위해 여러 층의 사무실 건물을 탐색해야 할 수도 있다. 거리를 계산할 때 z 좌표를 포함해 3차원 데이터에서 최근접 이웃을 탐색할 수 있다.

$$dist = \sqrt{((x_1 - x_2)^2 + (y_1 - y_2)^2 + (z_1 - z_2)^2)}$$

더 일반적으로 d차원 데이터에서 유클리드 거리를 정의할 수 있다.

$$dist(x_1, x_2) = \sqrt{(\Sigma_d\ (x_1[d] - x_2[d])^2)}$$

여기서 $x_i[d]$는 i번째 데이터 점의 d번째 차원을 나타낸다.

다차원 데이터의 경우 이번 장에서 살펴본 격자 기반 접근법에 대해 또 다른 도전이 추가된다. 즉 공간을 더 많은 차원으로 분할해야 한다. 이런 자료 구조를 저장하는 데 필요한 공간은 차원이 높아질수록 빠르게 증가한다. D차원 데이터를 차원마다 K개 상자로 분할하는 경우, 개별 상자가 K^D개 필요하다! 이로 인해 막대한 메모리가 필요할 수 있다. 그림

8-16은 5×5×5 격자로 이루어진 3차원 예제를 보여주는데, 상자 개수가 꽤 많다는 점을 알 수 있다.

설상가상으로 격자별로 상자를 분할하는 개수를 늘릴수록 빈 상자의 비율이 높아진다. 따라서 빈 상자를 확인하는 작업에 시간이 낭비된다. 이런 이유로 다차원 문제에 격자를 적용하는 것은 이상적이지 않다. 다음 장에서는 다차원 데이터로 확장할 때 더 나은 접근법으로 k-d 트리를 소개한다.

3차원 이상의 일상적인 공간 문제를 생각하는 것은 어렵지만, 최근접 이웃 탐색 방법을 공간적인 점이 아닌 데이터에도 적용할 수 있다. 다음 절에서는 최근접 이웃 탐색을 사용해 비슷한 커피를 찾거나 날씨가 비슷한 날짜를 찾는 방법을 살펴본다.

▼ **그림 8-16** 3차원 점들에 대한 격자

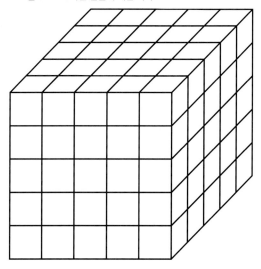

8.6 / 공간 데이터를 넘어

SECTION

지도상 위치와 같은 공간 데이터는 최근접 이웃 탐색과 격자 자체에 대한 간단한 시각적 예를 제공한다. 우리는 "가장 가까운 주유소는 어디인가?"나 "콘퍼런스 센터에서 가장 가까운 호텔은 어디인가?"와 같은 질문을 자주 하기 때문에 위치의 근접성에 대해 생각하는 것에 익숙하다. 그러나 최근접 이웃 문제는 공간 데이터 이외 분야에도 적용 가능하다.

선호하는 브랜드의 커피 재고가 없어서 비슷한 커피를 찾으려는 상황을 생각해보자. 우리가 좋아하는 커피와 비슷한 특성(강도나 산미 등)을 고려해 비슷한 다른 커피를 찾을 수 있다. '가까운' 커피를 찾기 위해 최근접 이웃 탐색을 확장할 수 있다. 이를 위해 그림 8-17처럼 강도와 산미 등의 속성을 기록한 커피 로그에 우리가 시음한 모든 커피를 기록한다.

▼ **그림 8-17** 커피 속성의 2차원 데이터 예제(왼쪽)와 격자상 데이터 점(오른쪽)

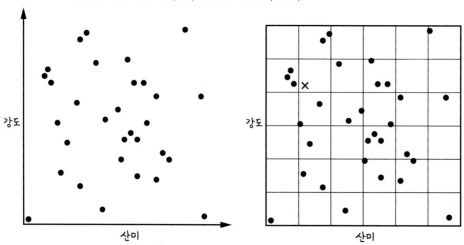

몇 년간 커피의 지형도를 작성했다. 이 데이터에서 최근접 이웃 탐색을 수행하면 목표와 유사한 커피 종류를 찾을 수 있다. 프로젝트 마감 전날 밤새 일할 만큼 충분히 에너지를 충전시킬 강하고 낮은 산도의 커피를 찾고 있는가? 우리는 바로 그런 커피를 상상할 수 있다. 하와이에서 딱 한 번 마셔본 최고의 커피가 바로 그런 커피다. 불행히도, 마감이 임박했기 때문에 하와이로 잠깐 여행을 다녀올 여유는 없다. 하지만 걱정하지 마라! 커피 로그에 기록한 철저한 커피 특성 분석을 활용해 탐색 대상을 정의하고 충분히 유사한 지역 커피 브랜드를 찾을 수 있다.

이 탐색을 수행하기 위해서는 커피 강도나 산미와 같은 속성의 거리를 계산할 수 있는 방법만 있으면 된다. 최근접 이웃 알고리즘은 '근처'와 '멀리 떨어진' 이웃을 구별할 수 있는 능력에 의존한다. 문자열같이 다른 타입으로 거리 측정 방법을 정의하는 것도 가능하지만, 일관성을 위해 이번 장에서는 실수 값을 거리 척도로 사용할 것이다.

공간 데이터 점의 경우, 이전에 사용한 유클리드 거리처럼 두 점 (x_1, y_1)과 (x_2, y_2) 사이의 거리를 구하는 표준 측정 방법이 있다. 하지만 어떤 문제에 대한 최적의 거리 측정 방법은 문제에 따라 달라진다. 커피 브랜드를 평가할 때, 상황에 따라 각 속성에 대해 다른 가중치를 부여하고 싶을 수도 있다. 마감이 임박한 경우에는 산미보다 카페인 함량이 더 중요하다.

비공간 데이터에서 일반적인 거리 측정 방법으로 가중치를 부여한 유클리드 거리(Weighted Euclidean Distance, 가중 유클리드 거리)가 있다.

$$dist(x_1, x_2) = \sqrt{(\Sigma_d\ w_d(x_1[d] - x_2[d])^2)}$$

여기서 $x_i[d]$는 i번째 데이터 점의 d번째 차원이고, w_d는 d번째 차원의 가중치다. 이 공식을 사용하면 각 차원의 영향을 다르게 할 수 있다. 예를 들어 카페인 함량의 가중치를 산미의 두 배로 설정해서 카페인 함량이 비슷한 커피에 좀 더 치우친 탐색을 진행할 수 있다. 심지어 탐색할 때마다 가중치를 다르게 부여할 수도 있다.

물론 이 탐색은 커피의 다른 측면에 대해서는 전혀 고려하지 않고, 지정한 차원에 대한 근접도만 측정한다. 만약 강도와 산미만 감안해 일상적인 커피를 찾는다면 볶음 정도(배전도), 한꺼번에 볶는 커피의 양(배치 크기), 재배 조건, 카페인 함량, 토양의 영양소 농도 등은 고려되지 않는다. 최근접 이웃이 디카페인 커피로 판명된다고 해도 우리 탐색은 이런 엉뚱한 결과를 해결할 수 없다. 그런 일이 벌어지면 원하지 않는 커피를 마시면서 눈물짓게 될 것이다. 따라서 중요한 것은 모든 관심 차원을 고려해 거리 계산을 수행하는 것이다.

8.7 / 격자가 중요한 이유

최근접 이웃 탐색은 공간적이거나 비공간적인 목푯값과 '가까운' 점을 찾는다. 알고리즘적 관점에서 최근접 이웃 탐색은 정확한 목표를 탐색하는 것에서 목표와의 거리를 기반으로 탐색하는 것으로 탐색 기준이 달라진다는 차이가 있다. 1차원 데이터에서 다차원 데이터 집합으로 이동함에 따라 탐색이 점점 더 복잡해진다. 배열에서 격자로 옮겨가면서 살펴본 것처럼 데이터를 조직화하고 탐색하는 방법에 대해 새로운 다양한 질문이 생겨난다. 1차원 데이터에 대한 이진 탐색의 경우처럼 간단한 순서를 고려하는 것은 더 이상 불가능하다. 새로운 다차원 구조에 맞게 자료 구조를 적응시켜야 한다. 격자는 공간 영역 내 점을 같은 상자 안에 모음으로써 데이터를 구성하는 새로운 방법을 제공한다.

추가로 격자는 배열과 같은 상자 하나에 한 값만 들어 있는 구조와는 다른 구조를 보여준다. 격자는 연결 리스트나 다른 내부 자료 구조를 사용해 한 상자에 여러 값을 저장하는 기술을 사용하며, 우리는 나중에 다시 이런 기술을 사용할 것이다. 이런 구조를 사용함으로써 격자에는 상자의 크기라는 새로운 트레이드오프 관계가 생겨난다. 상자 크기를 증가시키면 다수의 작은 상자를 평가하는 비용을 큰 상자에 들어 있는 많은 점을 스캔하는 비용으로 전환할 수 있다. 적절한 수의 상자를 선택하는 것은 처리할 구체적 문제에 맞게 자료 구조를 '조정하는' 일반 작업의 예다.

다음 장에서는 트리의 적응형 특성과 격자의 공간적 특성을 결합해 공간 분할을 더 진행해본다. 이를 통해 격자의 중요한 단점을 일부 해결하고, 좋은 커피를 찾는 탐색을 훨씬 더 효율적으로 만들 것이다.

09

공간 트리

8장에서는 최근접 이웃 탐색을 통해 가까운 데이터 지점을 찾는 방법을 살펴봄으로써, 가장 가까운 물리적 위치를 찾거나 비슷한 속성의 커피 브랜드를 찾는 것과 같은 커피 관련 질문에 대답하는 능력을 키울 수 있었다. 이번 9장에서는 트리 기반 자료 구조와 공간 분할의 개념을 기반으로 최근접 이웃 탐색을 더 향상시킨다.

8장에서는 구체적인 값을 찾는 알고리즘의 개념을 그보다 더 넓은 문제인 최근접 이웃을 찾는 문제에 어떻게 적용할 수 있는지 논의했다. 또 1차원에서 다차원으로 전환할 때 이런 탐색 연산이 어떻게 더 어려워지는지 확인했다. 우리가 2차원 공간에서 가까운 커피숍이나 우리 자신과 비슷한(공감, 경청의 정도, 멋짐 등을 기반으로) 친구를 찾고 싶을 수도 있다.

이번 장에서는 두 가지 트리 기반 자료 구조를 소개한다. 이 두 가지 자료 구조는 **균일 쿼드 트리**(uniform quadtree)와 **k-d 트리**다. 쿼드 트리라는 용어는 컴퓨터 과학자 라파엘 핑클(Raphael Finkel)과 존 벤틀리(Jon Bentley)가 제안한 원래의 쿼드 트리를 기반으로 만들어진 2차원 자료 구조 유형이며, 각 레벨에서 2차원 노드를 4개의 하위 사분면(subquadrant)으로 분할한다. 여기에서는 연구원이자 발명가인 데이빗 앤더슨(David P. Anderson)이 제안한 것과 같은 균일 쿼드 트리에 초점을 맞춘다. 이 구조는 격자 구조를 반영하는 동일한 크기의 하위 영역을 사용하므로 8장에서 논의한 내용을 기반으로 만들어졌다고 볼 수 있다. 대조적으로 존 벤틀리(Jon Bentley)가 발명한 k-d 트리는 데이터에 맞게 적응할 수 있고 더 높은 차원으로 확장할 수 있는 더 유연한 이진 분할 체계를 사용한다. 쿼드 트리와 k-d 트리를 조사함으로써 트리 기반 자료 구조를 일반화하고 변경하는 방법을 배우고, 이런 자료 구조를 도시 계획 프로젝트와 비교하면서 살펴본다.

9.1 _{SECTION} / 쿼드 트리

격자는 2차원 데이터를 저장하는 편리한 자료 구조를 제공하지만, 자체적인 복잡성이 있다. 8장에서 본 것처럼 격자의 부가 비용과 유용성은 모두 공간을 얼마나 세밀하게 분할하느냐에 의해 크게 좌우된다. (미세한 격자를 만들어서) 많은 수의 격자 상자를 사용하면 상당한 메모리가 필요하며 많은 상자를 탐색해야 할 수 있다. 반면에 격자를 거칠게 분할하면 그림 9-1처럼 상자에 들어가는 점이 많아져서 단순한 선형 스캔과 비슷한 결과가 나타날 수 있다.

▼ **그림 9-1** 분할한 상자 개수가 작은 격자

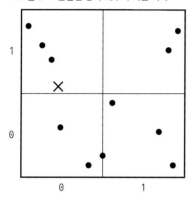

집을 조직화하는 다양한 접근 방식으로 격자를 생각할 수 있다. 조리 기구를 커다란 서랍 하나에 전부 넣으면 원하는 물건을 찾을 때 끝없는 시간이 필요하다. 이런 상황은 격자에 큰 상자가 하나만 있는 경우와 비슷하다. 문제를 개선하기 위해 용도에 따라 식기를 다른 서랍으로 분할하고 조리 기구를 찬장의 여러 선반에 나눠 놓는다고 가정하자. 한 선반에는 시리얼을 놓고 다른 선반에는 향신료를 놓을 수 있다. 이런 방식은 더 세분된 상자를 사용하는 것과 동등하다. 갑자기 모든 것을 더 쉽게 찾을 수 있게 됐다. 더 이상 계피를 찾기 위해 프라이팬 밑을 찾을 필요가 없다. 약간의 추가 구조를 부여한 것만으로도 요리 과정이 훨씬 쉬워진다.

그러나 이 아이디어를 극단적으로 채택할 수도 있다. 조리 기구가 너무 많으면 기구가 꽉 찬 서랍에서 원하는 기구를 찾는 데 시간이 아주 오래 걸릴 수 있다. 이럴 때 국자처럼 음식을 뜰 수 있는 도구와 그렇지 않은 도구를 담는 서랍을 분할하면 효율을 높일 수 있다. 하지만 (이런 분할을 너무 극단적으로 해서) 각 도구를 서로 다른 서랍에 보관하는 경우의 부가 비용을 상상해보라. 또는 더 심한 경우로 앞으로 구매할 가능성이 있는 도구까지 감안해 미리 서랍을 할당하는 경우를 상상할 수도 있다. 이런 경우, 서랍으로 가득 찬 벽 전체를 쳐다보면서 달걀을 휘저을 도구를 찾기 위해 수많은 서랍을 뒤져봐야 할 것이다. 지나치게 미세한 상자가 있는 격자를 사용하면 이런 일이 벌어진다.

이 난제에 대한 해결책은 데이터에 따라 공간을 동적으로 분할하는 것이다. 필요할 때만 추가 구조를 도입하기 때문에 그에 대한 부가 비용도 필요할 때만 추가된다. 처음에는 공간을 성기게 분할한 상태로 시작한다. 주걱이 5개가 되어야 주걱에 별도의 서랍을 할당할 수 있다. 그 이전에는 국자, 거품기와 함께 주걱을 보관할 수 있다. 데이터를 더 세분해야 할 때만 공간을 하위 공간으로 분할한다. 이런 역동성을 제공하기 위해 균일 쿼드 트리를 채택할 수 있다.

균일 쿼드 트리는 트리의 분기 구조를 격자에 도입한다. 트리의 각 노드는 공간의 각 영역을 나타낸다. 루트 노드는 트리가 다룰 전체 공간과 그 공간에 포함되는 모든 점을 나타낸다. 각 노드는 4개의 동일한 크기 사분면으로 분할되며, 비어 있지 않은 사분면마다 노드가 할당된다. '균일'이라는 말은 노드가 공간을 똑같은 크기의 하위 공간으로 분할한다는 사실을 나타낸다. 그림 9-2는 쿼드 트리 분할을 보여준다.

▼ **그림 9-2** 쿼드 트리 노드는 같은 크기의 사분면 4개를 나타내는 자식을 최대 4개 가질 수 있다

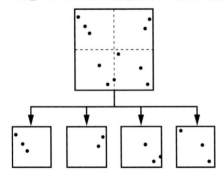

4개의 하위 트리를 논의할 때, 원래 공간에서 각 사분면의 위치를 반영해서 북서(NorthWest), 북동(NorthEast), 남서(SouthWest), 남동(SouthEast)이라는 이름을 붙이는 것이 일반적이다.

쿼드 트리 내부의 노드는 해당 분기에 속한 점의 개수나 영역의 공간 경계(x, y 차원의 최댓값과 최솟값) 같은 메타 데이터와 함께 최대 4개의 자식 포인터를 저장한다. 리프 노드는 필요한 메타데이터와 함께 자신의 영역에 속하는 점의 리스트를 저장한다. 자식 노드

에 대한 포인터의 2×2 격자(내부 노드의 경우)와 점에 대한 배열(리프 노드의 경우)을 모두 유지함으로써 내부 노드와 리프 노드 모두에 대해 같은 자료 구조를 사용할 수 있다. 리프 노드에서는 자식 포인터를 null로 설정하고, 내부 노드에서는 빈 배열을 사용한다.

다음은 쿼드 트리 노드인 QuadTreeNode에 대한 복합 자료 구조의 예다.

```
QuadTreeNode {
    Boolean: is_leaf
    Integer: num_points
    Float: x_min
    Float: x_max
    Float: y_min
    Float: y_max
    Matrix of QuadTreeNodes: children
    Array of Points: points
}
```

각 점에 대해 간단한 복합 자료 구조를 사용한다.

```
Point {
    Float: x
    Float: y
}
```

복합 자료 구조 대신 8장에서처럼 점을 배열이나 튜플에 저장할 수도 있다.

기술적으로 노드의 공간 경계를 명시적으로 저장할 필요는 없다. 대신 루트 노드의 경계와 분할 순서로부터 각 노드의 경계를 도출할 수 있다. 각 노드는 차원별로 중간 지점을 따라 공간을 예측 가능한 크기의 하위 영역 4개로 분할하기 때문이다. 루트 노드가 표현하는 공간의 경계와 몇몇 자식 노드가 주어지면 모든 자식 노드의 범위를 정확히 계산할 수 있다. 그러나 경계를 미리 계산하고 저장하는 방식에도 한 가지 뚜렷한 이점이 있다. 주어진 노드에서 경계를 도출하는 대신 조회만 하면 되므로 탐색 알고리즘을 훨씬 쉽게 구현할 수 있다. 필자는 이런 추가 공간 정보를 저장해서 얻을 수 있는 가치가 추가 메모리 사용에 따른 비용보다 더 크다는 사실을 종종 발견했다. 쿼드 트리의 장점은 각 레벨(충분한 점이 포함된 경우)에서 분기하면서 적응형 격자 계층을 효과적으로 생성한다는 것이다. 그림 9-3은 쿼드 트리 공간 분할의 예를 보여준다.

▼ **그림 9-3** 쿼드 트리에 의해 생성된 공간 분할

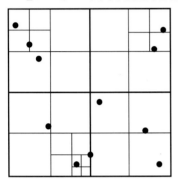

쿼드 트리의 연속적인 분할과 탐색을 공상 과학 소설에 나오는 대화식 지리 탐색으로 상상해보자.

사령실을 가득 메우고 있는 요원들이 도시 전체를 표시한 대형 스크린을 응시한다. 긴장된 음악이 흐른다. 새로운 정보가 쏟아져 들어옴에 따라 운영 요원은 화면에서 사분면을 선택한다. 누군가 "거기를 확대해 화질을 개선해주세요."라고 말하면 운영 요원이 그에 따른다. 대사를 제외하면, 이 작업은 쿼드 트리에서 한 레벨 아래로 내려가는 것과 같다. 순식간에 사령실 화면에 도시의 일부분이 표시된다. 표시된 전체 범위는 이전 레벨을 분할한 사분면 중 하나다. 다시 하위 사분면을 선택해 확대하기 전까지는 모든 사람이 이 지리적인 부분집합을 열심히 응시한다. 주인공이 목표 지점에 가까이 있는 송신기를 찾으면 탐색이 끝난다.

다른 트리와 마찬가지로 균일 쿼드 트리에 래퍼 자료 구조를 추가하면 관리를 단순화할 수 있다.

```
QuadTree {
    QuadTreeNode: root
}
```

트리가 생성될 때 올바른 차원의 빈 노드로 루트가 생성되기 때문에 루트가 null인 경우에 대해 걱정할 필요가 없다.

9.1.1 균일 쿼드 트리 만들기

할당된 공간을 점점 더 작은 하위 영역으로 재귀적으로 분할하는 방식으로 마술처럼 쿼드 트리를 만든다. 데이터에 아주 가까운 점이나 중복된 점이 포함될 수 있으므로, 언제 분할을 중지하고 여러 점이 포함된 노드를 리프로 지정할지 결정하는 추가 논리가 필요하다. 각 수준에서 현재 노드를 내부 노드(하위 노드를 포함하는 노드)나 리프 노드(점의 리스트를 포함하는 노드) 중 어느 쪽으로 만들어야 할지를 확인한다. 이를 결정할 때 사용할 수 있는 다양한 메커니즘이 있지만 가장 일반적인 방법은 다음과 같다.

- **분할을 정당화할 만큼 충분한 점이 있나?** 점이 너무 적다면, 자식 노드까지의 거리를 확인하는 비용이 모든 점을 살펴보는 비용보다 높아진다. 이런 부가 비용을 치를 만한 가치가 없다.
- **공간의 경계가 충분히 큰가?** 만약 정확히 같은 위치에 10개의 점이 있다면 어떻게 해야 할까? 공간을 분할하고 또 분할할 수 있지만 위치가 같은 점들은 결코 분할되지 않는다. 이런 경우, 공간 분할은 시간과 메모리의 낭비일 뿐이다.
- **최대 깊이에 도달했나?** 이 질문은 트리가 얼마나 깊어질 수 있는지를 제한해 과도한 분할로 인한 시간과 메모리 낭비를 방지하는 또 다른 검사를 제공한다.

이 과정을 구역마다 건물을 넣도록 도시 계획을 세우는 도시 계획자로 상상해볼 수 있다. 현대 도시 구획 기술에 익숙하지 않은 이 도시 계획자는 항상 각 영역을 같은 크기 4개의 사분면으로 분할한다. 어떤 구역에 대한 계획을 살펴볼 때마다 이 계획자는 "이 땅에 건물이 너무 많은가?"와 "이 영역이 더 작게 분할할 만큼 충분히 큰가? 한 평도 안 되는 부지를 팔 수는 없지. 사람들이 웃잖아?"라고 질문을 던진다 세 번째 기준(최대 깊이)은 도시 계획자가 구역을 얼마나 많이 분할할 수 있는지를 나타낸다. 4레벨이 넘어가는 경우 계획자가 "충분해"라고 넘어갈 수 있다. 분할을 끝내기 위한 기준에 충족되지 않으면 도시 계획자는 한숨을 내쉬면서 "정말? 또?"라고 말하면서 구획을 세분한다.

어떤 수준을 분할할 때는 현재 공간을 4개의 동일한 사분면으로 나누고, 각 사분면에 맞게 점을 분할한 후, 재귀적으로 각 사분면을 조사한다. 점의 최소 개수를 1로, 최대 깊이를 4(루트 포함)로 설정하면 그림 9-4와 같은 트리를 구성할 수 있다. 그림에서 볼 수 있는 것처럼 각 노드에 대해 비어 있지 않은 자식만 저장해 메모리를 절약할 수 있다. 자식이 없는 사분면의 경우 자식 포인터를 null로 설정할 수 있다.

▼ **그림 9-4** 레벨로 구성된 예제 쿼드 트리

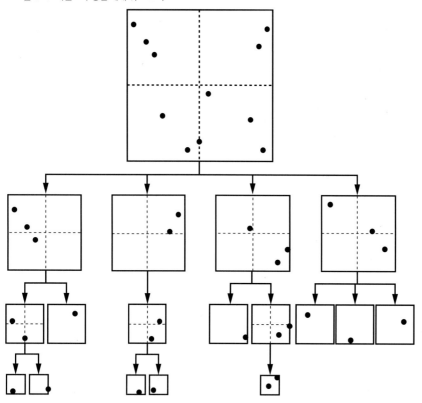

쿼드 트리를 한꺼번에 만드는 코드는 다음 절에서 제시한 점을 추가하는 코드와 아주 비슷하다. 사실, 빈 쿼드 트리에 점을 반복적으로 추가하는 방식은 쿼드 트리를 구축하는 좋은 방법이다.

9.1.2 점 추가하기

쿼드 트리는 동적 자료 구조이기 때문에, 트리 구조를 유지하면서 효율적으로 점을 추가할 수 있다. 쿼드 트리를 감싼 QuadTree 래퍼에 대한 함수로부터 삽입을 시작한다.

```
QuadTreeInsert(QuadTree: tree, Float: x, Float: y):
    IF x < tree.root.x_min OR x > tree.root.x_max:
        return False
    IF y < tree.root.y_min OR y > tree.root.y_max:
        return False
    QuadTreeNodeInsert(tree.root, x, y)
    return True
```

이 래퍼 함수는 항상 null이 아닌 노드를 가지고 QuadTreeNodeInsert를 호출하도록 보장한다. 또 이 코드는 삽입된 점이 쿼드 트리의 경계 안에 있는지 확인한다. 균일 쿼드 트리가 동일한 크기의 상자를 사용하고 동적으로 상자 크기를 조정할 수 없기 때문에 경계를 확인하는 것이 중요하다. 모든 점은 루트 노드의 공간 경계 내에 있어야 한다. 코드는 점이 범위를 벗어나면 False를 반환하지만, 구현에 따라 오류를 반환하거나 예외를 던지는 등 다른 메커니즘을 사용할 수도 있다.

다음 코드에서 알 수 있는 것처럼, 노드에 점을 추가하는 것은 새로운 점의 위치를 찾기 위해 트리를 탐색하는 것으로 이뤄진다. 이 탐색은 리프 노드나 내부의 막다른 골목 중 하나로 끝날 수 있다. 리프 노드에서 탐색이 중단되면 그 위치에 새 점을 추가할 수 있다. 분할 기준(공간 경계, 최대 깊이, 점의 수)에 따라 노드를 하위 노드로 분할해야 할 수도 있다. 내부의 막다른 골목에서 탐색이 끝나면, 해당 사분면에 어떤 점도 포함하지 않은 경로를 탐색한 것이다. 따라서 적합한 노드를 새로 추가할 수 있다.

```
QuadTreeNodeInsert(QuadTreeNode: node, Float: x, Float: y):
    node.num_points = node.num_points + 1              // ①

    # 이 점이 어떤 자식 상자에 포함되어야 하는지를 결정
    Float: x_bin_size = (node x_max - node.x_min) / 2.0  // ②
    Float: y_bin_size = (node.y_max - node.y_min) / 2.0
    Integer: xbin = Floor((x - node.x_min) / x_bin_size)
    Integer: ybin = Floor((y - node.y_min) / y_bin_size)

    # 올바른 자식 노드에 점 추가
    IF NOT node.is_leaf:                                // ③
        IF node.children[xbin][ybin] == null:          // ④
            node.children[xbin][ybin] = QuadTreeNode(
```

```
                node.x_min + xbin * x_bin_size,
                node.x_min + (xbin + 1) * x_bin_size,
                node.y_min + ybin * y_bin_size,
                node.y_min + (ybin + 1) * y_bin_size)
        QuadTreeNodeInsert(node.children[xbin][ybin], x, y)
        return

    # 리프 노드에 점 추가, 필요하면 노드 분할
    node.points.append(Point(x, y))                     // ⑤
    IF 분할 조건을 만족:                                   // ⑥
        node.is_leaf = False
        FOR EACH pt IN node.points:                     // ⑦
            QuadTreeNodeInsert(node, pt.x, pt.y)
        node.num_points = (node.num_points -            // ⑧
                            length(node.points))
        node.points = []
```

코드는 새 점을 나타내기 위해 num_points를 증가시키는 것부터 시작한다(①). 그다음에 상자의 크기를 계산하고 x와 y 인덱스를 0이나 1로 매핑해 새로운 점이 네 상자 중 어느 것에 속하는지 결정한다(②). 노드가 리프가 아니면 올바른 자식에게 점을 재귀적으로 추가해야 한다(③). 먼저 자식이 존재하는지 확인하는 것부터 시작한다. 자식 포인터가 null 이면 자식을 생성한다(④). xbin과 ybin이 모두 0 또는 1임을 이용해 논리를 간략화할 수 있다. 네 경우를 모두 열거하는 대신, 산술 연산으로 자식의 경계를 계산할 수 있다. 마지막으로, 리프 노드의 경우에는 점을 노드에 직접 삽입한다(⑤).

하지만 이게 끝은 아니다. 현재 노드가 분할 조건을 만족하는지 확인해야 한다(⑥). 조건을 만족하면 현재 리프 노드를 분할한다. 다행히 노드를 분할할 때도 새로운 점을 추가할 때와 같은 삽입 함수를 재사용할 수 있다. 코드는 노드를 리프가 아니라고 표시하고(node.is_leaf = False), FOR 루프를 사용해 한 번에 하나씩 점을 다시 삽입한다(⑦). 현재 노드가 더 이상 리프 노드가 아니므로, 필요하면 새로운 자식이 생성되면서 점이 올바른 자식에게 포함된다. 이때 QuadTreeNodeInsert 함수를 한 점에 두 번 사용하게 되므로, 삽입된 점을 중복 계산(자식 노드로 점을 삽입하면 1에서 카운트가 증가된다)하지 않도록 num_points를 조정해야 한다(⑧). 그 후, (리프 노드였지만 분할된) 이 노드에서 점의 리스트를 지운다.

그림 9-5는 트리에 두 점을 추가하는 상황을 보여준다. 빈 원으로 표시한 점은 사분면을 분할하면서 max-depth 조건을 충족시킨다[1]. 그 결과 리프 노드에 두 점이 포함된다. 삽입된 정사각형 점은 부모 노드의 북서쪽(왼쪽 위) 사분면에 해당하는 자식 노드를 하나 추가시킨다. 이때 노드를 분할할 최소 점 개수 조건을 만족하지 않기 때문에 코드는 새 노드를 분할하지 않는다. 앞 절에서 언급한 것처럼 이 방식으로 점 집합으로부터 균일 쿼드 트리를 구성할 수 있다. 먼저 필요한 공간 경계가 지정된 빈 루트 노드를 만든다. 그 후, 집합의 각 점을 순차적으로 추가한다. 분할은 항상 각 차원의 중간 지점을 기준으로 이뤄지기 때문에, 점을 삽입하는 순서에 따라 최종 트리 구조가 달라지지는 않는다.

▼ **그림 9-5** 빈 원과 정사각형으로 표시된 두 점을 쿼드 트리에 추가하는 예제

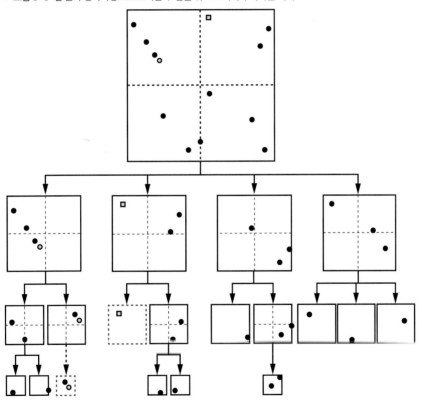

1 　**역주** 추가된 두 점(빈 원과 빈 정사각형)과 추가된 노드(파선 정사각형)가 없다고 생각하고 쿼드 트리를 보면, 이 쿼드 트리의 최대 깊이는 4단계, 사분면당 최대 노드 개수는 1개(리프 노드는 예외)임을 알 수 있다. 빈 원으로 표시된 점의 경우 삽입 전에는 3단계의 사분면에 점이 하나만 들어 있었지만, 새 점이 추가되면서 이를 4개의 4단계 사분면으로 분할해야 한다. 이때 북동쪽(오른쪽 위) 사분면에 점이 2개 몰려서 이를 다시 분할해야 하지만 4단계 깊이라서 더 이상 분할이 이뤄지지 못한다.

9.1.3 점 제거하기

노드에서 점을 제거하는 것은 점을 삽입하는 것과 비슷하지만 더 복잡한 과정을 따른다. 먼저 리프 노드의 리스트에서 점을 제거한다. 그 후, 분할 기준에 따라 더 이상 필요하지 않은 분할을 제거하면서 트리를 거슬러 올라간다. 이때 각 노드의 자식에서 재귀적으로 점들을 추출하고(이때 자식 노드 자체도 다시 자식을 가질 수 있음) 이렇게 추출한 점들을 리프 노드의 리스트로 병합하는 과정을 포함할 수 있다.

추가로 어떤 점을 제거할지 결정해야 한다는 어려움도 있다. 격자와 마찬가지로 사용자는 임의로 가까운 점을 추가하거나 중복된 점을 삽입할 수 있다. 다음 코드에서는 리프 노드의 리스트에서 첫 번째로 일치되는 점을 제거한다. 부동 소수점 오류(부동 소수점 변수의 정밀도 한계로 인한 반올림) 때문에 직접적인 동등성 검사를 사용할 수 없다. 따라서 점이 충분히 가까운지를 알아내기 위해 도우미 함수를 사용한다. 이 검사에 코드 8-3의 approx_equal 함수를 재사용할 수 있다.

또, 더 이상 분할 기준을 충족하지 못하는 노드를 병합하기 위한 도우미 함수도 사용한다. 이 함수는 자식을 가진 노드를 병합하고 하위 트리의 모든 점을 포함하는 배열을 반환한다.

```
QuadTreeNodeCollapse(QuadTreeNode: node):
    IF node.is_leaf:      // ①
        return node.points

    FOR i IN [0, 1]:      // ②
        FOR j IN [0, 1]:
            IF node.children[i][j] != null:
                Array: sub_pts = QuadTreeNodeCollapse(node.children[i][j])
                FOR EACH pt IN sub_pts:
                    node.points.append(pt)
                node.children[i][j] = null
    node.is_leaf = True   // ③
    return node.points    // ④
```

코드는 현재 노드가 이미 리프인지 확인하고, 리프인 경우 점 배열을 직접 반환한다(①). 그렇지 않으면 노드가 내부 노드이므로 코드는 각 자식의 점 목록을 각각 수집해야 한다. 코드는 네 자식을 각각 순회하면서 null인지 확인하고, null이 아니면 QuadTreeNodeCollapse
를 재귀적으로 호출해서 점을 수집한다(②). 함수는 마지막으로 현재 노드를 리프 노드로
설정하고(③), 점 리스트를 반환한다(④).

이제 필요한 도우미 함수가 준비되었으므로 실제 제거 함수를 살펴볼 수 있다. 먼저 래퍼
함수부터 살펴보자.

```
QuadTreeDelete(QuadTree: tree, Float: x, Float: y):
    IF x < tree.root.x_min OR x > tree.root.x_max:
        return False
    IF y < tree.root.y_min OR y > tree.root.y_max:
        return False
    return QuadTreeNodeDelete(tree.root, x, y)
```

래퍼 함수는 먼저 점이 트리 경계 안에 있는지 확인해서 트리 안에 점이 존재할 수 있는지
를 확인한다. 점이 트리 경계에 포함된 경우, 재귀적인 제거 함수를 호출한다.

재귀적인 제거 코드는 점을 탐색할 때처럼 트리를 내려간다. 리프 노드에 도달해 점이 존
재하는 경우 해당 점을 제거한다. 그 후, 필요에 따라 노드를 병합하고 트리를 올라간다.
점이 제거된 경우 함수는 True를 반환한다.

```
QuadTreeNodeDelete(QuadTreeNode: node, Float: x, Float: y):
    IF node.is_leaf:                                        // ①
        Integer: i = 0
        WHILE i < length(node.points):                     // ②
            IF approx_equal(node.points[i].x, node.points[i].y, x, y): // ③
                node.points에서 i 인덱스의 점을 제거한다
                node.num_points = node.num_points    1
                return True
            i = i + 1
        return False

    # 제거될 점이 자식 상자 중 어디에 포함되는지 결정한다
    Float: x_bin_size = (node.x_max - node.x_min) / 2.0  // ④
```

```
    Float: y_bin_size = (node.y_max - node.y_min) / 2.0
    Integer: xbin = Floor((x - node.x_min) / x_bin_size)
    Integer: ybin = Floor((y - node.y_min) / y_bin_size)

    IF node.children[xbin][ybin] == null:                    // ⑤
        return False

    IF QuadTreeNodeDelete(node.children[xbin][ybin], x, y):   // ⑥
        node.num_points = node.num_points - 1

        IF node.children[xbin][ybin].num_points == 0:        // ⑦
            node.children[xbin][ybin] = null

        IF node no longer meets the split conditions          // ⑧
            node.points = QuadTreeNodeCollapse(node)
        return True
    return False                                              // ⑨
```

코드는 재귀가 리프 노드에 도달했는지 확인한다(①). 리프 노드인 경우 점 배열을 반복하면서(②), 각각의 점이 대상 점과 일치하는지 확인한다(③). 일치하는 점을 찾으면 해당 점을 배열에서 제거하고, 이 노드의 점 개수를 감소시킨 후, 제거가 성공적으로 수행되었음을 나타내는 True를 반환한다. 코드는 일치하는 점을 하나만 제거한다. 리프에서 일치하는 점을 찾지 못하면, 코드는 False를 반환한다.

다음으로 탐색은 대상 점이 포함될 만한 영역으로 이동한다(④). 해당 자식이 존재하는지를 확인한 후, 존재하지 않으면 대상 점이 트리에 없음을 나타내는 False를 반환한다(⑤). 자식이 존재하면 코드는 해당 자식에 대해 재귀적으로 QuadTreeNodeDelete를 호출한다(⑥).

노트

8장에서와 마찬가지로, 부동 소수점 값의 수치 정밀도 때문에 점이 분할 경계에 놓이는 경우를 처리하기 위해 자식 상자 검사를 확장해야 할 수도 있다. 이 책에서는 단순화를 위해 상자를 하나만 확인하지만, 실제 코드에서는 추가 검사가 필요할 수 있다.

QuadTreeNodeDelete 재귀 호출이 True를 반환하면, 자식 중 하나에서 점을 제거한 것이다. 이제 이 노드의 점 개수를 갱신하고 자식이 비어 있는지 확인한다(⑦). 현재 노드가 내부 노드가 될 기준을 여전히 충족하는지 확인한다(⑧). 내부 노드 기준을 만족하지 못하면 노드를 축소한다. 그 후 제거가 성공했음을 나타내는 True를 반환한다. 재귀 호출이 True를 반환하지 않는다면, 자식 노드에서 어떤 점도 제거되지 않았다는 뜻이다. 따라서 함수는 False를 반환하며 종료된다(⑨).

9.1.4 균일 쿼드 트리에 대한 탐색

균일 쿼드 트리에서는 루트 노드에서 탐색을 시작한다. 각 노드에서 우리는 현재 후보보다 더 가까이 있는 점이 포함될 수 있는지를 먼저 확인한다. 더 가까운 점이 있을 수 있다면, 내부 노드에서는 자식들을 재귀적으로 탐색하고, 리프 노드에서는 직접 점들을 검사한다. 반면, 현재 노드가 최근접 이웃을 포함하지 않을 경우에는 현재 노드와 그 하위 트리 전체를 무시함으로써 탐색을 가지치기할 수 있다.

노드 안에서 점의 호환성을 확인할 때는 8장의 격자 셀에 적용한 것과 같은 테스트를 적용한다. 여기서도 8장의 경우와 비슷한 정보가 있다. 즉, 점의 위치와 현재 영역의 경계가 있다. 8장에서 설명한 것처럼 다음과 같이 거리를 계산할 수 있다.

$$MinDist = \sqrt{x_{\text{dist}^2} + y_{\text{dist}^2}}$$

여기서

$$x < x_{\min} \text{이면 } x_{\text{dist}} = x_{\min} - x$$
$$x_{\min} \leq x \leq x_{\max} \text{이면 } x_{\text{dist}} = 0$$
$$x > x_{\max} \text{이면 } x_{\text{dist}} = x - x_{\max}$$

이고

$$y < y_{\min} \text{이면 } y_{\text{dist}} = y_{\min} - y$$
$$y_{\min} \leq y \leq y_{\max} \text{이면 } y_{\text{dist}} = 0$$
$$y > y_{\max} \text{이면 } y_{\text{dist}} = y - y_{\max}$$

이다.

간단히 말해, 노드의 공간적인 영역에 포함될 수 있는 가장 가까운 점으로부터 탐색 대상에 이르는 거리를 확인한다. 8장에서 다룬 예제를 되돌아보면, 이는 게으른 이웃이 어디로 공을 던져야 가장 짧은 거리로 우리 집 마당에 공을 넘겨줄 수 있는지를 물어보는 것이다. 이 검사는 현재 노드 안에 그 거리에 있는 점이 존재할 가능성이 있는지 여부만을 알아낸다. 실제로 해당 점이 존재하는지 알아내려면 노드를 탐색해야 한다.

그림 9-6에서 X로 표시한 점의 최근접 이웃을 탐색한다고 하자. 이 그림은 그림 8-3의 커피숍 위치 지도와 같은 점의 분포를 보여준다. X는 우리의 현재 위치를, 다른 점은 근처의 커피숍들을 나타낸다.

무한대 거리인 더미 후보 점을 사용해 루트 노드에서부터 탐색을 시작한다. 아직 후보가 될 이웃을 본 적이 없으므로 탐색을 시작할 때 사용할 어떤 대상이 필요하다. 무한대 거리를 가진 더미 점을 사용하면 알고리즘이 맨 처음에 찾은 점을 새로운 후보로 채택하기 위해 특별한 로직이 필요하지 않다. 우리가 찾은 모든 지점은 무한대보다 더 가깝기 때문에 (노드가 표현하는) 모든 영역이 무한히 먼 거리보다 더 가까운 점을 포함하게 된다. 커피숍을 탐색한다면, 이는 무한히 먼 거리에 있는 상상 속 커피숍으로부터 탐색을 시작하는 것과 같다. 우리 목록에 있는 모든 실제 존재하는 커피숍은 이 가상의 점보다 더 가깝다는 것이 보장된다.

▼ **그림 9-6** 최근접 이웃 탐색을 위한 예제 데이터 집합

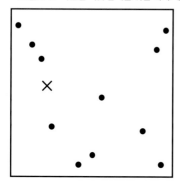

우리의 (더미) 후보 점이 무한한 거리에 있기 때문에, 루트 노드에 대한 호환성 검사가 무조건 통과된다. 루트 노드의 점 중 최소한 하나는 무한히 멀리 떨어져 있지 않을 것이기 때문이다. 이 검사는 격자 상자에 대해 사용한 검사와 수학적으로 동일하지만, 실용 면에서는 큰 차이점이 한 가지 있다. 바로 검사 대상 상자의 크기가 트리의 레벨에 따라 달라진다는 점이다. 상위 레벨에서는 각 노드가 더 큰 공간을 포함한다. 하위 레벨로 내려갈수록 공간 경계가 줄어든다.

목표점과 자식 노드 사이의 근접도를 기반으로 어느 자식을 먼저 탐색할지 우선순위를 정한다. 우리가 궁극적으로 원하는 것은 가장 가까운 점을 찾으면서 가능한 한 가지치기를 많이 하는 것이기 때문이다. 따라서 우리는 x와 y의 차이를 고려하면서 '목표점이 4개의 사분면 중 어느 곳에 들어갈까?'라고 질문한다. 이 예제의 경우, 그림 9-7처럼 목표점이 북서쪽(왼쪽 위) 사분면에 속하므로 거기서부터 탐색을 시작한다.

▼ **그림 9-7** 목표점이 쿼드 트리 루트 노드의 북서쪽 사분면에 속한다

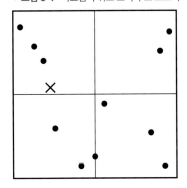

북서쪽 자식을 가리키는 포인터를 따라 내려가서 그림 9-8처럼 공간과 점의 하위 집합에 초점을 맞춘다. 회색 노드는 탐색하지 않은 노드를 나타내며, 회색 점은 확인하지 않은 점을 나타낸다.

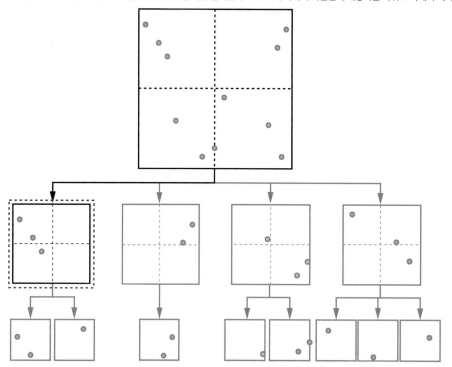

▼ **그림 9-8** 그림 9-6에서 보여준 예제의 최근접 이웃 탐색은 루트 노드의 북서쪽 사분면에 해당하는 하위 트리에서 시작된다

또다시 공간 호환성 검사를 통해 이 노드가 우리의 최근접 이웃을 포함할 수 있다는 사실을 확인한다. 이 노드의 점 중 어느 한 점과의 최소 거리가 현재 (더미) 후보와의 거리보다 짧다. 우리는 (루트가 아닌) 다른 내부 노드에 있다. 이는 공간이 네 하위 지역으로 더 세분됐음을 의미한다. 그림 9-9처럼 우리의 탐색은 현재 탐색 중인 내부 노드의 남서쪽 자식으로 이어진다. 이 노드를 선택한 이유는 이 노드가 목표점에 가장 가깝기 때문이다. 세번째로 현재 노드가 호환성 테스트를 통과한다. 이제는 리프 노드에 도달했기 때문에, 이 노드에 들어 있는 각 점과 목표점 사이의 거리를 명시적으로 확인한다. 이 경우에는 노드 안에 점이 하나만 존재하며, 이 점이 더미 후보보다 더 목표점에 가깝다.

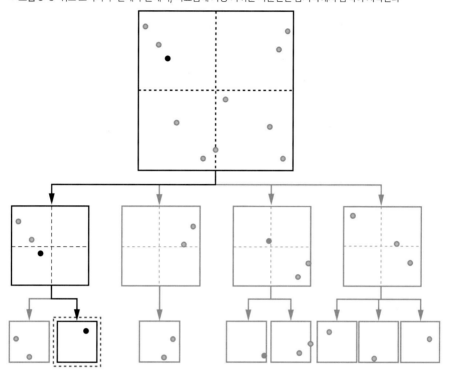

▼ **그림 9-9** 쿼드 트리의 두 번째 수준에서, 목표점에 가장 가까운 사분면인 남서쪽에서 탐색이 시작된다

최초로 실제 존재하는 최근접 이웃 후보를 찾았다! 이 점과 목표점 사이의 거리가 새로운 현재 최소 거리가 된다. 이제부터는 모든 점을 좀 더 까다롭게 골라낼 수 있다. 근처 커피숍을 찾는 예에서 이 첫 번째 이웃은 지금까지 찾은 가장 가까운 커피숍을 나타낸다. 이 지점까지의 거리는 커피를 마시러 가기 위해 우리가 이동해야 할 최대 거리다. 나중에 더 가까운 커피숍이 발견될 수도 있지만, 적어도 무한한 거리를 여행할 필요는 없어졌다. 안도감이 든다.

리프 노드의 모든 점을 검사한 후, 부모 노드(내부 노드)로 돌아가 나머지 자식들을 확인한다. 이제는 실제 후보와의 거리를 알고 있으므로 가지치기가 이뤄진다. 남은 모든 자식 사분면인 북서, 북동, 남동쪽 노드에 대해 거리 호환성을 확인한다. 거리 검사 결과 북서 사분면을 생략할 수 있음을 알 수 있다. 그림 9-10에서 보면 그 사분면의 공간적 경계에서 목표점에 가장 가까운 점은 현재의 최근접 후보보다 더 멀리 떨어져 있다. 따라서 북서 사분면은 더 나은 이웃을 포함할 수 없다.

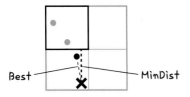

또, 비어 있는 북동쪽과 남동쪽 사분면을 건너뛸 수 있다. 어떤 점도 들어 있지 않기 때문에 더 나은 이웃이 존재할 수 없다. 두 사분면 모두 포인터가 자식이 없음을 표현하는 null이기 때문에 별도의 거리 검사 없이 탐색에서 이들을 제외할 수 있다. 그림 9-11에서 회색으로 표시한 것처럼 이 노드의 4개의 사분면 중 3개를 가지치기할 수 있다. 북서 사분면의 두 데이터 점도 우리가 결코 테스트하지 않았기 때문에 회색으로 남는다.

▼ 그림 9-11 최근접 이웃 탐색은 노드의 네 사분면 중 세 사분면에 대한 탐색을 생략할 수 있다

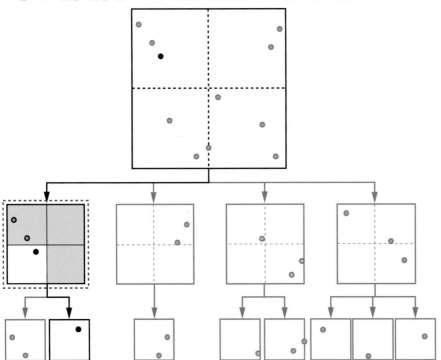

214

내부 노드의 사분면을 확인하는 작업을 마치면, 부모 노드로 돌아가서 같은 과정을 반복한다. 다음으로 가까운 사분면은 남서쪽이며, 그림 9-12에서 볼 수 있는 것처럼 가지치기 검사를 통해 더 나은 이웃이 존재할 수 있을 만큼 충분히 가깝다는 사실을 알 수 있다.

우리가 사용하는 간단한 거리 테스트에 따라 더 가까운 점을 포함할 가능성이 있는 자식이 있으면, 그 자식 노드로 내려가 더 가까운 이웃이 있는지를 확인하는 작업을 계속한다. 여기서 우리의 탐색은 남서쪽 사분면으로 내려간다.

▼ **그림 9-12** 현재 최상의 점보다 더 가까운 이웃이 포함될 수도 있는 후보 사분면에 대한 가지치기 검사

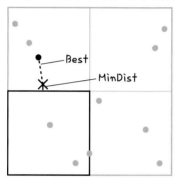

다음 수준에서는 다시 4개의 잠재적 사분면이 경쟁한다. 실존하는 최근접 이웃 후보 점과 그 점의 거리가 있기 때문에 그림 9-13처럼 탐색을 더 적극적으로 가지치기할 수 있다. 거리 임곗값 안에 들어 있는 북서쪽 사분면(그리고 그 사분면에 속한 한 점)을 확인한다. 나머지 세 사분면을 건너뛸 수 있다. 북동쪽과 남서쪽 사분면은 둘 다 비어 있고 자식 포인터가 null이며, 남동 사분면은 더 나은 이웃을 포함하기에는 너무 멀리 있다는 사실을 거리 검사를 통해 확인할 수 있다.

루트 노드로 돌아오면 그림 9-14처럼 남은 두 자식 노드를 제외할 수 있다.

북동쪽과 남동쪽 사분면의 경계는 우리의 거리 임곗값을 크게 벗어난다.

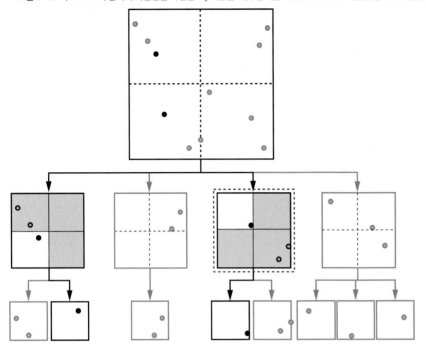

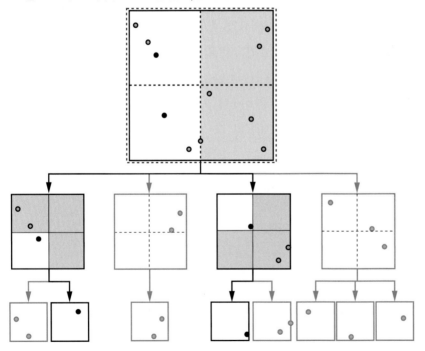

9.1.5 최근접 이웃 탐색 코드

최근접 이웃 탐색 코드 구현을 단순화하기 위해, 목표 지점 (x, y)와 노드 사이의 거리를 계산하는 도우미 함수부터 시작하자. 노드 목표 지점 사이의 최소 거리를 확인하는 코드는 8장에서 격자와 목표점 사이의 최소 거리를 구하는 코드와 비슷하다.

```
MinDist(QuadTreeNode: node, Float: x, Float: y):
    Float: x_dist = 0.0
    IF x < node.x_min:
        x_dist = node.x_min - x
    IF x > node.x_max:
        x_dist = x - node.x_max

    Float: y_dist = 0.0
    IF y < node.y_min:
        y_dist = node.y_min - y
    IF y > node.y_max:
        y_dist = y - node.y_max

    return sqrt(x_dist*x_dist + y_dist*y_dist)
```

그러나 이 경우 노드가 경계를 명시적으로 저장하기 때문에 코드에서 경계의 상한과 하한을 따로 계산할 필요가 없다.

주 탐색 알고리즘은 다른 트리 기반 방법에서 설명한 것과 같은 재귀를 사용한다. 이 탐색 알고리즘의 구현은 지금까지의 최근접 거리를 나타내는 매개변수인 best_dist를 사용한다. 탐색 함수에 best_dist를 전달함으로써 가지치기 로직을 단순화할 수 있다. 현재 노드까지의 최소 거리가 지금까지의 최근접 거리보다 크면 그 노드에 대한 탐색을 종료할 수 있다. 주 탐색 알고리즘 함수는 현재까지의 최근접 거리보다 거리가 더 가까운 점을 찾으면 그 점을 반환하고, 그런 점이 현재 노드에 들어 있지 않으면 null을 반환한다. 이 구현에서 null 반환 값은 현재 노드에서 best_dist보다 가까운 지점이 없음을 뜻한다.

처음에는 루트 노드와 무한한 거리를 전달하는 간단한 래퍼 함수를 사용한다.

```
QuadTreeNearestNeighbor(QuadTree: tree, Float: x, Float: y):
    return QuadTreeNodeNearestNeighbor(tree.root, x, y, Inf)
```

최근접 이웃 탐색 래퍼 함수는 목표 지점이 쿼드 트리의 경계 안에 있는지 확인하지 않는다. 이에 따라 이 코드를 사용해 쿼드 트리의 경계를 벗어나는 목표 지점에 대한 최근접 이웃을 트리에서 찾을 수 있으므로 코드의 유용성이 증가한다.

다음은 노드를 재귀적으로 탐색하는 코드다.

```
QuadTreeNodeNearestNeighbor(QuadTreeNode: node, Float: x,
                           Float: y, Float: best_dist):
    # 노드가 너무 멀면 가지치기한다
    IF MinDist(node, x, y) >= best_dist:                 // ①
        return null

    Point: best_candidate = null

    # 리프 안에 있다면 점들을 탐색한다
    IF node.is_leaf:                                      // ②
        FOR EACH current IN node.points:
            Float: dist = euclidean_dist(x, y, current.x, current.y)

            IF dist < best_dist:
                best_dist = dist
                best_candidate = current
        return best_candidate

    # 가장 가까운 사분면부터 시작해, 재귀적으로 네 자식 사분면을 모두 검사한다
    Float: x_bin_size = (node.x_max - node.x_min) / 2.0  // ③
    Float: y_bin_size = (node.y_max - node.y_min) / 2.0

    Integer: xbin = Floor((x - node.x_min) / x_bin_size)
    IF xbin < 0:
        xbin = 0
    IF xbin > 1:
        xbin = 1
```

```
        Integer: ybin = Floor((y - node.y_min) / y_bin_size)
        IF ybin < 0:
            ybin = 0
        IF ybin > 1:
            ybin = 1

        FOR EACH i IN [xbin, (xbin + 1) % 2]:                    // ④
            FOR EACH j IN [ybin, (ybin + 1) % 2]:
                IF node.children[i][j] != null:
                    Point: quad_best = QuadTreeNodeNearestNeighbor(
                                            node.children[i][j],
                                            x, y, best_dist)
                    IF quad_best != null:                        // ⑤
                        best_candidate = quad_best
                        best_dist = euclidean_dist(x, y, quad_best.x,
                                                    quad_best.y)
        return best_candidate
```

이 함수는 가지치기 테스트로부터 시작한다. best_dist보다 더 가까운 점이 없으면 노드를 건너뛰고 null을 반환한다(①). 그다음, 현재 노드가 리프 노드인지 확인한다(②). 리프에 도달한 경우, FOR 루프를 사용해 각 지점이 best_dist보다 더 가까운지 확인하고 그런 점이 있으면 best_dist와 best_candidate를 갱신한다. 이 루프가 끝나면 best_candidate를 반환한다. 이 루프에서 새로운 최근접 점 후보를 찾지 못한 경우 best_candidate에는 null 값이 들어가 있다.

다음 코드 블록은 내부 노드를 처리한다. 이 부분에 도달했다면 노드가 리프가 아니므로 현재 노드에는 점 리스트가 없다는 것을 의미한다. 몇 가지 기본적인 수치 검사와 점수 조작을 통해 코드가 가장 가까운 자식부터 탐색하게 하며, 이 탐색을 확장할 수 있다. 코드는 먼저 후보 점이 어느 x와 y 상자에 속해야 할지를 계산하고(③), xbin과 ybin이 [0, 1] 범위 내에 있도록 조정하는 동시에, 가장 가까운 자식 노드를 가리키게 한다. 이런 범위 조정이 필요한 이유는 상당수 내부 노드의 경우 목표점이 해당 노드가 표현하는 2×2 사분면의 경계 밖에 존재하기 때문이다.

그 후, 두 FOR 루프를 사용해 이중 루프를 반복하면서 쌍을 순회하면서 null이 아닌 자식을 재귀적으로 탐색한다(④). 각 자식 노드에 대해 더 가까운 이웃을 찾았는지 확인(quad_best != null)하고, 더 가까운 이웃을 찾은 경우에는 best_candidate와 best_dist를 갱신한다(⑤). 함수의 끝에서는 best_candidate를 반환한다. 리프 노드와 마찬가지로, 원래의 best_dist보다 더 가까운 점을 찾지 못한 경우 best_candidate가 null이 될 수 있다.

9.2 / k-d 트리
SECTION

2차원 동적 분할 문제를 해결했으므로 이제 k-d 트리를 사용한 3차원 이상에서의 점이나 최근접 이웃 탐색에 대해 알아보자. 커피 예제에서 원하는 모든 속성을 고려하지 않을 때 발생할 수 있는 실망에 대해 이미 경험했다. 또, 날씨 데이터 집합에서 비슷한 조건(온도, 기압, 습도)을 탐색하는 경우처럼 데이터 집합에서 유사한 점을 탐색하는 경우, 차원이 더 높은 경우가 일반적이다.

이론적으로는 단순히 더 많은 차원을 따라 분할하는 방법으로 쿼드 트리를 확장할 수 있다. 예를 들어, **옥트리(octtree)**는 각 수준을 8가지 하위 노드로 분할하는 3차원 버전의 쿼드 트리다. 8개로 분할하는 것이 그다지 나쁘게 보이지 않을 수도 있지만, 이런 접근 방식은 분명히 차원 수에 따라 우아하게 확장될 수 없다. D차원 데이터를 기반으로 트리를 구성하는 경우 각 내부 노드에 대해 모든 D차원을 동시에 분할하려면 2^D개 자식이 필요하다. 예를 들어, 온도, 기압, 습도, 강수량, 풍속이 포함된 날씨 자료 구조를 구축한다면 5차원 점을 사용해야 하기 때문에 각 수준에서 32개(2^5)로 하위 트리를 분할해야 한다! 이러한 엄청난 부가 비용은 고차원으로 격자를 확장할 때 발생했던 문제와 같다.

더 높은 차원에 대해 효과적으로 트리를 확장하려면 가지를 뻗어나가는 비율(branching factor, 브랜칭 팩터)을 조절해야 한다. 높은 차원에서 효율적인 근접도 탐색을 할 수 있게 해주는 강력한 자료 구조가 많이 있다. 한 가지 예로 k-d 트리가 있다. k-d 트리는 쿼드 트리와 비슷한 개념을 기반으로 구축된다.

9.2.1 k-d 트리 구조

k-d 트리는 쿼드 트리의 공간 분할과 이진 탐색 트리의 2개 자식으로 뻗어나가는 특성을 결합해서 두 자료 구조의 장점을 모두 취하는 공간 자료 구조다. 모든 수준에서 모든 차원으로 공간을 분할하는 대신 k-d 트리는 한 차원을 선택해서 해당 차원을 기준으로 데이터를 분할한다. 따라서 각 내부 노드는 데이터를 정확히 두 자식으로 분할한다. 왼쪽 자식은 분할 값보다 작은(또는 같은) 점들을 포함하며, 오른쪽 자식은 분할 값보다 더 큰 점들을 포함한다.

k-d 트리를 사용할 때는 균일 쿼드 트리의 규칙적인 격자 구조를 잃게 되지만, 반대급부로 이진 탐색 트리에서 쓰던 2라는 브랜칭 팩터를 회복할 수 있다. 이렇게 어느 한 차원을 기준으로 분할하는 기능은 k-d 트리를 다차원 데이터 집합에 맞춰 확장할 때 필수다. k-d 트리를 사용하면 더 이상 각 레벨을 2^D개 자식으로 분할할 필요가 없다. 그림 9-15는 k-d 트리 예제를 보여준다.

▼ **그림 9-15** 각 레벨에서 어느 한 차원을 기준으로 분할한 k-d 트리

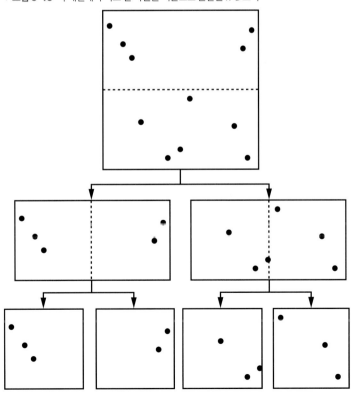

k-d 트리는 쿼드 트리보다 더 유연하게 데이터의 구조에 맞춰 대응할 수 있다. 모든 차원에서, 중앙값을 기준으로 공간을 분할해야 한다는 제약이 없기 때문이다. 2차원에서 균일한 크기의 격자 상자로 공간을 분할하는 대신, 각 노드에서 데이터를 분할하기에 가장 적합한 차원과 분할 값을 선택할 수 있다. 따라서 각각의 내부 노드는 분할하는 차원(split_dim)과 분할의 기준이 되는 값(split_val)을 모두 저장하며, 어떤 데이터 지점의 분할 대상 차원의 값이 노드의 분할 기준 값보다 작거나 같은 경우에는 노드의 왼쪽 자식에 해당 데이터 지점을 할당한다.

```
pt[split_dim] <= split_val
```

두 축을 번갈아 가면서 분할해 그림 9-15와 비슷한 분할을 만들어내는 대신, 각 노드에서 데이터의 구성을 기반으로 분할을 선택하면 이후 탐색을 더 쉽게 해주는 트리 구조를 원하는 대로 만들어낼 수 있다. 예를 들어, 분할할 차원의 범위의 중간(상한과 하한의 평균)을 기준으로 분할할 수도 있고, 분할할 차원의 값 중 중위값(median)을 기준으로 분할할 수도 있다. 이 두 방식의 차이를 그림 9-16에서 볼 수 있다.

▼ **그림 9-16** 분할할 차원의 범위의 중간(왼쪽)과 중위값(오른쪽)에서 노드를 분할하는 경우의 차이

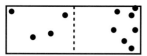 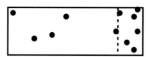

k-d 트리의 유연한 구조로 인해 노드의 공간 경계를 다룰 때는 더 주의를 기울여야 한다. 균일 쿼드 트리의 사각형 격자 상자와 달리, k-d 트리의 노드는 전체 탐색 공간의 초직사각형[2]을 이룬다. 각 차원의 너비가 완전히 다를 수 있다. 일부 노드는 모든 차원의 크기가 똑같은 정사각형 비슷한 다면체일 수도 있고, 다른 노드는 길고 얇은 모양의 다면체일 수도 있다. 노드를 이루는 공간의 경계를 정의하는 다차원 직사각형을 추적함으로써 노드가 다루는 영역을 표현한다. 이때 차원별 경계를 표현하기 위해 각 차원의 상한과 하한을 저

---

2 **역주** 모든 면이 직사각형으로 이뤄진 N차원 다면체를 말한다. 2차원 공간이면 직사각형, 3차원 공간이면 직육면체라고 부르며, 3차원 이상에서 이런 도형을 초직사각형(hyperrectangle)이라고 부른다.

장한다. 임의의 차원이 가능하기 때문에, x_min과 x_max라는 두 배열로 경계를 저장한다. 여기서 x_min[d]는 현재 노드의 차원 d상 영역의 하한(최솟값)을 나타내고, x_max[d]는 상한(최댓값)을 나타낸다. 노드 안 모든 점은 다음을 만족해야 한다.

```
x_min[d] <= pt[d] <= x_max[d] FOR ALL d
```

복잡성 때문에 각 k-d 트리 노드는 상당한 양의 정보를 저장한다. 이런 비용이 처음에는 부담스러워 보일 수도 있지만, 이번 절에서 살펴볼 것처럼 트리의 성능과 유연성에 의해 이 비용이 상쇄된다. 이 책에서 다루는 모든 자료 구조와 마찬가지로 여기서도 메모리, 자료 구조 복잡성, 알고리즘의 효율성 사이에서 명시적인 트레이드오프 관계를 만들어내고 있다.

다음은 KDTreeNode를 표현하는 복합 자료 구조를 보여준다.

```
KDTreeNode {
    Boolean: is_leaf
    Integer: num_dimensions
    Integer: num_points
    Array of Floats: x_min
    Array of Floats: x_max
    Integer: split_dim
    Float: split_val
    KDTreeNode: left
    KDTreeNode: right
    Array of Arrays: points
}
```

이 경우에는 임의의 차원의 점을 허용하기 위해 배열의 배열을 사용해 데이터 점들을 표현한다.

이 책에서 다루는 다른 트리와 마찬가지로, KDTree라는 외부 자료 구조로 노드를 감쌀 수 있다.

```
KDTree {
    Integer: num_dimensions
    KDTreeNode: root
}
```

이 래퍼 자료 구조에 차원의 개수를 저장하면 삽입, 제거, 탐색 등에서 일관성을 검사할 때 유용하다. num_dimensions의 값은 k-d 트리가 생성될 때 설정되며, 이 트리 데이터 구조 안에서 고정된다.

이런 노드 분할 전략의 유연성은 k-d 트리의 진정한 장점이다. 우리는 데이터에 맞춰 자료 구조를 적응시키기 위해 쿼드 트리의 공간 분할을 확장하고 있다. 점들이 여기저기 나뉘어 모여 있다면, 각각의 집단에 초점을 맞춰서 가장 많은 정보를 제공할 수 있는 분할을 선택한다. 그림 9-17은 이런 동적 분할을 보여준다.

▼ **그림 9-17** k-d 트리에서 생성된 공간 분할

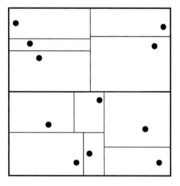

근처 커피숍을 찾는 작업을 계속 살펴보자. 우리가 플로리다주에서 메인주에 이를 때까지 95번 주간(inter-state) 고속도로를 따라 여행할 때, 고속도로 주변 50마일 이내에 위치한 커피숍만 저장하는 방식으로 데이터를 전처리할 수 있다. 그림 9-18은 이런 분포를 보여준다.

이렇게 전처리하면 고속도로 근처 커피숍으로만 탐색 공간을 한정함으로써 탐색 속도를 높일 수 있다. 그러나 더 효율적으로 탐색하기 위해 여전히 각 커피숍의 위치를 공간 자료 구조에 저장할 수 있다. 우리는 고속도로상 적절한 지역으로 탐색 범위를 좁히고 싶다. 우

리가 남캐롤라이나주에 있는 동안에는 매사추세츠주에 있는 커피숍을 확인할 필요가 없기 때문이다. 균일한 분할 체계는 이러한 상황에서 이상적이지 않음을 바로 알 수 있다. 우리 여행은 대부분의 경우 북쪽으로 이동하는 1,500마일 이상의 거리를 포함한다. 이미 (남북 방향으로 주로 흐르는) 고속도로 근처의 커피숍만 걸러냈기 때문에, 동서 방향으로 균일하게 분할하면 가지치기의 이점을 살리지 못한다. 하지만 남북 방향을 위주로 분할하면 가지치기로부터 이익을 더 많이 얻을 수 있다.

▼ **그림 9-18** 주요 고속도로를 따른 커피숍 분포 예제

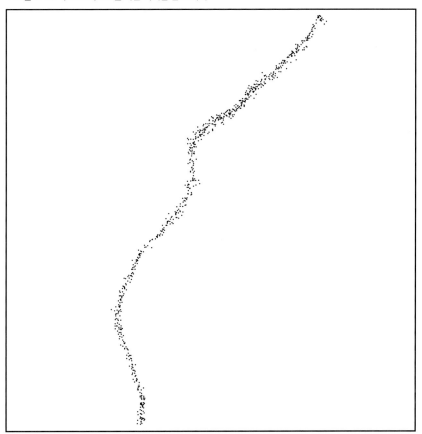

다른 비유로 쿼드 트리가 지도를 나누는 엄격한 규정을 따르는 도시 계획자의 일상적인 구획 방식이라면, k-d 트리는 도시 계획자가 보유한 다양한 도구를 활용해 작업하는 것과 같다. 이제는 각 지역을 완벽한 정사각형으로 나눠야 한다는 제약에서 벗어나 실제 점의

분포에 따라 공간을 분할할 수 있는 유연성이 생긴다. 도시 계획자는 길고 좁은 지역을 최소화하기 위해 가장 폭이 큰 차원을 분할하는 쪽을 선택하며, 이런 (폭이 가장 큰) 차원의 중간 지점을 분할해 균형 잡힌 트리를 제공한다. 이에 따른 결과물은 항상 정사각형으로 분할하는 쿼드 트리의 경우처럼 규칙적으로 보이지는 않지만, 훨씬 효과적일 수 있다.

9.2.2 더 꼭 들어맞는 공간 경계

노드의 전체 공간 경계 대신 노드 안에 포함된 모든 점을 둘러싸는 최소 상자로 경계를 정의할 경우, 공간 트리의 가지치기 효과를 더 개선할 수 있다. 이렇게 경계를 정의함으로써 우리는 가지치기 질문을 '노드가 처리하는 공간 안에 최근접 이웃 후보가 존재할 수 있나?'에서 '노드 내 실제 점들을 둘러싸고 있는 최소 경계 안에 최근접 이웃 후보가 존재할 수 있나?'로 바꿀 수 있다. 이 변화는 작은 변화처럼 보일 수 있지만, 노드를 분할할 때 사용하는 논리에 따라 그림 9-19처럼 비용을 상당히 절약할 수 있다.

▼ **그림 9-19** k-d 트리 노드 안 점들을 딱 맞게 둘러싼 경계 상자

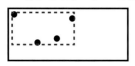

노드를 생성할 때 이렇게 더욱 엄격한 경계를 사용하면 k-d 트리를 데이터에 더 잘 적응시킬 수 있다. 이제는 더 이상 가능한 전체 공간 영역을 기반으로 노드를 분할하지 않고, 실제 점이 차지하는 영역을 기반으로 분할한다. 이에 따라 생성된 k-d 트리 구조는 그림 9-20과 같다. 각 노드의 검은색 상자는 엄격한 경계 상자를 나타낸다. 회색 점과 선은 나머지 데이터 집합의 맥락에서 노드의 경계를 설명하기 위해 표시한 것이다.

탐색할 때는 검은색 상자(엄격한 경계 상자)를 가지치기에 사용한다. 그림에서 볼 수 있듯이, 엄격한 경계를 통해 얻은 영역이 훨씬 더 작기 때문에 가지치기를 더 강력하게 할 수 있다. 엄격한 경계 상자는 크기가 더 작기 때문에 목표점과 경계 사이의 최소 거리가 더 커질 가능성이 높다.

▼ **그림 9-20** 3단계의 k-d 트리와 각 노드의 경계 상자

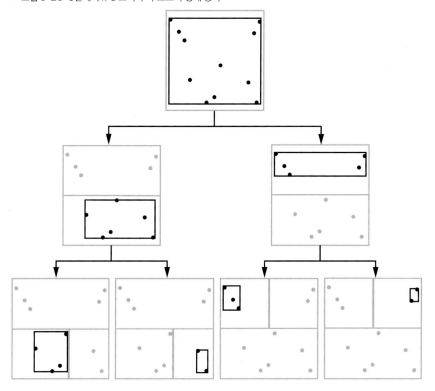

배열로 표현된 점의 집합에서 엄격한 경계 상자를 계산하기 위해 간단한 도우미 함수를 사용할 수 있다(코드 9-1).

▼ **코드 9-1** 노드 내 점들의 엄격한 경계 상자를 계산하는 도우미 함수

```
ComputeBoundingBox(Array of Arrays: pts):
    Integer: num_points = length(pts)    // ①
    IF num_points == 0:
        return Error
    Integer: num_dims = length(pts[0])

    Array: L = num_dims 길이의 배열        // ②
    Array: H = num_dims 길이의 배열
    Integer: d = 0
    WHILE d < num_dims:                   // ③
        L[d] = pts[0][d]
```

```
        H[d] = pts[0][d]
        d = d + 1

    Integer: i = 1
    WHILE i < num_points:               // ④
        d = 0
        WHILE d < num_dims:
            IF L[d] > pts[i][d]:
                L[d] = pts[i][d]
            IF H[d] < pts[i][d]:
                H[d] = pts[i][d]
            d = d + 1
        i = i + 1
    return (L, H)                       // ⑤
```

이 코드는 입력 데이터에서 점의 개수와 차원 개수를 추출한다(①). 그 후, 각각의 하한과 상한을 저장하기 위해 새로운 L과 H 배열을 생성한다(②). 그리고 L과 H 배열을 첫 번째 점의 좌표로 초기화한다(③). 그 후, 배열의 나머지 점들을 반복하면서 점이 L과 H에 저장된 경계를 벗어나는지 확인한다(④). 만약 경계를 벗어났다면 벗어난 점의 좌표에 맞춰 경계를 확장한다. 이 함수는 L과 H 배열을 반환하면서 끝난다(⑤).

이 도우미 함수는 KDTree의 래퍼 함수에서 모든 점이 올바른 차원 개수를 가지고 있는지 미리 확인하는 것의 이점을 보여준다. 이런 검사를 수행하면 점의 데이터에 접근할 때 잘못된 배열 원소에 접근하는 경우가 생기지 않도록 보장할 수 있다.

물론 이렇게 (엄격한) 경계를 추적하면 동적 변경을 다룰 때 상당한 복잡성이 추가된다. k-d 트리에 점을 추가하면 대상 노드의 엄격한 경계가 증가할 수도 있다. 마찬가지로, 노드를 제거하면 엄격한 경계가 축소될 수 있다.

9.2.3 k-d 트리 만들기

k-d 트리 생성은 이진 탐색 트리 생성과 비슷한 재귀 과정을 거치지만, 몇 가지 큰 차이가 있다. 처음에는 모든 데이터 점에서 시작하고, 분할할 차원과 값을 선택해서 두 하위 집합

으로 데이터 점들을 나눈다. 이런 과정을 각 수준에서 수행하며 노드에 남은 최소한의 점 개수, 경계의 최소 너비, 노드의 최대 깊이 등이 종료 조건에 도달할 때까지 반복한다. 일 반적으로는 최소한의 점 개수와 최소 너비라는 두 가지 검사를 사용하지만, 중복 데이터 점이 있을 때 무한 재귀가 발생하는 일을 피하기 위해 마지막 두 검사(최소 너비나 최대 깊이) 중 어느 하나만이라도 사용하는 것이 필수다.

우선 데이터가 유효한지 확인하는 래퍼 함수로부터 시작하자.

```
BuildKDTree(KDTree: tree, Array of Arrays: pts):
    FOR EACH pt IN pts:
    IF length(pt) != tree.num_dimensions:
        오류를 반환한다
    IF length(pts) > 0:
        tree.root = KDTreeNode()
        RecursiveBuildKDTree(tree.root, tree.num_dimensions, pts)
    ELSE:
        tree.root = null
```

코드는 모든 점이 올바른 차원 수를 가지는지 확인한다. 그 후 트리를 구축할 점들이 있 는지 확인한다. 점이 있다면 새로운 루트 노드(이전 트리를 덮어씀)를 할당하고, 다음 RecursiveBuildKDTree 함수를 재귀적으로 호출하면서 k-d 트리를 생성한다. 점이 없다 면 루트를 null로 설정해 빈 트리라는 사실을 표현한다.

k-d 트리와 쿼드 트리 생성의 주된 차이는 k-d 트리의 경우 각 레벨에서 분할할 차원을 하나만 선택한다는 것이다. 엄격한 경계 상자를 사용하는 경우, D차원(모든 차원)에서 경 계 상자를 다시 계산해야 한다. 이런 변경은 코드를 약간 길게 만들지만(n차원의 루프가 추가됨), 코드의 복잡성이 늘어나지는 않는다[3]. k-d 트리를 구축하는 코드는 점 집합을 자 식 노드 간에 재귀적으로 분할하여 종료 조건에 도달할 때까지 계속된다.

---

3 역주 루프를 별도 함수로 빼냈기 때문에 코드 자체는 거의 변하는 게 없다. 하지만 RecursiveBuildKDTree가 시작할 때마다 점의 개수 × 차원 수만큼 루프를 더 돌면서 비교 연산을 수행해야 하기 때문에 트리의 깊이가 n이라면 n번만큼 점의 개수 × 차원 수만큼 비교 연산 을 더 수행해야 한다.

```
RecursiveBuildKDTree(KDTreeNode: node, Integer: num_dims,
                     Array of Arrays: pts):
    node.num_points = length(pts)                        // ①
    node.num_dimensions = num_dims
    node.left = null
    node.right = null
    node.points = 빈 배열
    node.split_dim = -1
    node.split_val = 0.0
    node.is_leaf = True

    # 점의 경계 상자를 계산한다
    (node.x_min, node.x_max) = ComputeBoundingBox(pts)   // ②

    # 가장 폭이 넓은 차원의 너비 계산
    Float: max_width = 0.0                               // ③
    Integer: d = 0
    WHILE d < node.num_dimensions:
        IF node.x_max[d] - node.x_min[d] > max_width:
            max_width = node.x_max[d] - node.x_min[d]
        d = d + 1

    # 리프 조건을 만나면 나머지 점들을 노드의 point 리스트에 추가한다
    IF 분할 조건을 만족하지 않음:                           // ④
        FOR EACH pt IN pts:
            node.points.append(pt)
        return

    # 분할 대상 차원과 분할 기준 값 결정
    node.split_dim = 선택한 분할 대상 차원                   // ⑤
    node.split_val = node.split_dim에 따라 결정한 분할 기준 값
    node.is_leaf = False

    # 분할 대상 차원과 분할 기준 값에 따라 점들을 분할한다
    Array of Arrays: left_pts = []
    Array of Arrays: right_pts = []
    FOR EACH pt IN pts:                                  // ⑥
```

```
        IF pt[node.split_dim] <= node.split_val:
            left_pts.append(pt)
        ELSE:
            right_pts.append(pt)

    # 재귀적으로 자식 노드 생성
    node.left = KDTreeNode()                          // ⑦
    RecursiveBuildKDTree(node.left, num_dims, left_pts)

    node.right = KDTreeNode()
    RecursiveBuildKDTree(node.right, num_dims, right_pts)
```

이 코드는 각 노드에서 필요한 정보를 채우는 작업으로 시작한다. 점 개수나 차원 개수와 같은 필수 정보를 기록한다. 그 후, 모든 점에 대해 루프를 돌면서 노드의 엄격한 경계 상자를 계산한다(②, 코드 9-1의 도우미 함수를 사용함). 경계를 찾고 나면, 코드는 각 차원을 루프 돌면서 가장 폭이 넓은 차원을 찾는다(③). 이 루프는 재귀의 중지 조건으로 사용된다(폭이 너무 작은 경우, 노드를 분할하지 않음). 노드가 분할 조건을 만족하지 못하면, 코드는 모든 점을 리프 노드의 점 리스트에 저장한다(④). 분할 조건을 만족하는 경우, 코드는 노드에서 분할할 대상 차원과 해당 차원을 분할할 때 사용할 기준 값을 선택한다(⑤). 코드는 현재 노드의 점 집합을 순회하면서 분할 대상 차원과 분할 기준 값에 따라 점들을 left_pts와 right_pts라는 두 배열로 분할한다(⑥). 두 자식 노드를 재귀적으로 생성할 때 left_pts와 right_pts 배열을 사용한다(⑦).

split_dim과 split_val을 선택하는 한 가지 방법은 가장 넓은 차원의 중간(상한 값과 하한 값의 평균)을 분할하는 것이다. 이렇게 분할하는 코드는 비교적 간단하며, 분할 대상과 기준 값을 결정하는 코드 중 상당 부분은 가장 폭이 넓은 차원을 찾는 코드 블록(③)에 통합될 수 있다.

```
    Float: max_width = 0.0
    Integer: split_dim = 0
    Integer: d = 0
    WHILE d < node.num_dimensions:
        IF node.x_max[d] - node.x_min[d] > max_width:
            max_width = node.x_max[d] - node.x_min[d]
            split_dim = d   // 분할 대상 차원을 지금까지 가장 폭이 넓었던 차원으로 변경
        d = d + 1
```

그 후, ⑤에서 분할 차원과 값을 설정한다.

```
node.split_dim = split_dim
node.split_val = (node.x_min[node.split_dim] +
                  node.x_max[node.split_dim]) / 2.0
```

k-d 트리의 일괄 생성은 점을 동적으로 삽입하거나 제거하는 경우보다 큰 장점이 있다. 트리를 생성하는 도중에 모든 데이터 지점을 고려함으로써 트리의 구조를 데이터에 더 잘 적응시킬 수 있다. 일괄 생성의 경우 지금까지 삽입된 부분 집합이 아니라 모든 데이터 지점을 기반으로 분할을 선택한다.

9.2.4 k-d 트리에 대한 연산

k-d 트리의 기본 연산은 점의 삽입, 제거, 탐색이며, 쿼드 트리와 같은 방법을 쓴다. 모든 연산은 트리의 맨 위(루트 노드)에서 시작하고 분할 값을 사용해 적절한 가지로 이동한다. 주된 차이는 네 사분면 중 어느 쪽을 탐색할지 선택하는 대신, split_dim과 split_val을 사용해 두 자식 중 하나를 선택한다는 점이다. 높은 수준에서 보면 쿼드 트리의 연산과 유사하기 때문에, 각 코드를 자세히 설명하지는 않는다. 대신, 쿼드 트리와 k-d 트리의 차이만 살펴보자.

삽입: k-d 트리 노드에 점을 삽입할 때는 split_dim과 split_val을 사용해 어느 가지를 따를지 결정한다. 분할 조건을 충족하는 경우, 트리를 일괄적으로 생성할 때 사용한 방식과 같은 방식으로 리프 노드를 분할한다. 마지막으로 각 노드에 대해 더 엄격한 경계 상자를 추적하는 경우에는 새로 추가된 점을 고려해 경계를 갱신해야 한다. 점을 추가하므로 이 갱신은 항상 경계 상자의 크기를 증가시킨다.

```
Integer: d = 0
WHILE d < node.num_dimensions:
    IF x[d] < node.x_min[d]:
        node.x_min[d] = x[d]
    IF x[d] > node.x_max[d]:
        node.x_max[d] = x[d]
    d = d + 1
```

이 코드는 새 점의 각 차원을 반복하면서 경계를 벗어나는지 확인하고 새 점이 경계를 벗어나면 경계를 갱신한다.

제거: k-d 트리에서 점을 제거할 때도 split_dim과 split_val을 사용해 어느 가지를 따라 점을 탐색할지 결정한다. 노드를 제거한 다음에는 트리의 루트로 다시 돌아간다. 트리로 이동하는 동안 각 노드에서 (리프의 경우 점들을 고려하고 내부 노드의 경우 두 자식의 경계 상자를 고려함) 경계를 축소할지 결정한다. 그리고 내부 노드의 경우 노드를 축소(자식 노드를 없애면서 내부 노드를 리프 노드로 만듦)할 수 있는지 살펴본다.

탐색: 쿼드 트리 탐색 연산과 k-d 트리 탐색 연산의 주된 차이점은 노드 가지치기 가능성에 대한 검사에 있다. 예를 들어, 우리는 쿼드 트리와 격자에서 사용했던 $MinDist = \sqrt{(\Sigma_d \, dist_d^2)}$라는 공식을 확장해 어떤 점 x와 (균일하지 않은 D차원) 경계 상자에서 가장 가까운 점 사이의 유클리드 거리를 계산할 수 있다. 먼저, 차원별로 점과 노드의 공간 경계 사이 최소 거리를 계산한다.

$$\text{만약 } x[d] < x_{\min}[d] \text{ 이면 } dist_d = x_{\min}[d] - x[d]$$

$$\text{만약 } x_{\min}[d] \leq x \leq x_{\max}[d] \text{ 이면 } dist_d = 0$$

$$\text{만약 } x[d] > x_{\max}[d] \text{ 이면 } dist_d = x[d] - x_{\max}[d]$$

여기서 $x[d]$는 목표점의 d번째 차원을 나타내며, $x_{min}[d]$와 $x_{max}[d]$는 노드의 d번째 차원 경계의 하한과 상한을 나타낸다. 그 후, 차원별로 거리 제곱의 합계를 계산해 제곱근을 취한다. 이 계산 전체를 차원에 대한 WHILE 루프로 구현할 수 있다.

```
KDTreeNodeMinDist(KDTreeNode: node, Point: pt):
    Float: dist_sum = 0.0
    Integer: d = 0
    WHILE d < node.num_dimensions:
        Float: diff = 0.0
        IF pt[d] < node.x_min[d]:
            diff = node.x_min[d] - pt[d]
        IF pt[d] > node.x_max[d]:
            diff = pt[d] - node.x_max[d]
        dist_sum = dist_sum + diff * diff
        d = d + 1
    return sqrt(dist_sum)
```

k-d 트리는 쿼드 트리보다 추가나 제거에 더 민감할 수 있다. 두 트리 모두 분할 규칙과 점의 분포로 인해 균형을 잃을 수 있지만, k-d 트리의 분할은 데이터에 따라 달라지기 때문이다. 만약 우리가 점의 분포를 크게 바꾼다면, 원래의 분할 기준 값이 더 이상 좋은 기준이 아니게 될 수 있다. 일괄적으로 생성하는 동안에는 트리의 깊이, 균형 여부, 노드 공간 경계의 촘촘함 등의 요소를 고려해 데이터에 맞게 분할을 조정할 수 있다. 이는 자료 구조에서 볼 수 있는 또 다른 트레이드오프 관계를 보여준다. 즉, 데이터가 변함에 따라 자료 구조의 성능이 저하될 수도 있다는 것이다.

9.3 / 쿼드 트리와 k-d 트리가 중요한 이유

쿼드 트리와 k-d 트리는 동적 자료 구조의 강력함과 탐색 문제의 공간 구조를 결합하는 방법을 보여주는 예다. 쿼드 트리를 사용하면 한 번에 여러 차원을 분할함으로써 지역적인 영역의 데이터 점의 밀도에 맞게 격자 해상도를 조절할 수 있다. 밀도 높은 지역은 더 깊은 가지를 만들어내며, 그에 따라서 더 세분된 격자가 생긴다. 동시에 규칙적인 격자 구조를 유지하면 점의 차원이 높아질 때 새로 들어가는 비용이 커진다. 쿼드 트리, 옥트리 등 쿼드 트리 변형이 서로 다른 데이터 집합에 대해 어떻게 확장되는지 살펴보는 것은 우리가 공간 구조를 활용하는 방식을 생각할 때 중요한 관점을 제공한다.

k-d 트리는 최근접 이웃 탐색 문제를 해결하기 위해 이 책의 앞에서 계속 다뤄온 개념을 결합한 예다. k-d 트리는 이진 트리의 핵심 아이디어를 본받아 각 노드에서 하나의 차원을 선택해 (2개의 하위 트리로) 분할하는 방식을 써서, 다차원 데이터를 표현하는 트리에서 브랜칭 팩터가 커지는 문제를 해결한다. 또, k-d 트리는 데이터의 구조에 적응해 더 많은 가지치기를 제공하기 때문에 자료 구조에 더 유연하게 대응할 수 있다.

쿼드 트리와 k-d 트리만 최근접 이웃 탐색을 더 쉽게 만들어주지는 않는다. 이들 외에도 트리 기반이거나 트리를 기반으로 하지 않는 다양한 접근 방식이 있다. 공간적 자료 구조라는 주제로 책을 여러 권 채울 수 있다. 컴퓨터 과학에서 거의 모든 것과 마찬가지로, 각 접근 방식은 프로그램의 복잡성, 계산 비용, 메모리 사용과 관련된 고유한 트레이드오프 관계가 존재한다. 쿼드 트리와 k-d 트리는 어떻게 하면 최근접 이웃 탐색의 공간적 가지치기와 트리 기반 자료 구조를 결합해서 공간 트리를 우리가 가진 데이터에 맞게 적응시킬 수 있는지를 보여주는 우수한 예다.

해시 테이블

10장에서는 삽입과 탐색에 최적화된 동적 자료 구조인 **해시 테이블(hash table)**을 소개한다. 해시 테이블은 수학 함수를 사용해 데이터의 위치를 알려준다. 특히 정보를 탐색해서 빠르게 읽고 싶은 순수한 저장 용도의 경우에 해시 테이블이 유용하다.

해시 테이블이 제공하는 기능은 우리가 커피 저장고에서 원하는 기능이라 할 수 있다. 유통기한이나 맛을 기준으로 커피를 정렬하려는 시도는 잊어버려라. 우리는 커피콩의 모든 세부 사항을 쉽게 기억하는 진정한 커피 애호가다. 그래서 언제나 어떤 속성(또는 속성의 조합)으로부터 커피 이름을 즉시 기억해낼 수 있다. 커피 저장고로 걸어가는 동안에 우리는 이미 어떤 커피를 원하는지 결정했다. 이럴 때 다른 차원에 따라 커피를 정렬해두는 것은 커피를 찾는 시간을 늦추기만 한다. 우리에게 필요한 것은 효율적인 탐색이다. 마시려는 커피 이름만 알면, 최소한의 노력으로 그 커피콩을 찾을 수 있어야 한다. 해시 테이블은 커피콩 이름만으로 정확히 이런 종류의 빠른 탐색을 가능하게 해준다.

배열은 개별 데이터 조각을 저장하는 간결한 구조와 효율적인 탐색 메커니즘을 제공하지만, 해당 원소의 인덱스를 알 때만 효율적이다. 인덱스가 있으면 상수 시간에 원하는 원소를 조회할 수 있다. 2장에서 본 것처럼, 인덱스가 없으면 배열에서 원소를 탐색하는 처리가 더 복잡해진다. 원소의 값만 아는 경우에는 그 위치를 찾기 위해 배열을 탐색해야 한다. 이진 탐색으로 원소를 효율적으로 찾을 수도 있지만, 배열을 정렬된 상태로 유지하는 비용이 발생하므로 삽입과 제거의 효율이 떨어진다.

9장까지는 목푯값을 효율적으로 탐색하기 위한 자료 구조와 알고리즘을 살펴봤다. 목푯값을 직접 인덱스로 매핑하는 마법의 함수를 만들 수만 있다면(물론 몇 가지 주의 사항이 있겠지만) 어떨지 상상해보라. 이것이 해시 테이블의 핵심 아이디어다. 해시 테이블은 수학 함수를 사용해 값의 인덱스를 계산하기 때문에, 값을 바로 배열의 상자로 매핑할 수 있다. 단점은 모든 매핑이 완벽하지만은 않다는 것이다. 서로 다른 값이 같은 위치로 매핑되는 해시 충돌(hash collision)이 발생할 수 있다. 충돌을 해결하는 방법 두 가지도 살펴보겠다.

다른 모든 자료 구조와 마찬가지로, 해시 테이블도 모든 문제에 대한 완벽한 해결책은 아니다. 메모리 사용이나 최악의 경우 성능 등을 기준으로 해시 테이블의 장점과 트레이드오프를 검토할 것이다. 이를 통해 수학적인 매핑을 사용해 데이터를 조직화하는 새로운 방법을 관찰할 것이다.

10.1 / 키를 사용한 저장과 탐색
SECTION

해시 테이블의 메커니즘을 자세히 살펴보기 전에, 정수 값의 효율적인 탐색을 위한 이상적인 인덱싱 방법을 생각해보자. 이 방법은 바로 있을 수 있는 모든 값에 대해 개별적으로 배열 상자를 유지하고, 값을 사용해 그 상자를 인덱싱하는 것이다. 이 구조를 그림 10-1에 표시했다. 9를 삽입하기 위해서는 그냥 9가 인덱스인 상자에 값을 넣기만 하면 된다. 이러한 구조를 사용하면, 항목을 삽입하고 조회할 때 상수 시간이 소요된다.

▼ **그림 10-1** 가능한 모든 항목별로 따로 상자가 있는 대형 배열

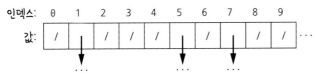

이런 이상적인 자료 구조에는 존재할 수 있는 모든 키의 배열을 유지하는 데 엄청난 비용이 든다는 명백한 단점이 있다. 예를 들어 16자리 신용카드 번호를 모두 저장하려면, 1경(10의 16제곱) 개 상자가 필요하기 때문에 아주 큰 메모리가 필요하다. 더 큰 문제는 실제로 이 모든 상자를 사용할 가능성이 매우 낮다는 것이다. 예를 들어, 직원이 1,000명인 회사에서 직원들의 신용카드를 추적하는 프로그램을 작성하는 경우, 사용 가능한 상자 중에서 아주 작은 일부분(10조당 하나)만 필요하고 나머지는 그냥 낭비된다. 낭비되는 상자들은 비어 있으면서 언젠가 데이터를 저장하게 될 때만 기다린다. 마찬가지로 모든 가능한 책에 대한 서고, 모든 가능한 고객에 대한 호텔 방, 또는 우리가 알고 있는 모든 커피에 대해 커피 저장고를 예약하고 싶지는 않다. 아주 불합리하기 때문이다.

그러나 사고 실험으로 이 이상적인 자료 구조가 다른 유형의 데이터에 대해 어떻게 삭동할 수 있는지 살펴보자. 문자열이나 복합 자료 구조와 같은 더 복잡한 유형의 데이터에 대해 '어떤 값을 사용해야 할까'라는 질문을 즉시 떠올리게 된다. 커피 평가 레코드를 저장하는 간단한 데이터베이스를 만든다고 가정하자. 3장에서 다음과 같이 동적으로 크기가 조정되는 데이터를 저장하기 위해 포인터 배열을 사용하는 방법을 살펴봤다.

```
CoffeeRecord {
    String: Name
    String: Brand
    Integer: Rating
    FloatingPoint: Cost_Per_Pound
    Boolean: Is_Dark_Roast
    String: Other_Notes
    Image: Barcode
}
```

여전히 가능한 모든 항목별로 하나씩 상자가 있는 하나의 큰 배열에 모든 항목을 배치할 수 있다. 이럴 경우, 포인터의 배열을 보여주는 그림 10-2처럼 상자에는 단일이 아니라 더 복잡한 자료 구조를 가리키는 포인터가 들어간다.

▼ 그림 10-2 포인터 배열

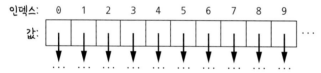

하지만 '어떻게 실제 탐색을 수행할까?'라는 문제가 아직 남아 있다. 6장에서 소개한 'Jeremy's Gourmet High Caffeine Experience: Medium Roast'에 대한 평가를 찾기 위해 복합 자료 구조 전체를 값으로 사용할 수는 없다. 모든 정보를 직접 갖고 있지 않기 때문이다. 심지어 모든 정보를 직접 갖고 있더라도 복합 자료 구조나 문자열을 어떻게 인덱스로 사용할 수 있는지가 분명하지 않다.

컴퓨터 프로그램에서는 종종 키를 사용해 레코드를 식별한다. **키(key)**는 데이터와 함께 저장되거나 데이터로부터 유도된 단일 값이며, 레코드를 식별할 때 키를 쓸 수 있다. 행사 초대 목록에서 키는 초대받은 사람의 이름을 포함하는 문자열일 수 있지만, 커피 레코드의 키는 커피의 이름이나 바코드일 수 있다. 정렬된 배열부터 트라이에 이르는 여러 자료 구조가 키를 사용해 데이터를 조직화한다. 앞에서 다룬 숫자 예제에서 키는 값 자체였다. 특정 숫자 값을 탐색하기 위해 정렬된 배열이나 이진 탐색 트리를 탐색할 때마다, 해당 숫자 값과 같은 키를 찾아 레코드를 탐색한다. 마찬가지로 6장에서 소개한 트라이는 키로 문자열을 사용한다.

하지만 키를 사용해도 여전히 색인 문제를 해결할 수는 없다. 정수 키가 없는 경우에는 배열 상자를 인덱싱할 수 없기 때문이다. 배열에는 'Jeremy's Gourmet High Caffeine Experience: Medium Roast' 같은 인덱스가 없다. 일치하는 키를 가진 레코드를 찾기 위해 자료 구조를 탐색할 수 있다. 선형 스캔이나 이진 탐색은 모두 대상 값을 키로 사용해 작동한다. 그러나 이런 방식의 탐색을 사용하면 (키에서 직접 레코드를 식별하는) 이상적인 자료 구조의 매력이 사라진다. 결국 원래대로 일치하는 키를 탐색하는 방식으로 돌아와 버렸기 때문이다.

어떤 경우에는 레코드에 대해 숫자로 이뤄진 자연스러운 키를 찾을 수도 있다. 커피 예제라면 지금까지 맛본 모든 커피를 처음 맛을 본 날짜 순서로 나열하고 날짜를 키로 사용할 수 있다. 'Jeremy's Gourmet High Caffeine Experience: Medium'을 2020년 1월 1일에 처음 맛본 경우(그리고 우리가 이 날짜를 마법같이 기억하고 있다면) 이진 탐색을 사용해 레코드를 탐색할 수 있다. 다른 대안으로 커피의 바코드나 'Compendium of World Coffees, Brands, and Manufacturers' 책에 있는 해당 커피 항목의 페이지 번호를 사용할 수도 있다.

더 일반적으로 말해, 키에서 색인을 생성하는 함수가 필요하다. 다음 절에서는 이 문제를 해결하는 해시 함수를 소개한다.

10.2 / 해시 테이블
SECTION

해시 테이블은 수학적인 매핑을 사용해 키 공간을 압축한다. 해시 테이블은 원래의 키(raw key)를 테이블상 위치(이를 **해시 값**이라고 부름)로 매핑하는 해시 함수를 사용해 큰 키 공간을 작은 영역으로 축소시킨다. 키 k를 b개의 상자(bucket, 버킷)가 있는 테이블로 매핑하는 해시 함수 $f(k)$를 치역(range[1])이 $[0, b-1]$인 함수로 나타낸다. 이 매핑은 앞 절에서

---

1   **역주** 어떤 수학 함수의 치역은 해당 함수의 모든 함수 값으로 이뤄진 집합을 뜻한다.

언급한 두 가지 문제를 해결한다. 이제는 상자가 무한대로 필요하지 않고 단지 b개만 있으면 된다. 앞으로 보게 되겠지만 해시 함수는 정수가 아닌 값들을 정수 범위로 매핑할 수 있기 때문에 키가 정수가 아닐 때 생기는 문제를 해결할 수 있다.

정수 키를 위한 간단한 해시 함수로, 나눗셈을 사용하여 숫자 키에서 해시 값을 계산하는 경우를 들 수 있다. 이 경우, 키를 상자 개수로 나눈 나머지를 해시 값으로 계산한다.

$$f(k) = k \% b$$

여기서 %는 나머지(modulo) 연산이다. 가능한 모든 (정수) 키가 올바른 범위 $[0, b-1]$ 안 상자들에 매핑된다. 예를 들어, 20개 상자를 가진 해시 테이블의 경우, (나머지를 사용하는) 이 해시 함수는 표 10-1과 같은 매핑을 생성한다.

▼ **표 10-1** 20개 상자를 사용하는 나눗셈 방식으로 해시한 결과의 예

k	f(k)
5	5
20	0
21	1
34	14
41	1

모든 신용카드 번호의 공간을 100개 상자로 매핑하는 문제를 생각해보자. 나눗셈 방법은 카드 번호의 마지막 2자리를 사용해 키 공간을 16자리에서 2자리로 압축한다. 물론 이런 단순한 매핑은 어떤 키 분포에 대해 최상의 결과를 제공하지 않을 수도 있다. 예를 들어, 10으로 끝나는 신용카드 번호가 많다면 이들이 모두 같은 상자에 매핑된다. 어쨌든 이 해법은 단 한 번의 (효율적인) 수학 계산으로 우리의 핵심 문제 중 하나인 큰 범위의 키를 제한된 수의 인덱스로 압축하는 문제를 해결해준다.

의심이 많은 독자는 방금 설명한 내용에 반대할 수 있다. "배열에서 같은 상자에 두 가지 다른 항목을 저장할 수는 없지. 1장에서 그렇게 말했어. 그리고 해시 함수는 분명히 둘 이상의 서로 다른 값을 같은 상자로 매핑할 수 있잖아. 표 10-1을 봐. 21과 41이 모두 1번 상자로 매핑되잖아." 바로 이 문제가 앞으로 설명할 주의 사항이다. 불행히 해시 함수는

진짜 마법은 아니다. 다음 절에서 볼 수 있듯, (해시 함수의 한계로 인해 생기는) 복잡성, 즉 해시 값의 충돌(collision)로 인해 해시 테이블 구조가 복잡해진다. 다만, 여기서는 해시 함수가 키를 서로소(disjoint)인 집합들로 분할하고, 같은 집합에 속한 키에 대해서만 충돌을 걱정하면 된다는 사실만 알아두면 된다.

해시 함수의 입력은 숫자로 제한되지 않는다. 비슷한 방식으로 커피 이름을 상자로 매핑하는 해시 함수를 정의할 수도 있다. 이 함수를 사용하면 그림 10-3처럼 두 단계만에 커피 레코드에 직접 접근할 수 있다. 먼저, 커피 이름으로부터 해시 값을 계산한다. 'House Blend'라는 키는 6으로 매핑된다. 이번 장 뒷부분에서 문자열을 해시하는 간단한 방법을 설명할 것이다. 그다음, 해시 값을 배열의 인덱스로 사용해 테이블을 조회한다. 이 방법을 사용하면 우리가 소유한 광범위한 커피 컬렉션을 커피 저장고에 있는 고정된 수의 선반으로 매핑할 수도 있다.

▼ **그림 10-3** 문자열을 배열 인덱스로 매핑하는 해시 함수

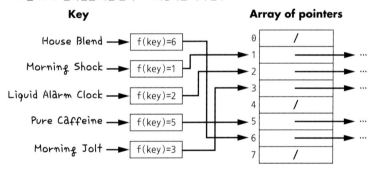

실제 세계에서 해시 테이블의 예로는 여름 캠프 첫날이나 달리기 대회 날 아침, 콘퍼런스 등에서 자주 볼 수 있는 등록자 명단을 들 수 있다. 저장할 아이템(등록자에게 나눠줄 가방)을 가각의 키(등록한 사람의 이름)에 띠리 고유한 상자루 분할한다. 사람들은 보통 알파벳 범위를 보여주는 표지판으로 표시된 간단한 해시 함수를 통해 올바른 상사를 찾을 수 있다. A~D로 시작하는 이름은 첫 번째 줄, E~G로 시작하는 이름은 두 번째 줄 등으로 처리할 수 있다.

10.2.1 충돌

세상에서 가장 좋은 해시 함수도 키를 상자로 완벽하게 일대일로 매핑해주지는 못한다. 완벽한 일대일 매핑을 위해서는 엄청난 크기의 배열을 써야 하고, 그에 따라 메모리 사용도 엄청나게 늘어나기 때문이다. 반면, 큰 집합(키의 집합)을 더 작은 집합(해시 값의 집합)으로 매핑하는 수학 함수의 경우에는 때로 충돌이 발생할 수밖에 없다. 예를 들어, 직장에서 자동차를 10개 주차 공간에 매핑하기 위해 자동차 번호판의 첫 번째 숫자를 사용한다고 상상해보라. 직원들의 번호판이 일치하는 경우는 없지만 여러 직원이 같은 주차 공간을 놓고 싸우게 될 수 있다. 'Binary Search Trees Are #1'이라는 번호판의 차를 주차 등록하러 가면, '100,000 Data Structures and Counting'이라는 번호판을 가진 동료가 이미 해당 공간을 차지했다는 사실을 알게 된다. 두 번호판이 모두 1로 해시되기 때문에 같은 공간에 할당된다. 콘퍼런스 등록 테이블에 줄이 생기는 이유도 충돌 때문이다. 성씨의 첫 번째 알파벳을 기준으로 8개 줄로 해싱하는 회의 등록 테이블을 생각해보라. 성씨가 A~D로 시작하는 모든 사람은 1번 테이블로, E~G로 시작하는 모든 사람은 2번 테이블로 이동해야 한다. 참석자가 많아지면 충돌이 발생할 가능성이 매우 높다. 충돌이 없다면 모든 사람이 즉시 등록할 수 있겠지만, 그렇지 않다면 성씨가 A부터 D로 시작하는 사람들은 키(성씨의 첫 번째 알파벳 글자)의 충돌 때문에 모두 같은 줄에서 기다리게 된다.

해시 테이블의 크기를 늘리거나 더 나은 해시 함수를 선택함으로써 충돌을 완화할 수 있다. 그러나 키 공간이 상자 개수보다 크다면, 충돌을 완전히 제거하는 것은 불가능하다[2]. 따라서 같은 위치를 차지하려는 둘 이상의 데이터를 우아하게 처리할 방법이 필요하다. 유치원 수업이라면 '앤이 그 자리에 먼저 앉았어'라든지 '서로 나누는 법을 배워야지!'와 같은 전략을 사용할 수도 있다. 하지만 이런 접근 방식은 자료 구조에서는 작동하지 않는다. 새로운 키를 무시하거나 이전 데이터를 덮어쓸 수 없다. 자료 구조의 목적은 필요한 데이터를 저장하는 것이기 때문이다. 이제부터 두 절에 걸쳐 해시 테이블에서 충돌을 처리하는 일반적인 방법인 체이닝(chaining)과 선형 탐색(linear probing)에 대해 살펴볼 것이다.

2　**역주** 이를 수학에서는 비둘기집 원리(pigeonhole principle)라고 한다.

10.2.2 체이닝

체이닝은 각 상자 안에 추가 구조를 사용해 해시 테이블의 충돌을 처리하는 방법이다. 각 상자에 고정된 데이터(또는 단일 데이터에 대한 포인터)를 저장하는 대신 연결 리스트의 머리를 가리키는 포인터를 저장한다.

```
HashTable {
    Integer: size
    Array of ListNodes: bins
}
```

여기서 ListNode는 다음과 같다.

```
ListNode {
    Type: key
    Type: value
    ListNode: next
}
```

이 리스트는 콘퍼런스 참가자의 줄과 비슷하다. 줄을 서 있는 각 사람은 서로 다른 개인들이지만, 같은 등록 테이블에 매핑된다.

그림 10-4처럼 각 상자의 리스트는 해당 상자에 매핑된 모든 데이터를 포함한다. 이런 방식을 통해 한 상자에 여러 원소를 저장할 수 있다. 연결 리스트의 각 항목은 상자에 삽입된 각각의 원소에 해당된다.

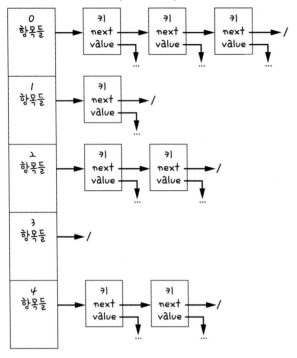

체이닝을 통해 해시 테이블에 새 항목을 삽입하는 코드는 비교적 간단하다.

```
HashTableInsert(HashTable: ht, Type: key, Type: value):
    Integer: hash_value = HashFunction(key, ht.size)  // ①
    # 상자가 비어 있으며 새로운 연결 리스트를 만든다
    IF ht.bins[hash_value] == null:                   // ②
        ht.bins[hash_value] = ListNode(key, value)
        return

    # 키가 테이블 안에 이미 존재하는지 검사한다
    ListNode: current = ht.bins[hash_value]           // ③
    WHILE current.key != key AND current.next != null:
        current = current.next
    IF current.key == key:
        current.value = value                         // ④
    ELSE:
        current.next = ListNode(key, value)           // ⑤
    return
```

먼저 키의 해시 값을 계산하고(①), 그 값에 해당하는 상자를 확인한다. 상자가 비어 있으면(포인터가 null), 삽입된 키와 값이 포함된 새 연결 리스트 노드를 만든다(②). 상자가 비어 있지 않으면 상자의 연결 리스트를 스캔하면서 일치하는 키가 있는지 확인한다(③). WHILE 루프는 지금까지 키를 찾지 못했거나(current.key != key), 리스트의 맨 마지막에 도착하지 않은 경우 반복된다. 일치하는 키가 이미 리스트에 있으면 그 키와 연관된 값을 갱신한다(④). 리스트에 키가 없으면 새로운 키와 값을 리스트 끝에 추가한다(⑤).

탐색할 때도 비슷한 접근 방식을 따른다. 하지만 새로운 노드를 삽입할 필요가 없기 때문에 논리가 더 단순하다.

```
HashTableLookup(HashTable: ht, Type: key):
    Integer: hash_value = HashFunction(key, ht.size)      // ①
    IF ht.bins[hash_value] == null:                       // ②
        return null

    ListNode: current = ht.bins[hash_value]
    WHILE current.key != key AND current.next != null:   // ③
        current = current.next
    IF current.key == key:
        return current.value                              // ④
    return null                                           // ⑤
```

코드는 먼저 키의 해시 값을 계산해(①), 상자를 확인한 후 상자가 비어 있으면 null을 반환한다(②). 그렇지 않으면 WHILE 루프를 통해 연결 리스트의 각 원소를 스캔해서(③), 일치하는 키의 값을 반환한다(④). 루프가 일치하는 키를 찾지 못하고 리스트 끝에 도달하면 키가 테이블에 없음을 나타내는 null을 반환한다(⑤).

마지막으로 항목을 제거할 때는 제거할 항목을 목록에서 찾아서 항목이 있는 경우에만 항목을 제거해야 한다. 다음 코드는 대상 키와 일치하는 연결 리스트 노드를 제거하고 반환한다.

```
HashTableRemove(HashTable: ht, Type: key):
    Integer: hash_value = HashFunction(key, ht.size)        // ①
    IF ht.bins[hash_value] == null:
        return null

    ListNode: current = ht.bins[hash_value]
    ListNode: last = null
    WHILE current.key != key AND current.next != null:      // ②
        last = current
        current = current.next
    IF current.key == key:                                  // ③
        IF last != null:
            last.next = current.next                        // ④
        ELSE:
            ht.bins[hash_value] = current.next              // ⑤
        return current
    return null
```

코드는 다시 key의 해시 값을 계산하고, 해시 값에 해당하는 상자를 확인해 비어 있으면
null을 반환한다(①). 상자가 비어 있지 않으면 WHILE 루프를 사용해 연결 리스트를 스캔
하면서 일치하는 키를 찾는다(②). 연결 리스트에서 제대로 원소를 자르기 위해, 추가 정
보로 현재 노드 직전의 노드를 추적해야 한다. 일치하는 원소를 찾으면(③), 리스트의 첫
번째 원소를 제거하는 중인지(last가 null임) 확인한다. 첫 번째 원소가 아니라면 제거할
노드를 건너뛰도록 last가 가리키는 노드의 next 포인터를 변경한다(④). 첫 번째 원소인
경우에는 해시 테이블 상자의 시작 포인터를 수정해서 (제거 대상인 첫 번째) 노드를 건너
뛰어야 한다(⑤). 마지막으로 일치하는 노드를 찾지 못하면 null을 반환한다.

의심 많은 독자는 여기서 잠시 멈추고, "어떻게 이게 도움이 되지? 여전히 연결 리스트의
원소들을 스캔해야 하잖아. 해시를 사용해 원하는 항목에 직접 접근하는 능력을 잃어버렸
네. 맨 처음이랑 똑같은 상황 아닌가?"라고 물을 수 있다. 그러나 이 새로운 접근 방식의
주요 장점은 '모든' 원소에 대해 연결 리스트를 스캔하지 않는다는 점이다. 해시 값이 일치
하는 원소가 있는 경우에만 연결 리스트를 스캔한다. (모든 원소가 들어 있는) 큰 리스트

를 탐색하는 대신, 특정 해시 값에 해당하는 상자에 들어 있는 작은 리스트만 탐색하면 된다. 커피 저장고에서는 커피 이름을 상자에 매핑하는 해시 함수를 사용해 1,000종의 커피를 20가지 상자로 줄일 수 있다. 컴퓨팅 영역으로 돌아와, 해시 테이블의 상자 개수를 적절히 유지하면 각 상자에 저장될 리스트의 크기를 작게 유지할 수 있다.

물론 최악의 경우 조회 시간은 원소 수에 선형적으로 비례할 수 있다. $f(k) = 1$ 같은 끔찍한 해시 함수를 선택하면, 추가 비용이 들어가는 단일 연결 리스트를 구현하는 것과 같다. 나중에 논의하겠지만, 해시 함수를 선택하고 해시 테이블의 크기를 조정할 때는 신중해야 한다.

10.2.3 선형 탐색

충돌을 처리하는 다른 접근 방식으로 인접한 상자를 사용하는 방법이 있다. 이미 다른 키가 있는 상자에 데이터를 삽입해야 하면 그냥 바로 다음 상자로 넘어가서 그 상자를 살펴본다. 다음 상자에도 이미 원소가 들어가 있으면 또 다음으로 이동한다. 이런 과정을 빈 상자나 동일한 키를 가진 데이터가 있는 상자를 찾을 때까지 계속한다. 선형 탐색(Linear Probing)은 이런 기본 아이디어를 해시 테이블 연산에 대해 확장한다. 키의 해시 값에 해당하는 인덱스에서 시작해 찾으려는 대상(키)을 찾을 때까지 진행하거나 대상을 찾을 수 없다는 결론을 내릴 때까지 진행한다.

선형 탐색을 사용하는 해시 테이블은 약간 다른 구조가 필요하다. 해시 테이블의 각 상자에서 연결 리스트를 쓰지 않기 때문에, 키와 값의 조합을 저장하기 위해 래퍼 자료 구조를 사용한다.

```
HashTableEntry {
    Type: key
    Type: value
}
```

해시 테이블 자체에는 추가로 현재 테이블에 저장된 키의 개수를 포함한다.

```
HashTable {
    Integer: size
    Integer: num_keys
    Array of HashTableEntry: bins
}
```

이 정보는 매우 중요하다. 키의 개수가 해시 테이블 크기와 같으면 더 이상 빈 상자가 없다. 해시 테이블이 어느 수준 이상으로 꽉 차면 배열 크기를 늘리는 경우가 자주 있다. 하지만 조심해야 한다. 키를 현재 배열의 어떤 영역에 매핑하는 해시 함수를 사용하기 때문에 더 큰 배열에서는 키가 다른 위치로 매핑될 수 있다. 이번 절에서는 설명을 위해 크기가 고정된 해시 테이블의 단순한 구현만 고려한다.

그림 10-5처럼 좋아하는 커피 몇 가지를 선형 탐색을 사용하는 해시 테이블에 삽입하는 경우를 생각해보자.

▼ **그림 10-5** 세 항목이 들어 있는 해시 테이블

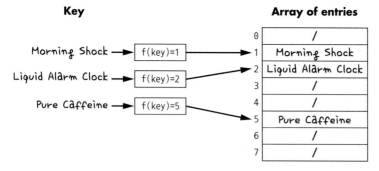

이 세 가지 항목을 삽입한 후, 그림 10-6처럼 'Morning Zap'을 삽입하려 한다. 삽입 함수는 상자 1에 'Morning Shock'라는 다른 키가 있다는 사실을 알게 된다. 그래서 삽입 함수는 다음 상자인 상자 2를 살펴보고, 거기서 'Liquid Alarm Clock'을 발견한다. 결국 삽입 함수는 상자 3이 비어 있음을 알 수 있다.

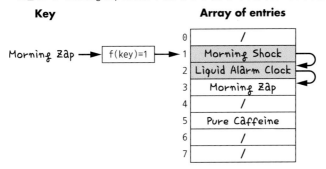

크기가 고정된 해시 테이블에 항목을 삽입하는 코드는 다음과 같다. 앞에서 말한 것처럼 해시 테이블이 가득 찬 경우 배열 크기를 늘릴 수도 있지만, 항목이 새로운 상자에 올바르게 매핑되도록 보장하는 복잡한 과정이 필요하다. 지금은 일단 항목이 제대로 삽입됐는지 여부를 나타내는 불린 값을 반환한다.

```
HashTableInsert(HashTable: ht, Type: key, Type: value):
    Integer: index = HashFunction(key, ht.size) // ①
    Integer: count = 0                           // ②

    HashTableEntry: current = ht.bins[index]
    WHILE current != null AND current.key != key AND count != ht.size: // ③
        index = index + 1
        IF index >= ht.size:                     // ④
            index = 0
        current = ht.bins[index]
        count = count + 1

    IF count == ht.size:                         // ⑤
        return False

    IF current == null:                          // ⑥
        ht.bins[index] = HashTableEntry(key, value)
        ht.num_keys = ht.num_keys + 1
    ELSE:
        ht.bins[index].value = value             // ⑦
    return True
```

코드는 새 키의 해시 값을 사용해 탐색을 시작한다(①). 테이블이 가득 찬 경우에 무한 루프를 방지하기 위해 검사한 상자 개수를 추적한다(②). 배열 크기를 조정하거나 빈 상자가 항상 하나 이상 있도록 보장하는 경우, 이런 카운터는 필요 없다. 코드는 WHILE 루프로 각 상자를 반복한다(③). 루프는 (1) 빈 상자를 찾았는지, (2) 대상 키를 찾았는지, (3) 모든 상자를 탐색했는지를 검사한다. 첫 번째와 세 번째 조건은 키가 테이블에 없는 경우를 검사한다. 인덱스를 증가시킨 후 코드는 인덱스가 테이블의 맨 앞으로 되돌아가야 하는지 확인한다(④). 이렇게 하면 코드가 전체 테이블을 탐색할 수 있다.

루프가 끝나면 코드는 키를 찾지 못한 채로 테이블의 모든 상자를 검사했는지 확인한다. 검사 결과가 참이면 테이블이 가득 차 있는데 키는 들어 있지 않은 것이므로 False를 반환한다(⑤). 또 빈 상자나 일치하는 키를 찾았는지 여부를 확인한다. 상자가 비어 있으면(⑥) 새 HashTableEntry를 만들어 저장한다. 그렇지 않고 일치하는 키를 찾았다면 일치하는 키가 있는 항목의 값을 갱신한다(⑦). 두 경우 모두, 키와 값이 성공적으로 삽입되었음을 나타내는 True를 반환한다.

탐색도 동일한 패턴을 따른다. 키의 해시 값에 해당하는 인덱스부터 시작해서 상자를 차례로 방문하는 루프를 돈다. 루프의 단계마다 현재 상자가 비어 있거나(null) 현재 항목의 키가 대상 키와 일치하는지 확인한다.

```
HashTableLookup(HashTable: ht, Type: key):
    Integer: index = HashFunction(key, ht.size) // ①
    Integer: count = 0                          // ②

    HashTableEntry: current = ht.bins[index]
    WHILE current != null AND current.key != key AND count != ht.size: // ③
        index = index + 1
        IF index >= ht.size:                    // ④
            index = 0
        current = ht.bins[index]
        count = count + 1

    # 일치하는 키를 찾으면 값을 반환한다
```

```
IF current != null AND current.key == key:  // ⑤
    return current.value
return null                                 // ⑥
```

코드는 시작 위치를 얻기 위해 키의 해시 값을 계산한다(①). 삽입과 마찬가지로, 코드는 테이블이 꽉 찼을 때 무한 루프를 방지하기 위해 확인한 상자의 수를 추적한다(②). 그리고 WHILE 루프를 사용해 각 상자를 반복한다(③). 루프는 (1) 빈 상자를 찾았는지, (2) 대상 키를 찾았는지, (3) 모든 상자를 탐색했는지를 검사한다. 코드는 index를 증가시킨 후, 탐색이 테이블 끝에서 벗어났는지 검사하고, 인덱스가 테이블 끝을 벗어난 경우 테이블 처음부터 탐색을 이어간다(④). 루프가 끝나면 코드는 일치하는 키를 찾았는지 확인한다(⑤). 일치하는 키를 찾았다면 그 값을 반환한다. 키를 찾지 못했으면 키가 테이블에 없으므로 null을 반환한다(⑥).

탐색이나 삽입과 달리, 선형 탐사를 사용하는 해시 테이블에서 원소를 제거하기 위해서는 단순한 스캔 이상의 작업이 필요하다. 그림 10-6에서 'Liquid Alarm Clock'과 같은 임의의 원소를 제거하는 경우, 다른 원소를 찾을 때 비교해야 하는 상자들의 연속성을 깰 수 있다. 그림 10-6에서 'Liquid Alarm Clock'을 null로 변경하면 'Morning Zap'을 더 이상 찾을 수 없다. 이 문제에 대한 해법은 구현에 따라 다르다. 테이블에서 (제거 대상이 될 상자보다) 나중에 있는 항목을 스캔하면서 항목들 앞으로 이동시키는 방법이나 가짜 값을 상자에 삽입하는 방식 등 다양한 방법이 있다.

선형 탐색은 해시 테이블이 최초에 할당한 배열을 더욱 잘 활용하며, 상자 수준의 연결 리스트 탐색 부가 비용이 들지 않는다는 장점이 있다. 단점은 테이블이 점차 가득 참에 따라 탐색 시 루프를 돌면서 더 많은 원소를 살펴봐야 하니, 이때 각 원소의 키가 우리가 탐색하려는 대상의 키와 일치하지 않을 수도 있다는 점이다.

10.3 / 해시 함수

좋은 해시 함수와 나쁜 해시 함수의 차이는 해시 테이블과 연결 리스트의 차이와 비슷한 효과를 나타낸다. 키를 균일하게 상자 전체에 매핑하고 싶지, 소수의 상자에 키가 몰리는 것을 원하지는 않는다. 좋은 해시 함수는 잘 관리된 콘퍼런스 등록과 같다. 참가자들이 밀집되면 충돌이 발생하고, 충돌은 선형 스캔(대기 시간의 증가)을 더 많이 유발한다. 마찬가지로 콘퍼런스 등록 예제에서 사람들을 A~Y로 시작하는 이름과 Z로 시작하는 이름의 두 줄로 나누는 등의 나쁜 해시 함수를 사용하면 대기 시간이 길어지고 참가자를 짜증 나게 한다.

추가로 해시 함수는 몇 가지 핵심 조건을 만족시켜야만 한다. 핵심 조건은 다음과 같다.

결정적일 것 해시 함수는 매번 같은 키를 같은 해시 상자에 매핑해야 한다. 이 특성이 없으면 해시 테이블에 이미 항목을 삽입했는데 탐색에 실패할 수 있다.

정해진 크기의 치역을 가질 것 해시 함수는 모든 키를 제한된 범위로 매핑해야 하며, 이 범위는 해시 테이블에 있는 상자의 개수에 해당한다. 해시 테이블에 b개의 상자가 있다면, 해시 함수는 키를 $[0, b-1]$ 범위에 매핑시켜야 한다. 또 해시 함수의 치역을 해시 테이블의 크기에 따라 변경할 수 있기를 바란다. 더 큰 테이블이 필요하면 더 커진 배열에 속한 모든 상자를 다루기 위해 더 큰 범위가 필요하다. 이렇게 치역을 조정하는 기능이 없으면 정해진 크기의 해시 테이블만 사용해야 한다는 문제가 생긴다.

콘퍼런스 등록 예제에서 이런 조건은 모든 사용자가 자신의 가방을 찾을 수 있고(결정성) 모든 사람이 올바른 줄에 매핑되도록(해시 함수의 치역이 알맞은 크기임) 해야 한다는 조건과 일치한다. 범위에서 키가 속하지 않는 부분('Zzza'부터 'Zzzb'에 이르는 이름)에 대해 한 줄을 할당하는 것은 낭비이며, 어떤 사람의 이름을 줄에 매핑시키지 않는 것(K로 시작하는 이름에 대한 줄이 없음)은 무례한 일이다. 최상의 해시 함수는 명단이 든 클립보드를 들고 다니는 콘퍼런스 조직 위원처럼 사람들을 올바른 줄로 안내해준다.

10.3.1 숫자가 아닌 키 다루기

숫자 키의 경우 앞에서 언급한 나눗셈 방식과 같은 수학 함수의 치역을 사용할 수 있다. 하지만 숫자가 아닌 키를 다뤄야 하는 경우도 자주 있다. 무엇보다 중요한 것은 커피 이름을 포함하는 문자열의 해시를 계산할 수 있어야 한다는 점이다. 숫자가 아닌 키를 다루는 일반적인 방법은 먼저 숫자가 아닌 입력을 숫자 값으로 변환하는 함수를 사용하는 것이다. 예를 들어, 각 문자를 숫자 값(᷍ 아스키(ASCII) 값)에 매핑하고, 단어에 들어 있는 문자에 해당하는 숫자 값의 합을 계산하고, 그 합계를 나머지 연산을 통해 올바른 상자 번호로 매핑할 수 있다. 이런 접근 방식은 직관적이고 구현하기 쉽지만, 문자가 나타나는 방식으로 인해 해시 값의 분포가 좋지 않을 수 있다. 예를 들어, 해시 함수가 글자 순서를 고려하지 않으므로 act와 cat같이 같은 문자로 이루어진 단어(아나그램(anagram))는 항상 같은 상자에 매핑된다.

문자열 해싱을 하는 더 나은 방식으로 '호너(Horner)의 방법'이라는 접근 방법이 있다. 이 방식은 각 문자의 값을 직접 더하는 대신 첫 번째 문자로부터 이 방식을 통해 계산한 누적 합계(running sum)에 어떤 상수를 곱한 후 다음 문자의 값을 더한다.

```
StringHash(String: key, Integer: size):
    Integer: total = 0
    FOR EACH character in key:
        total = CONST * total + CharacterToNumber(character)
    return total % size
```

여기서 CONST는 곱셈에 사용할 상수로, 일반적으로 문자들의 값 중 가장 큰 값보다 더 큰 소수를 사용한다. 합계를 곱하면 값의 크기가 크게 증가하므로 정수 값의 넘침(overflow, 오버플로우)에 주의해야 한다. 해시 함수는 여러 종류가 있고, 각각의 장단점이 모두 다르다. 사용할 만한 해시 함수와 각각의 장단점에 대해 제대로 정리하려면 별도로 책을 써도 될 정도다. 이번 장에서는 설명을 위해 몇 가지 간단한 해시 함수만 제시한다. 여기서 여러분이 알아둬야 할 내용은 우리가 수학 함수를 사용해서 키 공간을 축소할 수 있다는 사실이다.

10.3.2 해시 테이블 사용 예

해시 테이블은 원소의 집합을 추적할 때 특히 유용하며, 그래서 파이썬은 사전(dictionary)과 집합(set) 같은 자료 구조를 구현할 때 해시 테이블을 사용한다. 그리고 4장 등에서 봤던 탐색을 위한 메타데이터를 추적할 때도 해시 테이블이 도움이 될 수 있다.

깊이 우선 탐색과 너비 우선 탐색에서 모두 나중에 탐색 가능한 원소의 목록을 유지해야 한다. 너비 우선 탐색에서는 큐를 사용하고 깊이 우선 탐색에서는 스택을 사용했다. 하지만 추적해야 할 추가 정보로 이미 방문한 원소의 집합이 있다. 두 탐색에서 모두 이미 방문한 원소를 나중에 탐색할 목록에 추가하지 말아야 루프(그래프에서 순환 구조를 계속 반복해 탐색하는 경우)를 방지하고 불필요한 시도를 줄일 수 있다. 이런 집합을 저장할 때 해시 테이블이 아주 훌륭한 메커니즘을 제공한다.

4장 너비 우선 탐색 예제의 6번째 단계(그림 10-7의 왼쪽)를 생각해보자. 이미 빨간색 노드(A, B, F, G, H, I)를 방문했고, 파선 동그라미가 쳐진 노드(G)가 현재 노드다. 우리는 G의 두 이웃 중 어느 쪽도 조사 대상 목록에 추가하고 싶지 않다. 이미 F와 I를 방문했기 때문이다.

▼ **그림 10-7** 너비 우선 탐색에서 해시 테이블로 방문한 노드 추적하기

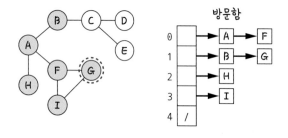

그림 10-7의 오른쪽처럼 방문한 원소들을 해시 테이블에 저장할 수 있다. 이 해시 테이블은 나머지 연산을 통해 알파벳 문자를 5개 상자로 매핑하는 간단한 함수를 사용한다. A의 인덱스는 0이며 상자 0으로 매핑된다. G의 인덱스는 6이며 상자 1로 매핑된다. 그래프의 각 원소를 방문할 때 키를 해시 테이블에 삽입한다. 탐색할 원소 목록에 새로운 원소를 추가하기 전에, 그 원소의 키가 해시 테이블에 있는지 확인하고, 해시 테이블에 키가 있으면 탐색할 원소 목록에 새 원소를 추가하지 않는다. 해시 테이블은 삽입과 조회에 최적화되어 있기 때문에 이런 유형의 데이터 추적에 특히 적합하다.

10.4 / 해시 테이블이 중요한 이유

해시 테이블은 수학 함수를 사용해 데이터를 조직하는 새로운 방법을 제공한다. 키 자체를 중심으로 데이터를 구조화하는 트리 기반 구조와 달리, 해시 테이블은 키를 축소된 범위로 매핑하는 중간 단계를 도입한다. 컴퓨터 과학에서 언제나 그렇듯이 이런 키 매핑에도 트레이드오프가 있다. 해시 충돌은 우리가 항상 원하는 데이터를 해시 함수를 통해 직접 접근할 수는 없다는 점을 의미한다. 따라서 같은 위치로 매핑되는 항목을 저장하기 위해 연결 리스트 같은 다른 간접적인 참조 수준을 추가해야 한다. 따라서 해시 테이블은 자료 구조를 창의적으로 결합한 또 다른 예라 할 수 있다(이 경우에는 배열과 연결 리스트를 결합).

해시 함수를 이해하고 해시 함수가 키를 상자에 매핑하는 방법을 이해하는 것은 부가적인 이점을 제공한다. 항목을 분할하거나 작업을 분산할 때 이런 유형의 매핑을 사용할 수 있다. 예를 들어, 콘퍼런스의 등록 줄이나 선반의 커피 등을 해시 함수를 사용해 분할할 수 있다. 컴퓨터 관련 영역에서는 해싱을 사용해 간단한 로드 밸런서에서 서버에 작업을 할당할 수 있다. 다음 장에서는 해시 테이블을 사용해 캐시를 만드는 방법을 살펴본다. 해시 테이블은 (평균적으로) 접근 시간이 빠르고 메모리 사용량을 합리적으로 제공하는 편리한 자료 구조라서 컴퓨터 과학 전반에서 널리 사용된다. 해시 테이블은 모든 컴퓨터 과학자의 도구 상자에서 핵심적인 도구다.

11

캐시

이번 장에서는 **캐시(cache)**를 소개한다. 캐시는 데이터 접근 비용을 줄이기 위해 일부 데이터를 계산이 이뤄지는 곳에서 더 가까운 위치에 저장하는 자료 구조다. 앞 장에서 본 것처럼 데이터 접근 비용은 알고리즘 효율성에 있어 중요한 요소다. 데이터 접근 비용은 데이터를 저장하는 방법뿐 아니라 사용하는 저장소 유형에도 영향을 미친다. 데이터를 프로세서에 더 가까운 위치에 저장해서 더 빠르게 처리할 수 있을 때 이를 지역적(local) 데이터라고 부른다. 더 비싸고 먼 위치에서 데이터를 지역적 저장소로 복사하면 데이터를 훨씬 더 빠르게 읽을 수 있다.

예를 들어, 캐시를 사용해 웹 페이지에 더 빨리 접근할 수 있다. 웹 페이지를 불러오면 페이지에 포함된 정보를 서버에 요청하고, 데이터를 지역적 컴퓨터로 전송받고, 전송받은 정보를 시각적으로 렌더링하는 과정을 거친다. 웹 페이지에 큰 이미지나 동영상 같은 요소가 포함되어 있으면 많은 데이터를 전송해야 한다. 이 비용을 줄이기 위해 브라우저는 자주 접근하는 데이터를 캐시에 저장한다. 웹 페이지에 접근할 때마다 자주 사용하는 사이트의 로고를 매번 다시 내려받는 대신, 브라우저는 로고 이미지를 컴퓨터 하드 드라이브에 지역적 캐시로 저장해서 빠르게 디스크에서 읽어올 수 있다.

어떤 데이터를 캐시에 저장할지 어떻게 선택할까? 당연히 모든 것을 저장할 수는 없다. 만약 모든 것을 저장할 수 있다면 처음부터 캐시가 필요하지 않았을 것이다. 그냥 가장 가까운 메모리로 전체 데이터를 복사하면 된다. 언제나 그렇듯 이용 사례에 따라 효과적인 캐시 전략이 많이 있다. 11장에서는 앞에서 살펴본 자료 구조를 결합해, 최소 최근 사용(LRU, Least Recently Used) 캐시라는 전략을 만든다. 이 전략은 우리가 선호하는 커피숍을 처리하는 작업을 크게 향상시킬 수 있다. 그리고 비교를 위해 몇 가지 다른 캐시 전략에 대해서도 간단히 논의한다.

캐시 소개

지금까지 우리는 컴퓨터의 모든 저장소를 동등하게 취급했다. 이는 모든 저장소를 거의 동일한 노력으로 필요한 항목을 얻을 수 있는 단일 서가로 간주하는 것과 비슷하다. 하지만 데이터 저장은 이렇게 간단하지 않다. 저장소를 커다란 여러 층으로 이뤄진 도서관처럼 생각할 수 있다. 입구 근처 서가에 인기 도서들을 배치해 대다수 이용자를 만족시키고, 오래된 컴퓨터 과학 저널을 지하실로 보낼 수 있다. 때로는 사용 빈도가 낮은 책을 사용자가 특별히 요청할 때까지 외부 창고에 보관하기도 한다. PILOT 프로그래밍 언어[1]에 관한 자료가 필요한가? 그 자료가 인기 자료 구역에 있을 확률은 낮을 것이다.

프로그램이 데이터를 조직하는 방법에 주의를 기울이는 동시에, 데이터가 저장되는 위치에 대해서도 고려해야 한다. 모든 데이터 저장소가 동등하지는 않다. 실제 서로 다른 저장 매체들은 저장 용량, 속도, 비용 사이에 트레이드오프 관계가 존재한다. CPU 자체의 메모리(레지스터나 지역적 캐시)는 믿을 수 없을 만큼 빠르지만 매우 제한된 양의 데이터만 저장할 수 있다. 컴퓨터의 램(RAM, Random Access Memory)은 더 큰 공간을 제공하지만 속도는 (CPU 레지스터나 내부 캐시보다) 느리다. 하드 드라이브는 램보다 크지만 더 느리다. 네트워크 호출을 통해 전체 인터넷과 같은 거대한 저장소에 접근할 수 있지만 그에 상응하는 오버헤드가 발생한다. 매우 큰 데이터 집합을 다룰 때는 데이터 전체를 메모리에 적재하는 것이 불가능할 수도 있고, 이런 성질이 알고리즘의 성능에 극적인 영향을 미칠 수도 있다. 이런 메모리 계층에 따른 속도와 공간 크기에 대한 트레이드오프가 알고리즘의 성능에 어떤 영향을 미치는지 이해하는 것이 중요하다.

이를 우리의 아침 커피 만들기 루틴과 비교해보지. 손 닿는 곳에 수천 종류의 커피가 있다면 이상적이지만, 우리 집에는 한정된 양의 커피만 저장할 수 있다. 길 건너에는 수백 종류의 커피를 파는 커피숍이 있긴 해도 새로 커피를 내릴 때마다 그 가게로 가기를 정말 원할까? 매번 길을 건너가는 대신, 좋아하는 커피들을 조금씩 집에 저장한다. 이 지역 저장

---

1 PILOT(파일럿) 프로그래밍 언어는 Programmed Inquiry, Learning, or Teaching의 약자로, 1960년 개발된 교육용 언어다. 파일럿은 A(입력 읽기), C(변수에 식의 결과를 대입) 등 간단한 한 자리 명령어를 사용하는 명령형 언어다.

소를 통해 아침 커피를 더 빨리 만들고, 하루를 시작하기 전에 첫 잔을 즐길 수 있다.

그림 11-1처럼 캐시는 우리보다 한 걸음 앞에서 비싼[2] 데이터에 접근한다. 원격 서버를 호출하거나 지역 하드 드라이브에 접근하기 전에, 캐시에 지역적으로 데이터가 저장되어 있는지 검사한다. 데이터를 캐시에서 찾는 경우를 캐시 적중(hit)이라고 부른다. 캐시가 적중하면 탐색을 멈추고 더 비싼 저장소를 호출하는 일을 피할 수 있다. 데이터를 캐시에서 찾을 수 없는 경우를 캐시 실패(miss)라고 부른다. 캐시 실패가 발생하면 패배의 한숨을 쉬면서 더 비싼 저장소에서 데이터에 접근해야 한다.

▼ 그림 11-1 캐시는 알고리즘과 느리고 비싼 데이터 저장소 사이에 위치한다

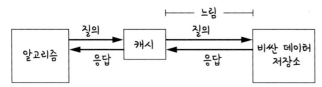

이를 바쁜 커피숍 카운터라는 맥락에서 상상해보자. 매일 제공하는 메뉴에는 인기가 제일 많은 '하우스 브루'부터 손님이 거의 찾지 않는 '민트 시나몬 호박 듬뿍'까지 10가지 커피가 있다. 카운터 한쪽 끝에는 각각 온열기에 놓인 10개의 커피 포트가 있는 커피 스테이션이 있다. 주문을 받으면 바리스타는 커피 스테이션으로 걸어가 적절한 커피로 컵을 채운다. 하루 종일 걷는 데 지친 바리스타는 주인에게 포스기 옆에 또 다른 온열기를 설치해달라고 요청한다. 주인은 동의하면서 "어떤 커피를 포스기 근처에 둘 거야?"라고 묻는다. 이 질문으로 마음에 부담이 생긴 바리스타는 몇 가지 전략을 시도해본다.

바리스타는 포스기 근처에 둘 커피의 종류뿐만 아니라 시간도 중요하다는 사실을 곧 깨닫는다. 하루 중에도 시간에 따라 서로 다른 커피를 포스기 근처에 보관할 수 있다. 낮에는 '하우스 브루'를 포스기 근처에 두고, 밤에는 '디카페인'을 두거나 최근 10분 이내에 (포스기 근처에 둔 커피에 대한) 주문이 없으면 이를 '하우스 브루'로 교체해본다. 어떤 전략은 성공적이지만 '민트 시나몬 호박 듬뿍'과 같이 호불호가 갈리는 커피를 두는 전략은 엉망진창이다. 바리스타가 어떤 커피를 둘 것인지 잘 선택한다면 주문이 들어왔을 때 대부분 포스기 근처에 둔 커피를 제공하면 되기 때문에 멀리 걸어갈 필요가 없다. 하지만 잘못 선

---

2   [역주] 여기서 비싸다는 말은 데이터를 읽는 데 더 많은 시간이 걸린다는 뜻이다.

택하면 포스기 근처에 전략적으로 배치해둔 커피가 쓸모 없어진다.

바리스타는 포스기 옆에 두 번째 온열기를 설치해서 상황을 더 개선할 수도 있다. 이제는 포스기 근처에 하나가 아니라 두 종류의 커피를 배치할 수 있다. 하지만 두 번째 온열기를 설치하는 데는 귀중한 카운터 공간을 비용으로 지불해야 한다. 컴퓨터나 커피숍은 모두 한정된 공간을 갖고 있다. 모든 커피를 포스기 근처에 배치할 수 없으며, 컴퓨터의 램에 인터넷 전체를 저장할 수도 없다. 캐시를 아주 크게 만들려면 더 느린 저장 장치를 사용해야 한다. 이런 식으로 제공할 메모리 용량이 클수록 속도가 느려지는 것이 캐시의 기본적인 트레이드오프 관계다.

캐시가 가득 차면 어떤 데이터를 유지하고 어떤 데이터를 교체할지 결정해야 한다. 교체된 데이터를 캐시에서는 '만료된 데이터'라고 부른다. 커피숍 예제의 경우, 어쩌면 가을 아침에 손님들이 가장 많이 오는 시간대에는 '트리플 카페인 블렌드'가 '디카페인'을 대체할지도 모른다. '디카페인'을 포스기 근처 온열기에서 치움으로써 바리스타는 ('디카페인' 커피보다) 더 인기에 있는 커피를 가져오기 위해 걸어다녀야 하는 시간을 절약할 수 있다. 다양한 캐시 방법은 어떤 데이터를 교체할지 결정하기 위해 다양한 만료 전략을 사용한다. 데이터에 얼마나 자주 접근했는지 세어보는 방법부터 가까운 미래에 데이터를 다시 사용할지 예측하는 방법까지 다양한 전략이 있다.

11.2 / LRU 만료와 캐시
SECTION

최소 최근 사용(LRU)은 최근에 사용한 정보를 캐시에 유지한다. LRU 캐시는 캐시 사용 시 우리가 직면하는 트레이드오프 유형을 잘 보여주는 간단하고 일반적인 접근 방식이다. 이 캐시 전략의 직관적인 아이디어는 최근에 필요했던 정보에 다시 접근할 가능성이 높다는 것이다. 예를 들어 웹 브라우저의 경우 LRU가 잘 어울린다. 같은 페이지 집합에 계속 접근한다면 이들 페이지의 (변하지 않는) 요소들을 지역적으로 저장하면 유용하다. 매번 웹 사이트 로고를 다시 요청할 필요가 없다. LRU 캐시는 최근에 접근한 항목으로 채워진

정해진 크기의 저장 공간으로 이뤄진다. 캐시가 가득 차면 가장 오래전에 사용한 항목을 제거해 공간을 확보한다.

바리스타가 포스기에 가장 가까운 온열기를 LRU 캐시로 다루기로 결정하면, 온열기에는 마지막으로 주문한 커피를 보관한다. (온열기에 있지 않은) 다른 커피 주문이 들어오면, 현재 캐시된 커피를 커피 스테이션으로 가져가 그곳의 온열기에 놓고 새로운 커피를 가져온다. 바리스타는 이 새 커피를 포스기로 가져가 주문을 처리하고 포스기 근처의 온열기에 커피를 넣는다.

모든 고객이 서로 다른 것을 주문하면 이 전략은 부가 비용만 증가시킨다. (캐시를 쓰지 않으면) 커피가 든 컵을 들고 커피 스테이션에서 포스기로 오면 됐지만, 이제는 커피 포트를 들고 같은 길을 오가야 한다. 바리스타는 아마 카운터의 길이가 너무 길다고 불평하거나 고객의 취향을 원망할 수도 있다. "누가 민트, 시나몬, 호박이 들어간 커피를 주문해?"라고 말하지만 대부분의 고객이 비슷한 커피를 주문한다면 이 전략이 매우 효과적일 수 있다. 연속으로 세 명이 일반 커피를 주문한다면 커피 스테이션 왕복 두 번이 절약된다. 이 이점은 고객들의 상호 작용의 영향으로 더욱 커질 수 있다. 앞사람이 '민트 시나몬 호박 듬뿍'을 주문하는 것을 보고 다음 고객이 '같은 걸로 주세요'라고 말하면서 앞사람의 결정을 그대로 따라 할 수도 있다.

웹 사이트를 브라우징할 때 이런 시나리오를 만나게 된다. 같은 사이트의 한 페이지에서 다른 페이지로 이동할 때 몇몇 요소(◎ 로고)는 두 번째 이후의 페이지에서도 다시 나타난다. 따라서 이런 요소를 캐시에 유지하면 비용을 상당히 절감할 수 있다.

11.2.1 LRU 캐시 구축하기

LRU 전략을 이용한 캐시는 임의의 원소를 찾는 작업과 (제거 대상이 될) 최근에 사용하지 않은 원소를 찾는 두 가지 작업을 지원해야 하며, 이 두 작업을 모두 빠르게 수행할 수 있어야 한다. 캐시의 목적은 데이터를 읽는 연산을 가속시키는 것이기 때문이다. 캐시 적중을 확인하기 위해 구조가 정해지지 않은 데이터 집합을 모두 스캔해야 한다면 시간이 절약되기보다는 부가 비용이 더 많이 발생할 가능성이 있다.

앞에서 살펴본 해시 테이블과 큐를 이용해 LRU 캐시를 만들 수 있다. 해시 테이블은 캐시에 있는 모든 항목을 효율적으로 탐색해 빠른 조회를 수행할 수 있게 해준다. 큐는 먼저 들어온 데이터가 먼저 나가는 FIFO 자료 구조로, 최근에 사용하지 않은 항목을 추적할 수 있게 해준다. 데이터 항목을 모두 스캔하면서 타임스탬프를 확인하는 대신, 큐에서 가장 앞에 있는 항목을 빼냄으로써 제거할 데이터를 효율적으로 결정할 수 있다. 큐는 제거할 데이터를 결정하는 효율적인 방법을 제공한다.

```
LRUCache {
    HashTable: ht
    Queue: q
    Integer: max_size
    Integer: current_size
}
```

해시 테이블의 각 항목은 적어도 세 항목이 들어 있는 복합 자료 구조다. 이 세 항목은 키, 값(또는 해당 항목의 데이터), 캐시 큐에 있는 해당 항목을 가리키는 포인터다. 큐에서 항목을 조회하고 수정하는 방법이 필요하기 때문에, 세 정보 중 마지막 정보는 필수다. 이런 정보는 코드 11-1처럼 해시 테이블 노드의 값 항목에 직접 저장된다.

▼ **코드 11-1** 캐시 항목의 자료 구조는 데이터의 키, 값, 큐 내부에 있는 노드에 대한 연결을 포함한다

```
CacheEntry {
    Type: key
    Type: value
    QueueListNode: node
}
```

그림 11-2는 이러한 조각들이 어떻게 함께 맞물려 있는지 보여주는 다이어그램이다. 이 다이어그램은 조금 복잡해 보일 수 있지만, 두 부분으로 나눠 살펴보면 좀 더 쉽게 이해할 수 있다. 왼쪽에는 해시 테이블이 있다. 10장에서 본 것처럼 각 해시 값은 연결 리스트의 항목에 대응된다. 각 항목의 값은 코드 11-1의 CacheEntry 자료 구조다. 오른쪽에

는 큐 자료 구조가 있으며, 이 구조에는 항목의 키를 저장한다. 두 자료 구조 사이에는 CacheEntry 자료 구조를 키에 대응하는 큐 노드로 연결해주는 포인터들이 존재한다.

물론 실제 세계의 컴퓨터 메모리에서는 각 노드가 서로 바로 옆에 위치하지 않기 때문에 그림 11-2의 다이어그램보다 각 데이터 요소의 배치가 훨씬 더 지저분해 보인다.

▼ **그림 11-2** 해시 테이블과 큐를 결합해 구현한 LRU 캐시

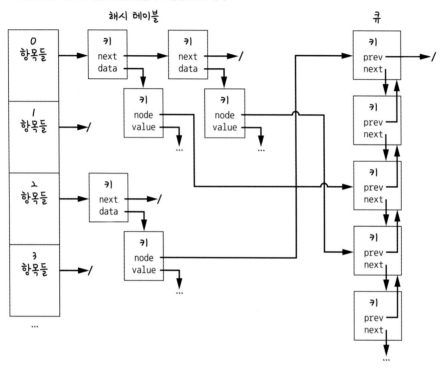

코드 11-2는 조회 함수 CacheLookup의 정의다. 이 함수는 주어진 키에 해당하는 값을 반환한다. 캐시 적중이 일어나면 조회 함수는 값을 직접 반환하고 데이터에 접근한 최종 시간을 갱신한다. 캐시 실패가 발생하면 조회 함수는 비용이 많이 드는 조회를 통해 데이터를 가져와서 캐시에 삽입하고 필요한 경우 가장 오래된 데이터를 제거한다.

▼ **코드 11-2** 아이템을 키로 탐색하는 코드

```
CacheLookup(LRUCache: cache, Type: key):
    CacheEntry: entry = HashTableLookup(cache.ht, key)        // ①

    IF entry == null:
        IF cache.current_size >= cache.max_size:              // ②
            Type: key_to_remove = Dequeue(cache.q)
            HashTableRemove(cache.ht, key_to_remove)
            cache.current_size = cache.current_size - 1

        Type: data = 느린 데이터 소스에서 키에 해당하는 데이터를 읽음  // ③

        Enqueue(cache.q, key)                                 // ④
        entry = CacheEntry(key, data, cache.q.back)
        HashTableInsert(cache.ht, key, entry)                 // ⑤
        cache.current_size = cache.current_size + 1
    ELSE:
        # 큐에서 이 키에 해당하는 위치를 재설정한다
        RemoveNode(cache.q, entry.node)                       // ⑥
        Enqueue(cache.q, key)                                 // ⑦

        # CacheEntry의 node 포인터를 갱신한다                    // ⑧
        entry.node = cache.q.back
    return entry.value
```

이 코드는 먼저 캐시 테이블에 키가 있는지 확인하는 것으로 시작한다(①). 키가 있으면 캐시 적중이고, 키가 없으면 캐시 실패다.

캐시 실패를 먼저 처리한다. 해시 테이블이 null을 반환하면 더 비싼 데이터 저장소에서 데이터를 가져와야 한다. 이렇게 새로 얻은 값을 캐시에 저장하고, 필요하면 큐의 가장 앞에 있는 (가장 오래된) 원소를 제거해야 한다. 이를 세 단계로 수행한다. 먼저, 캐시가 가득 차 있으면(②), 큐에서 가장 오래된 키를 디큐하고, 디큐해 얻은 해당 키를 해시 테이블에서 제거한다. 이를 통해 가장 오래된 원소 제거가 끝난다. 둘째, 새 데이터를 읽는다 (③). 셋째, (키, 데이터) 쌍을 캐시에 삽입하고, 키를 큐의 뒤에 엔큐한다(④). 그 후, 새로운 키, 데이터, 포인터(큐의 맨 뒤를 가리키는 포인터)를 가진 새 CacheEntry를 생성한다. 그리고 이 엔트리를 해시 테이블에 저장한다(⑤).

마지막 코드 블록은 캐시 적중인 경우를 처리한다. 캐시 적중이 발생하면, 큐에서 키에 해당하는 원소를 맨 뒤로 옮기고 싶다. 방금 해당 항목을 읽었기 때문에 해당 키는 앞으로 버려야 할 원소 중에서 가장 마지막 원소가 되어야 한다. 두 단계를 통해, 원소를 큐의 맨 뒤로 이동시킨다. 먼저, 노드를 가리키는 포인터를 RemoveNode 함수에 전달해서 노드를 큐에서 제거한다(⑥). 둘째, 키를 큐의 뒤로 다시 엔큐한다(⑦). 그리고 큐 노드를 가리키는 포인터를 갱신한다(⑧).

이 갱신 작업을 커피숍에서의 고객이 줄을 서는 상황으로 생각해볼 수 있다. 고객이 줄에서 떠나면 자신의 위치를 잃는다. 나중에 다시 줄을 설 때는 줄 맨 뒤에 서야 한다.

11.2.2 접근 순서에 맞게 큐의 원소 변경하기

코드 11-2의 RemoveNode 연산을 지원하려면 원소 위치 변경을 지원하게 큐를 변경해야 한다. 최근에 접근한 원소를 큐의 맨 뒤로 이동함으로써 최근에 접근한 원소임을 나타낼 필요가 있다. 먼저, 4장에서 살펴본 큐 구현을 이중 연결 리스트를 사용하게 변경한다. 이를 통해 큐의 중간에서 원소를 효율적으로 제거할 수 있게 된다.

```
QueueListNode {
    Type: value
    QueueListNode: next
    QueueListNode: prev
}
```

그림 11-3에 설명한 것처럼, next 필드는 현재 노드 바로 뒤에 있는 노드(현재 노드의 다음에 디큐될 노드)를 가리킨다. 반면, prev 필드는 현재 노드의 바로 앞에 있는 노드를 가리킨다.

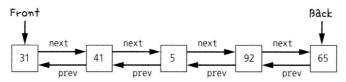

두 번째로 (이중 연결 리스트로) 변경한 구조에 맞춰 엔큐와 디큐 연산을 수정해야 한다. 엔큐와 디큐에 모두 prev 포인터를 갱신하는 로직을 추가한다. 4장 구현과 비교할 때, prev 포인터를 설정하는 부분이 주로 달라진다.

```
Enqueue(Queue: q, Type: value):
    QueueListNode: node = QueueListNode(value)
    IF q.back == null:
        q.front = node
        q.back = node
    ELSE:
        q.back.next = node
        node.prev = q.back    // ①
        q.back = node
```

엔큐 연산은 새 노드의 prev 포인터를 삽입 직전의 마지막 원소인 q.back으로 설정해야 한다(①).

```
Dequeue(Queue: q):
    IF q.front == null:
        return null

    Type: value = q.front.value
    q.front = q.front.next
    IF q.front == null:
        q.back = null
    ELSE:
        q.front.prev = null    // ①
    return value
```

디큐 연산은 새로운 맨 앞 노드의 prev 포인터를 null로 설정해서 그 앞에 노드가 없음을 나타낸다(①).

마지막으로 노드를 큐의 중간에서 제거하는 RemoveNode 연산을 추가한다. 이중 연결 리스트를 사용하면 이런 연산을 구현할 때 도움이 된다. 양방향으로 포인터를 유지함으로씨, 현재 노드의 바로 앞 항목을 찾기 위해 전체 큐를 스캔할 필요가 없어진다. RemoveNode의 코드는 연결 리스트에서 제거할 노드와 인접한 노드들(node.prev와 node.next)의 포인터들과 큐의 맨 앞(q.front)과 맨 뒤(q.back)를 조정한다.

```
RemoveNode(Queue: q, QueueListNode: node):
    IF node.prev != null:
        node.prev.next = node.next
    IF node.next != null:
        node.next.prev = node.prev
    IF node == q.front:
        q.front = q.front.next
    IF node == q.back:
        q.back = q.back.prev
```

이 코드에는 큐의 양 끝에 노드를 추가하거나 제거하는 특별한 경우를 처리하는 여러 IF 문이 들어 있다.

이제 질문이 하나 남는다. 어떻게 원하는 요소를 효율적으로 찾아 제거하고 다시 삽입할 수 있을까? 우리에게는 노드를 갱신하기 위해 전체 큐를 스캔할 여력이 없다. 캐시가 적중되도록 지원하려면 빠르게 조회해야 한다. 앞에서 살펴본 캐시의 경우에는 캐시 항목에서 직접 큐의 원소를 가리키는 포인터를 유지한다. 이 포인터를 따라가면 상수 시간 안에 큐에 접근해 노드를 제거하고 다시 삽입할 수 있다.

11.3 / 다른 만료 전략들

LRU 만료 전략과 다른 세 가지 전략으로 최대 최근 사용(MRU, Most Recently Used), 최소 빈도 사용(LFU, Least Frequently Used), 예측 전략에 대해 살펴본다. 이번 절의 목적은 각 만료 전략에 대해 깊이 있는 분석을 제공하는 것이 아니라, 여러분이 캐시 전략을 선택할 때 발생하는 트레이드오프 유형에 대한 직관을 키우는 것이다. 어떤 시나리오에 대한 최적의 캐시 전략은 그 시나리오의 구체적인 내용에 따라 달라진다. 이런 트레이드오프 관계를 이해해두면 용례에 가장 적합한 전략을 선택할 때 도움이 된다.

LRU는 특정 캐시 아이템들 사이에서 공통 사용 패턴이 집중적으로 보이며, 캐시된 원소의 분포가 시간이 지남에 따라 변할 것으로 예상될 때 좋은 만료 전략이다. 앞에서 이야기한 포스기 근처에 지역적인 커피 포트를 두는 예제가 이런 경우의 예제다. 누군가 새로운 종류의 커피를 주문하면 바리스타는 카운터 끝까지 걸어가서 이전의 커피 블렌드를 반납하고 주문이 들어온 새로운 블렌드의 커피 포트를 가져와 포스기 옆에 둔다.

이와 비교하면서 최대 최근 사용(MRU) 만료 전략을 살펴보자. 이 전략은 전자책 리더기의 맥락에서 상상해볼 수 있다. 전자책 리더기는 사용자가 즐길 수 있는 책을 미리 가져와서 캐시에 저장한다. 한 책을 두 번 연속으로 읽을 가능성은 적기 때문에, 사용자가 최근에 다 읽은 책을 캐시에서 버리고 새로운 책을 위해 공간을 확보하는 쪽이 합리적일 수 있다. MRU는 반복 빈도가 낮은 항목에는 좋은 접근 방법일 수 있지만, 아침에 집에서 커피를 내리는 예제에서는 이 만료 전략이 계속 비극을 야기할 수 있다. 커피를 내릴 때마다 내가 가장 좋아하는 브랜드의 커피를 강제로 집 밖으로 내보내야 하는 상황을 생각해보라.

마지막으로 원소에 접근한 시점을 고려하는 대신에, 선제 접근 횟수를 추적할 수도 있다. 최소 빈도 사용(LFU) 만료 전략은 접근 카운트가 가장 작은 원소를 제거한다. 이 방법은 캐시된 항목들이 안정적으로 유지되는 경우 유리하며, 익숙한 커피콩들을 집에 보관하는 경우와 비슷하다. 우리가 동네 커피숍에서 최신 시즌 블렌드를 시음해봤다는 이유만으로 선호하는 커피 세 가지 중 하나를 포기하지는 않는다. 캐시된 원소들은 이미 입증된 이력이 있으며, 그만큼 좋아하는 새로운 커피를 찾을 때까지는 그 자리를 유지한다. 불행히도 취향이 변하는 경우 새로운 인기 항목이 충분한 실적을 쌓아 캐시에 들어오기까지는 시간이 걸릴 수 있다. 만약 집에 있는 컬렉션보다 더 좋은 새로운 커피를 만났다면, 그 커피를 캐시에 넣기 위해서는 여러 번 시음하기 위해 길 건너 커피숍을 여러 차례 방문해야 한다. 그리고 확신이 서면 드디어 해당 블렌드의 커피콩을 사서 집에 가져오게 된다.

예측에 따른 만료 전략은 미래에 필요하게 될 원소를 예측하는, 미래를 내다보는 접근 방식을 사용한다. 단순한 접근 횟수나 타임스탬프에 의존하는 대신, 각각의 캐시 항목에 대한 접근이 미래에 어떻게 이뤄질지 예측하는 모델을 구축할 수 있다. 이 캐시의 효과는 모델의 정확도에 달려 있다. 만약 매우 정확한 모델을 가지고 있다면, 예를 들어, 10월과 11월에만 가을 시즌 블렌드로 좋아하는 커피를 바꾸리라 예측한다면 훨씬 높은 적중률을 얻을 수 있다. 그러나 모델이 부정확하면, 아마도 작년 같은 달에 처음으로 소비한 커피와 각 달을 연결해서 8월 초에 '민트 시나몬 호박 듬뿍'을 마셨던 '한 번의 실수'를 되풀이하게 될 수도 있다. 예측에 따른 만료 전략의 또 다른 단점은 캐시 자체에 복잡성이 추가된다는 것이다. 단순히 접근 횟수나 타임스탬프를 추적하는 것으로는 더 이상 충분하지 않고 캐시가 모델을 학습해야 한다.

11.4 / 캐시가 중요한 이유
SECTION

캐시는 비용이 많이 드는 저장 매체를 다룰 때 접근 비용을 완화할 수 있다. 비용이 많이 드는 저장소를 호출하는 대신, 캐시는 이 데이터의 일부를 더 가까운 빠른 위치에 저장한다. 올바른 캐시 전략을 선택하면, 캐시에서 데이터를 읽어옴으로써 느린 위치에서보다 상당한 시간을 절약할 수 있다. 이로 인해 캐시는 계산에 쓰이는 일반적이고 강력한 도구가 된다. 캐시는 웹 브라우저부터 도서관 서가나 커피숍에 이르기까지 실제 세계에서 널리 쓰이고 있다.

캐시는 또한 몇 가지 핵심 개념을 보여준다. 첫째, 여러 다른 매체에 있는 데이터에 접근할 때 고려해야 할 잠재적인 트레이드오프 관계를 강조해 보여준다. 모든 것을 가장 빠른 메모리에 저장할 수 있다면 캐시가 필요하지 않다. 불행하게도 보통은 이것이 불가능하다. 우리의 알고리즘은 더 크고 느린 데이터 저장소에 접근해야 하며, 이로 인해 어떤 비용이 발생하는지 이해하는 것이 중요하다. 다음 장에서는 데이터 접근 횟수를 줄이는 트리 기반의 자료 구조인 B-트리를 소개한다. 이 최적화는 CPU 주변의 빠른 메모리에 데이터를 다 넣을 수 없을 때 전체 데이터 접근 비용을 줄이는 데 도움이 된다.

둘째, 캐시는 앞에서 본 자료 구조 조정 문제를 다시 보여준다. 캐시의 크기와 만료 전략은 캐시 성능에 큰 영향을 미칠 수 있는 매개변수다. 캐시의 크기를 선택하는 문제를 생각해보자. 캐시가 뭔가 이익을 주기에 충분할 만큼 많은 데이터를 저장하지 않을 수도 있다. 커피숍 예제에서 포스기 근처에 있는 1개의 커피 포트도 도움이 되지만 한계가 있다. 반면, 캐시가 너무 크면 알고리즘의 다른 부분에서 필요한 중요한 자원인 메모리를 낭비할수 있다.

마지막으로 이 책의 목적에서 볼 때 가장 중요한 점은 캐시가 기본 자료 구조인 해시 테이블과 큐를 결합해 더 복잡하고 영향력 있는 동작을 제공하는 방법을 보여준다는 점이다. 이번 장에서는 해시 테이블의 원소를 큐의 노드와 연결하는 포인터를 사용함으로써 캐시에서 다음에 어떤 항목을 제거해야 하는지를 효율적으로 추적할 수 있었다.

B-트리

11장에서는 메모리 접근 비용이 매체에 따라 어떻게 다를 수 있는지 살펴봤다. 이번 장에서는 개별 값에 접근하는 문제를 확장해 데이터 블록에 접근하는 비용을 다루며, 이런 상황을 다룰 수 있는 새로운 자료 구조를 소개한다.

컴퓨터 과학에서는, 같은 블록 내부에 있는 데이터 접근 비용은 저렴하지만 새 블록을 가져오는 비용이 상대적으로 비싼 상황이 자주 발생한다. 컴퓨터는 하드 드라이브에서 페이지(page)라고 부르는 블록 전체를 읽어서 메모리에 저장할 수 있다. 플로피 디스크(floppy disk)를 사용하던 시절에 비디오 게임에서는 '디스크 5를 삽입하세요.' 같은 메시지를 보거나, 게임이 CD에서 다음 데이터 덩어리를 모두 다 읽어들일 때까지 기다려야만 하는 경우가 있었다. 비슷하게, 온라인 애플리케이션은 인터넷을 통해 서버에서 일관성 있게 다음 데이터 블록을 내려받아서 영상을 모두 다 내려받지 않아도 비디오를 시청할 수 있게 해준다.

이번 장에서는 새로운 데이터 블록을 읽어오는 비용을 고려하는 자기 균형트리 구조로 루돌프 바이어(Rudolf Bayer)와 에드워드 맥크레이트(Edward McCreight)가 설계한 **B-트리**를 다룬다. B-트리는 한 노드에 여러 데이터 조각을 저장해서 비싼 탐색 비용을 한 번만 지불하면 같은 노드 안에 있는 모든 값을 추출할 수 있게 해준다. 일단 노드가 지역 메모리에 저장되면 그 값에 빠르게 접근할 수 있다. 그러나 이런 이득을 얻기 위해 노드를 처리하는 복잡성을 지불해야 한다.

컴퓨팅 영역에서는 대용량 데이터 집합에 대해 인덱싱을 시도할 때 이런 문제가 발생할 수 있다. 문자 그대로 천문학적인 데이터 집합에 대한 인덱스를 생각해보라. 이 데이터 집합에는 관측된 모든 별, 은하, 성운, 혜성, 소행성 등의 이미지를 가리키는 포인터가 포함되어 있다. 데이터 집합은 여전히 인덱스보다 크지만 인덱스 자체도 여러 개의 느린 저장 장치 블록에 걸쳐야 할 수도 있다. B-트리는 인덱싱과 키를 결합하면서 탐색 비용을 최소화하는 창의적인 방법을 제공한다.

B-트리는 트리가 많이 치우치는 경우가 생기지 않도록 트리 연산을 정의하는 방법을 보여주는 예제이기도 하다. 이번 장 뒷부분에서 설명하겠지만, B-트리는 항상 모든 리프 노드가 동일한 깊이에 있도록 완벽하게 균형을 유지한다.

12.1 / B-트리 구조

B-트리는 트라이나 쿼드 트리에서 본 개별 키를 저장하는 다중 분기 구조를 응용한다. 실제로 이 말은 B-트리의 내부 노드에 2개보다 훨씬 더 많은 가지를 허용한다는 뜻이다. 또, 각 노드에 키를 하나 이상 저장할 필요가 있다. B-트리 노드는 키로 가득 차 있으면서, 키를 활용해 (하위 트리의) 여러 분할을 추적한다. 게다가 한 노드를 불러올 때 읽을 수 있는 데이터양을 극대화해준다.

노드에 여러 항목을 집어넣음으로써 얻는 이득을 일상적인 온라인 배송이라는 맥락에서 볼 수 있다.

우리는 배송되는 상자의 개수에 따라 비용을 지불한다. 따라서 작은 상자를 많이 배송하면 배송 비용이 빠르게 늘어난다. 이것은 비싼 저장소로부터 작은 트리 노드를 많이 탐색하는 경우와 동일하다. 여러 항목을 같은 상자에 집어넣으면, 이들을 한꺼번에 배송해 비용을 줄일 수 있다. 마찬가지로 B-트리는 여러 키를 탐색하는 비용을 줄이기 위해 이들을 한데 묶어서 탐색한다.

형식적으로 B-트리 노드의 크기를 매개변수 k를 사용해 정의한다. 이 k는 루트가 아닌 노드가 저장할 수 있는 원소 수의 상계(upper bound)다. 루트가 아닌 모든 노드는 k개와 $2k$개 사이의 키를 정렬된 순서로 저장한다. 루트 노드는 더 유연해서 0개부터 $2k$개 사이의 키를 포함할 수 있다. 이진 탐색 트리와 마찬가지로 내부 노드는 키의 값을 사용해 가지의 범위를 정의한다. 내부 노드는 분할 지점을 나타내는 키의 앞과 뒤에 포인터를 저장하기 때문에, 루트 노드를 제외한 모든 내부 노드는 $k+1$개부터 $2k+1$개까지의 자식을 허용한다. 루트 노드는 0개부터 $2k+1$개 사이의 자식을 가질 수 있다. 분할 지점은 이진 탐색 트리의 분할 지점과 개념적으로 동일하다. 이들은 키 공간을 분할 지점 이전의 키와 분할 지점 이후의 키로 나눈다.

그림 12-1은 이런 구조의 예를 보여준다. 키가 12, 31, 45인 노드는 4개의 분할을 정의한다. 이들은 12보다 앞에 오는 키, 12 이후이면서 31 이전에 오는 키, 31 이후이면서 45 이전에 오는 키, 마지막으로 45 이후에 오는 키들의 집합이다. 13, 17, 26을 포함하는 하위

트리는 상위 노드의 두 분할 지점에 의해 정의된다. 부모 노드에서 키 12의 오른쪽에 자식을 가리키는 포인터가 있기 때문에 자식 노드의 모든 키는 12보다 커야만 한다. 같은 자식 노드를 가리키는 포인터가 부모 노드에서 키 31의 왼쪽에 있기 때문에 하위 트리의 키들은 모두 31보다 작아야만 한다.

▼ **그림 12-1** 예제 B-트리

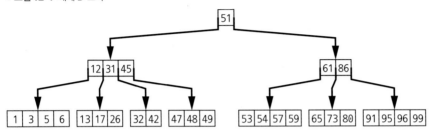

> **노트**
>
> B-트리의 매개변수를 설명하는 데 사용되는 표기는 참고 문헌에 따라 다양하며, 노드마다 할당되는 키(또는 자식)의 최대 개수로 크기 매개변수를 정의하거나 키에 대해 상대적으로 자식이 인덱싱되는 방식이 다를 수 있다. 구현을 비교할 때는 이런 차이점을 고려하는 것이 중요하다.

흥미롭고 유익한 수집품으로 이뤄진 종합 박물관의 컬렉션 인덱스를 구성하는 경우 이 구조를 어떻게 쓸 수 있을지 생각해보자. 동적인 컬렉션을 허용하려는 노력의 일환으로 우리는 각 소장품의 이름, 간단한 설명, 대규모 수장고 내 위치를 적은 작은 종이 카드로 소장품을 인덱싱한다. 한 바인더에 카드를 900개 넣을 수 있고, 컬렉션에 소장품이 1백만 점 있다고 하면, 전체 인덱스를 저장하기 위해 백 개 이상의 바인더가 필요하다.

모든 인덱스를 한곳에 저장하고 싶지만 사무실에 공간이 부족하다. 인덱스를 포함하는 바인더를 요청하고 탐색한 후에는 그 바인더 안에 있는 항목을 비교적 쉽게 찾아볼 수 있다. 하지만 새로운 바인더를 요청하고 싶을 때마다 인덱스 저장실에 방문해 요청 양식을 작성해야 한다.

이 방식에서 각 인덱스 카드는 이름에 해당하는 문자열이 키인 B-트리의 한 항목에 해당된다. 각각의 바인더는 B-트리 노드에 해당하며, 바인더마다 포켓이 900개 있으므로 키를 최대 900개 보유할 수 있다. 바인더 안 항목들은 정렬되어 있어서 선형 스캔이나 이진 탐색으로 키를 쉽게 탐색할 수 있다. 또, 각 바인더의 포켓에는 현재 인덱스 카드의 키와 바로 앞 색인 카드의 키 사이에 있는 항목을 가리키는 포인터가 있다. 그림 12-2처럼 'Caffeine Unlimited Coffee Mug'라는 대상을 찾는데 알파벳 순서로 대상 이전에 오는 'Caffeine Ten Coffee Mug'를 지나고, 바로 다음에 'Jeremy's Gourmet High-Caffeine Experience'를 보게 된다. 이 시점에서 우리는 대상 키의 잠재적 위치를 지나쳤으므로 현재 항목 이전의 바인더를 탐색해야 한다는 사실을 알 수 있다.

▼ **그림 12-2** 인덱스 카드의 바인더 포인터는 탐색을 계속하기 위해 어떤 바인더를 살펴봐야 할지 알려준다

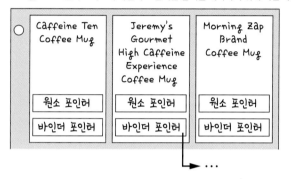

바인더의 맨 뒤에 추가로 하나의 포인터를 더 저장한다. 이 포인터는 현재 바인더의 마지막 키 이후에 오는 키만 포함하는 다른 바인더를 가리킨다. 결과적으로 우리 바인더는 키 최대 900개(키에 해당하는 소장품을 가리키는 포인터 포함)와 다른 바인더를 가리키는 포인터 901개를 담을 수 있다.

다른 트리 기반 자료 구조와 마찬가지로, 최상위의 복합 자료 구조와 노드별 자료 구조를 나눠서 B-트리 자료 구조를 정의한다.

```
BTree {
    BTreeNode: root
    Integer: k
}

BTreeNode {
    Integer: k
    Integer: size
    Boolean: is_leaf
```

```
    Array of Type: keys
    Array of BTreeNodes: children
}
```

이 자료 구조와 잠시 뒤에 볼 예제에서는 개별 키를 저장하고 탐색하는 코드를 간단하게 유지한다. 우리가 소개한 다른 자료 구조와 마찬가지로, 대부분 그림 12-2의 아이템 포인터처럼 키와 키 데이터를 가리키는 포인터를 함께 포함하는 복합 자료 구조를 사용하면 유용하다.

B-트리 구조가 더 복잡한 이유는 키와 자식을 저장하는 배열 크기가 다르기 때문이다. 따라서 인덱스 i에 있는 키를 인접한 자식 포인터들과 어떻게 매핑할지 정의해야 한다. 주어진 인덱스 i에 대해 $keys[i]$에서 키에 접근할 수 있지만, 또 그 키의 앞과 뒤에 있는 노드 포인터에도 접근할 수 있어야 한다. 그림 12-3처럼 $children[i]$ 하위 트리의 모든 키 값은 $keys[i]$보다 작고 $keys[i-1]$보다 크다(단, $i > 0$).

▼ 그림 12-3 키 배열의 원소를 자식 포인터 배열의 원소로 매핑하는 방법

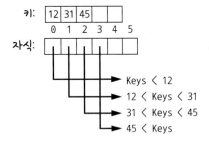

정의에 따라 B-트리는 균형 잡힌 자료 구조다. 모든 리프 노드는 루트로부터 같은 깊이에 있다. 나중에 새로운 키를 삽입하거나 제거할 때 노드를 갱신해서 이 구조를 유지하는 방법을 설명한다.

12.2 / B-트리 탐색하기

SECTION

우리가 모든 트리 기반 자료 구조에 사용한 일반적인 절차를 따라 B-트리를 탐색할 수 있다. 즉, 트리의 맨 위에서 시작하며 원하는 키를 찾을 때까지 아래로 내려간다. B-트리와 이진 탐색 트리의 중요한 차이점은 한 노드에서 하나 이상의 키를 확인해야 할 수도 있다는 점이다. 각 노드에서 키들을 스캔하면서 원하는 키를 찾거나 목표보다 큰 값을 가진 최초의 키를 찾을 때까지 진행한다. 내부 노드에서 (원하는 키를 찾지 못하고) 목표보다 큰 키를 찾았다면, 적절한 자식으로 이동해 탐색을 계속한다.

```
BTreeSearch(BTree: tree, Type: target):
    return BTreeNodeSearch(tree.root, target)

BTreeNodeSearch(BTreeNode: node, Type: target):
    # 노드의 키 리스트에서 target 키를 탐색한다
    Integer: i = 0
    WHILE i < node.size AND target >= node.keys[i]:    // ①
        IF target == node.keys[i]:                      // ②
            return node.keys[i]
        i = i + 1
    # 올바른 자식으로 내려간다
    IF node.is_leaf:                                    // ③
        return null
    return BTreeNodeSearch(node.children[i], target)   // ④
```

이 탐색 코드는 현재 노드에 저장된 키들을 WHILE 루프를 사용해 스캔하면서 시작된다 (①). 루프는 키 리스트의 끝에 도달하거나(i == node.size) 목표보다 큰 키를 만날 때까지(target<node.keys[i]) 계속된다. 코드는 현재 노드에서 일치하는 키를 찾았는지 확인하고, 일치하는 키가 있으면 그 키를 반환한다(②). 예제 코드에서는 간단한 노드 탐색을 위해 선형 스캔을 사용했지만, 더 효율적인 이진 탐색을 사용할 수도 있다.

현재 노드에서 일치하는 키를 찾지 못했는데 현재 노드가 리프라면 트리에 일치하는 항목이 없으므로 null을 반환한다(③). 현재 노드가 리프가 아니라면 코드는 올바른 자식 노드를 재귀적으로 탐색한다. 코드는 루프 반복자 i를 사용해 올바른 자식에 바로 도달할 수 있다(④). i가 마지막 자식을 가리키거나 key[i] > target일 때 중지되기 때문이다.

그림 12-1에서 살펴본 B-트리에서 17이라는 키를 탐색하는 예제를 살펴보자. 루트 노드에서 첫 번째 키(51)를 검사한다. 키가 목표인 17보다 크기 때문에 첫 번째 자식 포인터를 사용해 다음 레벨로 내려간다. 다음 레벨에서는 두 개의 키를 확인한다. 12는 목표 키 값보다 작기 때문에 그다음 키로 진행하지만, 31은 목표 키 값보다 크기 때문에 두 번째 자식 포인터를 사용해 12와 31 사이의 키가 있는 자식 노드로 이동한다. 리프 노드에서도 같은 절차를 계속한다. 그림 12-4는 이 탐색을 설명하며 우리가 접근해 비교한 배열 상자들을 빨간색으로 표시한다.

▼ **그림 12-4** B-트리 탐색 예제다. 빨간색 셀은 알고리즘이 확인한 셀이다

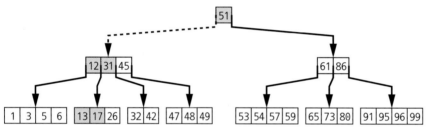

노드 안 키를 탐색하는 방법이 실행 시점에 어떻게 영향을 미치는지 고려해야 한다. 한 번만 비교한 후에 다음 레벨로 내려가는 대신 노드마다 여러 번 비교해야 할 수도 있다. 이런 트레이드오프를 두 가지 이유로 허용할 수 있다. 첫째, B-트리는 노드를 불러오는 횟수를 줄이기 위해 최적화됐다는 사실을 기억하라. 비싼 저장소로부터 데이터 블록을 가져올 필요가 없이 지역 메모리에서 처리가 이루어지기 때문에 노드 내 데이터 접근은 상대적으로 비용이 적게 들 것으로 예상된다. 둘째, 첫 번째 이유만큼이나 중요한 것인데, B-트리의 노드 구조도 가지치기할 충분한 기회를 제공할 수 있다. 각각의 비교는 여전히 하위 트리 전체를 제거한다. 현재 노드와 마찬가지로 이렇게 제거한 노드는 최대 $2k$개 키와 $2k+1$개 자식을 포함할 수 있다.

박물관 소장품 예제로 돌아와서 특정 소장품을 탐색해보자. 모든 탐색은 루트 바인더부터

시작한다. 키를 알파벳 순서로 저장했으므로 원하는 키에 도달할 때까지 불필요한 항목을 대충 건너뛰거나 원하는 항목이 있어야 하는 위치로 바로 넘어가면서 키를 찾을 수 있다. 원하는 키를 볼 수 없다면 그 키가 바인더 안에 없다는 사실을 알 수 있다. 우리는 유한한 저장 공간의 불공평함에 대해 불평하면서, 목표 키 다음에 올 수 있는 첫 번째 키에 적힌 '바인더 #300'이라는 포인터를 기억해둔다. 그리고 몇 가지 불만을 더 중얼거리면서 인덱스 저장 담당자에게 '바인더 #300'을 요청한다.

이 저장 방식과 모든 인덱스 카드를 정렬된 순서로 저장하는 경우를 비교해보자. 바인더 #1에는 Aa에서 Ab에 이르는 키들이 들어 있는 첫 번째 카드 집합이 포함되며, 바인더 #2에는 Ac에서 Ad까지가 포함된다. 정적 데이터 집합의 경우 이런 구성이 잘 작동할 수 있다. 현재 바인더 범위 내에서 중간에 있는 바인더를 요청하면 요청 횟수를 (바인더 개수의) 로그로 제한하면서 이진 탐색을 수행할 수 있다. 그러나 카드를 추가하거나 제거하면 이 방법이 제대로 작동하지 않을 수 있다. 바인더가 꽉 차면 다음 바인더로 카드를 이동해야 한다. 컬렉션 내용이 바뀌면 많은 바인더의 내용을 연쇄적으로 바꿔야만 할 수도 있다. 최악의 경우로 모든 바인더에 카드가 꽉 찬 경우에는 인덱스를 저장하는 모든 바인더를 변경해야 할 수도 있다. 다음 절에서 볼 수 있듯이, B-트리 구조는 데이터 집합에 대한 동적 변경을 쉽게 처리할 수 있게 해준다.

12.3 / 키 삽입하기

B-트리에 키를 삽입하는 것은 앞에서 살펴본 트리 기반 자료 구조에 원소를 삽입하는 것보다 더 복잡하다. 이 경우 구조의 균형을 유지하고 각 노드에 저장된 키의 수를 (k와 $2k$ 사이로) 제한해야 한다. 노드가 가득 찬 경우를 처리하는 두 가지 방법이 있다. 첫째 방법은 트리를 따라 진행하면서 노드를 분할해서 꽉 찬 노드에 대해 삽입을 호출하지 않도록 보장하는 방법이다. 둘째 방법은 가득 찬 노드에 임시로 키를 삽입하고(따라서 해당 노드는 과포화 상태가 됨) 트리를 (루트 방향으로) 올라가면서 노드들을 분할하는 방법이다. 우

리는 둘째 방법을 살펴본다. 이에 따라 두 단계로 이뤄진 키 삽입 알고리즘이 생긴다.

삽입을 수행하려면, 먼저 트리를 따라 내려가면서 새 키를 삽입할 위치를 탐색한다. 둘째로, 트리를 거슬러 올라가면서 과포화된 노드들을 분할한다. 각 분할은 노드의 분기 정도(하위 노드로 가는 가지의 개수)를 증가시키지만 꼭 높이를 증가시키지는 않는다. 사실 트리의 높이를 증가시키는 유일한 경우는 루트 노드 자체를 분할할 때뿐이다. 루트 노드를 분할할 때만 높이가 증가(이때 모든 리프의 깊이가 동시에 1 늘어남)하므로 트리가 항상 균형을 유지하게 보장할 수 있다.

12.3.1 키 삽입 알고리즘

알고리즘의 첫 단계에서는 트리를 재귀적으로 탐색하면서 새로운 키를 삽입할 위치를 찾는다. 그 과정에서 일치하는 키를 발견하면 해당 키의 데이터를 갱신할 수 있다. 일치하는 키가 없으면 리프 노드까지 내려가서 키를 배열에 삽입한다.

먼저 꽉 차 있지 않은 노드에 키를 삽입하는 간단한 도우미 함수인 BTreeNodeAddKey를 정의한다. 편의를 위해 삽입할 새로운 키 다음의 자식을 가리키는 포인터도 매개변수(parameter)로 받아서, 이 함수를 노드를 분할할 때 재사용할 수 있게 한다. 리프 노드인 경우에는 자식을 가리키는 포인터를 저장하지 않으므로, next_child 포인터가 무시된다.

```
BTreeNodeAddKey(BTreeNode: node, Type: key,
                BTreeNode: next_child):
    Integer: i = node.size - 1              // ①
    WHILE i >= 0 AND key < node.keys[i]:
        node.keys[i+1] = node.keys[i]
        IF NOT node.is_leaf:
            node.children[i+2] = node.children[i+1]
        i = i - 1
    # 키와 자식 노드를 가리키는 포인터를 동시에 삽입한다
    node.keys[i+1] = key                    // ②
    IF NOT node.is_leaf:
        node.children[i+2] = next_child
    node.size = node.size + 1               // ③
```

코드는 키 배열의 끝(인덱스는 node.size-1)부터 시작하는 WHILE 루프를 사용하며 인덱스 0쪽으로 진행한다. 각 단계에서 코드는 새 키를 현재 위치에 삽입해야 할지 여부를 확인하고 삽입할 수 없다면 현재 인덱스 위치의 key와 children을 하나씩 뒤로 이동시킨다. 루프는 올바른 위치를 한 단계 지나간 시점(배열의 맨 앞일 수도 있음)에서 끝난다. 따라서 새 키가 들어갈 올바른 위치를 찾으면 이미 그 위치나 그 뒤에 있던 원소들은 배열의 뒤로 하나씩 밀려난 상태일 것이다. 따라서 새 키와 자식을 그 위치에 직접 삽입할 수 있다(②). 삽입이 이뤄진 노드의 크기를 조정(③)하면서 코드가 마무리된다.

배열에서 새 원소를 삽입하기 위한 자리를 만들기 위해 그림 12-5처럼 선형적으로 아이템을 하나씩 이동시키는 비용에 실망할 수도 있다. 하지만 이것이 우리가 3장에서 경고한 모든 것이다. 기억하라. 우리는 노드 접근을 최소화하기 위해 (유한한) 선형 아이템 이동 비용을 지불하는 트레이드오프를 택했다. 박물관 예제를 생각해보면 멀리 있는 인덱스 저장실에 가서 다른 바인더를 찾아야 하는 미래의 가능성을 최소화하기 위해 한 바인더 안에서 카드를 한 포켓에서 다음 포켓으로 옮기는 귀찮음을 충분히 감수할 의향이 있다.

▼ **그림 12-5** BTreeNodeAddKey에서 26을 삽입하면서 원소 뒤로 옮기기

노드가 가득 차는 경우를 처리할 몇 가지 도우미 함수가 필요하다. 노드당 원소가 최대 $2k$개로 제한되어 있다는 사실을 기억하라. 이 개수를 초과하면 노드를 분할해야 한다. 먼저, BTreeNodeIsOverFull이라는 간단한 접근자(accessor) 함수로 시작한다. 이 함수는 노드에 $2k$개 이상 항복이 있는지를 나타내는 불린 값을 반환한다.

```
BTreeNodeIsOverFull(BTreeNode: node):
    return node.size == (2 * node.k + 1)
```

이 함수는 우리가 바인더의 모든 포켓을 사용했는지 확인하는 절차와 같다.

또한 두 번째 도우미 함수로 BTreeNodeSplit을 추가한다. 이 함수는 노드와 자식의 인덱스를 가져와 해당 자식을 분할한다. 인덱스 이전의 모든 항목은 원래 자식에 유지되며, 인덱스 이후의 모든 항목은 자식에서 지워지면서 새로 생성된 형제 노드에 추가된다. 인덱스에 해당하는 키는 자식에서 지워지고 현재(부모) 노드에 추가된다.

```
BTreeNodeSplit(BTreeNode: node, Integer: child_index):
    BTreeNode: old_child = node.children[child_index]        // ①
    BTreeNode: new_child = BTreeNode(node.k)
    new_child.is_leaf = old_child.is_leaf

    # 분할에 사용할 키와 인덱스 확보
    Integer: split_index = Floor(old_child.size / 2.0)       // ②
    Type: split_key = old_child.keys[split_index]

    # 키에서 더 큰 절반(그리고 그 자식들)을 new_child로 복사하고,
    # 그 멤버들을 old_child에서 제거
    Integer: new_index = 0
    Integer: old_index = split_index + 1
    WHILE old_index < old_child.size:                        // ③
        new_child.keys[new_index] = old_child.keys[old_index]
        old_child.keys[old_index] = null

        IF NOT old_child.is_leaf:
            new_child.children[new_index] = old_child.children[old_index]
            old_child.children[old_index] = null
        new_index = new_index + 1
        old_index = old_index + 1

    # (마지막 키 다음에) 남은 자식 복사
    IF NOT old_child.is_leaf:                                // ④
        new_child.children[new_index] = old_child.children[old_child.size]
        old_child.children[old_child.size] = null

    # 인덱스에 있는 키를 제거하고 현재 노드에 추가
    old_child.keys[split_index] = null                       // ⑤
    BTreeNodeAddKey(node, split_key, new_child)              // ⑥
```

```
# 노드의 크기를 갱신
new_child.size = old_child.size - split_index - 1       // ⑦
old_child.size = split_index
```

BTreeNodeSplit 코드는 노드를 분할할 노드(old_child)를 탐색하고 새로운 (비어 있는) 형제 노드(new_child)를 생성하는 것부터 시작한다(①). 새 노드는 분할할 자식과 동일한 깊이에 추가될 것이므로 is_leaf 값을 복사한다. 그다음에 분할할 지점으로 old_child 에 사용할 인덱스와 키를 결정한다(②). 코드는 WHILE 루프를 사용해 old_child의 key와 children에서 split_index 이후 모든 원소를 new_child에 있는 같은 배열로 복사한다 (③). 코드는 이전 위치(old_index)와 새 위치(new_index)의 인덱스를 추적하기 위해 한 쌍 의 인덱스를 사용한다. 이때 코드는 old_child의 배열에서 (이미 새 위치로 복사한) 원소 를 null로 설정해 제거한다. children 배열의 원소가 하나 더 많기 때문에 마지막 원소를 별도로 복사해야 한다(④). 마지막으로 split_index 위치의 키를 제거하고(⑤), 현재 노드 에 split_key와 새로운 자식 포인터를 추가하며(⑥), 두 자식(분할한 노드와 새로 생성한 노드)의 크기를 모두 설정한다(⑦).

그림 12-6의 컬렉션 소장품 인덱스라는 관점에서 이 작업을 살펴보자. 바인더가 꽉 차면 내용물을 두 바인더로 나눈다. 먼저 새로운 빈 바인더를 구입한다. 이 형제 바인더는 과포화된 바인더의 내용의 절반 정도를 저장한다. 두 번째로, 과포화된 바인더의 내용 중 뒷부분 절반을, 정렬 순서를 그대로 유지하면서 새로운 바인더로 신중하게 이동시킨다. 세 번째로, 분할된 두 바인더 사이의 키에 해당하는 인덱스 카드를 찾아서 제거하면서 두 자식 바인더 사이를 분할하는 기준으로 부모 바인더에게 삽입한다. 과포화였던 자식 바인더는 이 분할 기준보다 앞에 있는 키를 가진 카드들만 포함하며, 새로 추가된 바인더는 이 분할 기준보다 더 뒤에 있는 키를 가진 카드들만 포함하게 된다.

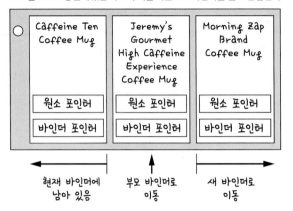

이런 도우미 함수들을 작성했으므로, 이제 재귀적인 탐색을 진행한 다음에 삽입을 수행하는 원소 삽입 함수를 정의할 수 있다. 우선 리프 노드에 원소를 삽입한다. 그 후 재귀가 트리를 거슬러 올라갈 때, 최근에 접근한 자식 노드가 과포화되어 분할이 필요한지를 검사한다.

```
BTreeNodeInsert(BTreeNode: node, Type: key):
    Integer: i = 0
    WHILE i < node.size AND key >= node.keys[i]:      // ①
        IF key == node.keys[i]:                       // ②
            데이터 갱신
            return
        i = i + 1

    IF node.is_leaf:
        BTreeNodeAddKey(node, key, null)              // ③
    ELSE:
        BTreeNodeInsert(node.children[i], key)        // ④
        IF BTreeNodeIsOverFull(node.children[i]):     // ⑤
            BTreeNodeSplit(node, i)                   // ⑥
```

코드는 먼저 keys 배열에서 key의 올바른 위치를 찾는다. WHILE 루프는 keys 배열의 끝에 도달하거나(i == node.size), key보다 더 큰 키를 만날 때까지(key < node.keys[i]) 배열

288

을 순회한다. 정확히 일치하는 키를 찾으면, 키에 해당하는 데이터를 갱신하고 반환된다 (②). 정확히 일치하는 키가 없으면 새 데이터를 삽입해야 한다.

코드가 키를 리프에 삽입할 때 BTreeNodeAddKey 함수를 사용한다(③). 이 함수는 배열 원소를 이동시키고 새 키를 올바른 위치에 추가한다. 키를 내부 노드에 삽입하는 경우, 인덱스 i는 삽입 대상인 올바른 자식 포인터를 가리킨다. 코드는 재귀적으로 올바른 자식에게 키를 삽입한 다음(④), 삽입으로 인해 B-트리의 속성(특히 노드 크기가 k와 $2k$ 사이에 있는지)이 깨졌는지 확인한다(⑤).

코드가 노드에 너무 많은 원소를 삽입하면 B-트리 속성을 깨뜨릴 수 있다. 재귀적으로 변경한 노드가 너무 많은 원소를 포함하는지 확인하기 위해 BTreeNodeIsOverFull 도우미 함수를 사용할 수 있다. 이 검사를 부모 노드에서 수행하면 B-트리를 복구하는 논리를 간단하게 유지할 수 있다. 코드는 BTreeNodeSplit을 사용해 과포화된 자식을 두 개의 노드로 분할한다. 이 삽입 과정에서 새로운 분할 키를 삽입하는 동안 현재 노드가 깨질 수도 있지만 괜찮다. (깨진) 노드의 부모로 돌아가서 이를 제대로 처리하면 된다.

코드를 단순화하기 위해 약간의 추가 저장 공간을 사용한다. 코드는 노드가 일시적으로 과포화되어 $2k+1$개 키와 $2k+2$개 자식을 저장하게 허용한다. 그리고 부모 노드가 BTreeNodeSplit을 호출할 때까지 기다린다. 단순히 keys와 children에 충분히 큰 배열을 할당하면 이런 버퍼를 확보할 수 있다.

이 코드의 첫 번째 단계를 우리 박물관의 커피 머그잔 컬렉션에 새로운 머그잔을 추가하는 것으로 생각할 수 있다. 새 머그잔에 대한 인덱스 카드를 만들어서 인덱스 바인더에 삽입한다. 루트 바인더에서 시작해 카드를 넣을 위치를 찾는다. 탐색하는 동안 포인터를 따라 적절한 바인더를 찾아간다. 리프 바인더에 도착하면 인덱스 카드에 표시된 자식이 없는 상태로 새 카드를 추가한다. 바인더가 이제 꽉 찼거나(또는 과포화인지) 확인하고, 그런 경우 내용을 재분할한다. 그 후에는 인덱스 저장실에 바인더를 요청했던 순서의 반대 순서로 바인더를 반환한다. 바인더를 분할하면서 새 카드를 부모에게 전달했다면 부모 바인더를 분할해야 할 필요가 있는지도 확인한다. 이 과정을 루트 바인더로 되돌아갈 때까지 계속한다.

루트 노드에 대해서는 추가로 특수한 경우를 하나 더 정의해야 한다. 루트 노드를 분할하는 것이 트리 높이를 높이는 유일한 방법임을 기억하라. 이를 수행하는 래퍼 함수를 정의해야 한다. 다행히 앞에서 작성한 도우미 함수를 재사용할 수 있다.

```
BTreeInsert(BTree: tree, Type: key):
    BTreeNodeInsert(tree.root, key)                    // ①

    IF BTreeNodeIsOverFull(tree.root):                 // ②
        BTreeNode: new_root = BTreeNode(tree.k)        // ③
        new_root.is_leaf = False
        new_root.size = 0

        new_root.children[0] = tree.root               // ④
        BTreeNodeSplit(new_root, 0)                    // ⑤
        tree.root = new_root                           // ⑥
```

코드는 BTreeNodeInsert를 사용해 루트 노드에 key를 삽입하는 것부터 시작한다(①). 이 함수는 재귀적으로 트리를 내려가면서 새로운 키를 삽입할 올바른 위치를 찾고, 루트 노드를 제외한 모든 수준에서 깨진 B-트리 속성을 고치면서 다시 올라온다. 그 후, 루트 노드에 대해 BTreeNodeIsOverFull을 호출해 루트에 원소가 너무 많은지 확인한다(②). 루트 노드에 원소가 너무 많으면 새로운 빈 루트 노드를 생성해 트리 레벨을 하나 추가하고(③), 이전 루트를 새 루트의 첫 번째 자식으로 할당한다(④). 이후 이 (과포화된) 자식을 분할하고(⑤), 트리의 루트를 갱신한다(⑥). 분할 후, 새 루트 노드에는 정확히 하나의 키와 두 개의 자식이 포함된다.

키를 삽입하는 과정에서 루트 노드에서 리프 노드를 한번 왕복한다. 따라서 삽입 과정에서 접근하고 변경해야 하는 노드 수는 트리 높이에 비례한다. B-트리는 항상 균형을 유지하므로 모든 리프 노드가 동일한 깊이에 있으며 루트가 아닌 모든 내부 노드의 분기는 최소 $k+1$보다 많기 때문에 노드 탐색은 N에 대한 로그 스케일로 늘어난다. 전체 작업에는 키 복사나 이동같이 노드 안에서 이뤄지는 선형 작업도 포함되므로 필요한 총 작업은 $k \times \log_k(N)$에 비례한다.

12.3.2 키 삽입 예제

방금 다룬 함수를 더 잘 이해하기 위해 몇 가지 예제를 살펴보자. 먼저, 그림 12-7과 같은 가장 간단한 경우를 살펴보자. 이 경우 키를 추가해도 리프 노드가 과포화되지 않는다. $k = 2$라고 가정하면, 루트가 아닌 노드는 최소 2개에서 $2k = 4$개의 키를 포함할 수 있다. 그림 12-7(a)의 하위 트리에 키 30을 추가한다고 하자. 단순히 리프 노드로 내려가서 올바른 위치에 BTreeNodeAddKey 도우미 함수를 사용해 추가하면 된다. 리프에는 원소가 4개 있으므로 분할할 필요가 없고, 따라서 그림 12-7(b)와 같은 하위 트리를 얻는다.

▼ **그림 12-7** 30이라는 키를 여유 공간이 있는 B-트리 리프(a)에 삽입하면, 네 원소(b)가 들어 있는 리프 노드가 생긴다

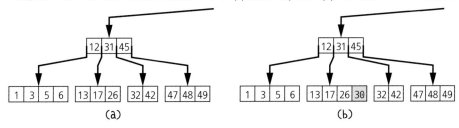

노드가 채워지면서 논리가 더 복잡해진다. 그림 12-8(a)에 있는 예를 살펴보자. 같은 트리에 29라는 키를 추가하는 경우다. 그림 12-8(b)는 새 키를 삽입한 후 리프 노드가 과포화된 상태를 보여준다. 이를 해소하기 위해 과포화된 노드의 분할 지점(key = 26)을 식별해 부모 노드로 올려 보낸다. 그런 다음 BTreeNodeSplit 도우미 함수를 사용해 리프를 두 형제로 분할한 결과가 그림 12-8(c)다. 중간 원소를 승격시켜서 (승격된 원소가 추가된) 내부 노드가 가득 차는 경우에는 그 내부 노드도 분할해야 한다.

마지막으로 분할이 루트 노드까지 전파되는 경우 어떻게 할지 생각해보자. 키를 삽입한 후 그림 12-9(a)처럼 루트 노드 자체가 과포화된다고 가정하자. 이 경우 그림 12-9(b)처럼 새로운 레벨의 트리를 만들기 위해 루트 노드를 분할함으로써 루트의 과포화를 해소한다. 새 루트 노드에는 이전 루트 노드의 중간 키가 단 하나만 들어간다. 다른 모든 노드와 달리 루트 노드에는 k개 미만의 원소가 들어갈 수 있다. 실제로는 루트 노드를 분할할 때마다 항상 정확히 하나의 원소가 포함된 새로운 루트가 생긴다.

▼ **그림 12-8** 키 29를 이미 꽉 찬 리프 노드(a)에 삽입하면, 해당 리프가 과포화(b)된다. 이런 경우 B-트리 특성을 복원하기 위해 과포화된 리프를 분할해야 한다(c)

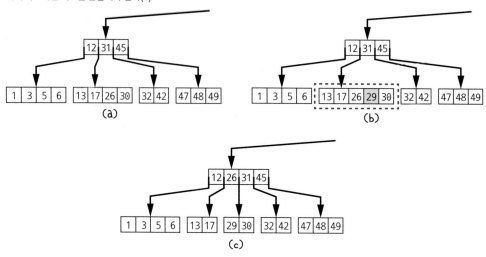

▼ **그림 12-9** B-트리의 루트 노드가 과포화되면(a), 과포화된 루트를 두 개의 형제 노드로 분할하고 중간 원소를 새로운 루트 노드로 승격시킨다(b)

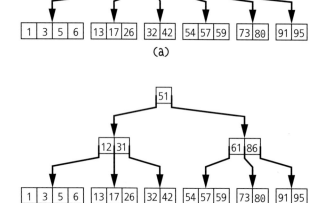

이번 절 예제에서 보여준 것처럼 B-트리의 변경은 삽입 위치를 찾을 때 탐색한 노드들로 한정된다. 다른 가지를 변경하거나 복구할 필요가 없기 때문에 변경된 노드의 전체 개수는 트리 깊이에 의해 제한되며, $\log_k(N)$에 비례한다.

12.4 / 키 제거하기

키를 제거하는 것은 키 추가와 비슷한 방식을 따른다. 우리는 다시 트리 구조를 균형 잡힌 상태로 유지하고 각 노드에 저장된 키의 개수를 제한해야 한다(k와 $2k$ 사이). 따라서 키를 제거하는 다단계 알고리즘이 만들어진다. 먼저, 키를 탐색하는 경우와 마찬가지로 트리를 아래로 내려간다. 키를 찾으면 찾은 키를 제거한다. 마지막으로 트리를 다시 올라가면서 키가 너무 적게 들어 있는 노드를 확인하고 복구한다. 이때 빈 루트 노드를 제거하는 경우 (모든 리프의 깊이를 1 감소시킴)를 제외하면 어떤 노드도 제거하지 않기 때문에, 트리가 항상 균형 잡힌 상태를 유지하는 것을 보장할 수 있다.

12.4.1 키가 너무 적게 들어 있는 노드 복구하기

B−트리에서 키를 제거할 때, 노드의 키 개수가 최소한인 k 미만으로 줄어들 위험이 있다. 이 조건을 확인하기 위해 간단한 도우미 함수를 사용할 수 있다.

```
BTreeNodeIsUnderFull(BTreeNode: node):
    return node.size < node.k
```

B−트리의 구조에 맞게 키가 너무 적게 들어 있는 노드를 복구하는 두 가지 다른 접근 방식이 있는데, 두 방식 모두에 대해 이번 절에서 설명한다. 각 접근 방식은 (키가 너무 적게 들어 있는) 노드의 키들과 인접한 형제 노드의 키들을 합치는 데 의존한다. 첫 번째 방식은 두 개의 작은 형제 노드를 하나의 노드로 직접 병합한다. 두 번째 방식은 더 키가 많이 들어 있는 형제 노드의 키를 키가 부족한 노드로 전달한다. 부모 노드가 인접한 형제 노드를 분할하는 키의 인덱스를 사용해 이 두 가지 도우미 함수를 호출한다.

병합 연산은 두 인접한 형제 노드와 그 사이를 구분하는 키를 가져와서, 이들을 하나의 큰 자식 노드로 합친다. 따라서 새로운 자식 노드의 유효성을 보장하려면 두 형제의 키를 합친 전체 개수가 2*k*보다 작아야 한다. 그림 12-10은 이 절차를 보여주며, 그림 12-10(a)는 병합 연산 전 하위 트리를 보여준다. 가운데 자식 노드는 키가 하나뿐이다. 그림 12-10(b)는 동일한 하위 트리를 병합한 뒤의 모습을 보여준다.

▼ **그림 12-10** B 트리 노드 병합 연산

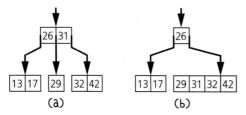

코드 12-1은 두 인접한 형제를 병합하는 코드를 보여준다.

▼ **코드 12-1** 두 인접한 형제를 병합하는 코드

```
BTreeNodeMerge(BTreeNode: node, Integer: index):
    BTreeNode: childL = node.children[index]                // ①
    BTreeNode: childR = node.children[index + 1]

    # 부모의 키와 오른쪽 자식의 첫번째 자식 포인터를 복사한다
    Integer: loc = childL.size                              // ②
    childL.keys[loc] = node.keys[index]
    IF NOT childL.is_leaf:
        childL.children[loc + 1] = childR.children[0]
    loc = loc + 1

    # 오른쪽 자식의 키와 자식을 복사한다                        // ③
    Integer: i = 0
    WHILE i < childR.size:
        childL.keys[loc + i] = childR.keys[i]
        IF NOT childL.is_leaf:
            childL.children[loc + i + 1] = childR.children[i + 1]
        i = i + 1
    childL.size = childL.size + childR.size + 1

    # 현재 노드에서 키를 제거한다
    i = index
```

```
WHILE i < node.size - 1:                              // ④
    node.keys[i] = node.keys[i + 1]
    node.children[i + 1] = node.children[i + 2]
    i = i + 1
node.keys[i] = null
node.children[i + 1] = null
node.size = node.size - 1
```

코드는 오른쪽 자식에게서 가져온 키들과 부모로부터 가져온 분할 기준 키를 왼쪽 자식에 추가한다. 먼저 각각을 childL과 childR이라고 부르는 두 자식 노드를 읽어온다(①). 여기서 childL에 있는 모든 키는 분할 기준 키보다 작고, childR에 있는 모든 키는 분할 키보다 크다. 그 후, 코드는 부모의 분할 키와 오른쪽 자식의 첫 번째 자식 포인터를 왼쪽 자식의 끝에 추가한다(②). 그리고 WHILE 루프를 사용해 오른쪽 자식의 남은 키들과 포인터들을 복사한다(③). 또, 왼쪽 자식의 크기를 변경한다. 이제 두 자식 노드를 성공적으로 합쳤다. 병합한 자식 노드의 포인터를 node.children[index]에 저장한다.

코드는 부모 노드를 정리하면서 끝난다(④). 자식에게 내려보낸 분할 기준 키와 오른쪽 자식 포인터를 제거하기 위해, 내려보낸 원소 뒤에 있는 키와 포인터를 모두 시프트시키고 배열의 마지막 상자를 null로 설정하고, 현재 노드(부모 노드)의 크기를 갱신한다.

두 노드를 병합하는 과정에서 우리는 그들의 부모로부터 키를 하나 가져온다. 이로 인해 부모 노드가 k개보다 더 적은 키를 가질 수 있기 때문에 다음 상위 레벨에서 계속 복구해야 할 수도 있다.

이 과정은 박물관 컬렉션 인덱싱 예제에서 바인더를 병합하는 것과 비슷하다. 인덱스 바인더에 키가 너무 적게 들어 있으면 공간을 낭비하게 되고 탐색에 걸리는 시간이 길어질 수 있다. 인덱스 카드가 하나만 들어 있는 바인더를 인덱스 관리자에게 요청하고 싶지는 않을 것이다. 바인더를 병합하는 것은 어느 한 자식 바인더에 들어 있는 카드들과 부모 바인더의 분할 기준 카드를 함께 가져와서 다른 자식 바인더에 올바른 순서로 넣는 것을 의미한다. 이미 부모와 하나의 자식을 요청한 상태이므로(지역 메모리에 두 노드가 들어 있음), 다른 자식을 추가로 하나만 요청하면 이 병합을 빠르게 수행할 수 있다.

키가 부족한 노드를 복구하는 두 번째 접근 방식은 인접한 형제 노드로부터 키(그리고 필요한 경우 자식)를 하나만 이동하는 것이다. 이 방식은 형제 노드가 키를 하나 잃어도 괜찮은 경우에만 작동하므로, 형제 노드의 키 총 개수가 적어도 $2k$여야 한다. 인접한 형제들을 병합하고 최적으로 다시 분할할 수도 있지만, 설명을 위해 여기서는 키를 하나만 전달하는 단순한 접근 방식을 사용한다. 노드에서 키를 하나만 제거할 때는 키를 하나만 이동시켜도 부족한 노드를 충분히 복구할 수 있다.

그러나 그림 12-11을 보면 알 수 있는 것처럼, 단순히 한 자식에게서 키를 가져와서 다른 자식에게 주는 것만으로는 문제를 해결할 수 없다. 부모 노드의 분할 키가 분할 기준을 강제로 정하기 때문이다. 따라서 두 단계의 이동을 수행해야 한다. 먼저 부모로부터 현재의 분할 기준 키를 키가 부족한 노드로 이동시킨다. 그 후, 다른 형제로부터 가져온 키로 부모의 분할 키를 교체한다.

▼ **그림 12-11** B-트리 노드의 왼쪽 이동 연산

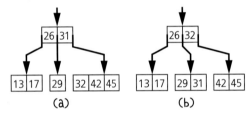

코드 12-2처럼 코드를 두 도우미 함수로 나눈다. 한 함수는 오른쪽 자식 노드로부터 키를 왼쪽 자식 노드로 이동시키고, 다른 함수는 반대 방향으로 키를 이동시킨다. 오른쪽 자식 노드로부터 키를 왼쪽 자식 노드에 이동하는 코드는 두 키를 이동시킨다. 키 하나는 오른쪽 자식에서 부모로 이동시키고, 다른 하나는 부모에서 왼쪽 자식으로 이동시킨다.

▼ **코드 12-2** 키와 자식 포인터를 오른쪽 형제로부터 키가 너무 적은 왼쪽 노드로 이동하는 코드

```
BTreeNodeTransferLeft(BTreeNode: node, Integer: index):
    BTreeNode: childL = node.children[index]          // ①
    BTreeNode: childR = node.children[index + 1]
    Type: middle_key = node.keys[index]

    node.keys[index] = childR.keys[0]                 // ②
```

```
    childL.keys[childL.size] = middle_key                  // ③
    IF NOT childR.is_leaf:
        childL.children[childL.size + 1] = childR.children[0]
    childL.size = childL.size + 1

    Integer: i = 0                                         // ④
    WHILE i < childR.size - 1:
        childR.keys[i] = childR.keys[i + 1]
        IF NOT childR.is_leaf:
            childR.children[i] = childR.children[i + 1]
        i = i + 1

    childR.keys[i] = null                                  // ⑤
    IF NOT childR.is_leaf:
        childR.children[i] = childR.children[i + 1]
        childR.children[i + 1] = null
    childR.size = childR.size - 1                          // ⑥
```

코드는 두 개의 인접한 형제와 분할 기준 키를 읽어들이면서 시작한다(①). 오른쪽 자식의 첫 번째 키를 분할 기준 키 자리(②)에 넣는다. 부모로부터 가져온 분할 기준 키(middle_key)와 오른쪽 자식의 첫 번째 자식 포인터를 왼쪽 자식의 키와 자식 배열 끝에 추가한다(③). 이제 왼쪽 자식과 부모를 모두 갱신했다. 그 후, 코드는 오른쪽 자식을 정리한다. WHILE 루프를 사용해 남은 원소들을 오른쪽으로 시프트시키고(④), 빈 자리를 null로 하고 (⑤), 크기를 조정한다(⑥).

왼쪽 자식의 키를 오른쪽 자식으로 전달하는 코드는 코드 12-3과 같다. 이 예제의 두 가지 키 전달은 코드 12-2와 반대 방향으로 작동한다. 즉, 먼저 왼쪽 자식에게서 부모에게 키를 보내고 그다음에 부모에게서 오른쪽 자식에게 키를 전달힌다.

▼ **코드 12-3** 왼쪽 형제로부터 키와 자식 포인터를 키가 부족한 오른쪽 형제에게 전달하는 코드

```
BTreeNodeTransferRight(BTreeNode: node, Integer: index):
    BTreeNode: childL = node.children[index]              // ①
    BTreeNode: childR = node.children[index + 1]
    Type: middle_key = node.keys[index]
```

```
# 새로운 키와 포인터를 받기 위해 childR 안에 공간을 만들자
Integer: i = childR.size - 1                              // ②
WHILE i >= 0:
    childR.keys[i+1] = childR.keys[i]
    IF NOT childR.is_leaf:
        childR.children[i+2] = childR.children[i+1]
    i = i - 1
    IF NOT childR.is_leaf:
        childR.children[1] = childR.children[0]

    childR.keys[0] = middle_key                          // ③
    IF NOT childR.is_leaf:
        childR.children[0] = childL.children[childL.size]
    childR.size = childR.size + 1

    node.keys[index] = childL.keys[childL.size - 1]  // ④

    childL.keys[childL.size - 1] = null                  // ⑤
    IF NOT childL.is_leaf
        childL.children[childL.size] = null
    childL.size = childL.size - 1
```

코드는 다시 두 인접한 형제와 분할 기준 키를 읽어들이면서 시작한다(①). 그 후, 오른쪽 노드의 키와 자식을 이동시켜서 키와 포인터를 추가할 공간을 확보한다(②). 그다음, 부모로부터 얻은 이전의 분할 기준 키(middle_key)와 왼쪽 자식의 마지막 자식 포인터를 오른쪽 자식의 키와 자식 배열의 맨 앞에 넣고(③), 오른쪽 노드의 크기를 1 증가시킨다. 그 후, 코드는 왼쪽 자식의 마지막 키를 부모의 분할 기준 키 자리에 넣는다(④). 코드는 마지막으로 비어 있는 항목을 null로 표시하고 크기를 업데이트하는 작업을 수행해서(⑤) 왼쪽 자식을 정리한다.

병합 연산과 달리, 키 이전 연산은 부모의 키 개수를 줄이지 않는다. 따라서 트리의 상위 레벨에서 복구 작업을 수행할 필요가 없다. 이런 이전 연산은 물리적으로 형제 바인더를 요청하고 두 자식 바인더와 부모 바인더 사이에서 두 장의 인덱스 카드를 이동시키는 것에 해당한다. 부모로부터 중간 카드(두 자식 바인더의 범위 사이에 있는 카드)를 가져와 절반보다 덜 차 있는 자식 바인더에 추가한다. 그리고 더 많은 카드를 가진 자식으로부터 카드를 가져와 (자식에게 이전된) 부모의 카드를 대신 채워 넣는다.

이 세 복구 함수와 어떤 함수를 사용할지 결정하는 로직을 현재 노드와 키 개수가 부족한 자식의 인덱스를 입력으로 받는 도우미 함수로 캡슐화할 수 있다.

```
BTreeNodeRepairUnderFull(BTreeNode: node, Integer: child):
    IF child == node.size:                              // ①
        child = child - 1
    Integer: total = (node.children[child].size +       // ②
                      node.children[child + 1].size)

    IF total < 2 * node.k:
        BTreeNodeMerge(node, child)                     // ③
        return

        IF node.children[child].size < node.children[child + 1].size: // ④
            BTreeNodeTransferLeft(node, child)
        ELSE:
            BTreeNodeTransferRight(node, child)
```

어떤 복구 전략을 사용해야 하는지 알기 위해서는 인접한 형제를 찾고 두 자식 노드의 전체 키 개수를 확인해야 한다. 여기서는 설명을 위해 단순한 전략으로 항상 다음 자식(child + 1)을 형제로 사용한다. 단, 배열의 마지막 자식을 복구해야 할 때는 이전 자식을 형제로 사용한다. 코드는 이 두 자식 노드의 키 개수의 합계를 확인한다. 키 개수 합계가 충분히 작다면 ($2k$ 미만) BTreeNodeMerge 함수를 사용해 두 노드를 병합한다. 노드들이 키를 $2k$개 이상 가진 경우에는 BTreeNodeTransferLeft나 BTreeNodeTransferRight를 사용해 키 개수가 더 작은 노드쪽으로 키를 하나 이동시킨다.

12.4.2 가장 작은 키 찾기

제거 연산의 일부분으로 주어진 노드나 하위 트리에서 최소 키를 찾아 반환하는 보조 함수를 추가한다. 이 코드는 코드 12-4와 같고, B-트리에서 키의 경계를 계산할 때 유용하다.

▼ **코드 12-4** 주어진 노드나 하위 트리에서 최소 키를 찾는 코드

```
BTreeNodeFindMin(BTreeNode: node):
    IF node.size == 0:        // ①
        return null
    IF node.is_leaf:          // ②
        return node.keys[0]
    ELSE:
        return BTreeNodeFindMin(node.children[0])  // ③
```

코드는 세 가지 조건으로 구성된다. 노드가 비어 있으면 코드는 최소 키가 없음을 나타내는 null을 반환한다(①). 빈 루트 노드에서만 이런 일이 발생할 것이다. 다른 모든 노드에는 키가 최소 k개 이상 존재하기 때문이다. 노드가 비어 있지 않은 리프 노드이면 코드는 노드의 배열에서 첫 번째(따라서 최소) 키를 반환한다(②). 마지막으로, 노드가 내부 노드이면 코드는 재귀적으로 첫 번째 자식에서 최소 키 값을 찾는다(③).

12.4.3 제거 알고리즘

제거 알고리즘은 최상위 래퍼 함수에 대한 설명으로 시작한다. 이 함수는 비교적 간단하다. 함수는 트리의 루트 노드를 사용해 재귀적인 제거 함수를 호출한다.

```
BTreeDelete(BTree: tree, Type: key):
    BTreeNodeDelete(tree.root, key)

    IF tree.root.size == 0 AND NOT tree.root.is_leaf:
        tree.root = tree.root.children[0]
```

노드를 분할하는 경우에만 트리 높이를 높인 것처럼, 루트 노드가 (키를 제거한 결과) 비어 있게 되는 경우에만 트리 높이를 줄인다. B-트리가 완전히 비어 있지 않다면 키가 비게 되는 루트 노드에도 여전히 children 배열의 0번 인덱스 위치에 유효한 자식을 하나 가지고 있을 것이다. 이 자식으로 이전의 루트 노드를 대신한다.

핵심 제거 알고리즘은 재귀적으로 트리를 내려가면서 제거할 키를 찾는다. 키를 제거한 결과 키의 개수가 B-트리 속성이 요구하는 k개보다 작아질 수 있기 때문에 변경된 자식이 키가 부족한 상태인지 확인하고, 필요하면 자식을 복구해야 한다.

```
BTreeNodeDelete(BTreeNode: node, Type: key):
    Integer: i = 0                                      // ①
    WHILE i < node.size AND key > node.keys[i]:
        i = i + 1

    # 리프 노드에서 키를 제거하는 경우
    IF node.is_leaf:
        IF i < node.size AND key == node.keys[i]:
            WHILE i < node.size - 1:                     // ②
                node.keys[i] = node.keys[i + 1]
                i = i + 1
            node.keys[i] = null
            node.size = node.size - 1
        return

    # 내부 노드에서 키를 제거하는 경우
    IF i < node.size AND key == node.keys[i]:
        Type: min_key = BTreeNodeFindMin(node.children[i+1]) // ③
        node.keys[i] = min_key

        BTreeNodeDelete(node.children[i+1], min_key)     // ④
        IF BTreeNodeIsUnderFull(node.children[i+1]):
            BTreeNodeRepairUnderFull(node, i+1)

    ELSE:
        BTreeNodeDelete(node.children[i], key)           // ⑤
        IF BTreeNodeIsUnderFull(node.children[i]):
            BTreeNodeRepairUnderFull(node, i)
```

코드는 현재 노드의 키 배열을 스캔해서 제거할 키를 찾는 것부터 시작한다(①). 현재 노드에 일치하는 키가 있으면 WHILE 루프가 종료되고 i는 일치하는 키의 인덱스가 된다.

그 후, 코드는 노드가 리프인 경우를 처리한다. 노드가 리프이고 키가 발견되면 해당 키를 제거하고 키 배열의 나머지 키들을 시프트한다. 또, 마지막 원소를 null로 설정하고 크기를 갱신한다. 리프 노드에 대해서는 자식 포인터를 변경할 필요가 없다. 현재 노드가 리프이고 키를 찾지 못하면 함수를 그냥 반환시킨다.

다음으로, 노드가 내부 노드인 경우를 처리한다. 키가 노드에 있는 경우와 없는 경우, 두 가지를 고려해야 한다. 내부 노드에서 키를 찾으면 키를 정렬한 순서에서 바로 다음에 오는 키로 대체한다. 코드는 코드 12-4의 BTreeNodeFindMin을 바로 다음 자식 노드에 대해 호출해서 바로 다음에 올 키를 찾는다. 그리고 BTreeNodeDelete를 호출해서 바로 다음에 올 키를 (다음 자식 노드로부터) 제거한다(④). 그다음, 코드는 자식 노드의 키가 부족한지 확인하고 필요한 경우 이 자식 노드를 복구한다.

대상 키가 내부 노드에 없으면 적절한 자식에 대해 재귀적으로 BTreeNodeDelete를 호출한다(⑤). 이때도 한 번 더 해당 자식 노드의 키 개수가 부족한지 확인하고 필요한 경우 이를 복구해야 한다.

키를 삽입할 때와 마찬가지로 제거할 때도 연산 중에 탐색된 노드의 개수를 제한하는 것이 목표다. 제거 작업은 트리를 한 번 스캔하면서 끝나며, 루트 노드에서 리프에 이를 때까지 이뤄진다. 혹시 키를 내부 노드에서 제거해도, 그 이후의 키 대체와 제거 연산은 어느 한 리프에 이르는 경로를 따라 계속된다. 그리고 키 개수가 모자란 노드를 복구하기 위해 추가로 노드를 하나 더 읽어들여야 한다.

12.4.4 키 제거 예제

우리가 방금 다룬 키를 제거하는 알고리즘의 예제를 살펴보자. 먼저, 가장 간단한 경우인 리프 노드에서 키를 제거하는 경우를 살펴보자. 이 경우는 그림 12-12와 같다. 리프 노드에는 $k + 1$개보다 많은 키가 있다. $k = 2$라고 가정하면, 루트가 아닌 노드에 2부터 $2k = 4$개까지 원소가 들어갈 수 있다. 그림 12-12(a)의 하위 트리에서 5라는 키를 제거하면 리프 노드까지 방문해 배열에서 해당 키를 제거해야 한다. 그 결과, 리프 노드에는 3개의 원소가 남는다. 이 노드를 복구할 필요가 없다. 이제 그림 12-12(b)와 같은 하위 트리를 얻는다.

▼ **그림 12-12** B-트리의 리프 노드에서 키 5를 제거하는 과정(a). 그 결과 3개의 키가 들어 있는 리프 노드를 얻을 수 있다(b)

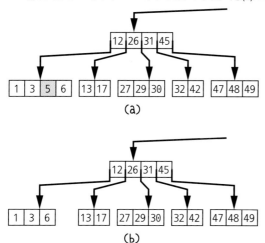

다음으로 그림 12-13처럼 복구가 필요하지 않은 내부 노드에서 키를 제거하는 경우를 살펴보자. 그림 12-13(a)의 하위 트리에서 키 45를 제거하는 경우, 해당 키를 내부 노드에서 찾을 수 있다. 이 키를 제거하기 위해 정렬 순서상 다음에 올 키인 47로 제거할 키를 대체한다. 결과적으로 모든 노드가 적어도 두 개의 원소를 포함하게 되므로 복구할 필요가 없고, 그림 12-13(b)에 표시된 하위 트리를 얻는다.

▼ **그림 12-13** B-트리 내부 노드에서 키 45를 제거하면(a) 자식 중 하나의 키를 가져오게 된다(b)

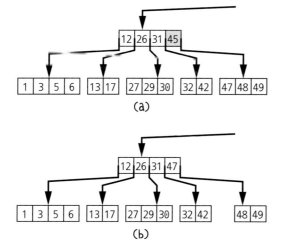

마지막으로 키를 제거해서 키가 부족해진 노드를 복구해야 하는 다양한 경우를 살펴보자. 그림 12-14는 두 노드를 병합할 수 있는 경우를 보여준다. 먼저 그림 12-14(a)의 트리에서 키 32를 제거한다. 그림 12-14(b)에서는 병합 작업에 사용할 키들(키 개수가 부족한 노드의 키, 오른쪽 인접한 형제 노드의 키, 부모 노드의 키 중에 두 노드를 분할하는 키)을 보여준다. 그림 12-14(c)는 복구한 트리다. 새 자식 노드에는 4개의 키가 있고, 부모 노드에는 3개의 키가 있다.

▼ **그림 12-14** 거의 비어 있는 노드에서 키 32를 제거하는 경우(a), 리프 노드의 원소 개수가 너무 적어진다(b). B-트리의 속성을 복구하기 위해 원소가 부족한 노드를 인접 형제 노드와 병합해야 한다(c)

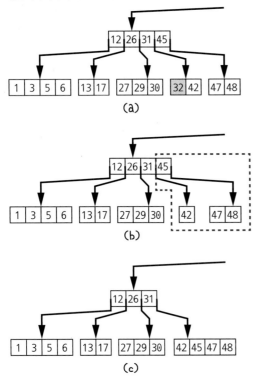

그림 12-15는 더 큰 형제 노드의 키를 전달할 수 있는 경우를 보여준다. 먼저 그림 12-15(a)의 트리에서 키 32를 제거한다. 그림 12-15(b)는 균형을 복구할 때 사용할 키들(키 개수가 부족한 노드의 키, 오른쪽 인접한 형제 노드의 키, 부모의 키들 중에 두 노드를 분할하는 키)이다. 그림 12-15(c)는 각 키가 이동할 위치를 보여준다. 복구된 트리를 그림 12-15(d)에 표시했다.

▼ **그림 12-15** 거의 비어 있는 노드에서 키 32를 제거하는 경우(a), 리프 노드의 원소 개수가 너무 적어진다(b). 인접한 형제 노드에서 키를 가져와서(c) B-트리의 속성을 복구한다(d)

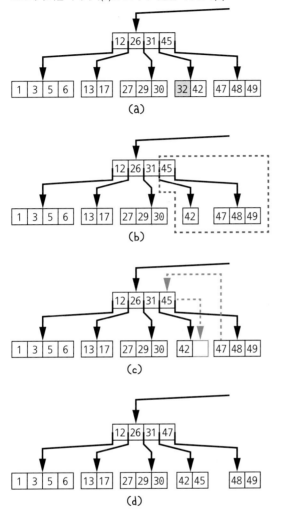

마지막으로 그림 12-16은 루트 바로 아래에 존재하는 두 자식(다른 자식은 없음)을 병합해 트리 높이를 줄이는 경우를 보여준다. 그림 12-16(b)처럼 두 자식을 병합하면 빈 루트 노드가 남는다. 루트 노드에 마지막으로 남아 있던 유일한 키가 병합된 노드로 옮겨졌기 때문이다. 이를 그림 12-16(c)처럼 변경해서 이전 루트 노드를 제거하고 해당 노드(제거된 기존 루트 노드)의 유일한 자식을 새 루트 노드로 승격시킨다.

삽입할 키의 위치를 탐색할 때 방문한 노드로 B−트리에 대한 수정이 제한되는 원소 삽입 연산과 달리, 제거 연산에서는 키 위치 탐색 경로와 다른 가지에 속한 노드를 변경할 수 있다. 노드 병합과 키 전달은 모두 같은 레벨의 형제 노드를 사용한다. 그러나 변경할 노드의 전체 개수는 여전히 트리의 깊이에 의해 제한된다. 최대로 한 레벨당 하나의 형제 노드에 접근하며, 접근하는 노드 수는 N의 로그에 비례한다.

▼ **그림 12-16** 루트 노드 아래의 마지막 두 자식을 병합하는 경우(a)에는 빈 루트(b)가 생긴다. 빈 루트 노드의 유일한 자식을 새 루트로 승격시킨다(c)

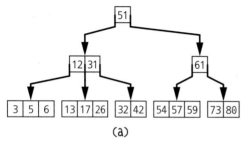

(a)

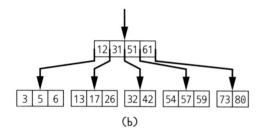

(b)

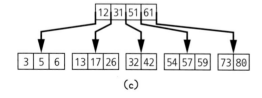

(c)

12.5 B-트리가 중요한 이유

B-트리는 몇 가지 중요한 개념을 보여준다. 첫째, 다른 노드에 대한 메모리 접근이 노드 내 내용에 접근하는 것보다 비용이 더 많이 드는 경우를 다루기 위해, 이미 알고 있는 자료 구조의 동작을 어떻게 적응시킬 수 있는지 보여준다. B-트리는 인덱싱과 저장을 결합해 필요한 접근 횟수를 최소화하는 방식으로 동작한다. 이는 디스크나 외부 서버에 정보를 저장하는 큰 데이터 집합에 중요하다. 루트가 아닌 노드마다 최소한 k개의 키를 유지하도록 강제함으로써, 각 노드에서 가지(branch)를 적어도 $k + 1$개 가지게 되고 전체 자료 구조가 평평해진다. 이는 트리의 전체 깊이를 제한하고, 그에 따라 탐색, 삽입, 제거 등에 필요한 탐색 횟수를 제한하는 데 도움이 된다. 또, 언제나 루트가 아닌 각 내부 노드가 최소 반 이상 차 있도록 보장해서, 키가 몇 개 들어 있지도 않은 노드를 탐색하는 데 시간을 낭비하지 않게 한다(루트 노드는 예외일 수 있음).

이러한 B-트리 접근 방식을 소장품에 특화시킨 인덱스 체계와 대조해보면 유용하다. 처음에 소장품을 범주(카테고리)에 따라 나누는 자료 구조를 개발할 수 있다. 최상위 인덱스는 소장품의 범주(예 커피 관련 수집품)를 해당 범주용 바인더로 매핑한다. 각 범주의 바인더는 다시 커피 머그잔이나 커피 포스터 등 모든 하위 범주로 매핑된다. 이런 방식은 이 책에서 본 가지 뻗기 구조를 기반으로 하는 유효한 접근 방식이다. 여기서 일반성과 효율성 사이의 트레이드오프가 발생한다. 많은 경우 자료 구조를 특정 작업에 더 최적화할 수 있지만, 그렇게 최적화하면 다른 문제에 적용할 수 있는 능력을 잃게 된다. 어떤 경우에는 이러한 트레이드오프가 가치가 있을 수 있고, 다른 경우에는 그렇지 않을 수 있다. 범주 중심의 인덱싱 체계와 비교했을 때, B-트리는 정렬 가능한 모든 키 집합에 대해 작동할 수 있는 더 일반적인 접근 방식을 제공한다.

B-트리가 보여주는 두 번째 개념은 자료 구조 자체가 지원하는 두 번째 수준의 동적 적응성이다. B-트리는 저장하는 데이터의 분포에 맞춰 균형을 유지하기 위해 구조를 지속적으로 재배치한다. 5장에서 본 것처럼 트리가 균형을 많이 잃으면 트리 기반 구조의 이점을 잃게 된다. B-트리는 노드당 키의 개수(k에서 $2k$까지)를 제한하고 모든 리프 노드가 정

확히 같은 깊이를 갖도록 보장함으로써 트리가 균형을 잃는 것을 프로그래밍적으로 방지한다. B-트리는 원소가 너무 많이 들어 있거나 너무 적게 들어 있는 노드를 복구함으로써 '나쁜' 입력 데이터의 분포에 적응한다. 트리 균형을 맞추기 위한 다양한 전략이 있지만, B-트리는 추가 구조(이 경우에는 노드마다 여러 키를 허용함)를 통해 최악의 시나리오를 피할 수 있는 간단하고 명확한 예를 제공한다.

13

블룸 필터

12장에서 본 것처럼, 자료 구조가 어떻게 지역 메모리에 들어맞는지와 느린 메모리에서 데이터를 읽어오는 것을 어떻게 제한하는지에 대해 알아야 하는 경우가 종종 있다. 자료 구조가 커질수록 더 많은 데이터를 저장할 수 있지만 가장 빠른 메모리에 들어가지는 못할 수 있다. 이번 장에서는 **블룸 필터(Bloom filter)**를 소개한다. 블룸 필터는 해시 테이블의 핵심 개념을 확장해 대용량 키 공간을 필터링할 때 필요한 메모리양을 제한하는 자료 구조다.

블룸 필터는 1970년에 컴퓨터 과학자 버튼 블룸(Burton Bloom)에 의해 발명됐다. 블룸 필터는 어떤 키가 삽입되었는지를 추적하면서 메모리 사용량과 실행 시간을 무자비하게 최적화한다. 블룸 필터는 아주 단순한 예/아니오 질문인, '이전에 어떤 키를 본 적이 있는가'라는 문제에 대한 (확률적인) 답을 제공한다. 예를 들어, 블룸 필터를 사용하면 사용자의 비밀번호가 이미 알려진 취약한 비밀번호 목록에 들어가 있는지 여부를 검사할 수 있다. 또는 더 크고 포괄적이지만 더 느린 자료 구조에 접근하기 전에 블룸 필터를 사용해 입력을 미리 걸러낼 수 있다.

최적의 효율성을 위해 블룸 필터는 위양성(false positive[1]) 결과를 가져올 수 있는 방식을 사용한다. 이 말은 블룸 필터가 키가 삽입됐다고 판정했는데 실제로는 삽입되지 않았을 확률이 0이 아니라는 뜻이다. 다시 말해, 나쁜 비밀번호를 판정하는 블룸 필터는 가끔 좋은 비밀번호까지 거부할 수 있다.

앞으로 보겠지만, 블룸 필터는 메모리 부가 비용이 낮고 빠른 실행 시간을 보장하면서 위음성(false negative, 실제 삽입된 키에 대해 그 키가 삽입된 적이 없다고 판정하는 경우)이 없기 때문에, 선별 작업이나 더 비싼 자료 구조에 액세스하기 전의 사전 검사에 유용하다. 이를 활용하면 11장의 캐시 접근 방식과 유사한 두 단계의 조회가 이뤄진다. 데이터 집합에 레코드가 있는지 확인하고 싶으면 먼저 블룸 필터를 사용해 레코드가 삽입된 적이 있는지 확인한다. 블룸 필터는 빠른 메모리에 있는 간결한 자료 구조이므로 이런 검사를 빠르게 수행할 수 있다. 블룸 필터가 거짓(삽입된 적 없음)을 반환하면 해당 레코드가 데이

---

1 **역주** 음성과 양성은 우리가 던지는 질문(통계 용어로는 가설)에 대한 답이 그렇다(양성)나 아니다(음성)에 따라 달라지는 것이며, 음성/양성이라는 용어 자체에 긍정적인 의미나 부정적인 의미가 들어 있지는 않다. 예를 들어 감기에 걸렸는지 검사하는 진단 시약의 경우, 양성은 감기에 걸린 것이고 음성은 감기에 걸리지 않은 것이지만, 건강한 상태인지 검사하는 검사라면 양성이 건강한 것이다. 위음성과 위양성의 '위'는 가짜라는 뜻으로, 검사나 테스트의 결과가 실제와 다른 경우이기 때문에 가짜라는 의미의 '위'를 접두사로 붙인 것이다.

터 집합에 없다는 사실을 알 수 있고, 포괄적인 자료 구조에 대한 비용이 많이 드는 탐색을 건너뛸 수 있다. 블룸 필터가 참(삽입된 적 있음)을 반환하는 경우에는 위양성이거나 레코드가 실제로 더 큰 자료 구조 안에 있을 수 있는 것이므로, 전체 탐색을 수행해야 한다.

대규모 의료 기록 데이터베이스에서 더 계산 비용이 비싼 탐색을 수행하기 전에 특정 레코드가 있는지 확인하고 싶다고 가정하자. 의료 데이터베이스는 거대하며 이미지와 비디오를 포함하기 때문에 여러 대용량 하드 드라이브에 저장돼야 한다. 더구나, 수백만 건의 레코드가 있는 상태에서는 이 데이터베이스에 대한 인덱스조차 지역 메모리에 적재될 수 없을 정도로 크다. 블룸 필터는 때로는 존재하지 않는 레코드를 탐색하게 허용하기도 하지만, 많은 무의미한 탐색을 피하는 데 도움이 된다. 블룸 필터가 데이터 집합에 레코드가 없다고 판정할 때마다 우리는 즉시 탐색을 중지할 수 있다.

13.1 블룸 필터 소개
SECTION

블룸 필터는 핵심적으로 이진 값들의 배열이다. 각 상자는 그 상자에 해당하는 해시 값에 대해 이전에 무언가가 매핑된 적이 있었는지를 추적한다. 1이라는 값은 그 상자가 이전에 쓰였다는 사실을 나타내며, 0은 그 상자를 쓴 적이 없었다는 뜻이다.

블룸 필터는 많은 값 중에서 특정 값을 쉽게 찾고 싶을 때 매우 유용하다. 넓고 혼잡한 파티장에서 친구를 찾는 상황을 상상해보라. 친구가 참석했는지 확인하기 위해 많은 사람 사이를 헤매면서 모든 사람이 얼굴을 살펴볼 수도 있다. 하지만 알 만한 행사 담당자에게 먼저 물어보는 편이 더 낫다. 담당자에게 친구의 특징을 설명하면 담당자는 뛰어난 기억력을 바탕으로 친구에 대한 설명과 자신의 기억력 지도를 바탕으로 특징과 일치하는 사람이 있었는지 확인할 수 있다. 친구의 특징과 담당자의 기억력 지도는 몇 가지 기본 속성으로 이루어져 있다. 친구는 키가 크고 운동화를 신고 안경을 착용한다.

담당자의 답변은 여전히 100% 정확하지 않을 수 있다. 우리가 일반 특성을 사용했는데 그런 특성을 공유하는 사람이 많기 때문이다. 때로 담당자가 위양성으로 친구가 오지 않았는데 "그런 특징을 가진 사람을 본 적이 있다"라고 말할 수 있다. 하지만 위음성인 경우, 즉 친구가 연회장에 있는데 담당자가 그런 특징의 사람을 본 적이 없다고 대답하는 경우는 없다. 따라서 담당자가 우리가 말한 세 가지 특징을 가진 사람을 본 적이 없다고 말하면 친구가 행사장에 없다는 사실을 확실히 할 수 있다. 평균적으로 응답이 도움이 되기 위해 꼭 위양성일 확률이 0일 필요는 없다. 담당자의 답변으로 10번 중 9번의 탐색을 절약할 수 있다면 그것만으로도 상당한 이득이다.

우리가 10장에서 배운 해싱 기법을 사전 선별(pre filtering)에 어떻게 확장할 수 있는지 살펴보자. 먼저 간단한 지표(indicator)들의 배열로 시작해서 이런 배열이 어떤 한계가 있는지 살펴본다. 그 후, 여러 해시 함수를 사용해서 더 견고한 선별 체계를 제공하는 방법을 살펴본다.

13.1.1 지표의 해시 테이블

이진 지표 배열을 한 가지 해시 함수로 매핑하는 가장 간단한 필터를 생각해보자. 키를 삽입할 때, 우리는 해시 값을 계산하고 해시 값에 해당하는 상자를 1로 표시한다. 키를 조회할 때는 해시 값을 계산하고 해당하는 상자를 확인한다. 이런 방법은 간단하고 우아하다. 다만 불행하게도 해시 충돌이 조금만 발생해도 제대로 작동하지 않는다.

이런 단일 해시 함수 기반의 필터를 천 페이지짜리 커피 시음 기록에 적용해보자. 시음 기록에서 특정 커피를 찾을 때, 우리는 먼저 필터에게 "이 커피를 이전에 시도한 적이 있나?"라는 단순한 질문을 던진다. 경우에 따라(운 좋게도 모든 커피 기록이 서로 다른 해시 함수를 만들어낼 때) 이 필터는 우리가 어떤 커피를 시도하지 않은 경우 천 페이지의 기록을 이진 탐색하지 않아도 답을 찾을 수 있도록 해준다. 필터는 처음에 완벽하게 작동한다. 새로운 커피를 시음할 때마다, 기록을 추가하고 필터에서 기록에 해당하는 비트를 0에서 1로 뒤집는다. 그림 13-1처럼, 커피 이름을 해시 함수의 입력으로 사용하면 나중에 추가하는 커피들도 모두 이름을 통해 시음 여부를 확인할 수 있다.

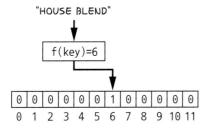

▼ 그림 13-1 한 개의 해시 함수로 문자열을 배열 인덱스로 매핑할 수 있다

"HOUSE BLEND"
f(key)=6
0 0 0 0 0 0 1 0 0 0 0 0
0 1 2 3 4 5 6 7 8 9 10 11

처음 몇 개의 항목에 대해서 해시 함수를 하나만 사용하는 블룸 필터는 각각의 원소에 대해 (해시 충돌을 해결하지 않으면서) 이진 값을 저장하는 일반적인 해시 테이블과 비슷하게 작동한다. 키를 볼 때마다 키의 해시 값에 해당하는 상자에 1을 삽입하기 때문에, 해시 값에 해당하는 상자의 값이 0이면 해당 값을 가진 항목을 본 적이 없었다는 뜻이다. 'House Blend' 커피를 시도했는지 묻는 경우, 해시 테이블 탐색이 1을 반환하면 우리는 그냥 이 질문에 대한 답을 참으로 받아들인다.

하지만 더 많은 값을 필터에 추가함에 따라 문제가 발생한다. 하루하루 커피 시음 기록이 쌓이면서 이진 배열이 채워지기 시작한다. 그림 13-2에 표시된 대로 하루에 몇 가지 커피만 맛을 봐도 배열이 1로 채워지기 시작한다.

▼ 그림 13-2 채워져 가는 이진 배열

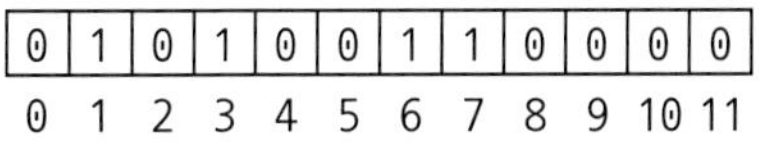

0 1 0 1 0 0 1 1 0 0 0 0
0 1 2 3 4 5 6 7 8 9 10 11

블룸 필터는 해시 테이블과 달리 체이닝 등 충돌 해결 메커니즘을 사용하지 않기 때문에, 두 가지 다른 커피가 같은 항목으로 매핑될 수 있다. 그래서 블룸 필터의 값이 1로 나오더라도 실제로 'Burnt Bean Dark Roast'를 시음한 적이 있어서 그런지 아니면 우연히 같은 상자로 매핑되는 'Raw Bean, Uncooked, Bitter Blast'를 이전에 시음했기 때문인지 구분할 수 없다. 10장에서 살펴본 것처럼 커피 이름과 같은 커다란 키 공간에서 배열 인덱스와 같은 작은 키 공간으로 매핑하는 경우에는 충돌이 발생한다. 이 문제는 커피 시음 기록에 더 많은 항목을 추가할수록 더 심각해진다.

일 년도 되지 않아 최초의 필터는 사실상 쓸모가 없어진다. 다양한 커피 경험은 즐겁기는 하지만 배열에 1을 채운다. 이는 그림 13-3과 같은 배열을 갖게 된다. 절반 이상의 쿼리

가 해시 충돌을 일으키고, 그에 따라 위양성 결과를 얻는다. 이 필터는 더 이상 효율적인 사전 선별 방식이 아니다. 대신, 무의미한 사전 선별 부가 비용이 대부분의 탐색에 추가된다. 연회장 예제의 경우 이는 친구를 묘사하기 위해 한 가지 속성만 사용하는 것과 비슷하다. 만약 우리가 담당자에게 친구의 머리 색만 알려준다면, 대부분의 경우 담당자가 그런 사람을 봤을 것이다.

▼ **그림 13-3** 커피 시음 기록을 선별할 수 없을 정도로 너무 가득 찬 이진 배열

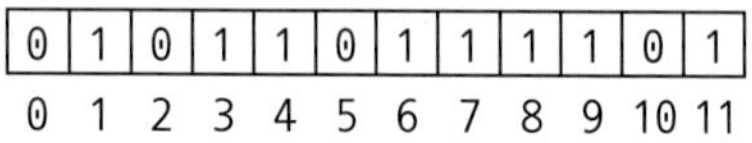

0 1 0 1 1 0 1 1 1 1 0 1
0 1 2 3 4 5 6 7 8 9 10 11

충돌이 증가하는 문제를 가장 간단히 해결하는 방법은 해시 값의 공간을 늘리는 것이다. 이진 배열을 더 크게 만들 수 있다. 해시 함수가 반환하는 값이 100가지였던 것을, 1,000가지로 늘릴 수 있다. 이렇게 하면 충돌 가능성이 줄어들지만 완전히 제거되는 것은 아니다. 충돌이 하나라도 일어나면 위양성이 발생하며, 10장에서 본 것처럼 일부 충돌은 불가피하다. 하지만 해시 접근법을 아직 포기할 수 없다. 각 충돌의 영향을 줄이는 전략을 채택함으로써 더 나은 결과를 얻을 수 있다.

13.1.2 블룸 필터

블룸 필터는 충돌 문제를 해결하기 위해 해시 함수의 개념을 극한까지 확장한다. 각 키에 대해 해시 함수를 하나만 사용하는 대신, 키를 범위가 같은 해시 값으로 매핑하는 *k*개의 독립적인 해시 함수를 사용한다. 예를 들어, 그림 13–4처럼 커피 시음 기록에 대해 세 가지 다른 해시 함수를 사용할 수 있다. 해시 함수 *f*1은 'HOUSE BLEND'라는 키를 인덱스 2로 매핑하고, 두 번째 함수 *f*2는 인덱스 6으로, 세 번째 함수 *f*3는 인덱스 9로 매핑한다.

▼ **그림 13-4** 'HOUSE BLEND'라는 문자열을 세 해시 함수를 사용해 블룸 필터에 삽입하기

"HOUSE BLEND"
f1(key)=2
f2(key)=6
f3(key)=9
0 0 1 0 0 0 1 0 0 1 0 0
0 1 2 3 4 5 6 7 8 9 10 11

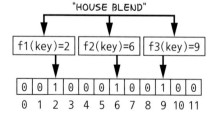

형식적으로 블룸 필터 연산을 다음과 같이 정의한다.

키 삽입: k개 해시 함수 각각에 대해 키를 인덱스로 매핑하고, 인덱스에 해당하는 상자의 값을 1로 설정한다.

키 탐색: k개 해시 함수 각각에 대해 키를 인덱스로 매핑하고, 인덱스에 해당하는 상자의 값이 1인지 확인한다. 모든 상자의 값이 1인 경우에만 true를 반환한다.

처음 봤을 때는 우리가 한 일이 오히려 상황을 더 악화시키는 것처럼 보일 수 있다. 이 방식을 택하면 키 샘플 하나당 상자를 하나만 채우는 대신 최대 3개 공간을 채우게 된다. 우리 배열은 사실상 더 빨리 채워지고 충돌이 더 일찍 발생할 가능성이 높다. 그림 13-5처럼 두 번째 항목을 추가하면 배열에 더 많은 1이 추가된다.

▼ **그림 13-5** 세 해시 함수를 사용해 문자열 'MORNING SHOCK'를 블룸 필터에 삽입하기

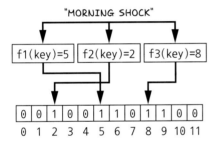

반대로, 실제 우리는 상황을 개선했다. 블룸 필터의 힘으로 항목을 효율적으로 조회할 수 있다. 한 가지 충돌에 굴복해 1이 보이면 위양성 결과를 내놓는 대신, 문자열(키)에 대해 해시 값에 해당하는 모든 상자가 1을 포함해야만 양성으로 판정한다. 이는 그림 13-6과 같다.

▼ **그림 13-6** 'PURE CAFFEINE'이라는 문자열은 해시 함수를 3개 쓰는 블룸 필터에서 탐색하기

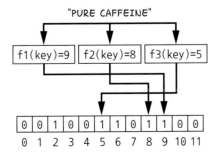

만약 하나라도 0이 있으면 그 항목이 배열에 삽입되지 않았음을 알 수 있다. 그림 13-7에서 우리가 결코 'Caffeine +10'을 시음한 적이 없다는 사실을 알 수 있다. 연회장에서 우리 친구가 중산모(둥근 테가 달린 펠트 모자)를 쓰고 있음을 알기만 하면, 담당자는 그런 특징의 사람을 본 적이 없다고 명확히 대답할 수 있다. 담당자는 우리가 제시한 키에 들어맞는 사람이나 우리가 제시한 머리 색과 일치하는 사람을 본 적은 있지만, 중산모를 쓴 사람을 본 적이 없다. 그에 따라 연회장을 다 뒤질 필요가 없어진다.

▼ **그림 13-7** 'CAFFEIN +10'이라는 문자열을 해시 함수를 3개 쓰는 블룸 필터에서 탐색하기

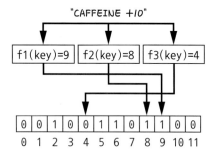

위양성을 등록하려면 여러 해시 값 모두가 이전 항목과 충돌해야 한다. 배열 크기와 해시 함수 개수 사이의 균형을 맞추면 위양성 가능성을 줄일 수 있다. 블룸 필터로 충돌을 처리하는 방식을 지식이 풍부한 바리스타와의 대화로 시각화해볼 수 있다. 얼마 전 여행을 떠났는데, 현지 친구가 믿을 수 없을 만큼 훌륭한 커피를 선물로 줬다. 풍부한 맛과 강렬한 카페인 함량의 기쁨을 누린 후, 이 새로운 발견에 대해 친구에게 물었다. 아쉽게도 친구는 '저쪽'이라고 밖에 대답을 못 한다. 커피를 어디서 구했는지 바리스타나 커피숍의 이름은 물론 커피 브랜드도 기억하지 못했다. 우리에게 직접 가게를 찾아서 주인에게 물어볼 만한 시간이 없다. 귀국편 비행기에 탑승해야 한다. 멋진 커피에 대한 지식을 잃어버렸음에 눈물을 글썽이며, 몇 가지 특징을 종이에 메모하고, 이 신비한 커피를 찾아내기로 결심한다.

집으로 돌아온 후, 가장 해박한 바리스타를 찾아가서 이 메모를 보여준다. '첫 향은 초콜릿' 등 다섯 가지 주요 특징을 기록했다. 이런 정보는 커피를 고유하게 식별하는 데 충분하지는 않지만, 이 설명과 일치하는 커피에 대해 알고 있는지 바리스타에게 물어볼 수는 있다. 자신만의 10,000페이지짜리 커피 시음 기록에서 모든 특성이 일치하는 커피를 찾으

려 시도하기 전에, 바리스타는 자신이 들어본 적이 없는 특성을 제외하려 시도한다. 우리가 맛이 놀랍게도 잘 어울린다고 주장하더라도, 바리스타는 결코 '아주 달콤한 풍선껌 맛'을 포함하는 커피를 본 적이 없다. 바리스타는 우리의 미각 수준에 대해 중얼거리면서 한심하다는 듯이 우리를 쳐다본다.

이 커피 예제에서 다섯 가지 특징은 사실상 해시 함수이며, 복잡한 커피 시음 경험을 낮은 차원의 공간(맛에 대한 5가지 설명)에 투영(projection)시킨다. 바리스타는 각 특성을 사용해 자신의 커피 시음 기록의 인덱스를 확인하고, 인덱스에 해당하는 항목이 하나 이상 있는지 확인한다. 각 특성을 인덱스에서 찾는 검사는 가끔 위양성을 발생시킬 수 있지만 괜찮다. 최악의 경우는 커피 시음 기록에 일치하는 항목이 없는데도 커피 시음 기록 전체를 살펴보는 것이다. 적어도 우리는 결코 위음성이 없음을 알고 있다. 특징들 중에 음성인 특징이 하나라도 있으면, 바리스타는 자신 있게 '아니요'라고 말할 수 있고, 바리스타의 광범위한 시음 기록에는 우리의 신비한 커피 브랜드가 없다는 것을 자신하면서 집에 돌아올 수 있다.

블룸 필터를 통한 선별 단계만 적용하면 더 큰 자료 구조를 탐색하는 수고를 들이지 않고 순식간에 결정(원소가 데이터 안에 없다는 결정)을 내릴 수 있다. 믿을 만한 바리스타가, 일단 마시기만 하면 구토를 유발하며 한 달 동안 커피의 '커'자도 생각하기 싫어지게 만드는, 전 세계의 역겨운 커피 500종 목록을 유지하고 있다고 상상해보자. 이 바리스타는 여러 책임의 문제 때문에 이 목록을 공개하지는 않는다. 우리가 이 바리스타에게 목록에 있는 어떤 커피에 대해 묻는다면, 바리스타는 정중하게 그 커피보다는 디카페인 커피가 더 낫다고 경고할 것이다. 어떤 새로운 커피를 시음하기 전에 그 커피가 이 바리스타의 목록에 있는지 확인하는 것이 좋다.

물론 우리가 새로운 커피를 시도할 기회가 생길 때마다 매번 바리스타에게 전화할 수는 없다. 따라서 결정을 빠르게 내리기 위한 방법이 필요하다. 바리스타는 수된 향이나 섬노 등 다섯 가지 속성을 사용해 커피에 대한 블룸 필터를 만들고, 커피 목록의 각 커피에 대해 해당하는 속성마다 1을 표시한다. 새로운 커피를 시음할 기회가 생기면, 우리는 다섯 가지 속성을 목록과 비교한다. 그중 하나라도 0으로 매핑된다면, 우리는 새로운 커피를 안전하게 마실 수 있다. 이 경우 해당 커피가 바리스타의 목록에 없다는 사실이 보장된다.

그러나 모든 속성이 1인 경우 우리는 다른 커피를 주문해야 할지도 모른다. 보너스로, 바리스타가 자신의 비밀 목록을 배포할 필요도 없어진다.

컴퓨터 과학을 응용할 때도 블룸 필터를 비슷한 방식으로 적용할 수 있다. 알려진 취약한 비밀번호 목록에 어떤 비밀번호가 포함되는지 확인하는 문제를 생각해보자. 새 비밀번호를 제안할 때마다 전체 목록을 체계적으로 탐색할 수 있다. 다른 방법으로 비밀번호를 거부할지 빠르게 확인하기 위해 블룸 필터를 생성할 수도 있다. 블룸 필터를 사용하면 가끔 합리적인 비밀번호를 거부할 수도 있지만, 나쁜 비밀번호를 절대로 통과시키지 않음을 보장할 수 있다.

13.1.3 블룸 필터 코드

가장 간단한 형태로, 단순히 이진 값의 배열을 사용해 블룸 필터를 저장할 수 있다. 코드의 명확성을 위해 블룸 필터를 크기, 해시 함수의 개수 등 매개변수를 포함하는 간단한 복합 자료 구조로 감싼다.

```
BloomFilter {
    Integer: size
    Integer: k
    Array of bits: bins
    Array of hash functions: h
}
```

이런 래퍼를 사용한다면 삽입이나 탐색 함수 코드를 단일 WHILE 루프로 구현할 수 있다.

```
BloomFilterInsertKey(BloomFilter: filter, Type: key):
    Integer: i = 0

    WHILE i < filter.k:
        Integer: index = filter.h[i](key)
        filter.bins[index] = 1
```

```
        i = i + 1

BloomFilterLookup(BloomFilter: filter, Type: key):
    Integer: i = 0
    WHILE i < filter.k:
        Integer: index = filter.h[i](key)
        IF filter.bins[index] == 0:
            return False
        i = i + 1
    return True
```

이 코드에서 filter.h[i](key)는 블룸 필터의 i번째 해시 함수를 키에 적용한다. 삽입과 탐색 함수는 모두 k개 해시 함수를 반복하는 루프를 사용해 작동하며, 키의 해시 값을 계산하고 블룸 필터 배열의 해당 비트(bins)에 접근한다. 삽입 시 코드는 해당 비트의 값을 1로 설정한다. 탐색 시 코드는 해당 비트가 0인지 확인하고, 0이면 False를 반환한다.

최악의 경우, 두 함수의 비용은 k에 비례해 증가한다. 루프를 통해 모든 해시 함수를 순회해야 하기 때문이다. 탐색 구조는 잠재적 이점을 추가 제공한다. 첫 번째 0을 발견하면 즉시 탐색이 끝나고, 나머지 해시 함수를 건너뛸 수 있다. 중요한 점은 삽입과 탐색에 걸리는 실행 시간이 블룸 필터의 크기(비트의 개수)나 삽입된 원소의 개수와는 독립적이라는 사실이다.

13.2 블룸 필터 매개변수 튜닝하기
SECTION

블룸 필터의 위양성 비율에 영향을 주는 여러 매개변수가 있다. 매개변수에는 배열 크기, 사용할 해시 함수의 개수가 포함된다. 이런 매개변수들을 문제에 맞게 튜닝함으로써, 메모리 사용량을 최소화하면서 위양성 비율을 매우 낮게 유지할 수 있다. 데이터를 통해 경험적으로, 시뮬레이션을 통해, 또는 다양한 수학적 근삿값을 사용해 튜닝을 수행할 수 있다.

일반적이고 간단한 근사치는 다음과 같다.

$$위양성\ 비율 = (1 - (1 - 1/m)^{nk})^k$$

여기서 n은 블룸 필터에 삽입된 항목 수, m은 배열 크기, k는 사용할 해시 함수의 개수를 나타낸다. 이 근사화는 단순화된 가정을 사용하지만 각 매개변수 간 상호 작용을 잘 보여준다.

- 배열 크기(m)를 증가시키면 항상 위양성 비율이 감소한다. 정보를 저장할 수 있는 상자를 더 많이 사용할 수 있기 때문이다.
- 삽입할 항목 수(n)를 증가시키면 항상 위양성 비율이 증가한다. 더 많은 비트를 1로 설정하게 되기 때문이다.
- 해시 함수의 수(k)를 증가시키면 다른 매개변수에 따라 위양성 비율이 증가할 수도, 감소할 수도 있다. 너무 많은 해시 함수를 사용하면 삽입할 때마다 배열의 비트를 더 많이 채우게 된다. 해시 함수를 너무 적게 사용하면 적은 수의 충돌만으로도 위양성이 생길 수 있다.

표 13-1은 고정된 항목 수(n = 100)에 대해 블룸 필터 크기(m)와 해시 함수 개수(k)가 위양성 비율에 어떤 영향을 미치는지에 대한 통찰을 제공한다.

▼ **표 13-1** 삽입된 항목 수(n = 100)가 고정된 경우, 다양한 매개변수 설정(m, k)의 위양성 비율

m	$k = 1$	$k = 3$	$k = 5$
200	0.3942	0.4704	0.6535
400	0.2214	0.1473	0.1855
600	0.1536	0.0610	0.0579
800	0.1176	0.0306	0.0217
1000	0.0952	0.0174	0.0094

최종적으로 최적의 매개변수 설정은 문제에 따라 달라진다. 우리는 응용 분야에 따라 위양성 비율, 계산 비용, 메모리 비용 사이의 균형을 선택해야 한다.

13.3 / 블룸 필터와 해시 테이블의 비교

SECTION

이 시점에서 회의적인 독자는 다시 한번 항의할 수 있다. "왜 해시 테이블을 사용하지 않는가? 키가 발생할 때마다, 그 키를 불린 값 True와 함께 해시 테이블에 추가할 수 있다. 그런 다음, 정확히 일치하는 키를 이 해시 테이블에서 탐색할 수 있다. 물론, 충돌로 인해 몇 가지 체이닝을 해야 할 수도 있지만, 정확한 답을 얻을 수 있다. 왜 항상 모든 것을 복잡하게 만드는 걸까?"

합리적인 주장이다. 해시 테이블을 사용하면 블룸 필터가 제공하는 답보다 더 정확한 답을 얻을 수 있다. 그러나 회의적인 독자가 지적한 대로, 그에 따라 메모리와 실행 시간 비용이 추가된다. 충돌을 완전히 해결하기 위해서는 해시 테이블에 이전에 정확히 어떤 키를 봤는지 말할 수 있는 충분한 정보를 저장해야 한다. 이 말은 키 자체를 저장해야 함을 의미한다. 게다가 체이닝 방식의 해시 테이블에서는 포인터를 추가함에 따른 부가 비용도 더 들어가기 때문에, 그림 13-8처럼 더 많은 메모리를 사용해야 한다.

▼ **그림 13-8** 해시 테이블은 체이닝 방식을 사용하는 경우 키마다 적어도 하나의 포인터에 해당하는 메모리가 추가로 필요하다

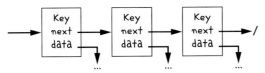

반면, 블룸 필터는 키나 다음 노드를 저장하는 데 관심이 없다. 블룸 필터는 상자마다 이진 값을 하나씩만 유지한다. 우리는 정확히 m비트로 m개 상자를 저장할 수 있다. 이런 극단적인 공간 효율성은 여러 이유로 가치가 있다. 첫째, 메모리를 관리할 만한 상태로 유지하면서 상자 수(필터 크기)를 크게 증가시킬 수 있다. 32비트 정수 하나의 비용으로 32가지 서로 다른 상자를 저장할 수 있다.

둘째, 계산적으로 민감한 응용에서는 더 중요한데, 블룸 필터를 메모리에 유지할 수 있고 심지어 메모리 캐시에 유지할 수도 있다. 느린 메모리로부터의 탐색 횟수를 줄이기 위해 12장에서 살펴본 트레이드오프를 생각해보라. 블룸 필터는 (같은 크기의 메모리를 가지고)

선별에 도움이 되는 자료 구조의 양을 최대화하기 때문에 전체 자료 구조를 매우 빠른 메모리에 유지할 때 도움이 된다.

13.4 / 블룸 필터가 중요한 이유
SECTION

블룸 필터는 메모리 사용량과 정확성 사이의 트레이드오프를 고도로 최적화해야 할 때 강력한 도구가 될 수 있다. 블룸 필터는 10장에서 소개한 수학적 매핑과 12장에서 소개한 데이터를 간결한 형태로 유지하기 위한 구조를 결합한다. 블룸 필터는 캐시와 마찬가지로, 비싼 탐색에 대해 값싼 중간 탐색 단계를 제공해서 평균 비용을 줄여준다.

하지만 더 중요한 사실은 블룸 필터가 가끔 위양성 결과를 반환할 수 있는 새로운 유형의 자료 구조를 제공한다는 점이다. 블룸 필터는 탐색 작업의 정확성을 보장하지 않고 데이터에 확률적으로 의존한다. 운이 좋다면 많은 수의 원소를 삽입해도 위양성이 생기지 않을 수 있다. 그러나 운이 나쁘면 일찍 충돌이 발생할 수도 있다. 이런 유형의 자료 구조는 데이터를 조직화하고 관련 비용에 대한 트레이드오프를 생각할 때 다른 접근 방식을 제공한다. 약간의 오류를(물론 오류가 적기를 바란다) 허용할 준비가 되어 있다면, 효율성을 얼마나 끌어올릴 수 있을까?

다음 장에서는 다른 유형의 무작위성에 의존하는 자료 구조를 살펴본다. 스킵 리스트는 확률적으로 올바른 답을 제공하는 대신, 최악의 경우의 동작 성능이 나빠지는 것을 피하고 평균적으로 효율적인 작업을 제공하기 위해 무작위성을 활용한다.

스킵 리스트

이번 장에서는 **스킵 리스트(skip list)**를 소개한다. 스킵 리스트는 여러 포인터가 있는 정렬된 연결 리스트로, 탐색, 삽입, 제거와 같은 연산을 하면서 리스트에서 더 앞에 있는 원소로 가끔 건너뛸(skip, 스킵) 수 있게 해준다. 이런 스킵 기능은 연결 리스트의 큰 문제점을 완화해준다. 이 큰 문제점은 바로 목표를 찾기 위해 리스트에 속한 모든 원소를 스캔해야 한다는 점이다. 일부 원소를 건너뛰면 귀중한 시간을 절약할 수 있다.

스킵 리스트의 작동 방식을 살펴보고 싶다면, 두꺼운 소설책에서 지금까지 읽은 부분이 어디까지였는지 까먹을 때마다 필자가 사용하는 전략을 생각해보라. 필자는 스포일러를 피하기 위해 이진 탐색을 사용하지 않는다. 이진 탐색을 사용하면 아직 읽지 않은 부분으로 이동할 수 있기 때문이다. 대신, 책의 앞부분부터 한 번에 여러 페이지를 건너뛰면서 탐색을 시작한다. 이때 건너뛰는 범위는 모든 페이지를 다 읽지 않아도 될 정도로 커야 하지만, 혹시 잘못해서 지금까지 읽은 부분 이후로 건너뛰더라도 이야기를 망치지는 않을 정도로 작은 크기여야 한다. 탐색을 시작할 때는 좀 더 큰 범위를 건너뛰지만, 읽다 멈춘 곳에 가까워질수록 점점 더 작은 범위를 건너뛰도록 전환한다. 스킵 리스트는 이와 비슷한 방식으로 동작해서 연결 리스트의 동작 방식을 극적으로 변경하며, 예전에는 트리 기반 자료 구조로만 해결하던 문제에 리스트를 적용할 수 있게 해준다.

컴퓨터 과학자 윌리엄 퓨(William Pugh)가 제안한 스킵 리스트는 삽입, 제거, 탐색 등의 연산을 훨씬 효율적으로 만드는 확률 자료 구조다. 스킵 리스트는 단일 연결 리스트를 저장하는 대신 효과적으로 여러 연결 레벨의 리스트를 만들어낼 수 있다. 각 레벨은 아래 레벨에 속한 노드의 부분집합을 포함한다. 따라서 더 적은 노드가 있는 스킵 리스트의 상위 레벨에서 시작해서 불필요한 노드를 건너뛰면서(스킵하면서) 큰 걸음을 내디딘다. 목표 위치에 가까워지면 탐색을 더 정밀하게 하기 위해 더 아래 레벨로 내려간다. 이는 책에서 읽던 위치를 찾는 예제에서 마지막에 읽은 위치에 더 가까워질수록 점점 더 적은 수의 페이지를 건너뛰던 것과 같다.

이 책에 스킵 리스트를 포함한 이유는 두 가지다. 첫째, 이 책이 제시하는 거의 모든 자료 구조와 마찬가지로 스킵 리스트는 추가 정보나 구조를 통해 중요한 알고리즘적 이점을 제공한다. 스킵 리스트의 경우 다중 계층의 링크가 탐색 비용을 감소시킨다. 둘째, 더 흥미진진한 이유로, 스킵 리스트는 확률적 자료 구조다. 데이터(그리고 사용한 해시 함수)에 따라 이진 배열이 고정되는 결정적(deterministic) 블룸 필터와 달리, 스킵 리스트는 무작위성(randomness)을 더 많이 채용한다. 즉, 평균적인 경우의 성능을 균형 있게 유지하기 위해 확률적으로 리스트의 구조를 결정한다. 우리는 난수 생성기를 사용해 각 노드의 레벨을 결정하고, 그에 따라 각 노드가 얼마나 많은 노드를 건너뛰게 될지 결정된다.

14.1 / 무작위적 구조와 결정적인 구조의 비교

SECTION

결정적으로 생성된 자료 구조에서 무작위로 생성된 구조로의 변화로 인해 복잡성과 장점이 동시에 생긴다. 지금까지 살펴본 모든 자료 구조는 삽입한 데이터에 의해 구조가 완전히 결정된다. 예를 들어, 이진 탐색 트리에 동일한 데이터를 동일한 순서로 삽입하면 항상 같은 구조가 생성된다. 힙, 트라이, 격자, 쿼드 트리 등도 마찬가지다. 같은 해시 함수를 사용하고 같은 집합에 속한 원소를 삽입한 두 해시 테이블이나 블룸 필터도 모두 같은 구조가 된다.

이러한 결정적 특성으로 인해 최악의 경우를 야기하는 데이터에 직면할 때 문제가 생길 수 있다. 5장에서 본 것처럼 빈 이진 탐색 트리부터 시작해 원소를 정렬된 순서대로 삽입하면 트리가 사실상 정렬된 연결 리스트가 된다. 각 노드는 같은 방향으로 하나씩 자식 노드를 가지게 된다. 이 문제를 완화하는 한 가지 방법은 데이터를 무작위 순서로 삽입하는 것이다. 무작위로 삽입해도 여전히 나쁜 삽입 순서가 생겨날 수 있지만 그런 일이 벌어질 확률은 상당히 낮다.

이런 무작위 접근 방식을 자료 구조 자체를 구성하는 방법에 대해 확장할 수 있다. 삽입할 때마다 매개변수를 무작위로 선택함으로써 데이터의 순서를 변화시키는 대신 데이터를 구조에 연결하는 방법을 변화시킨다.

처음에는 무작위 접근 방식을 직관적으로 이해하기 어려울 수 있다. 입력 분포를 모르는 상태라면 해당 분포에 대해 나쁜 구조를 선택하게 될 것 같기도 하다. 항상 최악의 경우에 해당하는 매개변수를 선택할까 우려할 수도 있다. 그러나 좋은 무작위화 전략을 사용한다면 실패 확률이 극히 낮아진다. 반면, 무작위화된 설계를 채택하면 최적화되지 않은 선택을 항상 막을 수 있다. 무작위화가 최적의 해결책을 이끌어 내지는 못하더라도, 자주 합리적인 해결책을 제공할 수 있다. 무작위성은 평균적인 경우의 성능을 향상시킬 수 있다. 또, 무작위성은 데이터가 비상식적으로 나쁜 순서로 도착하는 경우의 손해를 완화하는 데 도움이 된다.

14.2 _{SECTION} 스킵 리스트 소개

3장에서 본 것처럼, 연결 리스트의 어떤 연산은 리스트의 구조적 한계 때문에 효율적으로 수행될 수 없다. 연결 리스트를 효율적으로 탐색할 수 없다. 왜냐하면 원하는 원소에 임의로 접근할 수 없기 때문이다. 이로 인해 노드들이 정렬된 경우에도 이를 이진 탐색할 수 없다. 항상 강제로 한 노드에서 다른 노드로 포인터를 따라가야만 원하는 노드에 도달할 수 있다. 이런 불편한 제한 때문에 많은 초보 컴퓨터 과학자가 머리카락을 뽑으며 불만을 나타낸다.

스킵 리스트는 이런 비효율성을 완화하기 위해 여러 원소를 한 번에 건너뛸 수 있는 기능을 제공한다. 핵심적으로 스킵 리스트는 단순한 정렬된 연결 리스트이며, 각 노드가 여러 레벨을 가질 수 있다.

```
SkipList {
    Integer: top_level
    Integer: max_level
    SkipListNode: front
}
```

top_level 필드는 현재 사용 중인 가장 높은 레벨을 나타내고, max_level 필드는 허용 가능한 최대 레벨을 나타낸다. 단순화를 위해, 여기에서는 max_level을 별도로 저장해서 리스트를 처음 만들 때 포인터 배열을 미리 할당한다.

스킵 리스트의 복잡성과 그 복잡도로 생기는 효율성은 노드 내부의 포인터 구조에서 비롯된다. 리스트의 다음 노드를 가리키는 포인터를 노드마다 하나씩만 저장하는 대신, 스킵 리스트의 각 노드는 미리 정해진 레벨, 또는 높이가 있으며, 수준마다 다음 노드에 대한 포인터를 저장한다. 레벨이 L인 노드는 $[0, L]$ 범위(양 끝을 포함)에 속하는 $L+1$개의 다른 포인터를 유지한다. 중요한 점은 레벨 L의 포인터가 현재 노드를 같은 레벨의 다음 노드와 연결한다는 점이다. 따라서 다음 노드 구조에서 next에 들어 있는 포인터들은 자주 서로 다른 스킵 리스트 노드를 가리킬 것이다.

```
SkipListNode {
    Type: key
    Type: value
    Integer: height
    Array of SkipListNodes: next
}
```

스킵 리스트에서 더 높은 레벨은 그보다 낮은 레벨보다 노드를 더 적게 포함하기 때문에, 높은 레벨의 노드들은 낮은 층에서는 불가능한 더 먼 거리로 연결될 수 있다. 따라서 알고리즘은 높은 층에서 더 많은 중간 노드를 건너뛸 수 있다. 레벨이 높아짐에 따라 노드의 수가 감소하며, 이때 각 레벨의 포인터 연결은 점점 더 멀리 떨어진 노드들을 건너뛸 수 있게 된다.

플래시 불빛으로 건물 사이에 메시지를 주고받는 경우를 상상해보라. 메시지를 얼마나 멀리 진달할 수 있는지는 건물의 층과 건물 사이의 높이에 따라 달라진다. 여러분이 만약 1층에 갇혀 있다면, 인접한 건물에만 메시지를 전달할 수 있다. 바로 옆 건물에 의해 신호가 막히기 때문에 그 이상으로는 메시지를 전달할 수 없다. 그러나 운이 좋아서 더 높은 건물의 위쪽 층에 있다면, 그림 14-1처럼 주변에 있는 더 낮은 건물들의 머리 위로 메시지를 전달할 수 있다. 바로 옆 이웃에게 메시지를 보내야 할 경우, 그냥 가장 낮은 층으로 내려가면 된다.

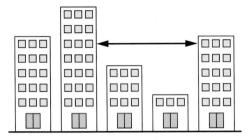

스킵 리스트는 이런 연결을 확률적으로 생성한다. 프로그램은 각 노드에 임의의 높이를 부여하며, 새 노드에 저장된 키와는 독립적으로 노드를 각 레벨에 해당하는 리스트에 삽입한다. 따라서 높이가 0인 노드는 가장 아래쪽 리스트에만 나타나며, 높이가 2인 노드는 레벨 0, 1, 2에 해당하는 리스트에 나타난다. 그림 14-2는 이러한 예를 보여준다. 앞에서 언급한 메시지 주고받기 예제에서, 이는 1층만 있는 건물과 3층짜리 건물의 차이와 같다. 3층 건물은 세 가지 다른 높이에서 메시지를 전달할 수 있으며, 최대 세 이웃에게 접근할 수 있다.

▼ 그림 14-2 스킵 리스트 예제

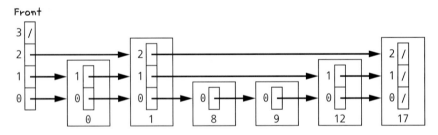

높은 노드는 낮은 노드들의 머리 위를 뛰어넘어 더 멀리 스킵하는 기능을 제공하기 때문에, 이런 노드를 리스트 전체에 골고루 흩어두는 게 이상적이다. 메시지 주고받기 예제에서도 도시의 전망이 모두 같은 높이의 건물로 이뤄지는 것을 원하지 않는다. 단층 건물이 가장 많고, 중간 건물이 조금 있으며, 메시지를 먼 거리로 전달할 수 있게 해주는 더 높은 건물이 몇 개 있으면 좋다. 바른 확률 분포를 가진 높이를 선택함으로써 평균적으로 각 레벨의 밀도를 균형 있게 할당할 수 있다. 레벨 $L+1$의 노드 개수는 레벨 L의 노드 개수보다 더 적다. 이로 인해 평균적인 경우의 성능이 좋아지며, 다른 자료 구조에서 발생할 수 있는 최악의 경우 시나리오를 피하는 데도 도움이 된다.

그림 14-2처럼 이 스킵 리스트 구현은 각 레벨 앞에 포인터를 저장하기 위해 더미 노드 (front)를 사용한다. front 노드는 SkipListNode이지만 키나 값을 포함하지 않는다. 리스트의 앞부분을 SkipListNode로 추적하면 나중에 삽입과 제거 코드가 훨씬 간단해진다. 이번 장의 뒷부분에서 이에 대해 살펴본다.

14.2.1 스킵 리스트 탐색하기

스킵 리스트를 탐색하려면 최상위 레벨의 맨 앞에서 시작해 리스트 노드를 반복적으로 확인한다. 그림 14-2를 바탕으로 약간 비형식적으로 설명하면, 탐색은 왼쪽 위에서 시작해 아래로 내려가고 오른쪽으로 진행한다. 각 반복에서 현재 레벨을 따라 다른 노드가 있는지 살펴보고 다른 노드가 있다면 그 노드의 키가 우리의 목표보다 작은지 확인한다. 이 조건이 모두 충족되면 현재 레벨의 다음 노드로 이동한다. 하지만 이 두 가지 조건 중 어느 하나라도 참이 아니면(레벨의 끝에 도달했거나 목표보다 크거나 같은 키를 가진 노드를 찾은 경우) 레벨을 한 단계 낮추고 거기서 탐색을 계속한다. 탐색은 루프가 맨 아래층에서 한층 더 아래로 내려가려고 할 때 종료된다.

```
SkipListSearch(SkipList: list, Type: target):
    Integer: level = list.top_level
    SkipListNode: current = list.front          // ①

    WILE level >= 0:                            // ②
        WHILE (current.next[level] != null AND
                current.next[level].key < target):
            current = current.next[level]
        level - level - 1

    SkipListNode: result = current.next[0]      // ③
    IF result != null AND result.key == target: // ④
        return result.value
    ELSE:
        return null
```

스킵 리스트 탐색 코드는 최상위 리스트의 맨 앞 노드를 현재 노드로 지정해 시작한다 (①). 두 개의 중첩된 WHILE 루프가 리스트 순회를 처리한다. 안쪽 루프는 현재 연결 리스트를 끝까지 반복하거나(current.next[level] == null) 대상보다 크거나 같은 키를 가진 노드에 도달할 때까지 반복한다(current.next[level].key >= target). 바깥쪽 루프는 반복할 때마다 하나씩 레벨을 내려간다(②). 목표가 리스트에 있다면 현재 레벨 리스트의 다음 노드에 목표가 위치한다(③). 하지만 다음 노드가 실제로 존재하고 올바른 키를 가지고 있는지 확인해야 한다(④). 탐색 루프가 끝나면 목표보다 작은 키를 가진 리스트의 마지막 노드로 위치가 바뀐다. 목표는 리스트의 다음 노드일 수도 있고 리스트 안에 존재하지 않을 수도 있다.

그림 14-3에 표시된 리스트에서 14를 찾는 과정을 살펴보자. 우리는 3 레벨의 맨 앞에서 시작한다. 이 레벨의 첫 번째 노드는 키가 13이다. 목표보다 키가 더 작으므로 이 노드로 진행한다. 이 시점에서 3 레벨의 리스트 맨 끝에 도달했다. 현재 레벨에서는 더 진행할 수 없다. 다음 노드 포인터는 null이다.

이제 레벨을 하나 낮춰서 2 레벨에서 탐색을 계속한다. 2 레벨의 리스트에서 다음 노드의 키(14)가 목표보다 작지 않으므로 1 레벨로 이동한다. 여기서 1 레벨과 0 레벨에서 모두 같은 조건이 유지된다. 즉, 1 레벨과 0 레벨에서 모두 다음 노드의 키가 목표보다 작지 않다. 전체 탐색은 0 레벨을 완료하면서 종료된다. 이 시점에서 현재 노드(키 = 13)의 next 포인터는 목표 노드를 가리킨다.

▼ **그림 14-3** 14를 목표로 스킵 리스트 탐색하기. 빨간색 원소와 파선으로 표시된 포인터는 탐색 중에 통과한 원소를 나타낸다

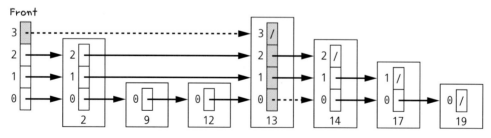

반복을 진행하는 과정에서 (레벨 2, 1, 0) 여러 번 목표 노드를 가리키기는 했지만, 맨 아래 레벨(0 레벨)을 모두 탐색할 때까지 탐색을 계속한다. 코드의 종료 조건 때문이다. 탐색을 더 이른 시점에 중단시키는 논리를 추가할 수도 있지만, 여기서는 나중에 삽입에 사

용할 논리와 일치시키기 위해 논리를 더 간단하게 유지한다. 이와 대조적으로, 그림 14-4에 있는 것처럼 12를 목표로 동일한 리스트를 탐색하면, 훨씬 이른 시점에 아래 레벨로 내려가서 그 레벨의 리스트를 따라 탐색이 진행된다.

▼ **그림 14-4** 12를 목표로 스킵 리스트 탐색하기. 빨간색 원소와 파선으로 표시된 포인터는 탐색 중에 통과한 원소를 나타낸다

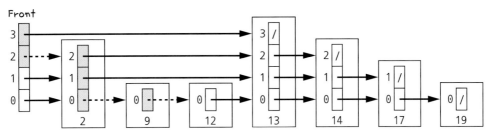

이 탐색은 다람쥐가 나무 줄기를 따라 이동하는 것과 비슷하다. 다람쥐는 목적지에 도착할 때까지 높은 가지에서 주변을 보면서 나무에서 나무로 건너뛴다. 가능한 경우, 다람쥐는 높고 오래된 참나무 사이를 건넘으로써 그 사이 작은 묘목들을 넘어서 이동한다. 키가 큰 나무는 더 드물게 존재하기 때문에 더 멀리 떨어져 있고, 따라서 다람쥐도 더 먼 거리를 한꺼번에 이동한다. 큰 나무의 가지에서 이웃한 다른 큰 나무의 가지로 이동할 때는 그 사이 작은 묘목을 하나하나 이동할 때보다 더 적은 점프가 필요하다.

하지만 다람쥐는 시간을 낭비하고 싶지 않으므로 결코 목적지를 지나치지 않는다. 결국 다람쥐는 현재 레벨에서 다음 나무로 건너뛰면 목표 지점을 지나치게 되는 상황에 도달한다. 또는 더 이상 같은 높이의 나무가 없을 수도 있다. 어느 경우든, 다람쥐는 한숨을 내쉬면서 한 단계 아래 가지로 내려가서 계속 이동한다. 최대한 가장 먼 거리를 뛰어넘으면서 다시 한 단계 아래로 내려가야만 하는 지점에 도달할 때까지 이동하는 진행을 목표에 도착할 때까지 반복한다.

14.2.2 노드 추가하기

새 노드의 높이를 선택할 때 사용하는 분포는 스킵 리스트의 구조와 성능에 상당한 영향을 미칠 수 있다. 모든 노드가 같은 레벨인 경우, 그 레벨이 최소든 최대든 관계없이 스킵 리스트는 메모리 부가 비용이 더 드는 정렬된 연결 리스트로 변해버린다. 최악의 경우

는 모든 높이를 최대로 설정하는 경우로, 탐색 효율도 높이지 못하면서 여러 리스트를 병렬로 생성하게 된다. 이상적인 경우 레벨이 높은 노드는 적게 있고 더 낮은 레벨로 갈수록 노드 수가 점차 증가하기를 바란다.

윌리엄 퓨의 원래 접근 방법은 상수 확률 p로 계속 레벨을 추가하는 것이다.[1] 모든 노드는 레벨 0에서 시작한다. 우리는 가중치가 붙은 동전(0에서 1 사이의 임의의 숫자를 선택하고 그것이 p보다 작은지 확인함)을 사용해 p보다 큰 숫자가 나오거나 최대 허용 높이에 도달할 때까지 반복한다. 그리고 이때 p보다 적은 값이 나온 횟수를 새로운 레벨로 설정한다. 예를 들어, $p = 0.5$를 사용하면 레벨 L에 있는 노드의 절반 정도를 레벨 $L + 1$로 올려 보낼 것으로 기대할 수 있다. p 값을 사용해 탐색 효율과 메모리 사용량 사이의 균형을 잡을 수 있다. p 값이 작으면 레벨이 높은 노드가 줄어들기 때문에 노드당 평균 포인터 개수가 줄어든다. 우리는 노드 높이를 front가 가리키는 노드에 미리 할당된 배열 크기와 일관성 있게 유지하기 위해 노드 높이를 max_level로 제한한다.

이런 접근 방식을 사탕을 달라고 조르는 아이에게 그때그때 다르게 응답하는 부모로 생각할 수 있다. 아이가 사탕을 받을 때는 항상 하나만 받으며, 일단 사탕을 받으면 항상 더 많은 사탕을 원한다. 아이가 사탕을 달라고 할 때마다 부모는 임의로(확률 p) 사탕을 허락할지 결정한다. 부모가 아이에게 사탕을 주기로 결정하면 사탕을 하나 더 준다. 이는 노드 높이를 한 단계 증가시키는 경우에 해당한다. 당연히 아이는 자기가 이겼다고 생각하며 바로 다음 사탕을 다시 요구한다. 이 과정은 화가 난 부모가 $(1 - p)$의 확률로 마침내 "이제 그만!"이라고 소리치면서 끝난다. 이와 비슷하게, 우리도 난수 생성기나 최대 레벨 제한이 노드 높이를 증가시키지 못하게 막을 때까지 노드 높이를 계속 증가시킨다.

스킵 리스트에 노드를 삽입하는 과정은 목표 노드를 찾는 것과 같은 흐름을 따른다. 즉, 위에서 아래로 내려가면서, 왼쪽에서 오른쪽으로 진행하면서 새로운 노드를 삽입할 위치를 찾는다. 사실 탐색에 사용한 기본 구조를 삽입에도 재사용할 수 있다. 다만 추가 정보가 하나 필요하다. 각 레벨에서 추가된 새 노드를 가리킬 수 있는 마지막 노드들을 저장해야 한다.

---

1   역주 여기서 p의 값은 0.5 이하여야 한다. 0.5보다 크면 더 높은 층의 평균 노드 수가 더 낮은 층의 평균 노드 수보다 더 많아지는 경우가 생긴다. 예를 들어 4층(0~3층)으로 제한할 때 p가 1/3이면 1층이 18/27, 2층이 6/27, 3층이 2/27, 4층이 1/27 비율이 되지만, p를 2/3으로 정하면 1층 9/27, 2층 6/27, 3층 4/27, 4층 8/27 비율로 적절하지 못한 형태의 스킵 리스트가 생겨버린다.

```
SkipListInsert(SkipList: list, Type: key, Type: value):
    Integer: level = list.top_level
    SkipListNode: current = list.front                // ①
    Array: last = 크기가 list.max_level + 1인 SkipListNode 포인터의 배열 // ②
                처음에는 모든 레벨에서 `list.front`를 가리킨다

    WHILE level >= 0:                                 // ③
        WHILE (current.next[level] != null AND        // ④
                current.next[level].key < key):
            current = current.next[level]
        last[level] = current                         // ⑤
        level = level - 1

    SkipListNode: result = current.next[0]
    IF result != null AND result.key == key:          // ⑥
        result.value = value
        return

    Integer: new_level = 레벨을 무작위로 선택             // ⑦
    IF new_level > list.top_level:                    // ⑧
        list.top_level = new_level
    SkipListNode: new_node = SkipListNode(key, value, new_level)

    Integer: j = 0
    WHILE j <= new_level:                             // ⑨
        new_node.next[j] = last[j].next[j]
        last[j].next[j] = new_node
        j = j + 1
```

우리는 리스트의 왼쪽 위(리스트의 최상위 레벨인 list.front의 list.top_level)에서 시작한다(①). 내포된 두 WHILE 루프를 사용해 노드를 삽입할 올바른 위치를 찾아 아래로 내려가면서 오른쪽으로 진행한다. 마깥쪽 WHILE 투프(③)는 리스트의 각 레벨을 순회하며, 각 레벨에서 마지막으로 본 노드를 저장한 다음에 다음 레벨로 내려간다. 안쪽 WHILE 루프(④)는 스킵 리스트를 순회하며, 어떤 수준에서 다음 노드의 키가 목표 키보다 작을 때마다 다음으로 이동한다.

처음에 last 배열의 각 원소는 list.front를 가리킨다. 이는 새 노드가 리스트 맨 앞에 삽

입된다는 사실을 나타낸다(②). 코드는 각 레벨을 내려갈 때마다 last를 갱신한다(⑤). 이유는 해당 레벨에서 다음 노드의 키가 삽입할 노드의 키보다 크거나 같은 경우(또는 다음 노드가 null인 경우)에만 레벨을 내려가므로, 다음 노드 앞에 새 노드를 삽입해야만 하기 때문이다. 만약 스킵 리스트를 순회하면서 일치하는 키를 찾았다면, 그냥 그 키에 해당하는 노드의 데이터를 갱신한다(⑥). 이 사실은 다른 자료 구조와 마찬가지로 스킵 리스트 구현에서도 각 키를 고유하게 취급한다는 점을 보여준다.

새 노드를 삽입할 올바른 위치를 찾으면, 이 노드의 레벨을 무작위로 선택한다(⑦). 앞에서 논의한 대로, 이 높이를 선택하기 위해 사용하는 확률 분포는 스킵 리스트의 구조와 성능에 상당한 영향을 미친다. 새로운 레벨을 list.max_level보다 작게 제한해서 last 배열에 대한 잘못된 접근을 피한다. 선택된 레벨이 리스트에 새로운 최상위 레벨을 추가하는지 확인하고, 새 최상위 레벨을 추가해야 한다면 list.top_level을 갱신한다(⑧).

마지막으로 코드는 WHILE 루프를 사용해 새 노드를 삽입한다. 이때 새 노드의 next 포인터가 올바른 다음 노드를 가리키도록 한다(⑨). 그리고 last가 가리키는 각 노드의 next가 새 노드를 가리키도록 갱신한다. 여기서는 더미 노드인 front(이 노드의 포인터 배열 크기는 가능한 최대 레벨 수와 같음)를 사용해 리스트의 시작을 저장하는 방식의 이점을 볼 수 있다. 이 배열이 있기 때문에 '리스트의 맨 앞' 위치를 다른 노드와 마찬가지로 추적하고 갱신할 수 있고, 이로 인해 코드가 크게 단순화된다.

그림 14-5는 예제 스킵 리스트에 10이라는 키를 삽입하는 방법을 보여준다. 빨간색 노드는 탐색 중에 우리가 방문한 원소들을 나타낸다.

▼ **그림 14-5** 스킵 리스트에 키 10을 삽입하는 과정. last 배열은 삽입될 노드의 바로 앞에 올 노드를 추적한다

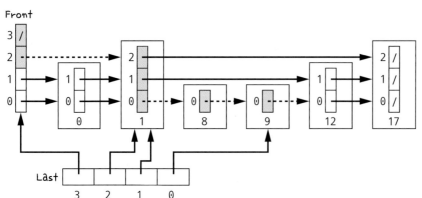

각 레벨에서 목표 키 값 바로 '앞'의 마지막 노드를 추적함으로써 새 노드를 가리키게 변경해야 하는 노드들을 효과적으로 추적한다. 리스트를 탐색하는 동안 새로운 연결을 삽입해야 위치를 기록한다. 각 레벨에서 새 키보다 크거나 같은 다음 키를 찾을 때마다 "새 노드를 삽입해야 할 위치를 찾았다! 이 위치 바로 다음에 새 노드가 와야 해!"라고 외칠 수 있다. 그 후, 레벨을 내려가 작업을 계속한다. 탐색 단계가 가장 하위 레벨에 도달하면 새 노드에 맞춰 포인터를 조정해야 할 모든 노드의 목록이 완성된다.

14.2.3 노드 제거하기

스킵 리스트에서 노드를 제거할 때는 노드를 삽입할 때와 거의 같은 알고리즘을 따른다. 먼저 스킵 리스트에서 제거 대상을 탐색하면서, 각 레벨에서 목표 노드 바로 앞에 오는 마지막 노드를 추적한다. 탐색 단계가 완료되면 마지막 노드의 목록을 갱신하면서 제거하려는 노드를 제거한다.

```
SkipListDelete(SkipList: list, Type: target):
    Integer: level = list.top_level
    SkipListNode: current = list.front              // ①
    Array: last = 크기가 list.max_level + 1인 SkipListNode 포인터의 배열
                  처음에는 모든 레벨에서 `list.front`를 가리킨다

    WHIL  level >= 0:                               // ②
        WHILE (current.next[level] != null AND
                current.next[level].key < target):
            current = current.next[level]
        last[level] = current
        level = level - 1

    SkipListNode: result = current.next[0]          // ③
    IF result == null OR result.key != target:
        return

    level = result.height
    Integer: j = 0
```

```
    WHILE j <= level:                               // ④
        last[j].next[j] = result.next[j]
        result.next[j] = null
        j = j + 1

    IF level == list.top_level:                     // ⑤
        Integer: top = list.top_level
        WHILE top > 0 AND list.front.next[top] == null:
            top = top - 1
        list.top_level = top
```

제거 코드의 첫 번째 블록은 삽입 코드와 똑같다. 리스트의 맨 왼쪽 위에서 시작한다(①).
내포된 두 WHILE 루프(②)는 각 레벨을 탐색하며 대상보다 크거나 같은 키를 갖는 노드나
리스트의 끝(null)에 도달할 때까지 순회한다. 이때 마지막으로 방문한 노드를 기록하고
다음 레벨로 이동하면서 탐색을 계속한다. 탐색이 끝나면 target과 일치하는 키를 갖는
노드를 찾았는지 확인한다(③). 키가 일치하는 노드가 없다면 스킵 리스트에 일치하는 항
목이 없으므로 제거할 노드도 없다.

(키가 일치하는) 식별된 노드를 제거하기 위해 WHILE 루프를 사용해 스킵 리스트의 각 노
드가 현재 노드를 건너뛰도록 모든 레벨 j에 대해 last[j].next[j] = result.next[j]
로 변경한다. 이렇게 하면 식별된 노드를 리스트에서 빼낼 수 있다. 그리고 더 이상
result[j]가 리스트에 들어 있지 않으므로 result.next[j]를 null로 설정한다. 마지막으
로 스킵 리스트의 최상위 레벨이 여전히 유효한지 확인해야 한다(⑤). 만약 top_level에
해당하는 레벨의 리스트에 속한 유일한 노드를 제거한 경우라면, 줄어든 최대 높이를 반
영하게 top_level을 감소시켜야 한다. 더미 front 노드를 따라 내려가며 next 포인터가
유효한(null이 아닌) 최초의 노드를 찾아서 top_level을 갱신할 수 있다. 리스트가 모두
비어 있으면(즉, front 노드의 next 배열에 저장된 포인터가 모두 null이라면) 최상위 레
벨을 그냥 0으로 설정한다.

여기서 다시, 다음 노드를 바라보고 갱신할 노드의 목록을 유지하는 방법으로 제거를 위
해 필요한 초기 탐색을 시각화할 수 있다. 각 레벨에서 제거할 노드(해당하는 노드가 있는

경우)를 식별하면서 해당 레벨의 제거할 노드 바로 앞에 있는 노드에 계속 머물러야 한다. 이때 다음 노드의 키는 제거해야 하는 키보다 크거나 같다. 잠시 멈춰서 "이 노드에 표시해두자. 제거할 노드를 건너뛰려면 이 노드의 포인터를 바꿔야 하니까."라고 말한다. 현재 노드를 last에 기록하고 다음 레벨로 진행한다. 탐색이 끝나면 포인터를 갱신해야 하는 노드들의 목록이 완성된다.

14.3 / 실행 시간
SECTION

탐색, 삽입, 제거 연산의 비용은 모두 노드의 위치와 높이 분포에 따라 달라진다. 이상적인 경우, 레벨 L의 노드는 레벨 $L-1$의 노드를 하나 건너 하나씩 포함한다. 각 레벨에서 절반의 노드를 제거하고 균등하게 공간을 배치한다. 이 경우, 스킵 리스트의 동작은 이진 탐색과 비슷하다. 상위 레벨의 노드를 하나 확인하면 탐색 공간의 절반을 제거할 수 있다. 그 후, 한 레벨 내려가서 (남은) 공간을 다시 반으로 줄인다. 따라서 최상의 경우, 스킵 리스트의 성능은 항목 수의 로그에 비례한다.

스킵 리스트의 최악의 경우 성능은 표준 연결 리스트와 같으며, 노드의 수에 선형적으로 비례한다. 리스트의 모든 노드가 같은 높이라면, 스킵 리스트는 단순한 정렬된 연결 리스트와 다르지 않다. 주어진 대상을 찾기 위해 각 노드를 순차적으로 스캔해야 한다.

높이에 대해 좋은 확률 분포(예 윌리엄 퓨의 원래 기법에서 사용한 $p = 0.5$)를 한다면, 삽입, 제거, 탐색 연산의 평균 기대 비용은 모두 항목 수의 로그에 비례한다. 최악의 경우 비용과 달리 기대 비용은 자료 구조의 평균 성능을 예측하는 추정치를 제공한다. 이로 인해 스킵 리스트의 평균 성능은 이진 탐색 트리와 비슷해진다.

14.4 / 스킵 리스트가 중요한 이유
SECTION

스킵 리스트는 효율적인 탐색을 가능하게 하는 균형 탐색 트리에 대한 더 간단한 대안으로 고안됐다. 그러나 우리가 이전에 탐색에 사용했던 정렬된 배열이나 이진 탐색 트리 등의 다른 알고리즘과 달리, 스킵 리스트는 좋은 성능을 제공하기 위해 무작위 구조에 의존한다. 일반적인 연산인 탐색, 삽입, 제거의 계산 비용 '기댓값'은 리스트 길이의 로그에 비례한다.

여기서 자연스럽게 '알고리즘의 성능을 무작위성에 의존하는 것을 왜 신뢰해야 할까'라는 의문이 떠오른다. 우리는 키 큰 노드가 몰려 있거나, 높이 분포가 너무 평평한 경우에 직면하기 쉽다. 하지만 이는 이진 탐색 트리의 경우에도 마찬가지다. 최악의 경우를 피하기 위해 이진 탐색 트리를 더 정교하게 확장한 구조를 사용할 수도 있지만, 스킵 리스트는 무작위화를 통해 최악의 경우를 피하며, 훨씬 간단한 코드를 사용한다. 따라서 스킵 리스트는 무작위화가 어떻게 나쁜 데이터의 영향을 효과적으로 방어하면서 자료 구조의 구현도 단순화할 수 있는지를 보여준다.

그래프

그래프(graph)는 컴퓨터 과학에서 기본 자료 구조에 속한다. 다양한 문제와 프로그래밍 작업에서 그래프가 생긴다. 이 책에서 다룬 다른 자료 구조들과 달리, 그래프 구조는 특정 계산을 최적화하기 위해 설계된 것이 아니라 데이터 자체로부터 자연스럽게 발생한다. 즉, 그래프는 자신이 나타내는 데이터를 반영한다. 그래프 알고리즘을 검토함으로써 데이터의 고유한 구조를 활용하는 알고리즘을 어떻게 정의할 수 있는지 통찰을 얻을 수 있다.

14장까지는 알고리즘을 돕기 위해 데이터의 구조를 조직화하는 문제에 초점을 맞췄다. 값 탐색 같은 고수준의 문제가 알고리즘을 더 편리하게 사용할 수 있는 자료 구조를 설계하도록 하는 원인이었다. 이번 장에서는 반대로 문제에 접근한다. 즉, 그래프는 데이터의 구조로부터 새로운 알고리즘 설계를 이끌어내는 방법을 보여준다. 다시 말해, 이번 장에서는 그래프 형태의 데이터가 주어졌을 때 그 데이터를 활용하는 알고리즘을 어떻게 만들 수 있는지를 살펴본다. 이번 장에서는 그래프 구조의 여러 측면을 활용하는 세 가지 그래프 알고리즘으로 최단 경로를 찾는 데이크스트라(Dijkstra) 알고리즘, 최소 스패닝 트리(minimum cost spanning tree)를 찾는 프림의 알고리즘(Prim's algorithm), 위상 정렬 (topological sort)을 수행하는 칸의 알고리즘(Kahn's algorithm)을 다룬다.

15.1 / 그래프 소개

그래프는 노드의 집합과 간선(edge, 에지)의 집합으로 구성된다. 그림 15-1처럼 각 간선은 두 노드 사이를 연결한다. 이 구조는 사회관계망(노드는 사람, 간선은 사람들 사이의 관계), 교통망(노드는 도시, 간선은 경로), 컴퓨터 네트워크(노드는 컴퓨터, 간선은 컴퓨터 사이의 연결) 등을 포함하는 많은 실제 시스템과 비슷하다. 이렇게 현실 세계에 비슷한 실체가 많기 때문에 그래프 알고리즘은 시각화할 때 재미있다. 예를 들어, 간단한 그래프 탐색은 성을 주의 깊게 탐험하는 것이나 혼잡한 도시 골목길을 미친 듯이 달려가는 것으로 시각화할 수 있다.

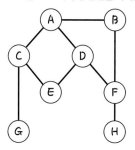

▼ **그림 15-1** 무방향 간선을 가지는 그래프

그래프의 간선은 간선에 방향이 있는지 등 현실 세계의 복잡성을 데이터로 잡아내기 위한 추가 속성을 포함할 수 있다. 그림 15-1의 그래프 같은 무방향 간선(undirected edge)은 대부분의 도로나 좋은 우정 관계 같은 양방향 관계를 나타낸다. 반면, 그림 15-2의 유방향 간선(directed edge, 방향 간선 또는 방향성 간선이라고도 부름)은 일방통행 도로 같은 한 방향으로의 흐름을 나타낸다. 우리는 무방향성인 접근을 나타내기 위해 두 노드 사이에 서로 반대 방향을 가리키는 두 개의 간선을 사용한다. 사회적 맥락에서 방향성 간선은 텔레비전 청소년 드라마 캐릭터 사이의 로맨틱한 관심을 표현할 수 있다. 예를 들어, 앨리스에서 밥으로 향하는 간선은 앨리스가 밥을 좋아한다는 점을 나타낸다. 반면, 밥에서 앨리스로 향하는 간선이 없다면 이 연애 감정이 짝사랑이라는 암울한 사실을 보여준다.

▼ **그림 15-2** 방향성 간선을 가지는 그래프

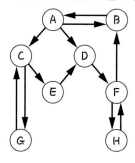

방향성 간선은 일방통행 도로나 짝사랑과 같은 문제뿐 아니라 작업 사이의 의존 관계(dependency)와 같은 추상적인 문제를 모델링할 수 있게 해준다. 노드를 작업의 집합으로 지정하고, 방향 간선을 사용해 작업 사이의 의존 관계를 나타낼 수 있다. 이런 방식을 사용해 완벽한 커피를 내리기 위해 필요한 과정을 나타내는 그래프를 만들 수 있다. 그림

15-3에서 볼 수 있는 것처럼, 노드는 물을 데우는 단계, 커피콩의 무게를 재는 단계, 커피콩을 가는 단계, 커피 가루에 물을 붓는 단계 등이 포함된다. 간선은 이런 단계들 사이의 의존 관계를 나타낸다. 우리는 '커피콩 갈기' 노드에서 '간 커피를 필터에 담기' 노드로 방향성 간선을 추가해야 한다. 이 간선의 방향은 우리가 콩을 먼저 갈아야 한다는 뜻을 나타낸다. 이 두 단계의 순서가 중요하다. 분쇄되지 않은 커피콩으로 커피를 내려본 경험이 있는 사람은 이를 잘 알 것이다. 그러나 '물 데우기' 노드와 '콩 갈기' 노드 사이에는 어떤 방향으로든 간선이 필요하지 않다. 이런 작업들은 병렬로 수행될 수 있다.

▼ **그림 15-3** 작업 수행 순서를 나타내기 위해 그래프 사용하기

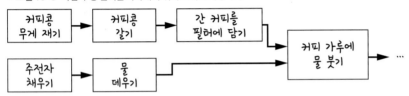

간선에 가중치(weight)를 부여하면 그래프의 모델링 능력이 더 커진다. 가중치가 있는 간선은 노드 사이의 연결 유무뿐 아니라 그 연결의 비용까지 나타낸다. 예를 들어, 교통 그래프의 간선에 도시 사이의 거리에 따른 가중치를 부여할 수 있다. 또, 사회관계망을 사람들 사이의 친밀함을 나타내는 지표로 보완할 수 있다. 그림 15-4는 가중치가 있는 간선으로 이뤄진 그래프 예제다.

▼ **그림 15-4** 가중치가 있는 간선을 가지는 그래프

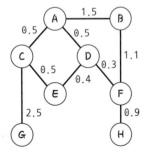

가중치와 방향성을 결합해 노드 사이의 복잡한 상호 관계를 포착할 수 있다. 잘 구성한 그래프의 노드와 간선을 통해 사람들 사이의 관계로 인한 드라마 전체를 표현할 수 있다.

15.1.1 그래프 표현하기

그래프의 추상적인 구조는 상대적으로 간단하지만, 컴퓨터 메모리에서 노드와 간선을 표현하는 방법은 다양하다. 가장 흔한 두 가지 표현 방법은 인접 행렬(adjacency matrix)과 인접 리스트(adjacency list)다. 이 두 표현 방법은 방향성이 있거나 없는 간선이나, 가중치가 있거나 없는 간선을 모두 다룰 수 있다. 이 책에서 소개한 다른 자료 구조와 마찬가지로, 두 표현 방법의 차이점은 데이터가 메모리에 저장되는 방식과 메모리에 데이터가 저장된 방식에 따라 알고리즘이 데이터에 접근하는 방식에 있다.

인접 리스트 형식은 이웃을 노드마다 별도의 리스트로 저장한다. 노드 복합 자료 구조 내에서 이웃들 표현하는 배열이나 연결 리스트를 사용할 수 있다.

```
Node {
    String: name
    Array of Nodes: neighbors
}
```

또는 간선에 대한 추가 정보를 저장하기 위해 별도의 자료 구조를 생성할 수도 있다. 간선은 방향성이나 가중치 같은 보조 정보를 포함할 수 있다. 다음 예제에서는 추가로 각 노드에 숫자로 이뤄진 유일한 ID를 제공한다. 이 ID는 상위 그래프 자료 구조 내에서 해당 노드의 인덱스에 대응한다.

```
Edge {
    Integer: to_node
    Integer: from_node
    Float: weight
}

Node {
    String: name
    Integer: id
    Array of Edges: edges
}
```

간선 자료 구조를 만들든 만들지 않든, 그래프는 노드들로 이뤄진 배열을 포함해야 한다.

```
Graph {
    Integer: num_nodes
    Array of Nodes: nodes
}
```

구현 방법과 관계없이 노드에 연결된 이웃 노드 목록을 통해 주어진 노드의 이웃에 접근할 수 있다. 그림 15-5는 이런 구조의 예를 보여준다.

방향성 간선의 경우, 노드의 간선 목록이나 이웃 노드 목록은 해당 노드에서 떠나가는 간선만 포함해야 한다. 예를 들어, 노드 A에는 노드 B로 향하는 간선이 있어도 노드 B에는 노드 A로 향하는 간선이 없을 수 있다.

인접 리스트는 사회관계망 같은 실제 상황을 반영해서 이웃에 대한 지역적인 시각을 제공한다. 각 노드는 자신과 연결된 노드만 추적한다. 마찬가지로 사회관계망에서 개인은 친구로 인정하는 사람들을 결정해 자신만의 연결 목록을 유지한다. 누가 우리의 친구인지 알려주는 별도의 중앙 저장소가 필요하지 않고, 다른 사람의 친구 목록을 완전히 보지 못할 수도 있다.

우리가 친구들(나로부터 출발하는 간선으로 연결됨) 중에서 누가 실제로 우리를 친구로 생각하는지(나에게 들어오는 간선)조차 모를 수도 있다. 우리는 나로부터 나가는 연결에 대해서만 알고 있다.

▼ **그림 15-5** 그래프(왼쪽)와 그 그래프에 대한 인접 리스트 표현(오른쪽). 각 노드는 인접한 노드의 목록을 저장한다

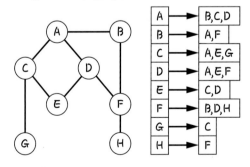

반면, 인접 행렬은 그래프를 행렬로 나타낸다. 그림 15-6과 같이 노드마다 행과 열이 하나씩 할당된다. 행 i, 열 j의 값은 노드 i에서 노드 j로 가는 간선의 가중치를 나타낸다. 값이 0이면 해당 방향의 간선이 없다는 뜻이다. 이런 표현을 사용하면 중앙에 있는 하나의 데이터 소스에서 어느 두 노드 사이에 간선이 존재하는지를 직접 확인할 수 있게 해준다.

▼ **그림 15-6** 어떤 그래프를 표현하는 인접 행렬 표현

	A	B	C	D	E	F	G	H
A	0	1	1	1	0	0	0	0
B	1	0	0	0	0	1	0	0
C	1	0	0	0	1	0	1	0
D	1	0	0	0	1	1	0	0
E	0	0	1	1	0	0	0	0
F	0	1	0	1	0	0	0	1
G	0	0	1	0	0	0	0	0
H	0	0	0	0	0	1	0	0

그래프에 대한 이런 전체적인 관점은 실제 세계에서 전체 네트워크를 계획자가 살펴보는 상황에서 발생한다. 예를 들어, 항공사는 공항을 노드로, 항공편을 간선으로 표현한 그래프를 통해 새로운 서비스를 계획할 때 전체적인 노선을 살펴볼 수 있다.

어떤 경우에는 그래프에서 인접 행렬이 유용하지만, 이번 장의 나머지 부분에서는 인접 리스트에 초점을 맞출 것이다. 인접 리스트 표현은 우리가 다른 자료 구조에 사용해온 포인터 기반 접근 방식과 자연스럽게 어울린다. 또, 별도의 노드 자료 구조를 사용하면 보조 데이터를 저장할 때도 더 많은 유연성을 제공한다.

15.1.2 그래프 탐색

4장에서 예제로 사용한 웹 크롤링을 다시 살펴보자. 그때 커피 그라인더와 관련한 정보를 찾기 위해 즐겨 찾는 온라인 백과사전을 탐색했다. 백과사전을 살펴보면 즉시 사전이 주제가 그래프를 이루고 있음을 알 수 있나. 각 주제 페이지는 노드에 해당하며, 페이지에서 다른 페이지(주제)를 가리키는 링크는 방향성을 가진 간선에 해당한다. 우리는 주제들을 점진적으로 탐구하면서 커피 그라인더의 세계로 더 깊이 들어갈 수 있는데, 각 노드를 반복적으로 순회하면서(어떤 주제에 연결된 링크를 통해) 새로 발견한 노드를 나중에 탐

구할 주제 목록에 추가하는 방식을 쓸 수 있다. 이런 유형의 탐색은 그래프 탐색의 기초를 형성한다.

이 그래프에서 특정 노드를 찾는다고 상상해보자. 아마도 온라인 리서치를 하면서 오래전에 잊어버린 커피 브랜드 이름을 찾고 싶어 하는 경우일 것이다. 우리는 관련 있는 웹 페이지(그래프 노드들)를 한 번에 하나씩 탐색하며, 각 페이지의 정보를 읽은 뒤 다른 페이지로 이동한다. 4장에서 본 것처럼, 노드들을 어떤 순서로 탐색하는지가 탐색 패턴에 큰 영향을 미친다. 스택 자료 구조를 사용해 미래에 탐색할 페이지를 추적하면 그래프에서 깊이 우선 탐색을 수행하게 된다. 깊이 우선 탐색에서는 개별 경로를 점점 깊이 탐색하다가 막다른 곳에 도달하면 되돌아가서 다음 가능성을 시도한다. 반면, 큐를 사용해 나중에 탐색할 대상을 추적한다면 너비 우선 탐색을 수행하게 된다. 너비 우선 탐색의 경우에는 출발 위치에서 더 가까운 노드들을 먼저 확인하고, 그 이후에 그래프 안으로 점진적으로 더 깊이 들어간다. 물론 탐색 순서를 다양한 방식으로 정할 수 있다. 예를 들어, 최선 우선 탐색(best-first search)은 미래에 방문할 노드들을 어떤 순위에 따라 정렬하고, 높은 점수를 가진 노드를 더 우선해서 탐색하는 방식이다. 새로운 도시에서 주변의 커피숍을 탐색하는 경우, 우선순위를 잘 조절하면 상업 지구에 더 초점을 맞춤으로써 주거 지역에서 불필요하게 시간을 낭비하지 않는 데 도움이 될 수 있다.

탐색 순서와 관계없이 그래프의 노드를 한 번에 하나씩 방문한다는 개념이 자료 구조가 알고리즘에 미치는 영향을 보여준다. 우리는 노드 사이의 링크(간선)를 사용해 탐사 대상을 제한하고 탐사 방향을 이끌어나간다. 이제부터 몇 절에 걸쳐 그래프 탐사를 정확히 수행하는 일반적이고 유용한 알고리즘들을 살펴볼 것이다.

15.2 / 데이크스트라 알고리즘을 사용해 최단 경로 찾기

현실 세계의 그래프를 다룰 때 가장 흔한 작업은 두 노드 사이의 최단 거리를 찾는 일일 것이다. 처음 새로운 도시를 방문했다고 상상해보자. 도착 다음 날 새벽, 시차 적응이 덜 돼서 피곤한 우리는 상쾌함을 찾아 방황한다. 좋은 여행자인 우리는 그 도시의 커피 문화에 대해 미리 방대한 연구를 하고, 도시에서 시식할 4가지 커피숍 목록을 만들었다. 엘리베이터가 로비에 도착하면 호텔과 커피숍의 위치가 정확히 표시된 도시 지도를 펼친다. 이제 목록에 있는 커피숍에 도달하는 방법을 결정할 차례다.

데이크스트라 알고리즘은 컴퓨터 과학자 에츠허르 비버 데이크스트라(Edsger W. Dijkstra[1]) 가 개발한 알고리즘으로, 주어진 시작 노드로부터 그래프의 모든 다른 노드까지의 최단 경로를 찾는다. 이 알고리즘은 방향성 그래프, 무방향 그래프, 가중치가 있는 그래프, 무 가중치 그래프 모두에서 동작할 수 있다. 유일한 제한은 모든 간선의 가중치가 음수가 아니어야 한다는 점뿐이다. 음수를 허용하지 않는다는 말은 가중치가 음수인 에지를 추가함으로써 전체 경로 길이를 줄여서는 안 된다는 뜻이다. 커피 테마 관광 예제에서는 호텔에서 각 커피숍까지의 최단 경로를 찾아야 한다. 그림 15-7처럼 각 노드는 도시의 길들이 교차하는 지점이나 커피숍이며, 가중치가 있고 방향성이 없는 간선은 이런 지점이나 커피숍들 사이의 거리다.

▼ **그림 15-7** 지도상 각 지점과 지점 간 거리(왼쪽)를 가중치가 있는 그래프로 나타낼 수 있다(오른쪽)

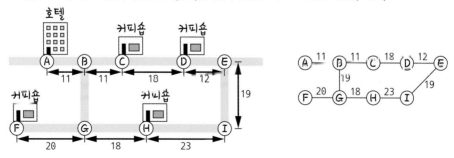

1 　역주　네덜란드인이라 데이크스트라가 맞는 표기법이지만 '다익스트라'라고 쓰는 경우도 있다.

목표는 시작 노드로부터 각 커피숍 노드까지의 최단 경로를 찾는 것이다. 교차점 노드는, 우리 목표는 아니지만 여러 다른 경로가 생겨날 수 있게 해준다.

데이크스트라 알고리즘은 방문하지 않은 노드의 집합을 유지하면서 방문하지 않은 각 노드까지의 임시 거리를 계속 갱신하는 방식으로 작동한다. 반복할 때마다 지금까지 방문하지 않은 노드 중에 가장 가까운 노드를 방문한다. 그 후, 이 새로운 노드를 방문하지 않은 노드의 집합에서 제거하고, 이웃한 노드들에 이르는 거리를 갱신한다. 구체적으로 새로운 노드의 이웃들을 검사하고 각 이웃까지 더 나은 경로를 찾았는지 살펴본다. 새롭게 제안된 경로의 길이를 계산하기 위해 현재 노드까지의 거리와 그 노드에서 이웃까지의 거리(간선의 가중치)를 더한다. 이 새로운 경로의 길이가 지금까지 본 최단 거리보다 짧다면, 최단 거리를 갱신한다.

```
Dijkstras(Graph: G, Integer: from_node_index):
    Array: distance = G의 모든 노드 id에 대해 무한대         // ①
    Array: last = G의 각 노드에 대해 -1
    Set: unvisited = G에 있는 모든 노드 인덱스들
    distance[from_node_index] = 0.0

    WHILE unvisited is NOT empty:                          // ②
    Integer: next_index = unvisited에 인덱스가 들어 있는 노드 중에 가장 거리가
    작은 노드                                              // ③
    Node: current = G.nodes[next_index]
    unvisited에서 next_index를 제거

    FOR EACH edge IN current.edges:                       // ④
        Float: new_dist = distance[edge.from_node] +      // ⑤
                          edge.weight
        IF new_dist < distance[edge.to_node]:             // ⑥
            distance[edge.to_node] = new_dist
            last[edge.to_node] = edge.from_node
```

코드는 먼저 도움이 되는 여러 자료 구조(①)를 생성하면서 시작한다. 이 구조에는 각 노드까지의 거리를 나타내는 배열(distance), 주어진 노드를 방문하기 전에 방문한 마지막 노드를 나타내는 배열(last), 방문하지 않은 노드들의 집합(unvisited)이 포함된다. 그

후, 프로그램은 방문하지 않은 노드를 하나씩 처리한다. WHILE 루프는 방문하지 않은 노드들의 집합이 비어 있을 때까지 반복된다(②). 각 반복에서, 코드는 최소 거리의 노드를 선택하고 해당 노드를 방문하지 않은 노드의 집합에서 제거한다(③). FOR 루프는 현재 노드의 이웃들을 순회하면서(④), 시작점에서 현재 노드를 통과해서 이웃까지 이르는 거리를 계산하고(⑤), 더 짧은 경로를 찾은 경우 거리와 last 배열을 갱신한다(⑤).

> **노트**
>
> 의사 코드와 그림은 설명을 위해 명시적인 거리 배열과 unvisited 집합을 사용했지만, 효율성을 위해 이를 최소 힙과 결합할 수도 있다. 최소 힙은 항상 가장 낮은 우선순위의 항목을 반환하는 우선순위 큐로 작동한다. 이 경우, 현재까지 알려진 거리로 키를 지정해서 방문하지 않은 노드의 목록을 최소 힙에 저장한다. 가장 가까운 노드를 찾는 것은 우선순위 큐에서 최소 키를 반환받는 것과 동일하고, 지금까지 알려진 최소 거리를 갱신하는 것은 노드의 우선순위를 갱신하는 것과 같다.

그림 15-8은 그림 15-4의 가중치가 부여된 그래프의 노드 A에서 출발한 최단 경로 탐색 예제를 보여준다. 파선 원으로 감싼 노드는 현재 검사 중인 노드다. 빨간색으로 표시된 노드와 항목은 방문하지 않은 노드의 목록에서 제거된 노드를 나타내며, 이들은 더 이상 고려 대상이 아니다.

그림 15-8의 탐색을 위해 모든 거리가 무한대인 상태에서 데이크스트라 알고리즘을 시작한다. 다만, 노드 A(시작 점)의 거리를 0으로 설정한다(그림 15-8(1)). 이런 초기 구성은 최상의 경로에 대한 초기 지식을 나타낸다. 우리가 이미 노드 A에 위치해 있으므로, A에서 A에 이르는 최상의 경로는 뻔하다. 다른 노드들의 경우 아직 거기까지 가는 경로를 찾지 못했으므로, 각 노드에 이르는 최단 경로의 길이는 무엇이든 될 수 있다. 또, 각 노드에 대해 어느 노드가 경로에서 자신의 앞에 있는지에 대한 정보를 유지한다. last가 이 이전 노드를 나타낸다. 이 정보를 사용하면 경로를 역으로 추적할 수 있다. 모든 사용 사례에서 경로를 재구성해야 하는 것은 아니지만, 커피숍 탐색의 경우 경로 구성이 반드시 필요하다. 커피숍에 이르는 최단 거리를 찾았어도 실제 경로를 알지 못하면 의미가 없다. 노드 A에서 노드 F에 이르는 경로를 구성하기 위해, 우리는 이전 노드 포인터(last에 담긴 포인터)를 따라 노드 A에 도달할 때까지 거슬러 올라간다.

탐색은 그림 15-8(2)처럼 현재까지 알려진 거리가 가장 짧은 노드(노드 A)를 선택하면서 시작한다. 이 노드를 방문하지 않은 노드 목록에서 제거하고, 노드와 인접한 이웃 노드들을 검사한다. 노드 A의 각각의 이웃에 대해, 출발 지점(여기서는 A)에서 A를 거쳐서 도달하는 경로가 출발 지점에서 그 이웃에 이르는 지금까지 알려진 최단 경로보다 짧은지를 테스트한다. 노드 A(출발 지점이기도 함)까지의 최단 거리가 0이므로, 출발 지점에서 A를 통해 이웃까지 이르는 거리는 A와 이웃을 연결하는 간선의 가중치와 같다(0+가중치가됨). 아직 방문하지 않은 노드까지의 최단 거리를 갱신할 때마다 더 나은 경로를 반영하기 위해 마지막 지점을 가리키는 포인터(last 배열)도 갱신해야 한다. 이제는 세 노드가 A를 가리키게 된다(그림 15-8(2)).

탐색은 계속되면서, 다음으로 가장 가까운 방문하지 않은 노드를 선택한다. 이 경우 C나 D가 방문하지 않은 최단 거리의 노드가 될 수 있지만, 리스트상 순서로 인해 C가 먼저 선택된다! 다시 한번 C의 이웃들을 살펴보고 그들에 이르는 최단 거리를 갱신한다(그림 15-8(3)). 기억하라. 각각의 거리는 시작 노드로부터 해당 노드에 이르는 최적의 경로의 전체 거리를 나타낸다. 이때 새로운 거리는 출발 지점에서 C까지 이르는 최단 거리와 C에서 각 이웃에 도달하는 거리(간선의 가중치)의 합이다.

탐색은 노드 D로 진행된다. D는 아직 방문하지 않은 새로운 노드인데, 지금까지의 최소 거리가 정해져 있다(그림 15-8(4)). 노드 D의 이웃을 검사하면 노드 E와 F에 이르는 새로운 최단 거리를 찾게 된다. 특히 노드 E는 이미 C를 통해 도착하는 후보 경로가 있었다. 이 후보 경로는 A에서 C를 통해 E로 이동하며 거리가 1.0이다. 하지만 이 경로가 가능한 최적의 경로는 아니다. 탐색 결과, 새로운 경로를 발견했다. D를 통과하는 경로는 약간 더 짧으며 전체 거리는 0.9다. 잠재적인 최소 거리와 이전 노드를 가리키는 포인터를 모두 갱신한다. 이제 E로 가는 최상의 경로는 D를 통과한다. 이제 방문하지 않은 노드의 집합에서 다음으로 가까운 노드인 F로 이동한다.

탐색은 남은 노드들을 통과하지만 더 이상 흥미로운 일이 발생하지 않는다. 남은 노드는 모두 최단 경로의 끝에 있으며 더 짧은 경로가 생길 여지는 없다. 예를 들어, 노드 E의 이웃을 고려할 때(그림 15-8(6)) 노드 C와 D를 모두 검사한다. E를 통과해 두 노드에 도달하는 거리는 모두 1.4로, 이미 발견한 최단 경로보다 더 길다. 사실 이미 C와 D를 방문했기 때문에 이들을 고려할 필요도 없다. 그림 15-8(7), 그림 15-8(8), 그림 15-8(9)에 표시된 대로 B, H, G를 살펴볼 때도 이들의 이웃은 모두 이미 방문한 노드이기 때문에 더 이상 고려 대상이 아니다.

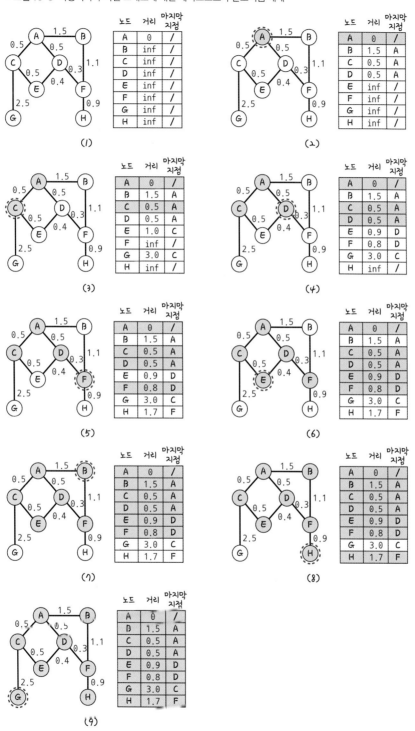

데이크스트라 알고리즘으로 그래프를 탐색하면서 최단 경로를 찾아가다 보면, 자료 구조와 알고리즘 자체의 명확한 상호 관계를 볼 수 있다. 문제 자체의 구조 때문에 데이크스트라 같은 최단 경로 알고리즘이 필요하다. 어느 노드에서나 다른 노드로 쉽게 이동할 수 있다면 간선을 따라 경로를 찾을 필요가 없을 것이다. 이는 현실에서 호텔 로비에서 원하는 커피숍으로 순간 이동하는 것과 같은 상황이다. 순간 이동은 편리하지만, 물리적 세계의 구조 때문에 허용되지 않는다. 따라서 최단 경로를 찾을 때는 그래프 자체의 구조를 따라야만 한다.

15.3 / 프림의 알고리즘을 사용해 최소 스패닝 트리 찾기

그래프의 최소 스패닝 트리(minimum spanning tree, 최소 신장 트리)를 찾는 문제는 그래프 데이터의 구조를 통해 새로운 질문을 할 수 있고 이에 대답하는 새로운 알고리즘을 만들 수 있는 또 다른 예를 제공한다. 무방향 그래프의 최소 스패닝 트리는 모든 노드를 연결할 수 있는 간선들의 집합 중에 가장 작은 집합이다(이런 집합이 존재하지 않을 수도 있다). 이런 스패닝 트리를, 예산을 고려하는 도시 기획자의 관점에서 생각할 수 있다. 누구든지 어떤 장소(노드)에서 다른 장소(노드)로 포장도로를 통해 이동할 수 있도록 하기 위해, 필요한 최소한의 도로 집합은 무엇일까? 이 개념을 간선에 가중치가 부여된 경우, 즉 지점 사이의 거리나 도로포장 비용 등으로 가중치가 주어진 경우로 확장하면 모든 노드를 연결하면서 전체 가중치가 최소화되는 집합을 찾을 수 있다. 최소 스패닝 트리는 모든 노드를 연결하는 간선들의 집합 중에서 가중치의 합계가 가장 작은 집합이다.

최소 스패닝 트리를 찾는 방법으로 프림의 알고리즘이 있다. 컴퓨터 과학자 R. C. 프림(Primm)과 수학자 보이텍 야르니크(Vojtěch Jarník) 등 여러 사람들이 이 알고리즘을 독립적으로 제안했다. 이 알고리즘은 바로 앞 절에서 다룬 데이크스트라 알고리즘과 매우 비슷하게 작동하며, 방문하지 않은 집합을 순회하면서 한 번에 하나씩 노드를 최소 스패닝 트리에 추가한다. 처음에는 방문하지 않은 노드의 집합에 모든 노드를 넣고, 그중 하나를 임의로 선택해 방문한다. 최초로 방문한 노드는 최초의 최소 스패닝 트리가 된다. 그 이후 각 반복에서 현재까지 만든 스패닝 트리와 아직 방문하지 않은 노드를 연결할 수 있는 간선 중 가중치가 가장 작은 간선을 찾는다. 우리는 '현재까지 구축한 스패닝 트리 노드 집합의 경계에 가장 가까운 노드, 즉 가장 적은 비용으로 현재 스패닝 트리에 추가할 수 있는 노드가 무엇일까?'라는 질문을 던진다. 이런 새로운 노드를 방문하지 않은 노드의 집합에서 제거하고, 해당하는 간선을 최소 스패닝 트리에 추가한다. 모든 노드를 방문할 때까지 반복할 때마다 하나씩 노드와 간선을 추가한다.

프림의 알고리즘을 거리에 가중치가 부여된 다리를 만드는 건설 회사로 생각할 수 있다. 회사는 한 섬에서 시작해 외부로 점점 더 많은 섬을 연결한다. 각 단계에서 건설 회사는 현재 연결된 집합에 있는 섬들과 가장 가까운 섬을 선택한다. 다리의 한쪽 끝은 연결된 집합에 있는 섬 중 하나에 놓고, 다른 쪽 끝은 연결되지 않은 섬에 놓아서 새로운 섬을 연결한다. 새 다리는 항상 연결된 섬 중 하나에서 시작하므로 건설자들은 이미 건설한 다리를 이용해 다리가 시작할 섬으로 장비를 옮길 수 있다. 매번 연결된 섬 집합의 밖에 있는 섬으로 연결되는 다리를 건설하기 때문에 건설 회사는 단계마다 연결된 집합에 포함된 섬의 개수를 늘리게 된다.

정보를 추가로 추적해서 알고리즘 코드를 단순화할 수 있다. 단계마다 각 노드에 대해 우리가 살펴본 최상의 간선(가중치 포함) 목록을 유지한다. 새로운 노드를 방문하지 않은 집합에서 제거할 때마다 그(제거 대상) 노드의 방문하지 않은 이웃들을 확인하면서 그중에서 더 좋은(즉, 비용이 낮은) 간선이 있는지 확인한다. 그런 간선이 있는 경우, (제거 대상) 노드의 최상의 간선을 새로운 간선과 가중치로 갱신한다.

```
Prims(Graph G):
    Array: distance = G의 각 노드에 대해 무한대          // ①
    Array: last = G의 각 노드에 대해 -1
    Set: unvisited = G에 있는 모든 노드 인덱스들
    Set: mst_edges = 빈 집합

    WHILE unvisited is NOT empty:                      // ②
```

```
        Integer: next_id = unvisited에 인덱스가 들어 있는 노드 중    // ③
                        거리가 최소인 노드의 노드 인덱스
        IF last[next_id] != -1:                                    // ④
            last[next_id]와 next_id를 연결하는 간선을 mst_edges에 추가
        unvisted에서 next_id를 제거

        Node: current = G.nodes[next_id]
        FOR EACH edge IN current.edges:                            // ⑤
            IF edge.to_node is in unvisited:
                IF edge.weight < distance[edge.to_node]:
                    distance[edge.to_node] = edge.weight
                    last[edge.to_node] = current.id
    return mst_edges
```

앞의 코드는 보조 자료 구조를 생성하는 코드다(①). 이 구조에는 각 노드까지의 거리를 나타내는 배열(distance), 각 노드에 대해 이전에 방문한 노드를 나타내는 배열(last), 방문하지 않은 노드들의 집합(unvisited), 최소 스패닝 트리를 구성하는 간선들의 집합(mst_edges)이 포함된다. 데이크스트라 알고리즘과 마찬가지로, 의사 코드(그리고 잠시 후 보여줄 그림)는 설명을 위해 리스트와 집합을 혼용한다. 알고리즘을 더 효율적으로 구현하기 위해 방문하지 않은 노드를, 거리를 기준으로 정렬된 최소 힙에 저장할 수도 있다. 하지만 일단은 무슨 일이 벌어지는지 명확히 설명하기 위해 모든 값을 리스트로 나열한다.

그 후, 코드는 데이크스트라의 알고리즘과 비슷하게 진행된다. 방문하지 않은 노드 집합이 비어 있을 때까지 반복하는 WHILE 루프가 있다(②). 반복할 때마다 방문하지 않은 노드 중에 이미 방문한 노드들까지 이르는 거리가 가장 짧은 노드를 선택해서 방문하지 않은 노드의 집합에서 제거한다(③). 그 후, 해당 노드로 들어오는 간선이 있는지 확인한다(④). 첫 번째로 방문하는 노드는 들어오는 간선이 없기 때문에 이런 검사가 필요하다. 들어오는 간선이 있으면 그 간선을 최소 스패닝 트리에 추가한다. 새로운 노드(그리고 간선)을 추가한 후, FOR 루프로 해당 노드의 모든 이웃 노드를 검사한다(⑤). 반복할 때마다 이웃 노드가 아직 방문하지 않은 노드인지 확인하고, 방문하지 않은 경우라면 이웃 노드와

현재 노드 사이의 거리를 확인한다. 여기서 그냥 간선의 가중치를 거리로 생각할 수 있다. 코드는 최소 스패닝 트리를 구성하는 간선 집합을 반환하면서 끝난다.

그림 15-4에서 본 가중치가 부여된 그래프를 사용해 프림의 알고리즘을 진행하는 과정을 그림 15-9에서 볼 수 있다. 처음에 모든 마지막 간선을 null로 설정하고, 모든 '최선의' 거리를 무한대로 설정한다. 단순화를 위해 거리가 같은 노드가 둘 이상 있을 때는 알파벳 순서로 노드를 선택한다. 첫 번째로, 우리는 방문하지 않은 집합에서 노드 A를 제거한다. 그후, A의 모든 이웃을 고려하고 A에서 각 이웃과 연결되는 더 비용이 낮은 간선이 있는지 확인한다. 현재 최선의 거리가 모두 무한대이므로 이 작업은 어렵지 않다. A의 모든 이웃에 대해 (무한대보다) 더 낮은 비용의 간선인 (A, B), (A, C), (A, D)를 찾을 수 있다. 그림 15-9(1)은 이 새로운 상태를 보여준다.

두 번째 반복에서, 방문하지 않은 집합에서 가능한 노드로 C와 D를 찾는다. 두 노드 중에는 동률 방지 규칙(tie breaking rule)에 따라 알파벳순에서 더 앞서는 C를 선택한다. C를 방문하지 않은 집합에서 제거하고 간선 (A, C)를 최소 스패닝 트리에 추가한다. C의 방문하지 않은 이웃들을 살펴보고, 노드 E와 G로 가는 더 좋은 후보 간선을 찾는다(그림 15-9(2)).

다음으로 가장 가까운 노드는 D이다. D를 방문하지 않은 집합에서 제거하고 간선 (A, D)를 최소 스패닝 트리에 추가한다. D의 방문하지 않은 이웃들을 살펴보고, 노드 E와 F로 가는 새롭고 비용이 낮은 간선을 찾는다(그림 15-9(3)). 이제 최소 스패닝 트리에서 노드 E로 가는 간선 중 최선인 후보는 노드 C가 아니라 노드 D에서 시작한다.

알고리즘은 방문하지 않은 집합의 남은 노드들을 계속 진행한다. 다음으로는 그림 15-9(4)처럼 노드 F를 방문하고 간선 (D, F)를 추가한다. 그런 다음, 그림 15-9(5)처럼 노드 E를 방문하면서 간선 (D, E)를 추가한다. 알고리즘은 H, B, G 노드를 순서대로 추가하고 완료된다. 이때 루프의 각 단계에서 지금까지 찾을 수 있는 최선의 간선을 (F, H), (F, B), (C, G) 순으로 추가한다. 마지막 세 단계를 그림 15-9(6), 그림 15-9(7), 그림 15-9(8)에서 볼 수 있다.

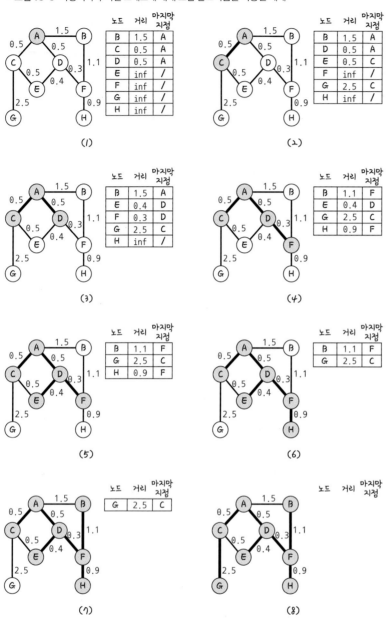

프림의 알고리즘은 시작 노드로부터 각 노드에 도착하는 경로의 총 길이에는 관심이 없다. 관심 있는 것은 연결된 기존 집합에 새 노드를 추가할 때 드는 비용뿐이다. 이 비용은 이미 방문한 집합의 원소인 다른 노드와 새 노드를 연결해주는 간선의 가중치다. 우리는 노드와 노드 사이의 이동 시간 전체를 최적화하는 것이 아니라, 도로를 포장하거나 새로운 다리를 건설하는 비용을 최소화하는 것만을 고려한다.

거리가 같을 때 알파벳 순서대신 임의로 순위를 매기면 어떤 일이 벌어질까? 그림 15-9(2)에서 방문하지 않은 집합에서 노드 D와 E 중 하나를 선택할 때, 어느 쪽을 선택해도 상관이 없다. 만약 D 대신에 E를 선택했다면, 그래프에 D를 연결해주는 더 비용 낮은 간선 가중치를 찾았을 것이다. 이 경우 알고리즘은 A와 D를 연결하는 대신에 E와 D를 연결한다. 이는 같은 그래프에 대해 서로 다른 여러 최소 스패닝 트리를 찾을 수 있다는 사실을 의미한다. 여러 다른 스패닝 트리들이 같은 비용을 가질 수 있다. 프림의 알고리즘은 단지 최소 비용을 가진 트리를 하나만 찾는 것을 보장한다.

15.4 / 칸의 알고리즘을 이용한 위상 정렬

SECTION

우리가 예제로 다룰 마지막 그래프 알고리즘은 방향성 비순환 그래프(DAG, Directed Acyclic Graph)의 간선을 사용해 노드들을 정렬하는 방법이다. 방향성 비순환 그래프는 순환(cycle, 어떤 노드에서 그 자신으로 되돌아가는 경로)이 없도록 배치된 방향이 있는 간선을 사용하는 그래프를 뜻한다(그림 15-10). 현실 세계의 도로 네트워크에서는 순환이 필수다. 아파트에서 좋아하는 커피숍에 갈 수는 있지만 다시 돌아올 수 없다면 참으로 끔찍할 것이다. 바로 이런 일이 방향성 비순환 그래프에서 벌어진다. 방향성 비순환 그래프에서는 어떤 노드에서 출발하든 다시 그 노드로 돌아오는 경로가 존재하지 않는다.

▼ **그림 15-10** 방향성 비순환 그래프

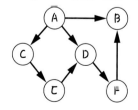

방향성이 있는 간선을 사용해 노드의 순서를 나타낼 수 있다. 그래프에 A에서 B로 가는 간선이 있으면 노드 A는 노드 B보다 앞에 위치해야 한다. 이번 장 앞부분에서 다룬 커피 제조 예제에서 이런 방식을 사용해 노드를 순서대로 배열했다. 각 노드는 처리 과정의 각 단계를 나타내며 간선은 처리 단계 사이의 의존 관계를 표현한다. 커피를 내리는 사람은 특정 단계를 수행해야 그다음 단계를 수행할 수 있다. 이러한 종류의 의존성은 컴퓨터 과학과 일상생활 전반에서 발생한다. 노드를 간선의 순서대로 정렬하는 알고리즘을 위상 정렬(topological sort)이라고 한다.

컴퓨터 과학자 아서 칸(Arthur B. Kahn)은 이벤트를 나타내는 방향성 비순환 그래프에 대해 위상 정렬을 하는 한 가지 방법을 개발했다. 이 알고리즘은 들어오는 간선이 없는 노드를 찾아서 이들을 방문하지 않은 노드 목록에서 제거하고 정렬된 목록에 추가하고, 해당 노드로부터 나가는 모든 간선을 제거하는 방식으로 작동한다. 알고리즘은 모든 노드를 정렬된 목록에 추가할 때까지 반복된다. 직관적으로 볼 때, 이 정렬은 현실 세계에서 복잡한 작업을 수행하는 방법과 비슷하다. 다른 작업에 의존하지 않아서 바로 시작할 수 있는 하위 작업부터 시작한다. 그 하위 작업을 수행하고 다른 하위 작업을 선택한다. 완료되지 않은 하위 작업을 시작하기 위해 다른 완료되지 않은 작업의 결과가 필요한 작업은 의존 관계가 모두 해결될 때까지 처리하지 않은 하위 작업 목록에 남아 있어야 한다.

칸 알고리즘을 구현할 때 실제로 그래프에서 간선을 제거할 필요는 없다. 각 노드에 들어오는 간선의 수를 세는 보조 배열을 유지하면서 그 배열에 저장된 수를 변경하는 것으로 충분하다.

```
Kahns(Graph G):
    Array: sorted = 결과를 저장하기 위한 빈 배열                    // ①
    Array: count = G의 각 노드에 대해 0
    Stack: next = 추가할 다음 노드를 저장하기 위한 빈 스택

    # 들어오는 간선의 개수를 센다
    FOR EACH node IN G.nodes:                                  // ②
        FOR EACH edge IN node.edges:
            count[edge.to_node] = count[edge.to_node] + 1

    # 들어오는 간선이 없는 초기 노드를 찾는다
```

```
FOR EACH node IN G.nodes:                               // ③
    IF count[node.id] == 0:
        next.Push(node)

# 들어오는 간선이 없는 노드를 루프를 돌면서 처리한다
WHILE NOT next.IsEmpty():                               // ④
    Node: current = next.Pop()
    current를 sorted 맨 뒤에 덧붙인다
    FOR EACH edge IN current.edges:                     // ⑤
        count[edge.to_node] = count[edge.to_node] - 1
        IF count[edge.to_node] == 0:                    // ⑥
            next.Push(G.nodes[edge.to_node])
return sorted
```

코드는 여러 도우미 자료 구조(①)를 생성하며 시작한다. 이 구조에는 정렬된 노드 리스트를 담을 배열(sorted), 각 노드에 들어오는 간선 수를 저장하는 배열(count), 정렬된 노드 리스트에 추가할 노드들을 담은 스택(next)이 포함된다. 코드는 노드들(바깥 루프)과 각 노드의 간선(안쪽 루프)에 대해 중첩된 FOR 루프를 사용해 각 노드로 들어오는 간선 수를 센다(②). 그 후, count 배열에 대한 FOR 루프를 통해 들어오는 간선이 없는 노드를 찾아서 next에 삽입한다(③).

이제 코드는 next 스택이 비게 될 때까지 WHILE 루프를 돌면서 next 스택을 처리한다(④). 각 반복에서 코드는 스택에서 노드를 꺼내서 정렬된 배열의 끝에 추가한다. 내포된 FOR 루프는 노드의 간선들을 순회하면서 각 이웃에 대한 count를 감소(각 이웃으로 들어오는 간선을 제거하는 것과 같은 효과)시킨다(⑤). 이때 들어오는 간선 수가 0이 된 이웃을 next에 추가한다(⑥). 마지막으로 코드는 정렬된 노드의 배열을 반환한다.

그래프가 사이클을 포함한다면, 정렬된 리스트가 모든 노드를 포함하지 않을 수 있다. 이런 경우에 대비해 함수 마시막에 정렬된 리스트의 원소 개수가 그래프의 노드 개수와 같은지 확인하는 부분을 추가하고 싶을 수도 있다.

그림 15-10의 그래프에 이 알고리즘을 적용하면 그림 15-11처럼 진행된다. 먼저 들어오는 간선의 수를 계산하고 노드 A가 유일하게 들어오는 간선이 없는 노드라는 사실을 확인한다(그림 15-11(1)). 그 후, 칸의 알고리즘은 노드 A를 정렬된 리스트에 추가하고, A로

부터 나가는 간선을 제거하면(A로부터 나가는 간선의 끝에 있는 노드의 들어오는 간선 개수를 감소시킴) 그림 15-11(2)처럼 된다.

▼ **그림 15-11** 방향성 비순환 그래프 위상 정렬

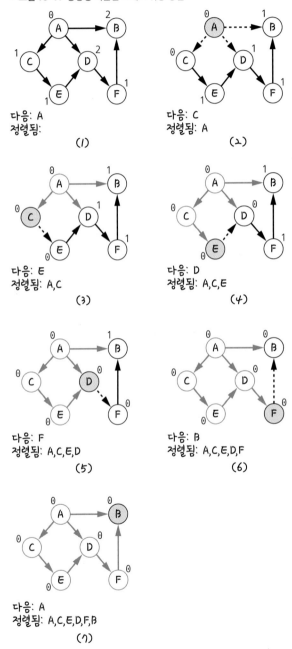

더 이상 들어오는 간선이 없는 C 노드(그림 15-11(3))부터 알고리즘을 계속한다. 노드 A 를 처리할 때 C로 들어오는 유일한 간선을 제거했다. C를 고려 대상 노드 목록(next 스택) 에서 제거하고, 그래프에서 C에서 출발하는 간선을 제거한 후, C를 정렬된 목록의 끝에 추가한다. 이 과정에서 E 노드가 들어오는 간선이 없는 노드로 바뀌므로, E를 스택에 넣 는다.

정렬은 방문하지 않은 목록의 나머지 부분을 순회하면서 진행된다. 노드 E를 처리하는 동 안, 노드 D로 들어오는 마지막 간선을 제거하고, 알고리즘이 다음에 D를 처리하도록 만 든다(그림 15-11(4)). 그다음, 정렬은 D, F, B를 차례대로 정렬된 목록에 추가한다(그림 15-11(5), 그림 15-11(6), 그림 15-11(7)).

칸의 알고리즘은 그래프에서 방향이 있는 간선의 유용성과 방향이 있는 간선들에 대해 작 동하는 알고리즘을 설계하는 방법을 보여준다. 간선의 방향성은 노드를 탐색하는 방식을 더욱 제한한다.

15.5 그래프가 중요한 이유

SECTION

그래프는 컴퓨터 과학 전반에 걸쳐 널리 사용된다. 그래프 구조는 교차로, 사회관계망이 나 컴퓨터 네트워크, 복잡한 작업들의 집합과 같은 다양한 현실 세계의 현상을 반영한다. 그래프는 경로 계획이나 프로그램 소스 코드 컴파일 순서를 결정하는 등의 작업에 유용하 다. 그래프 자료 구조를 위해 설계된 수많은 알고리즘이 있으며, 이러한 알고리즘은 그래 프를 탐색하고, 최소 스패닝 트리를 결정하고, 그래프를 통해 최대 흐름을 결정하는 등의 작업을 수행한다. 이 주제만으로 책 한 권을 가득 채울 수 있을 정도로 그래프 구조는 중 요하다.

그러나 이번 장의 목적은 데이터의 구조와 그 위에서 작동하는 알고리즘 사이의 강력한 연관 관계에 초점을 맞추고 있다. 데이터의 그래프 구조는 최소 스패닝 트리를 찾는 것과 같은 새로운 문제를 도출하며, 새로운 문제가 나타남에 따라 새로운 알고리즘이 생겨난다. 다시 이번에는, 알고리즘이 데이터의 그래프 구조를 활용해 간선을 순회하고 노드에서 노드로 탐색을 수행한다. 이런 상호 작용은 문제와 새로운 해결 방법을 정의할 때 데이터의 구조를 이해하는 것이 얼마나 중요한지를 보여준다.

결론

이 책 전체에서 다양한 자료 구조를 살펴보고, 자료 구조가 그 자료 구조를 사용하는 알고리즘에 어떤 영향을 미치는지와 커피 탐색에 어떻게 도움이 될 수 있는지에 대해 살펴봤다. 데이터를 조직화하는 방식이 계산 비용을 상당히 줄이거나 알고리즘의 동작에 변화를 줄 수 있다는 점을 봤고, 여러 표현 사이의 트레이드오프를 살펴보고 각각의 중요성에 대해 정리했다. 이를 통해, 자료 구조에 대해 생각하는 방법의 직관적인 토대를 제공하려 노력했다.

각 자료 구조에 대해 그 구조가 생긴 동기, 만드는 방법, 사용법, 트레이드오프 등을 이해하는 것은 효율적인 해결책을 개발하기 위해 자료 구조를 사용할 때 필수다. 만약 '충분히 좋아 보이는' 자료 구조를 무작위로 선택한다면, 최악의 경우 시나리오와 형편없는 성능을 경험할 수 있다. 이 책에서 다룬 핵심 주제들을 다시 살펴보면서 컴퓨터 과학 실무자들이 자료 구조를 선택할 때 던져야 할 일련의 질문들에 대해 강조하려 한다.

16.1 / 데이터의 구조가 미치는 영향은 무엇인가?

SECTION

2장에서 이진 탐색을 다룰 때부터 데이터에 아주 작은 구조를 추가하는 것이 알고리즘의 효율성에 큰 영향을 미친다는 사실을 봤다. 데이터의 구조는 값에 효율적으로 접근하거나, 계산 결과를 합치거나, 탐색 공간 중 일부를 제거할 때 도움이 된다. 이 구조는 이진 탐색에서 데이터를 정렬된 순서로 배치하는 것처럼 간단한 구조일 수도 있다. 이렇게 간단한 변경 하나만으로도 최악의 경우 실행 시간을 데이터 크기에 선형적으로 비례하는 시간에서 로그에 비례하는 시간으로 줄일 수 있다. 마찬가지로 커피 저장고를 정리하는 방법에 따라 커피 제조 경험을 다양한 방법으로 최적화할 수 있다. 커피 저장고를 정리하는 것은 주로 하루의 첫 번째 커피를 만드는 데 필요한 시간을 줄이는 데 도움이 된다.

이진 탐색 트리, 트라이, 쿼드 트리, k-d 트리는 탐색 중에 가지치기를 어떻게 더 효율적으로 할 수 있는지를 보여준다. 트리 기반 자료 구조는 큰 탐색 공간의 일부를 간단한 검사를 통해 제거하는 명시적인 브랜칭 구조를 제공한다. 데이터의 양쪽 경계(bound)를 트리와 노드의 구조에 인코딩한다. 또, 데이터 브랜칭 구조의 속성은 각 레벨에서 묻는 질문을 명확하게 시각화할 수 있도록 해준다. "트리에서 이 노드 아래에 있는 점들의 경계가 주어졌을 때, 관심 대상인 점이 하위 트리에 있을 수 있나?"와 같은 질문을 할 수 있다.

우리에게 주어진 데이터의 조직을 능동적으로 최적화하지 않더라도, 스택과 큐가 보여주는 것처럼 데이터의 배치가 알고리즘의 동작과 효율에 큰 영향을 미칠 수 있다. 예를 들어, 스택에서 큐로 전환하면 탐색이 깊이 우선에서 너비 우선으로 바뀐다. 극단적인 경우에는, 데이터의 구조가 완전히 다른 새로운 알고리즘을 개발하도록 유도하기도 한다. 그래프의 연결 기반 구조부터 탐색이나 정렬, 기타 다른 연산을 수행하기 위한 다양한 새로운 알고리즘이 생겨났다.

16.2 / 동적 자료 구조가 필요한가?

동적 자료 구조는 접근 방식의 유연성과 적응성을 대폭 높여준다. 동적 자료 구조를 사용하면, 크기가 너무 작아서 작업에 적합하지 않을 수도 있는 메모리 블록을 미리 할당해야만 한다는 제약에서 벗어날 수 있다. 대신, 필요에 따라 자료 구조를 확장하거나 축소하려면 포인터를 사용해 메모리 전체에 흩어진 여러 위치를 연결해야 한다. 가장 중요한 것은, 동적 자료 구조를 사용하면 커피 시음 기록을 계속 확장하고 지리적 격자 셀 안에서 여러 커피 가게의 위치를 저장할 수 있다는 것이다.

동적 자료 구조는 컴퓨터 과학에서 가장 흥미롭고 강력한 알고리즘의 기반이다. 이 책에서 설명하는 거의 모든 자료 구조는 포인터(또는 포인터와 비슷한 링크)를 활용해 여러 다른 메모리 블록에 데이터를 구성한다. 이진 탐색 트리의 노드를 연결할 때 포인터를 사용했고, 격자 셀과 해시 테이블의 상자 안에 연결 리스트를 생성했으며, 그래프의 구조 자체를 표현할 때도 포인터를 사용했다.

이러한 강력함과 유연성을 얻는 대가로 데이터에 접근할 때 복잡성이 늘어난다. 배열에서는 인덱스를 통해 어떤 항목이든 찾을 수 있다. 하지만 포인터의 경우 이런 직접적인 접근 방식이 통하지 않는다. 특정 데이터 조각을 찾기 위해서는 메모리에서 포인터 연결 사슬을 따라가야 한다. 연결 리스트의 노드를 따라가거나, 노드를 따라 트리 아래쪽으로 내려가거나, 그래프의 노드를 따라가야 한다. 포인터가 어떻게 연결돼 있느냐에 따라(예 연결 리스트와 탐색 트리) 우리가 당면한 작업에 대한 연산 효율이 더 좋아지거나 나빠질 수 있다. 우리는 항상 알고리즘이 구조를 어떻게 사용하는지 이해해야 한다. 멋진 커피 제조 장비를 사는 것만으로는 충분하지 않고, 그 장비를 사용하는 방법을 이해해야 한다.

16.3 / 분할 상환 비용이 무엇인가?
SECTION

어떤 자료 구조의 사용 여부를 결정할 때, 해당 자료 구조를 만드는 비용과 그로부터 얻을 수 있는 이익을 모두 고려하는 것이 중요하다. 배열을 정렬하거나 이진 탐색 트리를 구축하는 것이 데이터에서 값을 하나 찾기 위해 전체를 선형 스캔하는 것보다 비용이 높을 수 있다. 대부분의 경우 모든 데이터 지점을 스캔해서 값을 찾는 것이 외부 자료 구조를 생성하는 것보다 더 효율적이다. 그러나 탐색을 여러 번 해야 한다면, 수학적인 상황이 달라진다.

정렬된 배열, 이진 탐색 트리 등의 자료 구조는 미래의 모든 탐색 비용을 감소시키기 때문에 유용하다. 정수 배열을 정렬하면서 단 한 번만 $N\log_2(N)$이라는 비용을 지불하고 나면, 원하는 만큼 $\log_2(N)$ 비용의 이진 탐색을 수행할 수 있다. 데이터를 정렬하는 데 든 비용을 나중에 탐색을 통해 분할 상환(amortize)하기 때문에 손해를 보지 않는다. 마찬가지로, 냉장고 안 우유를 유통기한별로 정렬하면 우유를 찾을 때 드는 귀중한 시간을 절약할 수 있다.

16.4 / 어떻게 자료 구조를 구체적인 문제에 맞게 적응시킬 수 있을까?

기본 자료 구조는 그 자체로 유용한 도구를 제공할 뿐만 아니라 더 적응력이 높고 특화된 접근 방법을 구축할 수 있는 기초를 제공한다. 트라이에서는 이진 탐색 트리의 브랜칭 구조를 더 많은 가지를 사용하도록 확장해서 문자열에 대한 효율적인 탐색이 가능했다. 또, 해시 테이블의 충돌을 처리하거나 격자 셀 안에 여러 원소를 넣을 때 리스트가 두 번째 수준의 유연성을 제공하는 것을 확인했다.

공간 자료 구조는 자료 구조를 적응하고 결합하며 개선하는 능력을 보여주는 훌륭한 예다. 격자의 공간 분할과 트리 기반 구조를 결합하면 쿼드 트리라는 적응형 구조가 생긴다. 그러나 격자와 쿼드 트리 모두 데이터의 차원이 더 커지면 효율이 떨어진다. k-d 트리에서는 가지마다 공간 데이터를 한 차원만 분할하게 적응함으로써 자료 구조를 더 높은 차원으로 확장시킬 뿐 아니라 가지를 쳐내는 능력도 향상시킬 수 있었다. 로고를 찾거나 커피 브루잉 기계의 매개변수를 최적화하는 등 새로운 커피 관련 문제를 고려할 때, 도구 상자에 있는 여러 도구를 문제의 특징에 맞게 재검토해 적응시켜야 한다.

16.5 / 메모리와 실행 시간 사이의 트레이드오프란 무엇인가?

메모리와 실행 시간의 트레이드오프는 컴퓨터 과학에서 고전적인 고려 사항이다. 종종 계산을 미리 해두고 추가 데이터를 저장해두는 방식으로 알고리즘의 비용을 크게 줄일 수 있다. 힙을 사용하면 목록에 들어 있는 원소의 최댓값(또는 최솟값)을 효율적으로 찾을 수 있다. 힙을 검색 알고리즘 안에서 사용할 수도 있고, 다른 자료 구조의 보조 자료 구조로 쓸 수도 있다. 트레이드오프는 힙 자체의 비용이다. 힙을 사용하려면 우리가 저장하려는 데이터의 크기에 선형적으로 비례하는 메모리를 추가로 사용해야 한다. 비슷하게, 쿼드 트리나 $k-d$ 트리를 만드는 추가 메모리를 사용해서 미래의 최근접 이웃 탐색 비용을 극적으로 줄일 수 있다.

자료 구조 내에서도 이러한 트레이드오프가 존재한다. 해시 테이블의 충돌 확률을 줄이기 위해 해시 테이블의 크기(상자의 수)를 늘릴 수 있다. 연결 리스트에 추가 정보를 저장함으로써 스킵 리스트를 구현하면 탐색 시 더 나은 평균 성능을 얻을 수 있다. 마찬가지로 공간 트리 노드의 경계를 미리 계산해 노드에 저장하면 더 효율적으로 노드를 가지치기할 수 있다.

이러한 트레이드오프를 이해하고 구체적인 프로젝트의 환경에 적응하는 것이 매우 중요하다. 여러분이 만들 비디오 게임은 개인용 컴퓨터, 모바일 장치, 데이터 센터의 대규모 서버 중 어느 쪽에서 실행될까? 메모리가 적은 환경에서의 접근 방법과 메모리가 많은 환경에서의 접근 방법은 서로 다를 수 있다. 우리의 커피 저장고 크기는 저장할 수 있는 커피의 총량뿐 아니라, 밝은 색 칸막이를 추가하는 것이 가치가 있는지에도 영향을 미친다. 침실을 창고로 변환한 것같이 큰 저장고라면 칸막이가 커피를 더 빨리 찾는 데 도움이 될 수 있다. 하지만 부엌장 같은 작은 저장고에서는 칸막이가 소중한 선반 공간을 낭비할 수 있다.

16.6 SECTION / 자료 구조를 어떻게 튜닝할까?

일부 자료 구조는 연산 성능에 큰 영향을 미치는 매개변수를 가지고 있다. 최근접 이웃 탐색에서 격자의 성능은 격자 셀의 수와 정밀도에 크게 의존한다. 마찬가지로 B-트리의 크기 매개변수 k를 통해 각 노드의 크기를 지역 메모리에 맞게 조정할 수 있다. 이런 매개변수들은 대부분 자료 구조를 사용하는 맥락에 따라 달라진다. 유일한 완벽한 설정은 없다.

자료 구조의 매개변수들이 성능에 어떤 영향을 미치는지와 자료 구조의 매개변수들이 문

제의 특성에 어떻게 의존하는지를 이해하는 것이 중요하다. 경우에 따라서는 사용할 매개
변수를 분석적으로 결정할 수도 있다. 예를 들어, 코드를 실행할 장치의 메모리 블록 크기
정보를 활용해 B-트리의 크기 매개변수 k를 선택할 수 있다. k를 선택함으로써 각 B-트
리 노드가 메모리 블록에 꼭 들어맞게 하면 한 번의 접근으로 가능한 한 많은 데이터를 탐
색할 수 있다.

다른 경우에는 실제 데이터를 기반으로 다양한 매개변수를 실험적으로 테스트해야 할 수
도 있다. 한 가지 간단한 접근 방법은 어떤 범위 안에 들어가는 다양한 매개변수 설정에
대해 데이터를 적용해보고 어떤 설정이 가장 우수한 성능을 보이는지 확인하는 것이다.

16.7 / 무작위화가 기대 동작에 미치는 영향은 어떤가?
SECTION

이진 탐색 트리와 해시 테이블을 살펴볼 때, 두 자료 구조의 최악의 경우 성능이 선형 시
간으로 저하될 수도 있다는 점을 알아냈다. 이진 탐색 트리에 정렬된 항목을 삽입하거나
데이터에 적합하지 않은 해시 함수를 선택하면 두 자료 구조는 사실상 연결 리스트와 같
게 된다. 자료 구조는 모든 상황에서 최적 성능을 보장하지 않으며, 데이터 자체에 따라
달라진다. 때로는 실행 시간의 기댓값(또는 평균값)을 개선하는 것이 최선일 수도 있다.

문제에 가장 적합한 자료 구조를 선택하고 조정할 때 극단적으로 성능이 나쁠 가능성을
이해하는 것은 중요하다. 해시 테이블의 매개변수를 선택할 때 메모리 낭비도 피하면서
충돌할 가능성을 낮추기 위해 충분히 큰 테이블 크기를 선택하고자 한다. 더 중요한 것은
해시 함수를 선택하는 것인데, 해시 테이블이 경우 해시 함수를 선택하려면 키의 분포를
이해해야만 한다. 만약 키 자체에 구조가 있는 경우(⒞ 짝수만 키인 경우), 그 구조에 대해
견고한(robust[1]) 해시 함수를 선택해야 한다. 마찬가지로, 성이 K로 시작하는 커피 애호가

1　**역주** robust는 튼튼하다, 강건하다, 견고하다 등의 의미로 쓰이는데, 컴퓨터 과학에서는 특히 견고성이나 강건성이라는 용어로 번역하는 경
　　우가 많다. 예기치 않은 입력의 요동(변화)이나 잘못된 입력이 있어도 문제없이 잘 대응할 수 있는 시스템을 견고한 시스템이라고 말한다.

들을 위한 콘퍼런스를 조직한다면, 참가자 성씨의 첫 번째 글자로 참가 등록 테이블을 구분해서는 안 된다.

병리학적으로 나쁜[2] 데이터의 영향을 어느 정도 완화하기 위해 자료 구조 자체를 무작위로 만들 수 있다. 이진 탐색 트리에 데이터를 정렬된 순서로 추가하면 사실상 연결 리스트가 된다. 스킵 리스트는 레벨별로 리스트 노드에 의도적으로 무작위성을 주입해서 평균적으로 로그 실행 시간을 제공하는 기법이다. 하지만 무작위화가 만병통치약은 아니다. 스킵 리스트가 우연히 나쁜 높이를 선택할 수도 있다. 최악의 경우, 스킵 리스트의 성능은 연결 리스트와 마찬가지로 데이터 크기에 선형적으로 비례하는 수준까지 저하된다. 하지만 이런 일이 발생할 확률은 작고, 병리학적으로 나쁜 데이터가 주어진 경우에도 스킵 리스트가 평균적으로 잘 수행될 것으로 기대할 수 있다.

16.8 / 16장이 중요한 이유
SECTION

컴퓨터 과학에서는 완벽한 자료 구조가 없다. 어떤 자료 구조를 가리키면서 "항상 X를 사용하라."라고 말할 수 있다면 정말 좋겠지만, 불행히도 그렇지 않다. 모든 자료 구조는 복잡성, 성능, 메모리 사용량, 정확성에 대해 서로 다른 트레이드오프를 제공한다.

이 책에서는 다양한 자료 구조들을 살펴보고, 그들의 트레이드오프와 그 트레이드오프가 알고리즘에 미치는 영향을 살펴봤다. 이 책에서 모든 자료 구조를 다루지는 않았고, 개별 알고리즘이나 문제, 도메인에 따라 특화된 다양한 자료 구조가 더 많이 존재한다. 예를 들어, 레드-블랙(red-black) 트리는 이진 탐색 트리를 스스로 균형잡도록 확장한 자료 구조를 제공하고, 메트릭(metric) 트리는 다차원 데이터에 대한 다른 공간 분할 접근 방식을 제공한다. 이러한 접근 방식과 수백 가지의 다른 탁월한 자료 구조들은 각각 자신만의 트레

---

2 **역주** 병리학적으로 나쁜 데이터(pathologically bad data)라는 말은 데이터의 특성 때문에 알고리즘의 성능이 나빠질 수 있는 데이터라는 뜻이다.

이드오프와 최적의 사용 사례를 가지고 있다. 우리는 자료 구조의 풍부하고 복잡한 세계를 수박 겉핥기 했을 뿐이다.

이 책은 여러분이 데이터를 저장하고 조직하는 방법에 대해 신중하게 생각하도록 격려하기 위해 썼다. 구체적인 프로그래밍 언어나 간결한 알고리즘만큼이나 자료 구조도 프로그램의 성능, 정확성, 복잡도에 실질적인 영향을 미칠 수 있다. 모든 컴퓨터 과학의 실무자들은 각 자료 구조의 세부 사항을 이해할 뿐 아니라 각각의 자료 구조가 어떻게 자신들이 해결하려는 문제라는 더 큰 맥락에서 동작하는지를 이해하는 것이 중요하다.

특히 커피와 관련한 문제에서 이런 이해가 아주 중요하다.